Chaojue Fashengxue Yuanli

超绝发生学原理

第二卷（上）

钱捷 著

中国社会科学出版社

图书在版编目(CIP)数据

超绝发生学原理. 第二卷. 上册 / 钱捷著. —北京：中国社会科学出版社，2017.8
ISBN 978-7-5203-1010-9

Ⅰ.①超⋯　Ⅱ.①钱⋯　Ⅲ.①哲学—研究　Ⅳ.①B0

中国版本图书馆 CIP 数据核字(2017)第 222994 号

出 版 人	赵剑英
责任编辑	冯春凤
责任校对	张爱华
责任印制	张雪娇
出　　版	中国社会科学出版社
社　　址	北京鼓楼西大街甲 158 号
邮　　编	100720
网　　址	http://www.csspw.cn
发 行 部	010-84083685
门 市 部	010-84029450
经　　销	新华书店及其他书店
印　　刷	北京君升印刷有限公司
装　　订	廊坊市广阳区广增装订厂
版　　次	2017 年 8 月第 1 版
印　　次	2017 年 8 月第 1 次印刷
开　　本	710×1000　1/16
印　　张	24
插　　页	2
字　　数	402 千字
定　　价	98.00 元

凡购买中国社会科学出版社图书，如有质量问题请与本社营销中心联系调换
电话：010-84083683
版权所有　侵权必究

目　录

第四部分　超绝发生学的纯粹基础

第十三章　再寻"始基":毕达哥拉斯—巴门尼德—柏拉图传统与超绝发生学 …………………………（3）

第一节　古希腊哲学中的毕达哥拉斯—巴门尼德—柏拉图传统 ……………………………………………（3）

　一　人类意识发生的"双重构造"与古希腊哲学 ………（3）

　二　作为柏拉图哲学的准备的前苏格拉底哲学 ………（18）

　三　柏拉图的本质发生学 ………………………………（25）

第二节　从本质发生学到超绝发生学 ……………………（40）

　一　本质发生学产生的发生学根据 ……………………（40）

　二　从本质发生学到超绝发生学 ………………………（42）

第十四章　绝对对称性的自身区分与"我思" ……………（55）

第一节　本质变换:理型论难题的一个并不成功的胡塞尔解法 ……………………………………………………（56）

第二节　从本质变换到绝对对称性的自身区分 …………（63）

　一　对称变换与数学实在 ………………………………（63）

　二　绝对对称性的自身区分及其与"我思"的关系 ……（72）

第十五章　超绝发生:从超绝意识到自我与世界 ………（87）

第一节　作为超绝发生学的逻辑起点的超绝意识 ………（87）

　一　作为绝对对称性自身区分的超绝意识的直观性内涵 ……………………………………………………（87）

　二　作为超绝发生学的起点的超绝意识 ………………（98）

第二节　超绝发生——从超绝意识到自我 ………………（107）

　一　作为超绝意识自我显现的一个环节的形式与质料 ………（107）

二　意向性的形成与自我的诞生 ……………………………（113）
　第三节　世界的构成：实存之我、他者、质料的与形式的
　　　　　世界 ………………………………………………………（123）
　　一　自我从直观层面到认知层面的转换 ……………………（123）
　　二　质料的与形式的世界 ……………………………………（128）
　　三　反思中的人格及其同一性 ………………………………（137）
　　四　他者、语言与世界 ………………………………………（153）
　第四节　超绝发生学——超绝哲学理想的实现 …………………（171）
　　一　超绝发生学对于超绝哲学史上"我思"概念的澄清 …（171）
　　二　从"瓮中之脑"到"超绝之目" ………………………（198）
　　三　作为超绝哲学理想之实现的超绝发生学 ………………（212）
第十六章　存在的辩证法：存在经由实存者朝向自身的返回 ……（241）
　第一节　皮亚杰的发生认识论与超绝发生学 ……………………（241）
　第二节　从动体经由自我到世界的超绝发生学机制 ……………（258）
　　一　从群集到群：直观性意向对象的形成 …………………（258）
　　二　世界图景的起源、构成及其演化的辩证法 ……………（292）
　第三节　存在经由实存者朝向自身的返回 ………………………（304）
　　一　超绝意识自我显现与存在者的连续统 …………………（304）
　　二　存在者在认知层面上的"投影"：实存者的系谱 ………（312）
　　三　人格的特殊性质 …………………………………………（334）
　　四　"返回存在本身"与超绝发生学 …………………………（341）

第四部分

超绝发生学的纯粹基础

  《超绝发生学原理》的第三部分（即这部书的第一卷的最后一个部分）已经指出了本源的明见性对于一个超绝哲学系统的必要性，以及这个系统本质上将由以这样一个本源明见性为前提的推演或演绎所组成，而这其实正是超绝哲学系统固有的构成性的具体体现。同时，那一部分还指出了在历史上最重要的几个超绝系统中，只有康德和胡塞尔的系统才具有这种构成性，但前者的系统作为演绎是从"中途"出发的，而后者亦未能揭示出一个真正的本源地明见的第一原理并将自身奠基于其上。现在，在《超绝发生学原理》的第四部分中，我们的任务便是要揭示这样一个作为第一原理的本源明见性或本源直观，并给出基于此本源直观构成一个超绝发生学体系所需要的纯粹基础。这一工作将证实我们曾在《超绝发生学原理》的"导言"中所做的关于超绝发生学将是柏拉图伟大理想的完备展现的预言。

第十三章 再寻"始基":毕达哥拉斯—巴门尼德—柏拉图传统与超绝发生学

第一节 古希腊哲学中的毕达哥拉斯—巴门尼德—柏拉图传统

一 人类意识发生的"双重构造"与古希腊哲学

在雅斯贝尔斯（K. T. Jaspers）所说的"轴心时代"，哲学在当时存在的人类诸文明中几乎同时诞生。这种超出于人种及其生活环境的差异的同步性，在我们看来，至少表明哲学产生的真正根基，在于人类意识的内在的，也就是深层结构的发展水平，而在公元前一千多年以前，这种发展在地球上不同的区域生活着的人类之间并不存在明显的差异。对于后面这种情况，下面的解释应该是合理的：人类无论其种族如何，他们的意识的深层结构发展的自然的（生物学水平上的）条件几乎是等同的。因此造成发展中所出现的那些结构上的差异的根本原因是社会性的。而这种社会性因素要能够真正发挥作用，必须以充分的语言特别是书写交流为先决条件。[①]既然直到公元前一千多年左右，地球上无论何处的人类语言都还处于一个很低级的水平，而这些生活在不同地域的人们在生物物种上又有着一个共同的起源[②]，则他们在意识的深层结构方面仍然保持着大致同样的水平也就不足为奇了。雅斯贝尔斯所看到的轴心期现象，正是这样一种远

[①] 关于一定水平的语言、文字交流对于人类思维的系统发展的特殊作用，可参见我的论文"人类意识发生律——兼论中西文化交流的精神现象学根据"，载《论衡》（第二辑），福州：福建教育出版社1999年版。该文也被收入我的文集《归来集》的第二卷，《自我与他者——比较视野中的中西文化》，合肥：安徽文艺出版社2013年版，第27—30页。在《超绝发生学原理》的后续部分（特别是第三卷），我们还将进一步地论及这种作用。

[②] 尽管关于人类的起源直至目前我们尚了解甚少，但轴心期现象显然支持了人类起源的同源说。

古人类思维进化特征的一个具体的体现或结果。然而，这只是解释了哲学在人类不同文明中产生的同步性，另外还有一个更重要的问题需要回答，即在怎样的意识结构的发展水平上哲学才会如此地出现于人类诸文明之中。显然，要回答这个问题，首先就要对人类意识结构的发展规律有所了解。在这方面，我以为，还没有任何人能够比皮亚杰（J. Piaget）的工作对我们更有帮助。

人们通常将皮亚杰仅仅看作一个心理学家，但他在认识论上的贡献尤其重要。皮亚杰的一个主要目的，就是以对个体（儿童）思维发展的，也就是人类意识的个体发生的研究替代对人类意识的系统发生的研究，从而了解人类用以认识世界的那些基本范畴的心理的或认知的起源。我在许多年前，就曾对皮亚杰的这种以儿童个体心理发展的研究替代人类意识系统发生的研究的做法是否具有充分的合理性做过分析并得到了肯定的答案，这是因为我获得了"**人类意识发生律**"：在人类意识的个体发生与系统发生之间**必定**存在着**重演**现象。① 根据皮亚杰的理论，人类意识的发生，无论是个体的还是系统的，都要经历两个水平上的四个阶段。这两个水平分别是**感知—运动水平**和**符号性水平**，而四个阶段则是**感知—运动阶段**、**前运作阶段**、**具体运作阶段**和**形式运作阶段**。四个阶段中除感知—运动阶段属于感知—运动水平，或者说动作性水平之外，其余三个阶段均属于符号性水平。正是在符号性水平上，**语言在意识发生中开始起重要作用**。在这个水平上人类意识的发展其实是将动作性水平上已经构成②的智

---

① 见"人类意识发生律——兼论中西文化交流的精神现象学根据"的第二节（《自我与他者——比较视野中的中西文化》，第24—34页）。

② 皮亚杰所使用的术语是"构造"（construction），我们在这里改用"构成"（constitution）。这样做的理由是皮亚杰的"构造"意指的是思维图式，也就是思维的那些最为基本的结构形成的机制，而这在超绝哲学中，如我们在康德和胡塞尔那里所看到的，就是"构成"。或许对于那些对心理主义存有戒心的人们来说，将皮亚杰的"构造"理解为超绝哲学中的"构成"是不可取的。但由于我们已经通过"内化"概念表明超绝哲学最终必然将作为元语言的自身融进作为对象语言的系统之中，否则就无法摆脱关于真理概念的语义学上的无限倒退并因此无法实现超绝哲学的奠基性与内在性，换言之，那种对于心理主义的担心仅仅对于未能成功地获得本源的明见性从而无法将自身奠基于其上的超绝系统才有其存在的理由，这种理由对于我们的超绝发生学将是不成立的。事实上，本书第十六章的第一节和第二节就已经成功地将超绝发生学内化到了皮亚杰的发生认识论层面，从而使得前者在通过后者丰富了自身的同时也为后者奠定了基础。在这个意义上，将皮亚杰的"构造"改写为"构成"，这更直接地指示了我们这一工作的结果的性质，即使得皮亚杰的理论成为超绝发生学这个唯一可能完备的超绝哲学的构成论的一种形态。不过，对于直接引用的皮亚杰的文本，以及在本书中将多次提及的皮亚杰的那个重要术语"双重构造"，我们将保留他对"构造"的使用不变。只要我们清楚这些"构造"便是超绝发生学或一般超绝哲学中的"构成"便可以了。这里关于"构成"与"构造"这两个术语的说明可与后面第120页的注释①相参照。

力结构在符号（图像、言语、文字等）水平上重新构成。按照皮亚杰，在这个构成过程中，不仅对于感官经验的抽象起作用，更主要的是存在着所谓**"反思抽象"**（abstraction réfléchissante）。①后者不同于前者，它所针对的不是感官经验，而是主体自身的动作。鉴于此，皮亚杰将这一构成称之为**"双重构造"**。他说，

> 在……表象性认识时期，一开始就有相当大的进展，进展沿着两个方向前进：（a）主体内部协调的方向，从而也就是产生未来的运作结构或逻辑数理结构的方向，（b）客体之间的外部协调方向，因此也就是形成广义的因果关系的方向，这种关系包含了空间结构和运动结构的形成在内。②

可见，双重构造就是在动作性水平的智力结构的基础上通过抽象——其核心是对于主体内部运作及其与环境的相互作用中各种关系的协调与平衡——平行地获得两方面的成果。一方面是逻辑—数理结构，即所谓**运作图式**（schèmes opératoires），在这种图式之上直接地形成了逻辑学和数学的基本概念。另一方面是一些对物质世界的认识中的（即物理的）基础概念，对皮亚杰来说，这些概念中主要有守恒、因果性以及空间、时间和运动等。皮亚杰以为，后一方面的发展是建立在前一方面的基础上的，因为只有当主体已经形成了某种运作图式，在物理认识中才能够具有相应的基本概念。换言之，这些物理认识的基本概念虽然与**感官经验**相关，但**并非直接地来自于**这种经验，相反，它们的形成总是依赖于逻辑—数理的运作图式，这些图式仅仅是对于更早阶段在动作性水平上形成的感知—运动结构的反思抽象的结果。另外，空间与时间概念有时被皮亚杰视为与守恒或因果性这些概念不同的东西，因为它们的构成更加接近于逻辑—数理图式的构成，他甚至因此将空间的概念或结构说成是"似逻辑的"（infra-logique）。皮亚杰通过实验向我们证明，整个双重构造是从 1 岁半或 2 岁

---

① 在后面第十六章第二节的第一小节中，我们在对皮亚杰的理论做了批判性的诠释之后，将这种抽象改称作了"直观性抽象"。

② 皮亚杰：《发生认识论原理》，王宪钿等译，北京：商务印书馆 1981 年版，第 30 页。

开始而到 12 岁左右完成的。①在这个过程中，逻辑—数理图式或运作图式方面的发展主要是两类结构的先后形成，即**群集**（groupement）和**群**（groupe）。与之相应地，是度量空间和度量时间的形成，以及物理认识中的那些基本概念的形成，如从所谓前因果性到（物理）因果性的转变。在逻辑—数理方面和物理方面的结构平行发展的同时，这两个方面还随着自身的发展而呈现出相互间逐渐分离的趋势。也就是说，在开始阶段（前运作阶段），主体还没有在思维中形成纯粹形式的知识，逻辑—数理方面的认识总是与物理概念的形态揉合在一起的。例如在 6、7 岁之前，儿童还不能将排列起来的物体的数量与它们的空间关系区分开来。②只是到了具体运作阶段，分化才逐渐显示，并且在形式运作阶段达到其充分的程度，按照皮亚杰的说法就是"思维'脱离'了具体事物"。③与这种"形式与内容"的分化相平行地，通过双重构造，在主体的意识中还出现了主体与客体的分化，由此一个独立的、作为认识对象的客体才摆在了具有成熟的（体现为逻辑—数理的形式认识和物理的经验认识方面的）认识能力的主体面前。我们可以通过图 13—1—1 示意个体思维发展的这样一种双重构造的过程。

从皮亚杰的研究中可以看到，通过双重构造所构成的那些对于物质世界的认识的基本概念恰好**对应了**康德认为是验前的知性范畴，例如因果性和实体（守恒概念），而其中多少有些特殊的空间（和时间）概念则对应于康德的验前的直观形式以及同样是验前的运作化的空间与时间（即度量的空间与时间④）。因此，随着这些概念在双重构造中的形成，主体

---

① 关于皮亚杰的意识发展阶段理论，可以参见他与英海尔德（B. Inhelder）合著的《儿童心理学》（吴福元译，北京：商务印书馆 1980 年版）。尤其是跨文化心理学的研究表明，皮亚杰的研究所得到的与个体思维发展的阶段所对应的个体年龄并没有绝对的意义。但这种情况不会威胁到皮亚杰的个体意识发生的阶段理论，既然这个理论所确定的阶段出现的顺序的改变（颠倒）毕竟是不可想象的。

② 《儿童心理学》，第 78 页。

③ 同上书，第 99 页。

④ 在《超绝发生学原理》的第一卷中，我们便已指出在康德的《纯粹理性批判》中存在着两种纯粹的空间与时间形式，即作为直观的空间与时间和其实是有知性运作参与其中的运作化的空间与时间。（见该卷第 73 页）另外，对于康德理论中空间与时间的这种二重性及其所导致的康德在阐述中的种种困难的分析，还可参见钱捷、林逸云："直观的意义——康德《纯粹理性批判》B160—161 注释辨微"，载《哲学研究》2016 年第 8 期。

第十三章 再寻"始基":毕达哥拉斯—巴门尼德……发生学

```
       逻辑—数理图式和概念        物理知识的基本概念
           ↖                    ↗
        - - - - - - - - - - - - - - - - -    形式运作阶段

        - - - - - - - - - - - - - - - - -    具体运作阶段

        - - - - - - - - - - - - - - - - -    前运作阶段



              感知—运动图式
```

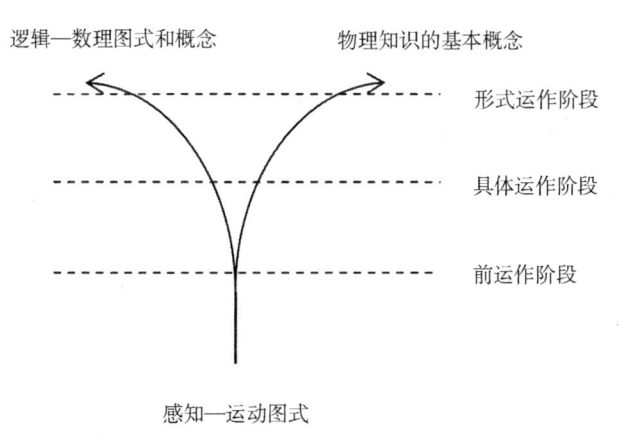

皮亚杰的"双重构造"。在此构造过程中,意识中的形式方面与(经验的)内容方面逐渐分化,与此平行地,个体的意识从主客不分的状态演变到主客二分的状态。

图 13—1—1

(从具体运作阶段开始)将逐步获得客体的概念从而达到主客二分的意识形态,就是自然而然的了。[①]这使得皮亚杰意识到,他所发现的正是康德的认识论中那些在认识形成中起着关键作用的验前概念自身形成的机制,并因此表明了这些概念并非是从一开始就存在的,而是在某种条件下被构成的(发生的)。然而,在皮亚杰为我们提供的关于这些概念发生的机制中所构成的认识结构与康德的验前认识能力(直观形式与范畴)之间的这种对应却不是一种一一对应。这里尤其要指出的是,康德的范畴体系中并不包括普通逻辑的基本概念,如类逻辑的概念,虽然康德曾经提到过有这样一种东西,甚至曾暗示它们与那些知性范畴一样都是知性运作的结果。[②]因此,皮亚杰的发生认识论所揭示的人类认识的纯粹根据要比康德所揭示的更为完备。同时,由于皮亚杰对这些概念做了发生学的理解,便导致即使是在康德的体系中有其对应的那些概念的内涵以及它们之间的关系与康德所理解的也存在着种种差异。重要的是,我们在《超绝发生学原理》第一卷中曾经指出康德的知性范畴从而通过它们才能实现的统觉的综合统一并不真正具有明见性,这使得康德最终未能将自己的超绝演绎

[①] 事实上,康德关于纯粹知性概念的超绝演绎就是要说明通过这些概念一个认识的**客体**是如何能够被构成的。

[②] 见《超绝发生学原理》第一卷,第67—68页。

奠基于自身无前提的本源明见性之上，尽管他多少已经意识到知性范畴乃至验前的直观形式不是"神创地内禀的"而是"本源地获得的"。①这样看来，皮亚杰的双重构造理论将有助于克服康德的超绝体系的这一根本性的困难。但是由于如此深刻的事情所必定具有的复杂性，虽然皮亚杰在理解人类认识的基本概念上引入了发生学的思路，但他的发生认识论本身亦存在着许多困难与不足，从而只有创造性地对之加以改造，才可能让其中合理的成分为成功地构建一个超绝哲学而产生积极的作用。既然我们在《超绝发生学原理》第二卷中的主要目的是构建一个完备的超绝哲学体系，在接下来的章节，特别是第十六章中，读者将会看到我们在阐明超绝发生学的基本原理时在深刻改造皮亚杰理论的同时对于它的运用。在这里，我们仅仅针对双重构造概念，指出皮亚杰理论的两个不足并予以纠正，因为这样纠正后的双重构造理论正有助于揭示作为人类精神产物的哲学的产生乃至它其后的发展是如何地与人类个体意识发展的这一机制相对应的。

首先，我们在前面提到，在双重构造中，皮亚杰是将群集与群的运作一样地归属于逻辑—数理图式而与物理概念相区别的。这样做就掩盖了群集与群之间的一个十分重要的差别，即群集并不可能构成任何个体的**实体性**关联，而群则可以。例如，亚里士多德式的分类系谱中诸类（概念）之间具有群集的关系，但我们却不可能依此关系而在其中产生新的类（概念）；**相反**，例如整数集合对于加法成群，依据这个群的关系，整数可以相互产出。这个差别具有十分重要的发生学意义。事实上，群集所表明的仅仅是一种普遍的分类关系（以及类的序列关系），群则是对某种个体以特定的方式分类所得到的**生产性的**关系。②所以，在双重构造中所出现的群集图式，只意味着有了使得个体得以通过某种具体的方式认知地呈现出来的条件或手段。例如数学就是数学个体（对象）的这样一种被呈现出来的具体方式，按照笛卡尔，它应是物质实体就其单纯广延性在区分

---

① 见《超绝发生学原理》第一卷，第58—59页，第70页及其后的几页，以及第88—89页。

② 这个看法反过来有助于我们思考什么是实体。按着亚里士多德的分类方式（即属加种差）来定义实存者，例如人，并在原则上最终在这样的分类系谱中达到所谓个体，例如苏格拉底。这样得到确定的个体并不直接地就是一个真正的实体，它只是分类系谱的无限序列中的一个永远不可能实际达到的极限。

或分割——这在实质上就是分类，也就是群集关系的运用——条件下的一种呈现。[1]虽然笛卡尔这样说时不恰当地遗漏了时间，或更确切地说，绵延的作用，但数学在这个意义上是群集的运作作用于广延（其实还有绵延）的结果却是无疑的。这些向我们提示了空间与时间运作在双重构造中的特殊地位：它们的直接根据很可能也是数学结构的真正根据，而这种根据已经蕴含在感知—运动图式（也就是身体的动作）之中了。相应地，物理学以其一般原理支配了处于亚里士多德式分类系谱中的**个体**的生产性关系（这使得笛卡尔在其"普遍数学"中并不区分数学与物理学），分类虽然使得这种支配关系能够显现，但却并非这种关系本身。这里要特别地指出的是，不应该混淆区分性的运作或分类（群集）与作为形式系统的类逻辑。群集作为一种思维的运作图式，其基本的功能就是分类和排序（这分别对应了皮亚杰所说的类的群集和关系的群集）。这种功能运用于直观性连续统之上产生的是数学。而当分类被运用于一般对象之上，由于这必定将预设这种分类是完备的，于是就将分类本身理解为对于无限之物（所谓实无限）的运用了。这种无限性与连续统是等效的。在这个意义上，因此，类逻辑与数学一样地都是某种无限性—连续性的实体在群集运作（即区分作用）的条件下形成的。[2]就此来说，皮亚杰将双重构造的形式的或运作的方面称为"逻辑—数理的"而与"物理的"相对倒还是合理的。其实，皮亚杰也并非没有意识到群集与群之间存在着的这种本质差别，只是他在描述双重构造的机制时未能体现这一差别，从而无法正确地掌握这一机制。他意识到"数表现为分类运作和序列化运作的融合"，并举例说数相当于"（I）＜（I＋I）＜（I＋I＋I）＜……"的集合体，它是类（这里的（I）、（I＋I）等等）和关系（这里的＜）的结合。[3]但他并未清楚地意识到这种"融合"的背后存在着的我们刚刚说到的与广延和

---

[1] 参见我的论文"笛卡尔'普遍数学'的方法论意义初探"，载《哲学门》2005年第2期，北京：北京大学出版社2005年版。此文也被收入《归来集》第一卷，《头上的星空——康德的〈纯粹理性批判〉与自然科学的哲学基础》，合肥：安徽文艺出版社2013年版，第255—288页。另外，这一理解与康德在《纯粹理性批判》中所表达出的关于数学根源于直观形式的思想是一致的，而且它深刻地蕴含着澄清康德那个两个概念——直观形式与形式直观——之间的让人迷惑的关系的契机（见"直观的意义——康德《纯粹理性批判》B160—161 注释辨微"）。

[2] 对此更为详细的讨论，见本书第十六章第二节的第一小节。

[3] 《发生认识论原理》，第42页。

绵延相关的、不可还原为类或序列的群集结构的东西。事实上，如果不给出根据而仅仅将数（例如自然数）说成是类的群集与序列的群集的综合，就有窃取论题的嫌疑，因为，在诸如"（I+I）"这样的类中已经包含了本身是构成类的前提的个体，而"＜"则已经包含了对于例如（I）小于（I+I）的确认，这种确认与指出"1＜2"几乎是同一回事。因此，对于皮亚杰所发现的意识的双重构造这个事实的恰当的诠释是，无论是数学原理还是物理学定律中的群的结构，它们的根据已经存在于它们本身在其中尚未分化的感知—运动图式之中，它们之成为现实的智力内容，成为说到底是反思抽象的成果，虽然有赖于群集的运作图式的出现，但绝非这种图式简单的"融合"的结果。**群集只是促使智力中本来潜在于身体的动作之中的结构转变为现实的结构的媒介**。按照这种修正过的理解，在双重构造中，并不存在一种由前运作阶段经过具体运作阶段到达于形式运作阶段的线性上升中，通过对于感知—运动图式的反思抽象首先构成群集关系再构成群的关系的线性发展；相反，存在着的是蕴含在感知—运动图式中的某种实体性的东西由于表达了区分性意识的群集图式的形成而呈现为通常所谓的形式系统，如算术系统、命题演算系统等，以及物理认识的基本概念系统，如守恒性和因果性等，进而体现这些概念的原理系统，如牛顿力学等。这样形成的形式的或物理的系统的共同特征是它们都以某些特定的方式具有群的结构。简言之，由于群集与群的这种本质差别，体现为双重构造的发展不是直线型的而是——我们不得不以比喻的方式说——**再现型的**，即蕴含在感知—运动图式中的某种本质由于群集的运作图式的出现而再现为具有群结构的诸种知识类型。于是，图13—1—1就应该相应地修正为图13—1—2。[①]

这样一种对于双重构造的修正同时还澄清了皮亚杰的双重构造概念中所蕴含着的一个看起来成问题的断言，即人类（个体和系统）的意识发展在对应于个体12岁左右的水平上便实质地终止了。事实上，许多年前，我们便通过皮亚杰对于儿童的空间表象的发展的描述看到了这个问题，以

[①] 关于这里对群集与群在双重构造中之作为意识发生的深层根据的断言的理由，我们将在第十六章的第一、二节中给出进一步的探讨。当我们通过第十五章了解到图15—3—6所示意的超绝意识自我显现的诸环节之间的构成性关系之后，不难看出图13—1—2粗略地、局部地对应着这种关系。这种对应的必然性正是基于第十六章中所要探讨的"理由"的。

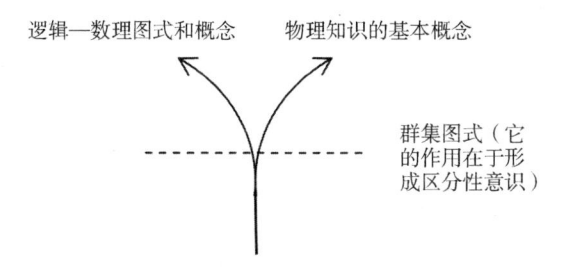

第十三章　再寻"始基"：毕达哥拉斯—巴门尼德……发生学　　11

```
    逻辑—数理图式和概念    物理知识的基本概念
              ↖    ↗
               \  /
                \/
        - - - - ·- - - - -    群集图式（它
                |              的作用在于形
                |              成区分性意识）
                |
                |
                |
                |
                ·              感知—运动图式（其中蕴
                               含着某种与连续性的广延
                               和绵延有关纯粹直观）
```
图 13—1—2

及这个问题所暴露的皮亚杰双重构造理论的、我们在此要谈到的**第二个缺陷**，即对人类意识发展的个体从而系统线路描述的不完备性。

皮亚杰曾发现在终止于个体 12 岁左右的双重构造过程中，其空间表象的发展路线是从拓扑空间经由射影空间再到欧几里得（度量）空间的。他因此断言这一发展与几何学的历史相反而与诸空间理论的逻辑关系一致。皮亚杰似乎没有意识到，这个结果与他的整个研究的一个预设，也就是人类意识的个体发展与系统发生之间的重演关系的预设相冲突。为了克服这一困难，我们曾经推断在人类意识发生的形式运作阶段之后，应存在着一个**后形式**运作阶段。这个阶段的实质，是反溯已经形成的逻辑—数理的和物理的认识的根据。如对于空间意识来说，这首先意味着从欧几里得几何学到拓扑学的进展。这是一种朝向双重构造的逻辑起点的**回归**，但显然是在更高水平上的回归，并且人类无论是其个体还是其系统，看起来目前正处于这样一个后形式运作阶段的中途。这种进展的直接根据依然在于感知—运动图式，因此它本质上仍然属于双重构造，并且这一构成的核心机制仍然是反思抽象。于是，双重构造就从皮亚杰的直线式变成了"圆圈式"。这个发展模式我曾以所谓"叶形图"示意过。[①]若将双重构造的这一回归部分对应到人类意识或知识系统的发展上，便不难想到，在这种发展中，哲学如同它的——对应于双重构造中具体运作阶段出现的初期的——早期阶段一样，必将因为其奠基性而走在数学和科学认识的前面。

---

① 见"人类意识发生律——兼论中西文化交流的精神现象学根据"的第一节第二小节（《自我与他者——比较视野中的中西文化》，第 10—24 页）。

而且按着超绝哲学（我们指出过它是唯一可能彻底的哲学形态）的内在性的特点，在它最终实现这一回归的时候，也将是它与数学和科学认识合二为一的时候。换言之，哲学与数学及科学认识的分离不是人类意识发展的（双重构造的）开端和终极的，而是中间过渡阶段上的现象。另外，哲学由于其奠基性，在整个这样的发展过程中都将如其曾经所是的那样，一再地表现出这样一种朝向起点的回归的冲动，只是在开始与终极阶段，这种回归**既是**哲学的**又是**数学和科学认识的固有特征。不难意识到，在修正了皮亚杰的"双重构造"之后，新的双重构造正体现出一种"正、反、合"的三段式逻辑：完整的双重构造，同时也是人类意识的整个演进，其开端与终结分别是正题与合题阶段，而其间的发展则是反题阶段。双重构造中群集的出现正是反题阶段的反题性的根据，从而它之导致形式与内容（逻辑—数理方面与物理方面）、抽象与具体（类概念的内涵与外延）以及最终主体与客体的分化，便是自然而然的了。合题，在这个意义上，显然就是朝向原先的、这些二分或对立状态尚未呈现的，特别是主体与客体统一的境界的回归。①

现在，我们可以回到前面提出的关于哲学起源的意识的或思维的条件这一问题了。没有人会不同意，哲学诞生的最重要的标志，是对于始基或本原（άρχή）的发问，泰勒斯就是因为提出了水是万物的始基而被认为是古希腊历史上的第一个哲学家的。像始基或本原这样的概念的提出，意味着一种不同于在这以前人类的，例如体现在神话中的那种前因果性的因果观念的形成。这种观念构成的**溯因**思维必定将人类所探问的对象引向那个终极原因，即始基或本原上去。我们从皮亚杰那里知道，这种因果性观念是从前运作阶段向具体运作阶段转变时发生而在具体运作阶段上由于群集的运作图式出现并在双重构造中充分地发挥了作用而达到其成熟形态的。群集的运作图式的出现不仅在意识中促成了类逻辑思想的形成与发展，同时还在此基础上构成了逻辑—数理的和物理的认识的那些基本概念。从毕达哥拉斯的数本论到柏拉图的理型论，从恩培多克勒的"四因说"到德谟克利特的原子主义因果概念等等都从不同角度，在不同程度上体现了这种发展。因此，就西方哲学来说，整个古

---

① 本书后面（第十六章第二节的第二小节）的论述将进一步地表明，这一"圆圈式"的发展也正是理性自我证成的历史进程。

第十三章 再寻"始基":毕达哥拉斯—巴门尼德……发生学

希腊哲学,从米利都学派到亚里士多德,应当对应着意识的双重构造中群集的运作图式从萌芽到成熟(即从具体运作阶段的初期到形式运作阶段)的发展。①

这样一种对应关系(其实是一种文化现象与其深层的心理的、意识的机制或根据的关系)为我们更好地理解和诠释古希腊哲学各家学说及其相互关系提供了一个有效的方法。②首先,我们看到,在古希腊哲学产生的最初阶段,哲学家们所给出的各种始基都带有一个共同的特征,即今天我们已经习惯的属性与实体、抽象与具体、形式与质料的二分法,对于这些始基却是不适用的。这些始基不能以这样的二分法中任何一端来意指,相反,它们是这二分法的两端的一种融合,或者说,在它们身上,这样的二分或对立还不存在。③例如,泰勒斯的"水"就**既是**我们肉眼所见的那种无色透明的液体,**又是**它那流动的、物态多变的,甚至于滋生万物的普遍性质本身。按照黑格尔的说法,这样的"水"是感性的特殊与思辨的普遍的矛盾统一体。④我们因此称它们为"物性基元"。⑤始基的这种物性基元的身份,在古希腊哲学进一步的发展过程中逐渐失去,到了德谟克利特那里,他的"原子"就已经不应被视为物性基元了。这样一个转变的意识或思维的根据正在于皮亚杰所揭示的人类意识的双重构造中具体运作图式的逐渐成熟,也就是群集的逐渐形成。同样的道理,在

---

① 在本节中我们以类逻辑(即基于类概念的逻辑,亚里士多德的古典逻辑以及狭谓词逻辑便是这样一种逻辑,参见《超绝发生学原理》第一卷,第65页,注释2)从无到有的发生为主线,将意识的双重构造,特别是其中群集的作用,与古希腊哲学自身的发展联系起来。至于双重构造如何能够充当类逻辑等等的发生学根据,在后面第十六章第二节的第一小节将有所论述。

② 这一点可参见我的论文"人类意识重演律和古希腊哲学研究",载《哲学动态》2001年第9期。该文亦被收入了《自我与他者——比较视野中的中西文化》,第53—64页。

③ 在梅洛—庞蒂(M. Merleau - Ponty)看来,这些"元素"甚至也不包含心与物、主体与客体的二分法。参见本书第297页及其后的几页。

④ 见黑格尔:《哲学史讲演录》第一卷,贺麟、王太庆译,北京:商务印书馆1983年版,第184—185页。对于这样的矛盾统一体,更为恰当的表述方式不是"既是……又是"而是"既非……亦非"。在它们身上,排中律失效了。

⑤ 康福德(F. M. Cornford)在分析阿那克萨哥拉的学说时,曾将"种子"的成分称为"物性"(quality - things),认为"它们不仅是种子的固有属性,而且种子就是由它们这些成分构成的"(参见《希腊哲学史》第一卷,汪子嵩等著,北京:人民出版社1997年版,第902—903页)。他所说的种子成分一样具有实体与属性不分的特点,所以我们将这个术语的含义和它所适用的前苏格拉底哲学家做了推广和扩展并以此提出了"物性基元"概念。

前苏格拉底哲学家那里，始基的物性基元特征的消失与关于始基的学说中所体现出的上述诸种二分法的形成是一致的。①也正是在这些二分或对立形成之时，哲学便陷入了至今未能摆脱的困境之中。首先表达出这种困境并努力克服它的是伟大的柏拉图。而亚里士多德则不过是进一步展开或不如说摆明了这一困境，从而预先深刻地规定了从那以后的哲学的任务。

因此，意识的双重构造不仅使哲学得以诞生，而且还决定了古希腊哲学家们对于标志着这个诞生的始基问题的回答。苏格拉底哲学家们对于宇宙间万事万物的始基或本原有着十分不同的理解。这些理解都可以在双重构造的机制中找到它们的根据。毕达哥拉斯的"数"显然并不直接地显现于感性的形象之中，那么它是如何可能被认作为万物的始基的呢？毕达哥拉斯和他的门徒认识到数的本原性，但他们不是用肉眼看到这些数，特别是那个"元一"的，他们是用心灵之"眼""看到"它们的。他们之所以能够这样地"看到"它们，并认它们为万物的始基，是因为体现在他们的思维中意识的那个双重构造中已经形成了被他们"看到"的那种数。这也表明了，这些哲学家们的本原或始基，与其说是从感官经验中归纳得到的不如说是通过对自己意识中作为双重构造的结果的运作图式和概念的反思或不如说**内省**而得到的。即使是那些认为本原或始基是诸如"水"、"火"、"原子"这样一些东西的哲学家，他们关于这些始基的概念也不单纯是从感官之所见中得来，否则就难以理解例如泰勒斯的"水"为何不是单纯物质的水而是物性基元了，至于"原子"，则更不是感官所能够认知的了。需要注意的是，这里所说的"内省"，其意思既包含图13—1—2中显示的导致意识中那些运作图式和基本概念的构成的反思

---

① 关于意识中群集图式—类逻辑的出现对于这些二分或对立的促进作用，我们可以简单说明如下：（1）具体通常是指个别事物，而抽象则一般是相对于某类具体而言的，它是这类具体事物所属的类。一般地，类越是普遍，它就越是抽象。显然，抽象与具体的区分根本上在于类概念的形成，也就是群集图式—类逻辑的出现。（2）一直到亚里士多德，属性与实体才获得彻底的区分，而亚里士多德恰恰是类逻辑的奠基者。这并不奇怪，既然属性其实是分类的根据。所以群集图式—类逻辑的成熟与属性—实体的二分法必定是同步的。）（3）形式与质料的区分同样是在亚里士多德那里得到明确的，这是因为这种区分也是在类概念形成的，从而是在群集图式—类逻辑的基础上出现的。（4）伴随着群集的出现而开始构成的诸图式将为对象或客体意识的形成提供条件，由此导致主客体的区分。

第十三章　再寻"始基"：毕达哥拉斯—巴门尼德……发生学

抽象，又包含**对于这些图式本身的**、导致了作为内省者的前苏格拉底哲学家提出自己关于始基的学说的反省（反思与直观）。①实际上，这两种情况在那些哲学家那里是难以区分的。这一点还说明了这些古希腊哲学家们是如何直接地为人类意识的发展提供了原创契机的。②只是到了后来，当反思抽象已经导致了双重构造中群集结构的成熟，哲学家的内省或反思才与反思抽象分离并成为探求始基的唯一动力。既然关于始基的不同学说与那些哲学家们自身的意识的双重构造中图式的产生（反思抽象）和对所产生的图式的内省或反思有着密切的关系，甚至可以说取决于这样的反思抽象和内省或反思，那么我们在前面所指出的这个双重构造机制的内在特征就必然会在这种内省或反思及其结果中反映出来。这些特征中最基本和最主要的，除了双重构造的逻辑—数理方面和物理方面的逐渐分化之外，就是上述两方面的成就所导致的"反题"必然引起探求始基的哲学家们回归"正题"的动机。我们看到，除了前面说到的与双重构造的过程平行的整个古希腊哲学家的学说中始基的物性基元特征逐渐淡化并转而产生出深刻的二元对立这样一种一般规律外，诸学说所体现出的朝向"正题"回归的程度——它代表该学说的思想深度——亦有所不同。在古希腊哲学初期对应于双重构造中具体运作阶段的开端，毕达哥拉斯的内省或反思已经有了回归的气象。赫拉克利特也是一样，只不过毕达哥拉斯的内省或反

---

①　本书的第十六章将告诉我们，其实前一种情况所发生的是非反思的直观，这也是为什么在那里我们将"反思抽象"改称为"直观性抽象"的原因。至于后一种情况，由于使（认知性）反思成为可能的思维图式尚未达到成熟的具体运作水平，其中的结果多半也具有直观的意义。一般地，在《超绝发生学原理》中，"反思"活动被认为是双重构造中成熟的具体运作阶段上思维图式的作用或效应，从而它是属于认知性层面的（参见后面第十五章第三节）。相应地，"内省"在这里的使用却更为宽泛并且没有严格的界定。只不过如果在上下文中是与"反思"对照着时，"内省"便意在强调其中存在着作为"心灵的看"的直观。"内省"的这个直观意义，在《超绝发生学原理》（第一卷）第八章的第三节中就已经被指出过。除了这种强调内省的直观意义的情况，我们在这里还常常使用"内省或反思"的表达，这是因为古希腊哲学家的意识或思维就其发展水平来说已经进入具体运作的阶段，并可说是迅速地达到成熟的具体运作水平，因此在他们的思维中总是非反思的直观与反思的成分交织或交替着的，并且随着意识或思维中具体运作图式的成熟，后者所占的比重有越来越大的可能。

②　关于在人类文化的系统演进中，个人是如何参与这种系统演进，以其贡献推动人类意识深层图式的发展的，可参见"人类意识发生律——兼论中西文化交流的精神现象学根据"的第二节（《自我与他者——比较视野中的中西文化》，第27—30页）。

思注重的是双重构造的逻辑—数理方面而赫拉克利特则注重物理方面。巴门尼德是在群集导致的逻辑—数理方面和物理方面的二分法达到一种标志性程度时在两个方面同时体现了回归。接下来的阿那哥萨克拉与恩培多克勒则分别倾向于逻辑—数理方面和物理方面。德谟克利特像巴门尼德一样关照到了双重构造的两个方面,但在回归的动机上却远不及巴门尼德。这使得德谟克利特显得更"科学"而巴门尼德则更"哲学"。智者的作用与其说是探求始基,不如说是反映了双重构造导致的诸种二分法,特别是主体与客体的二分法以及由巴门尼德首先揭示的"一"与"多"(存在与存在者或不如说实存者)的二分法对于哲学所造成的危机。柏拉图继承了苏格拉底克服这种危机的理想,像巴门尼德一样在双重构造的两个方面都努力回到"正题"上去,这尤其体现在他后期**自己的**哲学之中。这大概就是为什么他在后期写了极其重要的《巴门尼德篇》的缘故。只是这时群集的运作图式在人类意识中已经达到进一步的完善。这种完善反使得双重构造中诸二分法之间的冲突变得更加尖锐,而这正是理型论的困难(分有与分离问题)的真正根源。亚里士多德在这个困难面前让自己的哲学屈从于群集的运作图式,这使他成了类逻辑的奠基人。但在哲学之探求始基的使命方面,他的工作却不及柏拉图来得深刻与伟大。不过正是由于他对于群集的运作图式在哲学乃至科学认识中的强化,在使自己的工作成为人类意识中群集的运作图式达到成熟的标志的同时,系统地展开了双重构造在"反题"阶段所固有的冲突。接下来的将近两千年,西方哲学都是在聚集力量以克服这种冲突。直到笛卡尔的出现,在逻辑—数理认识和物理认识两个方面实现了再一次朝向"正题"的回归。康德的作用则是奇特的。他的哲学探求本身没有表现出他以前理性主义哲学家那样的本体论上的彻底性,但却在西方哲学的历史上第一次明确了哲学的超绝形态,给出了第一个自觉的超绝哲学系统,从而提倡了一种可说是认识论上的彻底性。……

在上面提及的古希腊哲学家中,由内省或反思将他们引向回归"正题",从而在哲学上表现得更为深刻的,是毕达哥拉斯、赫拉克利特、巴门尼德和柏拉图。他们中除了赫拉克利特,其余三人的深刻性都体现在对于意识的双重构造中逻辑—数理方面的内省或反思,并因此内省或反思而

第十三章　再寻"始基"：毕达哥拉斯—巴门尼德……发生学

溯及那作为根据的纯粹的广延性或**连续性直观**。①我们虽然说巴门尼德和柏拉图深刻的内省或反思同时针对了双重构造的两个方面，但比较起来，逻辑—数理方面仍然是毫无疑问地占据主导地位的。正如我们接下来马上就会看到的，巴门尼德的"存在是一"的命题完全来源于那个连续性的直观，而柏拉图正是在其后期通过数型论的帮助建立了自己的与苏格拉底不同的理型论。至于毕达哥拉斯，这种对于逻辑—数理图式的内省或反思本质地导致了他的数本论这一点更是显而易见的。另外，就这三位哲学家来说，如果说在赫拉克利特那里由于双重构造而引起的一与多、本质与现象的二分法还未明确，这种二分法在巴门尼德那里则已经被以哲学的方式意识到了。所谓真理与意见的区分指的就是这个。到了柏拉图，他的——无论是前期还是后期的——理型论的一个共同的特征就是对于一与多、本质与现象的二分法中前一方面的极端强调。更有趣的是，在毕达哥拉斯、巴门尼德和柏拉图之间，存在着这样一个关于本质与现象、一与多的关系的理解的否定之否定：他们固然都侧重于一、本质，但在理解它们与多、现象的关系时，毕达哥拉斯采取的是与巴门尼德不同的方式，即他采取的是发生学的方式，而柏拉图后期自己的理型论恰恰也采取了这种发生学方式。所以我们可以将毕达哥拉斯、巴门尼德和柏拉图之间存在着的这种辩证关系（从"正题"到"反题"再到"合题"）在总体上理解为一种**本质发生学**形成的路线。这一路线赖以形成的关键，在于他们都依重了连续性的纯粹直观。所谓"本质的"发生，不过就是现象与多在这种纯粹直观中的构成罢了。这正符合了超绝发生学作为一种基于本源直观的演绎的

---

①　一般地，就古希腊哲学来说，在内省或反思中有更强的回归倾向者，必定注重基于感知—运动图式的反思抽象，从而更接近对于连续性的纯粹直观。这实际上就是一种数学性的直观，它正是康德将空间认作一种直观形式的真正根据（参见钱捷、林逸云："直观的意义——康德《纯粹理性批判》B160—161 注释探微"，载《哲学研究》2016 年第 8 期）。在《超绝发生学原理》（第一卷）的第二部分中，我们对于超绝哲学的本质的认识也正是由此直观出发的，而在接下来的两章中，我们将更具体地体会到这种直观在超绝发生学分析中的基础性。而将反思滞留在群集上者，则无法触及本质，仅仅关注到双重构造中的（具体运作）图式和概念的经验性来源。这就是我们在亚里士多德那里所看到的情况，并且也是为什么后来的经验主义背后总有着类概念的影子的道理。如果在经验性方面执意深入，则会导致辩证法，即走到群集运作图式（类概念）的反面。这是我们在赫拉克利特那里所能够看到的。于是，我们就可在古希腊哲学中看到这样三种基本类型：本质发生学（毕达哥拉斯和柏拉图）、准逻辑—经验主义（亚里士多德）和辩证法（赫拉克利特）。

旨趣。但是在康德第一次明确哲学为超绝的之前，这样一种发生学作为超绝哲学只能说是**潜在的**。相反，我们却可以说，**超绝发生学其实就是一种完备的、构成性的本质发生学**。在本章接下来的部分，我们所要详尽地论述的便是作为超绝发生学的先型的那样一种潜在的本质发生学的形成。

二 作为柏拉图哲学的准备的前苏格拉底哲学

在哲学诞生的最初，由于人类意识的双重构造中诸多的分化尚未完全形成，在米利都学派那里，诸种类型的始基，无论是"水"、"无限定"还是"气"都是物性基元，并且很难分清它们就认识来源来说究竟是纯粹内源的内省或反思还是外源的经验。但是到了毕达哥拉斯那里，情况有所改变。毕达哥拉斯提出来作为事物的本原的"数"仍然是一种物性基元，因为它绝非我们现在所理解的关于数量的纯粹概念，亦非罗素所说的"类的类"，而是**事物本身**。对于毕达哥拉斯的数的这个特点，亚里士多德已经说得很肯定："从他们〔指毕达哥拉斯学派的人——引者注〕所设定的以及所说的来看，数学的物体和可感觉的物体并没有什么两样"[①]。其实，数的这样一种特性也正是它们能够被毕达哥拉斯和他的门徒们当作万物的始基的原因。设想如果这些数仅仅是我们现在所理解的抽象符号或事物间的一种数量**关系**，那么如何能够仅仅凭借它们而构成整个宇宙呢？但是它们作为具体物，却也不是如"我眼前的这张桌子"、"站在门口的那个人"等等这样的实存者，而是构成这些实存者的东西。亚里士多德告诉我们这种他本人并不理解甚至反对的数的本原论所说的"数"是一种具有空间性的数：

> 毕达哥拉斯派也说数只有一种，那就是数学数，不过它不是分立存在的，而可感实体由这数组合而成。他们用数构建了整个宇宙，但这数绝非由抽象单元所构成——他们认为单元具有空间的大小（μέγθος[②]）。[③]

[①] 亚里士多德：《形而上学》（990a15），载《亚里士多德全集》第七卷，苗力田主编，北京：中国人民大学出版社1993年版，第50页。
[②] μέγθος 是指物体空间上的大小，不可与数目的大小（多少）相混。
[③] 同上书（1080b19—20），第302页。

第十三章 再寻"始基":毕达哥拉斯—巴门尼德……发生学

在这样的始基数身上,我们再一次看到了实体与属性、具体与抽象、质料与形式的未充分分化,因此,它与泰勒斯的水一样属于物性基元。

因为是物性基元(而不仅仅是一种表示数量关系的抽象符号),毕达哥拉斯的数也就可以像泰勒斯的水一样地充当万物的始基了。按照通常的说法,毕达哥拉斯之提出数作为本原或始基,是因为他看到了一些事物间的和谐,如天体的结构和音乐的旋律,对应着某种数的比例,就像泰勒斯将"水"当作始基是因为他看到了水对于生命的滋养和它那变幻不定的形态一样。但是,毕达哥拉斯的数与泰勒斯的水有一个很大的不同,那就是水毕竟是可知觉的东西,而数却无法被知觉到。尽管在意识类型上,毕达哥拉斯与泰勒斯几乎是一样地处于具体运作阶段的开始,也就是群集的运作图式尚未完全构成的环节,所以一样地会以缺乏实体与属性、具体与抽象、质料与形式的二分法的方式看待始基,但泰勒斯找到水作为始基,毕竟是因为他经验地接触过作为感性实在的水,而毕达哥拉斯却不可能同样地经验到作为感性实在的数(哪里存在这样的数?)。那么,毕达哥拉斯是如何能够具有数为本原或始基的见解的呢?正如我们在前面已经指出的,因为他"看见了"数。但他不是像泰勒斯一样地以肉眼去看,而是用"心灵之眼"去"看"。他没有通过感官经验到数本身,他是在意识中以纯粹的方式**直观到**作为具体存在物的数本身的(这也就是我们在前面要说毕达哥拉斯在内省或反思中倾向于双重构造的逻辑—数理方面,说他所具有的是一种纯粹直观的道理)。这种数正是那"具有空间大小的"数。二千多年后,笛卡尔以同样的直观——他称为"**精神的看**"[①]——把握到这样的数,这使得他产生了一个关于"普遍数学"的设想。虽然这个设想没有完全实现,但却引导他发明了解析几何并做出了其他一些在科

[①] mentis intuitum,见 *Regulae ad directionem ingenii*, in *Oeuvres de Descartes*, Charles Adam & Paul Tannery, Vrin, Paris, 1996, IX, p.370. 该书的一种法译本的译者马里翁(J-L. Marion)说明了这里的 intuitum (intueri) 应译为 regard (regarder) 的理由,见 *Règles Utiles et Claires pour la direction de l'esprit en la Recherche de la Vérité*, The Hague: Martinus Nijhoff, 1977, p.9, p.295。他列举的理由之一,是如果不采取这个译法而是直接地译为 intuition("直观"),则容易造成与康德乃至胡塞尔的直观概念的混淆。但"看"本身毕竟就是一种直观,所以我们在此仍然将毕达哥拉斯和笛卡尔的这种对于数的认识称为直观,确切地说,纯粹的直观。至于它与康德、胡塞尔那里"直观"概念的关系,恰恰值得我们加以辨析。其实需要辨析的并不止是这些人物的"直观"概念,还应想到费希特、谢林等等的这个概念。这种辨析应该是单独的一部专著的任务,在本书中,我们只在必要时才涉及它。

学上奠基性的工作。① 笛卡尔这样描述他的直观：

> 如果我们研究的是图形，则让我们认为所处理的是一个有广延的和只有在理性中形象地表现出来才能加以认识的对象②；如果是一个［立］体，让我们认为所处理的同是有广延的对象，但作为长、宽和深来研究；如果是一个［表］面，让我们设想同样的对象，作为长和宽，略去深但却不否定它具有深；如果是一条直线，则只作为长来研究；最后，如果是一个点，设想同样的对象，略去一切而只除了它是一个存在物。③

在这里，几何学的对象既不是一种感官知觉的经验性具体实在，也不是这种实在的一种抽象或如休谟所认为的，是一种对它们不那么确切地概括的名称，而是一种只有理性才能够认识的，因而是**纯粹的**实在。一个这样的"点"——我们只是略去了它其实具有的空间大小，而它作为一个"点"所以仍然具有空间大小，则是因为它本质上是一种**连续统**——正是毕达哥拉斯，同时也是笛卡尔所理解的数。后者正是基于这种理解，才能将数与几何空间一一对应从而创立了解析几何。这样一种精神的看，无论是被看者还是看者，显然都是纯粹的、内在的：它无非是精神对于自身构成的，也就是前面所说的意识对于自身构成的纯粹运作方面的内省。

以通过对意识的内在结构的内省所认识到的始基"数"来说明宇宙的起源，这自然就造成了最初的本质发生学。这种本质发生学与早于它的泰勒斯基于始基"水"的发生学以及晚于它的赫拉克利特基于"火"的发生学之间的区别，在于这个本质不涉及感官的、现象的或经验的形象，因而是一种**纯粹的**本质发生学。相比之下，泰勒斯的发生学甚至可称为经验现象的发生学（赫拉克利特那里的情况比较复杂，他的火本论更可以

---

① 参见我的论文"笛卡尔'普遍数学'的方法论意义初探"（载《头上的星空——康德的〈纯粹理性批判〉与自然科学的哲学基础》，第271—281页）。
② subjectum，这个词在笛卡尔这里的使用中所意指的不是"主体"而是"研究的对象"。
③ 笛卡尔：《探求真理的指导原则》（*Regulae ad directionem ingenii*）,管震湖译,北京：商务印书馆1991年版,第84页。

说成是辩证发生学的先型①），尽管无论是在毕达哥拉斯还是在泰勒斯或赫拉克利特那里，由于所处的意识双重构造的阶段的局限，本质和现象的二分都还未十分地明确。

然而，无论如何，毕达哥拉斯距离米利都学派并不遥远。他至少还没有自觉地意识到逻辑—数理方面与物理方面的二分法，也没有明确地意识到他的内省所得的数与感官经验中的世界的区别。一句话，他对于意识的纯粹运作方面的内省仍然不那么纯粹。在这方面比毕达哥拉斯大大地朝前迈进了一步的是巴门尼德。他的哲学的第一个主张便是区分真理与意见。他所说的真理是关于意识的纯粹运作方面的，而意见则是关于意识的感性材料方面的，即仅仅通过"茫然的眼睛、轰鸣的耳朵……"所获得的知觉。②他坚定地走向通往真理的道路，而极端地拒斥走向意见，尽管后一条道路上走着绝大多数的人们。这就使得巴门尼德能够更加专注于对意识中双重构造的纯粹运作的或逻辑—数理方面的内省。事实上，巴门尼德对于世界本原的看法，也就是他对于"存在"的认识，的确是一种精神的看的结果。他坦言他之所以能够认识到只有存在存在，而非存在不存在，认识到这样的存在是无始无终的、不动的、不可分割的整体（"不动的一"），认识到它是一个球状的东西③，那是因为他"不能不这样说和这样想"。换言之，是一种对于内在意识结构——它制约着巴门尼德对于存在的思考的逻辑——的内省或反思导致了这样一些认识。举例来说，巴门尼德的学生芝诺（Zeno）这样阐述得出"存在是一"这个结论的理由：如果存在不是一，也就是说，它是可分的，并且分割后它的部分仍然是存在，于是它就是无限可分的。我们既可以想到它被分割到无，也可以想到无论如何地分割它，总还有那么一点儿。这也就是说，存在如果不是一，则它便既是小的又是大的，小会小到没有，大会大到无限。这显然是矛盾

---

① 《超绝发生学原理》（第一卷）的第 I 章系统地分析了作为一种辩证发生学的后康德主义。

② 见《古希腊罗马哲学》，北京大学哲学系外国哲学史教研室编译，北京：商务印书馆 1961 年版，第 50—51 页。

③ 巴门尼德说道：存在"很像一个滚圆的球体"（同上书，第 53 页）。这个命题的得来运用了纯粹（因果）必然性的概念，但在这一运用中，因果性完全没有针对任何感性经验，而是作为一种纯粹的形式被内省或反思。

的，因此存在必定是不可分割的一。① 由此可以看到，巴门尼德（以及芝诺）对于存在的认识和对于现象的知觉无关，在这一点上他们与毕达哥拉斯相似而与泰勒斯、赫拉克利特不同。特别地，他们对于存在的思考直接地涉及到后来被笛卡尔（在精神中）看到的广延性或者康德认为是直观形式的空间性，而这些又都只不过是对连续性直观的不同称谓罢了。类似的情况我们在毕达哥拉斯对于作为始基的数的思考中也曾看到。并且，正如我们在毕达哥拉斯用以得到"有空间大小的"数的结论的内省中所看到的那样，他之所以能够达到对于作为始基的数的认识与巴门尼德对于作为始基的存在的认识一样地是基于对纯粹的连续性直观。这种直观所以是纯粹的，就是因为它无关乎现象或外在的经验而仅仅是对于精神，也就是意识的内在结构的内省。这就是巴门尼德要说"思维与存在是同一的"的真正原因之所在！

巴门尼德的这种彻底否定感官认识的真理价值而将真理、实在和必然性完全归结为对于意识的内在结构的内省，归结为纯粹的连续性直观的做法，在人类哲学的历史上竖立起了一块里程碑。这显然是人类意识的双重构造进程中实体与属性、形式与质料等逐渐分化的，从而是群集的运作图式的构成——事实上，我们从巴门尼德对于"存在是存在的"肯定与对于"非存在是存在的"的否定就可以看到同一律和矛盾律的作用②——的一个必然结果。这样，巴门尼德就在哲学的历史上占据了一个特殊的地位，那就是在他那里，意识中连续性的直观与群集的运作中所包含的分类与分割关系（也就是**区分性**）的对立达到了前所未有的尖锐，这在他的学生芝诺对于"存在是一"的论证中就可以清楚地看到。我们还看到，在这种对立面前，巴门尼德坚定地采取了连续性的立场。这种立场与巴门尼德在内省和反思中具有的朝向双重构造的"正题"回归的倾向是一致

---

① 参见芝诺的著作残篇："如果存在没有大小，它也就不存在了。可是，如果它存在，它就必须每一个部分都有一定的大小和厚度，而且与别的部分有一定的距离。对于处在这一部分前面的那个部分，也可以说这样的话。那个部分自然也会有大小，也会有另外一个部分在它前面。这个同样的道理是永远可以说的。同一存在（整体）的任何一个这样的部分都不会是最外面的边界，决不会有一个部分与其他部分是没有联系的。如果有许多的事物，那么这些事物必然同时既是小的又是大的：小会小到没有，大会大到无限。"（《古希腊罗马哲学》，第59—60页）

② 参见《古希腊罗马哲学》，第51页。类逻辑的形式系统是在群集（类关系）条件下在与数学一样的基础，即无限性—连续性之上形成的。对于这一点的说明可以在本书的第十六章第二节的第一小节中看到。

第十三章　再寻"始基"：毕达哥拉斯—巴门尼德……发生学　　23

的。在他之前的毕达哥拉斯所采取的是同样的立场，但在这位数本论者的思想中，这种对立显然还未发展到如此尖锐的程度。相反，同样是有着强烈的回归"正题"的倾向的赫拉克利特比毕达哥拉斯更明白地表述了这种对立，只不过面对这个对立，赫拉克利特却与巴门尼德（当然也与毕达哥拉斯）十分不同地主张了一种辩证发生学。赫拉克利特的立场可以通过他的残篇语录看出：

　　我们既踏进又不踏进同一条河流，我们既存在又不存在。①

这是一种辩证法的立场。我们可以看到赫拉克利特的残篇中还有另一种说法："人不能两次踏进同一条河流"②。但这种说法所表达的其实是与前一说法不同的情况，即面对连续性和区分性的对立采取了区分性的（而非辩证法的）立场，它在认识上是由于**将反思执着于群集的运作**的结果。结合赫拉克利特其他的论述，我们愿意相信前一种说法更符合赫拉克利特的思想。③这种思想后来被黑格尔发展成一种辩证逻辑，它是在深入反思的动机中未能达到像毕达哥拉斯或巴门尼德所达到的纯粹直观时，对于群集的运作图式的直接否定的结果。在巴门尼德之后的前苏格拉底哲学家中，真正持有区分性立场的是恩培多克勒和德谟克利特，而阿那克萨哥拉持有的则是连续性的立场。到苏格拉底之后，由于群集的运作图式的不断完善化，在哲学家的内省或反思的意识中，连续性与区分性的冲突变得更加尖锐和激烈，结果便是柏拉图与亚里士多德各执一端，分别采取了连续性和区分性的立场。由此我们再次看到了我们在前面关于人类意识的双重构造所得到的由图13—1—2所表明的机制对于古希腊哲学思想和流派在理解方面与定位方面的有效性。一般地说，这些哲学家中在内省中有更强烈的回归"正题"倾向的，也就是在哲学上更为深刻的，必定注重基于感知—运动图式的整体性的、从而更为彻底的反思抽象，并因此更容易获得那种与连续性的广延—绵延相关的纯粹直观。而将内省或反思执着在群

---

① 参见《古希腊罗马哲学》，第27页。
② 同上。
③ 关于所引的赫拉克利特的残篇的真伪，或者这些残篇是否赫拉克利特的原话，是存在着争议的。我们并不需要深入到这种争论之中，对此有兴趣的读者可以参见《希腊哲学史》第一卷，第441页及其后的几页。

集上的哲学家，则无法触及纯粹的本质而仅仅关注到双重构造中图式或概念形成中的经验性来源。这就是为什么经验主义背后总有着直接奠基于群集之上的类概念的影子的道理。而如果在经验性方面执意深入，则会像赫拉克利特那样导致辩证法，即走到类逻辑的反面。

也许正是对于赫拉克利特深刻地执着于群集的运作图式所导致的通过现象的变动不居而否定类逻辑的做法的同样深刻的反击，巴门尼德在不否定类逻辑的情况下达到了纯粹连续性的直观的同时，特别地强调了真理与意见，也就是本质与现象的二分法，并且对其中的后一方面加以贬低。然而巴门尼德的这种观念产生的必然性却在于它体现了意识中双重构造的新的水平。这使得巴门尼德的学说，它关于真理与意见的二分法，成为人类意识的双重构造导致**诸对立方面的分离的第一个明确的标志**。巴门尼德对于"意见"的拒斥导致了它的学说的另一个重要的意义，那就是由于对于本质（真理）与现象（意见）的对立的明确意识而突出了哲学的本体论价值。这个学说因此以"一"与"多"的对立开辟了哲学史上对于这两者的关系的求解之途，并且暗示我们，哲学地，从而彻底地求解这一关系的先决条件是，这个"一"与这个"多"不能处于同一层面：只有"一"是真正的实在而"多"则只是幻象。但是由于他对于"意见"，从而对于"多"的极端拒斥，使得他的学说有本质之论而无发生之说，无法形成一种像毕达哥拉斯学说那样的本质发生学。尽管如此，巴门尼德的学说却作为前面说到的那个古希腊哲学中本质发生学的"反题"而促成了作为"合题"的柏拉图自己的哲学。[①]在巴门尼德之后，关于始基又有了阿那克萨哥拉的"种子"学说、恩培多克勒的"四元素"学说和德谟克利特的原子论。这些学说虽然各有很大的不同，但都重返到"一"与"多"之间的发生学关系的问题上。似乎是为此而付出的代价，它们的发生学都没有深入到巴门尼德那种纯粹的"一"。阿那克萨哥拉、恩培多克勒和德谟克利特分别在其学说中驻足于"种子"与"努斯"、"爱"与

[①] 毕达哥拉斯的作为万物本原的数似乎是"多"而非"一"，但这种通过纯粹的，从而本质的直观把握的数自身也有着它们的发生学过程，在其中真正原始的是"一"："他们断定数的元素和本原也是万物的本原。这些本原，如说的，也就是偶和奇，他们认为奇是有限，偶是无限。他们认为'一'是数的本原，由偶和奇构成，因为'一'同时是偶和奇。对此它常以同时生出偶和奇的能力来加以证明，'一'加到偶上生出奇，加到奇上生出偶来。"（《残篇》，《亚里士多德全集》第十卷，苗力田主编，北京：中国人民大学出版社1997年版，第235—236页）

"争"和原子与虚空的二元性之中。这毫无疑问地将使以探求本原为目的的哲学陷入困难之境,既然二元性本身就与始基或本原概念相冲突。从此,这种困难就成了哲学至今仍无法摆脱的噩梦,但它同时也是逼迫哲学家们寻找出路的动力。在哲学史上,第一个**自觉地**面对这个困难并力图克服它的哲学家就是柏拉图。通过从早期对于苏格拉底的理型论的追随到后期的变法,柏拉图最终完成了古希腊哲学中本质发生学的"正、反、合"的逻辑进程。

三 柏拉图的本质发生学

继前面所述的前苏格拉底哲学家之后,智者们在其思想中体现出了人类意识双重构造的进一步发展,这主要是**类逻辑**的进一步完善与因果性观念的强化。这种进步同时必定使意识中诸对立的二元进一步分离,智者们的论说常常给人们带来困惑的根本原因即在于此。这是我们仅从高尔吉亚关于存在的三个命题和他为海伦所做的辩护就可以清楚地看到的。高尔吉亚的那三个命题是:无物存在;即使存在某物,人们也不可能认识;即使有所认识,人们也无法对之加以表述并告知他人。①这显然是三个很强的怀疑论命题。它系统地否定了哲学探究世界本原和认识真理的可能性。从高尔吉亚对这三个命题的论证不难看出,导致他的这个结果的原因在于,首先,在他的论证中,"存在"已经不是巴门尼德的那种纯粹的、不动的"一",而是空间与时间中的**存在者**,即经验性的实存了。②其次,在他的

---

① 关于高尔吉亚这三个命题的内容,参见《古希腊哲学史》(汪子嵩、范明生、陈村富、姚介厚著,北京:人民出版社1993年版,第2卷的第5章第2节。

② 我们将在空间和时间中的、特别是可知觉的存在者——在本书的后面将称它们为"个体"——的存在称为"实存"(Existenz),以区别于巴门尼德的那种纯粹的存在。因此这种存在者毋宁称为"实存者"。从高尔吉亚对其关于"无物存在"等命题的论证来看,被说成存在的东西已经是这样的一种实存者,而其存在也已经是实存了。值得一提的是,这一区分与海德格尔的"本体论差异"的思想是一致的:在巴门尼德那里,存在与存在者尚未分离,或者不如说,存在者尚未脱离存在而成其为存在者。这个存在就是海德格尔的 Sein,而到了高尔吉亚那里,就已经成为了存在者,即海德格尔的 das Seiende。在本书后面的第十五、十六章中,我们将揭示哲学史上这种从存在到存在者的演变的本体论根据。第十六章,特别是其中的最后一小节将表明,作为本体论的超绝发生学与海德格尔的本体论毕竟有着实质性的差别。因此,即使是这种本体论有关存在的种种概念与术语与海德格尔有着某种接近,但还是有所不同的,例如,特别地,"实存"在海德格尔那里仅仅用于"此在"也就是人,但在这里却适用于一般的存在者。因此,在本书中我们将以"实存者"意指海德格尔以及其他哲学家所说的"存在者",而"存在者"在本书中则被用以指示在海德格尔那里所没有的"单子"。因此,在存在的产物中区分出存在者与实存者,也是超绝发生学概念系统的特点之一。

论证中已经有了丰富的对于日后组成类逻辑的那些基本规则的,特别是排中律的运用,与此共时地出现的是进一步完善的空间、时间和因果性等概念。而这正是意识的双重构造中新的进展的体现。它因此直接导致意识中抽象与具体等对立二元的进一步分离,存在者(实存者)作为具体物的概念便在这种分离中很自然地形成并成为物性基元的替代者。这样得到的高尔吉亚关于存在的三个命题恰恰表明了处于类逻辑的关系中的经验性实存,即诸存在者(实存者),完全不是巴门尼德的那个作为不动的"一"的纯粹存在。如果说在巴门尼德那里体现出初次通过内省而确认了双重构造的分离效应,同时却还因为这种构成尚不充分而比较容易地以多少有些物性基元的方式理解或不如说内省地得到那个纯粹的"一"的话,那么在智者以及在比他们更早一些的阿那克萨哥拉、恩培多克勒和德谟克利特那里,人类的思维已经难以回到那——无论是偏向于纯粹的还是偏向经验性的——物性基元式的"一",而只能留驻在"多"之中了。这对于探求万物的本原或始基的哲学来说,无疑是一种灾难。更为糟糕的是,没有了那个"一",则我们也无法安然地留驻于"多"之中,高尔吉亚的那三个命题已经充分揭示了这个困境:"无物存在"表明了存在者(实存者),即那个"多"说到底是虚幻的,而"即使存在某物,人们也不可能认识",和"即使有所认识,人们也无法对之加以表述并告知他人"则表明对于存在者(实存者)的任何认识都不可能是真理,真理更无法表达。

高尔吉亚基于意识的双重构造过程中至此已经比较充分地发展了的因果性概念为海伦所做的辩护更毁坏了人类对于善和自由意志的朦胧意识。在其辩护中,海伦的无过是以将她完全地视为**仅仅**按照事物之间的因果联系而存在的实存者为前提的。苏格拉底正是被智者的这些否定性的结论所激发而意图拯救人类的精神于困境之中。为此,他创立了关于**理型**(ιδέα, ειδος)的学说。柏拉图作为他的学生,在其一生中的大部分时期继承和坚持了这个学说,并通过"对话录"的形式用文字将它表述出来。在这样做的时候,柏拉图将理型论从道德领域推广到了一切领域并将其深化为一种系统的形而上学。

理型论虽然反对智者所得到的那些结论,但作为人类意识双重构造所得的意识结构的产物,它也——如果不说更加——是以类逻辑为基础的。理型论的基本原理是,任何具体事物,无论是经验的还是纯粹的,都有其同名的理型。这个理型为此事物以及与之同类的所有事物所共有。事实上，这些事物是因为分有了它们的理型而得以存在的。显然，理型在这里成为了本质，具体事物则成为理型的派生物。理型多少恢复了巴门尼德的作为本原的存在。但它们已经不再是"一"，而是"多"。只不过这个"多"无论与阿那克萨哥拉的"种子"、恩培多克勒的"四元素"还是德谟克利特的"原子"都不同，因为它具有巴门尼德的存在那样的纯粹性。然而同样显然的是，理型绝不像巴门尼德的存在那样是基于某种纯粹的数学性直观的，相反，它是基于作为群集运作的直接结果的类概念的。在意识通过群集运作形成实存者的**概念**的同时，也通过基于实存者诸多属性的类之间的属种关系对实存者**本身**做出了规定。这就使人有了通过类概念来体现实存者以及对于它们的认识的确定性的希望。苏格拉底正是将这种希望具体地寄托在了理型上。这时候，理型不过是作为对现象加以分类的根据的个体化或不如说**实体化了的类**。这个"实体化"在此是必须的，因为只有这样理型才可以成为那些"同名的"具体事物的存在理由。也就是说，由于理型的存在，通过类关系（属加种差）所定义的事物**在其实存上**就可以是确定的了。正因为理型的概念与类的概念之间的关系是如此紧密与直接，以至于今天的哲学家往往会将理型当作类来理解，例如罗素和胡塞尔就是典型，虽然他们各自的哲学又有着那样大的差别。我们已经从智者那里，甚至还从爱利亚学派的芝诺那里看到了类概念（群集的运作）是如何地会致使以探求本原为目的的哲学陷于困境的，理型论既然正是这样一种哲学，那么当我们接下来看到理型与类关系的这种联系破灭了苏格拉底寄托于其上的理想时，就不应当感到任何的意外了。这一切都与柏拉图后期所写的一部对话录《巴门尼德篇》有着直接的关系。这部对话录按照它的内容可以分为前后两个部分。前一部分主要是借助巴门尼德之口对在此前柏拉图所写的大部分对话录中宣扬的苏格拉底的理型论提出的批判。批判的矛头集中指向的是理型与**分有**理型的具体事物之间的关系。这就是所谓"分有问题"与"分离问题"，其中以前者尤为重要。只要对这个"分有问题"略做分析，便不难看到，问题之所以产生，是因为理型论所主张的理型自身所具有的那种实体性。也就是说，理型固然与类的概念有着深刻的关联，但它却并非像罗素甚至胡塞尔所以为的那样**就是类概念**。因为，后两人对于类概念的本质的理解尽管大相径庭，但都不会将同类的个别事物的实存本身看作是由相应的类概念所赋予的，然而柏拉图通过对话录所讲述的苏格拉底却认为同类具体事物因为对于它们的理型的分有而成为可能。正是理型的这一特点使得它自身不得不具有某种实体性。但就是因为理型具有的这种实体性，它之为同类具体事物所分有这件事就成了一个根本性的困难。在《巴门尼德篇》中，柏拉图借巴门尼德之口雄辩地指出，同类事物无论是整个地还是部分地分有理型都将导致悖谬的结果。例如在理型被同类事物部分地分有的情况下，如果被分有的理型是"大"，那么具体的大的事物所分有的只是"大"的理型的一部分，从而是较小的。分有了"较小的"理型却成为了大的事物，岂非悖谬？[①]对此，陈康一针见血地指出：在《巴门尼德篇》中揭露了分有的困难的三个论证有一点是共通的，那就是它们认为"大的理型""等的理型"和"小的理型"**自身**是大的、等的和小的。[②]这对于那种将理型当作类概念来理解的人来说是不可思议的，因为类概念仅仅是一类具体事物共同的属性，它本身并非实体（个体），所以说它本身具有该属性，例如"大"的属性本身是大的，"红"的属性本身是红的，这显然是错误的。一些诠释者甚至因此对所谓"分有困难"是否表达了柏拉图自己对于理型论的看法这一点表示怀疑。然而，在柏拉图所传达的苏格拉底的理型论中，理型的确具有自己的属性，即为它所代表的一类具体事物的那个属性中的最完美者，这是柏拉图的诸多对话录中都曾断言过的，例如在《会饮篇》中谈到的美本身，亦即理型"美"，就是一种"神圣的天然一体之美"。[③]也正因为如此，诸理型还有等级上的分别。在所有的理型中，理型"善"乃是最高的。这种等级的分别甚至还有着发生学的意义，因为理型"善"之所以是最高的理型，是由于它构成了实在与真理的原因。[④]所有这些都清楚地表明了，理型绝非今天在绝大多数场合下所理解的类概念，它不仅仅是具体事物的一般属性，更不是在对这种属性所做的归纳和概括的基础上的一个约定的名称，它是一种实体，并且它所具有的实在性要比任何分有它的同类或同名事物多得多。现在，问题在于，如果理型确实是这样的东西，那么柏拉图在《巴门尼德篇》中通过巴门尼德所表达的对于苏格拉底的理型论的批评就是有充分根据的了。而这就意味着，在《巴

---

① 见柏拉图：《巴曼尼得斯篇》（131D），陈康译，北京：商务印书馆1982年版，第63页。
② 见《巴曼尼得斯篇》，第66页。
③ 柏拉图：《会饮篇》（211E），载《柏拉图全集》第2卷，第255页。
④ 柏拉图：《理想国》（508E—509B），郭斌和、张竹明译，北京：商务印书馆1986年版，第267页；或《国家篇》，载《柏拉图全集》第506—507页。

门尼德篇》之前柏拉图通过其对话录所转达或宣扬的理型论存在着深刻而严重的困难。

其实，正是这个困难使亚里士多德选择放弃了这种理型论，不再将理型当作实体，而将实体的地位赋予作为具体事物的**个体**事物。但是，苏格拉底主张这样一种理型论毕竟是有他的道理的。这个道理在于，一方面，为了克服智者们由于意识中类逻辑结构的形成而在概念的分析上所得出的种种怀疑论和相对主义，具有同样发展了的类逻辑观念的苏格拉底便恰恰要将同类事物的概念理想化为理型以强调概念的确定性。另一方面，苏格拉底，尤其是作为学生而继承苏格拉底的学说的柏拉图还面对着另一个也许更为重要的哲学问题，那就是"一"与"多"的关系问题。这样，理型论或理型概念就必定有了第二种意义：将巴门尼德那里处于截然对立的状态中的存在（"一"）与意见（"多"）以某种理由统一起来。这个理由，我们知道，就是理型论的所谓分有说。理型尽管不止一个，但在这里，它们却充当了本体，也就是"一"的角色，因此必须由它们而发生出以种种同类事物的面目出现的"多"来。这就是所以有"众多的事物是由分有和它们同名的'理型'而存在的"[①]这个说法的缘由。除此之外，还存在着一个也许更为重要而深刻的让苏格拉底和《巴门尼德篇》之前的柏拉图主张这样一种理型论或理型概念的原因，那就是他们对于理型的认识并非像亚里士多德乃至罗素那样实际上是以归纳或概括的方式进行，而是以某种直观的方式进行的。柏拉图在《理想国》中通过那个著名的"洞穴比喻"想要告诉我们的，正是努力获得这样一种"观看"理型世界，观看"善"的认识能力的意义。[②]然而，此后这种直观的能力似乎因为意识中群集的运作图式或类概念意识进一步的发展以及由此发展所造成的诸对立二元的分离而变得衰弱了。这种情况在亚里士多德身上就已经有所体现——他表现出了缺乏这样一种直观的能力。正是意识的双重构造所

[①] 《形而上学》（987b10），第44页。
[②] 见《理想国》（518C），第277页，在那里柏拉图这样说道："知识是每个人灵魂里都有的一种能力，而每个人用以学习的器官就像眼睛。——整个身体不改变方向，眼睛是无法离开黑暗转向光明的。同样，作为整体的灵魂必须转离变化的世界，直至它的'眼睛'得以正面观看实在，观看所有实在中最明亮者，即我们所说的善者。"这里说到的"改变方向""转向光明"等，就是针对"洞穴比喻"中那些在洞穴中被迫总是面对洞壁的囚徒所说的，并借以比喻对于善的理型的认识的。

导致的那种对立二元的分离使得在亚里士多德那里，**理型为形式与质料的对立所解构**。理型不再是独立的实体，它蜕变成具体事物的种种规定性。这时候具体的、个别的事物即所谓"这一个"（τόδε τι），反被看作实体。作为实体的个别事物或个体被理解为由形式与质料所构成。这样一种看法的背后所隐藏的，正是直接以群集的运作为基础的类的思维，即通过属种的划分在概念上对事物加以确定，也就是说，将事物规定在属种关系之中。这就构成了亚里士多德式的**分类系谱**，于是理型的直观也就消解在了无限的属加种差的序列之中了。然而，新的困难恰恰在这里出现，因为对应于任何一个个体实体的分类系谱实际上都将是一个无限序列，这种情况使得通过属种的划分获得事物自身的确定性成为不可能。亚里士多德在个体实体之后又提出了一个"第二实体"的概念，以它来意指形式，甚至在有些文本中将形式说成是更为重要的实体，他的实体理论中的这些不协调正是这个困难的具体体现。① 由此看来，亚里士多德的建立在类概念基础上的实体理论虽然是对其中毫无疑问包含了某种直观因素的理型论的反叛，但它也与理型论一样未能解决在巴门尼德之后变得尖锐了的"一"与"多"之间的对立的困难。

　　然而，针对理论型的"分有"概念所造成的困难，解决"一"与"多"对立问题的可能方式并非只有亚里士多德的实体理论一种。事实上，就在《巴门尼德篇》的后一部分中，柏拉图已经以他**自己的**方式提出了解决这个困难的方案。柏拉图在这里写下的方案由"八个论证"组成。这八个论证之难于理解，造成了它的真正意义一直未被清楚地认识到。这八个论证围绕着同一个命题及其否定展开，即"一是"与"一不是"。其中最为重要的，当然同时也是最难理解的是第一、二组论证。我们在此略述其结构，以便对这八个论证的意义有一个初步的

---

① 亚里士多德在其较早的著作《范畴篇》中将个体说成是第一实体，而将属或种（形式）说成是第二实体。到了《形而上学》中，个体的实体地位显然下降，而形式似乎更被看重。但整个说来，实体的意指不是更清楚而是更模糊了。这一点从《形而上学》中的这样一段话便可以看到："……如若质料不是实体，其他又都无从谈起。因为，如若把其他东西取走之后，除剩下质料外就一无所有了。……从这个角度来考察，质料必然被看作是唯一的实体。……但这是不可能的，因为可分离的东西和'这个'看来最属于实体。因此，人们似乎认为，形式和由两者构成的东西，比质料更是实体。现在应暂且不谈由质料和形状构成的实体，因为它是在后的，清楚易见的。**应该考查的是第三种实体，这是最难解决的**。"（1029a13—2019b1，《亚里士多德全集》第7卷，第155—156页）

第十三章 再寻"始基":毕达哥拉斯—巴门尼德……发生学

领会。

　　第一和第二组论证都是就"如果一是"（εἰ ἕν ἐστιν）来探讨"一"的。这时可以有两种情况，即"如果'一'是"和"如果一'是'"。之所以会是两种情况，原因在于这个"是"（εἰμί 或其不定式 εἶναι）由于当时思维发生的水平（双重构造中类概念到类逻辑的进展）已经确立了它在主谓句式中的地位：连接主词与谓词。**其意义在于，一个主词的谓词所表达的是这个主词的意指所具有的属性，因而这个主词的所有可能的谓词将表达，也就是意指这个主词的实存。**这样，通过系词，显现了主词的意指与这个主词所有可能的谓词的意指的区分，也就是它的**存在与实存的区分**。[①]于是，所说的两种情况中，"如果'一'是"的意思就是"如果一是一"或"如果一存在"，即一是其作为主词的自身或意指，而"如果一'是'"的意思则是"如果一实存"，即一作为其所有可能谓词的集合或意指。[②]第一和第二组论证便分别针对这两种情况而形成。在第一组论证中，柏拉图逐次由前提"如果'一'是"（即"如果一是一"）得到下面的结论：(1) 一没有部分，也不是整体。其理由在于，既然一是一而不是多，则一便没有部分，从而也不是由部分组成的整体。[③]由部分组成的整体当然是可分割的，因此这一结论意味着，一是不可分割的。(2) 一没有端点也没有中心，一是无限（定）的（apeiron）。这更进一步表明了一不仅

[①] 参见前面第 25 页上的注释②。

[②] 柏拉图在第二组论证中说到它的前提与第一组论证的前提的不同："现在的这个假设不是：如若一一，乃是：如若一是，什么结果必然产生"。（《巴曼尼得斯篇》142C，第 166 页）这里的"一一"也可译作"一是一"，也就是"一存在"，而"一是"则是"一实存"。关于"一是"分为这样两种情况，亦可参见陈康的注释（同上书，第 120 页）。这种区分的出现，乃至系词或主谓关系的出现都是意识的双重构造的必然结果。意识的双重构造所达到的导致类逻辑关系的确定的运作亦是主谓关系的，从而系词产生的根据。与这个根据同处于一个共时性结构中的，是量的运作以及作为物理概念的空间、时间和因果性等，这些图式或概念使谓词成为可能。这种通过系词将主词与谓词区分在它的两端的情况直接导致了主词意指与谓词意指的分离。前者作为本质（或本体）而与作为现象的后者相区别。εἶναι 之为存在与其之为实存，这种一分为二的意义之发生正是海德格尔所谓的"本体论差异"的起源。εἶναι 作为系词"是"所对应的是其派生义"实存"。就此来说，在汉译中若都以"是"为 εἶναι 的译名且不加以说明，无疑有遮蔽这个重要的发生学意义之缺憾。参见本书后面第 219 页的注释①以及第 345 页的注释②。

[③] 见《巴曼尼得斯篇》(137C—D)，第 120—122 页。

是无限（定）的，而且是处处不可分割，从而是连续的。①（3）一没有形状。②（4）因此它也没有处所，无论是在其他的里面还是在其自身里面。③这样一来，一的形象就更加清晰了：它就是庄子说的那个"至大无外，至小无内"的东西。④（5）因此，一也没有静止和运动。⑤（6）一不同于其他的东西，也不同于它自身；一也不异于它自身，也不异于其他的东西。⑥得到这个结论的理由在于一之为至大无外至小无内的无限者："同"与"异"说到底都是一种比较关系，既然就这样一个无限（定）者来说，这种比较关系根本就没有意义，那么它自然也就无所谓"同"，也无所谓"异"了。（7）一既不类似，也不不类似其他的；既不类似，也不不类似它自身。这个结论很容易通过"同"与"类似"，"异"与"不类似"的对应关系类比得来。⑦（8）一不等于，也不大于或小于它自身与其他的。⑧

---

① 见《巴曼尼得斯篇》（137D），第123页。apeiron 这个词对应于我们的两种概念，即"无限"与"无限定"。这其实是同一个对于连续性加以分割运作唯有的两种不同表象。一种表象基于潜无限理解，即无限地分割下去，但永无止境。另一种表象则基于实无限的理解，即以为这种无限是某种实在（实现了的或可能实现的东西）。然而后一种理解将导致矛盾：既然这个无限是"实在的"，则作为实在者它必定既是零又是无限大。这正是芝诺以之得到"存在是一"的论证。这就意谓着，连续性本身若是一种实在，则对于它的分割就只能是不确定或无限定的，换言之，确定的无限可分者只能是一种潜无限而不能是实无限。不难看出，这正是我们在《超绝发生学原理》第一卷给出中的那个"超绝语义学的总体性质关系式"所表达的意思，在那里，为区别于那不可能的"实无限"，我将连续性称为"本原无限性"（见该书第122—123页）。

② 同上书（137D—138A），第124—125页。

③ 同上书（138A—138B），第126页。

④ 《庄子·天下篇》中说："至大无外，谓之大一，至小无内，谓之小一"。见《庄子集解》之"天下第三十三"（王先谦注，载《诸子集成》第四卷，石家庄：河北人民出版社1986年版，第223页）。

⑤ 《巴曼尼得斯篇》（138B—139B），第128—135页。在这里柏拉图这样论证道："如若任何的进入任何的里，当前者犹在进入的历程里，它岂必然是尚未在那个里面；如若它已在进入的历程里，它岂已非完全地在那个外面？……如若任何其他的将进入另一个里，那么只有那具有部分的方可；因为它的一部分可以已经在那一个里面，同时它的另一部分却是在外面。但那没有部分的，我想它是在无一样式里可以同时既不整个地在某个之内，也不在它之外。……那既无部分、也非整个的，岂不格外不能进入任何处所，因为它既不能部分地又不能整个地进入？"柏拉图这样就否定了一能够从一个地点移动到另一个地点。从这个论证中我们不难看到爱利亚学派的芝诺关于运动的悖论所做的论证的影子。

⑥ 同上书（139C—D），第136—137页。

⑦ 同上书（139E—140B），第142—143页。

⑧ 同上书（140C—D），第144—145页。

第十三章 再寻"始基":毕达哥拉斯—巴门尼德……发生学

这个结论是前面已经得到的关于一的性质不是同的性质以及一没有部分等结论的一个自然的推论。(9)一不在时间中。柏拉图能够得到这一结论,关键在于一的连续性。对于这样一种连续性,如果以时间(变化)的观念来看待它的话,就会是"有和它自身同一的年龄,同时却也变为比它自身年老些和年少些"。这当然是荒谬的,所以一不在时间之中。①(10)一既不是一,也不是。②在这一结论所由之得来的推理中,"是"的含义其实已经改变为"实存"。这样,一既不在时间中,它自然并不实存(即不是任何实在的具体事物),同时也不是一,即不作为一而实存。(11)一是不可说,不可知的。这样一个并非实存的一,便"既不被命名,也不被言说,也不被臆测,也不被认识,万有中也无任何的感觉它"③——这真是"道可道,非常道;名可名,非常名"④了。至此,关于"如果'一'是"的第一组论证便结束了。

　　如果我们抓住了第一组论证的要害,它便并不像看起来的那样地难于理解。这一组论证的实质,就是表明作为无限性—连续性的一(结论1和结论2)不在空间与时间之中(结论3—5和结论9)也不在关系之中(结论6—8),这样的一不是实存的(结论10),从而不可认识也不可言说。第二组论证是关于"如果一'是'"的,也就是说,它将讨论如果一竟然成为实存的,那么又会是怎样的情况。第二组论证展示了这样一个逻辑:讲"一实存"⑤,就意味着"一"与"实存"是不同的。而"一"与"实存"又都属于那作为主词的一,既然它是**一**个实存的。于是一就有了两个部分,即一和实存。但一的这两个部分,即一和实存是不可分开的,既然一实存。于是这个作为部分的一和实存各自又有其一和实存,如此以至无限,所以一也就是无限的了。⑥由于一实存,一与实存就相异了。这个异是既非同于一亦非同于是的第三者。⑦有了一、实存与异这三者,立

---

① 《巴曼尼得斯篇》(140E—141D),第148—155页。
② 同上书(141D—142A),第156—159页。
③ 同上书(142A),第161页。
④ 老子之言,见《老子道德经》(王弼注,载《诸子集成》,第四卷),第1页。
⑤ 即"一'是'"。为了便于区别于"'一'是",我们以"实存"替代"一'是'"中的那个"是"。
⑥ 见《巴曼尼得斯篇》(142C—143A),第166—170页。
⑦ 同上书(143B),第172页。

即就有了数（自然数）。因为这三者任意两者为二，而任一者加于二便有三，再加以两倍积、三倍积等等，可得任意数。①这由一实存而来的无限的数自然是实存的（这意味着实存已经是多②）。这些实存的作为实存的都只是一个，于是它们分有一。此时，一不能整个地被分有③，因此"不但是［即实存——引者注］的一是多，而且一自身也必然地由于是［实存——引者注］分为多"。④不难注意到，从这里开始，柏拉图从"一"到达了"多"。这表明《巴门尼德篇》的第二部分的真正目的依然是解决特别自巴门尼德以来的"一"与"多"的关系问题。通过八组论证中的前两个论证，柏拉图已经向我们表明，他的这种对于"一"与"多"的关系问题的解决方案与这部著作以前的理型论有了很大的，可以说是**根本的**不同。以前的理型论是想通过具体事物对于与之同名的理型的分有来解决"一"与"多"的关系问题的，这是一种静态的解决方式，八个论证所体现的则是一种**发生学的**解决策略。这一策略的高明之处在于它反映了意识的双重构造的逻辑，即通过这种构成达到了本体与现象或存在与实存的分化。"一"与"多"的关系问题的解决因此也就成为对这一分化的形而上学根据的把握。在这种把握中，作为本体的存在之一被证明是不可分的、连续的和无限（定）的，是不在空间—时间之中的独立自在的不可言说者。但这个一一旦（可）被言说，也就是当"是"**作为系词**使它与实存联系起来，它就成为可分的、处于空间和时间之中的多了。⑤这样的多甚至是无限的。然而这个无限却不是作为本体的一的那个与连续性同一的无限（定）性，恰恰相反，它是一种分割的无限性。显然，这里涉及的正是我们在本书第一卷中已经多次谈论过的实无限——确切地说是本原无限——和潜无限的关系。也就是说，第一组论证中那个作为本体的一是本原无限的而第二组论证中的作为实存者的一的无限则是潜无限。⑥在这

---

① 见《巴曼尼得斯篇》（143C—144A），第175—177页。
② 同上书（144A—C），179—180页。
③ "一既是单一的，它能同时整个地在许多处么？你想想这一点。——我想了并且见到，那是不可能的。"（同上书，144D，第182页）
④ 同上书（144C—E），第182—183页。
⑤ 关于这样的一是有空间形状的，处于时间中的，是可以命名，可以言说的，分别见《巴曼尼得斯篇》（145B, 151E—155D, 155D—E），第187页、第232—261页和第263。
⑥ 参见前面第32页上的注释①。

种情况下，如果要言说一的本质，就会陷于某种不确定甚至矛盾之中。第二组论证接下来所得到的一系列结论明白地断言了这一点：我们已经看到，这个实存的一"既是一又是多，既是整个又是部分"。因为可分而处于部分与整体的关系之中的一，就其是由部分组成的，它是无限的，而就其同时为一整体，它却只能是有限的。所以它"既是有限者又是数量方面的无限者"①。以及，这样的一"既在它自身里，也在其他的里"②。它"必然永远变动和静止"③。"一既是异于其他的，也异于它自身，同于其他的，也同于它自身"④；"一即类似又不类似其他的"，也类似又不类似它自身⑤；"一既等于它自身和其他的，又比它自身和其他的大些和小些"⑥，如此等等。

不难发现，在第一组论证的所有结论中表达一**"既不是……又不是……"**（如"一既不在其他的里，也不在它自身里"）的"对子"，在第二组论证中都被置入了**"既是……又是……"**的表达（如"一既在它自身里，也在其他的里"）之中。这种变化仅仅是由于存在的一之成为实存的。这一转变的关键在于对于一的区分，而这区分却又是由于作为系词的"是"的作用。这就告诉我们，存在的或本体的一一旦成为认识（区分是认识的一个基本前提）和言说（系词"是"的作用是言说的基本条件）的对象，也就是说，它一旦实存，这个认识和言说就不可能是完备的，除非我们接受上面提到的那种"既是……又是"的矛盾，例如承认这个一既是部分又是整体，既是无限的又是有限的，既是运动的又是静止的……。显然，只有一种可能让我们摆脱这个困境，那就是放弃对于一的完备的认识与言说（这等于放弃古希腊哲学自始至终的追求）。但这样一来，我们就将陷入无限倒退之中。这时我们只能在部分的无限相加**过程**中达到永远是相对的整体，只能在任何场合都强调"此一时，彼一时"，例如"在此刻运动，而在另一刻静止"等等。也就是说，为了避开矛盾，

---

① 《巴曼尼得斯篇》（145A），第 185—186 页。这种论证与康德关于数学性二律背反所谈到的十分类似。

② 同上书（145A—E），第 186—192 页。

③ 同上书（146A），第 194 页。

④ 同上书（147B），第 204 页。

⑤ 同上书（148D），第 212 页。

⑥ 同上书（151B），第 228 页。

我们必须引入序列和**时间**。我们可以在数学和物理学中分别看到这两种情况的实例。在这个意义上，我们可以认为，那作为存在的、本体的一相当于实存的一加上时间性。①这也就意味着，如果我们想在实存的层面上谈论和解读作为存在的、本体的一，我们首先就要阐明时间的意义。而如果这种解读所采取的是一种发生学策略，那我们首先就要揭示时间的起源。然而柏拉图在《巴门尼德篇》的第二部分所给出的这种发生学却根本未能于时间的起源有丝毫的揭示。无论是在第一论证、第二论证还是在我们这里未能提及的其他几个论证中，他都直接地引入了时间来探讨存在的一或实存的一却未对这时间自身的本质或来源有任何的说明。②在这种情况下，从存在的一到实存的一的进展中必定存在着一个未能明了的**跳跃**。③因此我们只能够说，柏拉图的这种发生学策略终究未能得到完满的落实。然而无论如何，通过《巴门尼德篇》的第二部分的这八组论证，柏拉图至少是尝试着给出一个完全不同于此前他在诸多对话录中所阐述的那个由苏格拉底创立的理型论的理论。因此我们以为，就纯粹哲学或形而上学而言，《巴门尼德篇》是柏拉图最重要的著作。它一方面对苏格拉底的，也是在这之前柏拉图所宣扬的以"分有"概念为核心的理型论进行了彻底的反省和批判；另一方面试图建立一个克服了这种理型论的困难的、能够解决巴门尼德以来关于"一"与"多"的关系问题的形而上学。正如我们已经指出的，这种形而上学乃是一种发生学，一种本质发生学。它摆脱了理型论的理型概念中类概念与直观的冲突，因为它放弃了这样一种其根据在类概念与直观之间摇摆的理型概念以及关于它的理型论，而代之以基于关于存在的、本体的一的完全直观性的概念的纯粹或本质的发生学。这种发生学作为形而上学十分自然地构成

---

① 这里我们用"时间性"这个概念意指先后秩序，无论它是数学的还是物理的，纯粹的还是经验的。这一结果的深刻含义体现于我们在第十五章的第三节中将揭示的超绝发生学逻辑必定在某种体验流的方式下方进入认知层面这一事实。

② 不过论证中那个涉及时间（关于"年老些""年少些"等）的部分的确是最令人费解的部分，以至陈康专门写过一篇《柏拉图年龄论研究》的文章来讨论它们。这些对于时间的涉及有一个共同的特点，那就是与连续性有着直接而深刻的关联。

③ 事实上，在从第二论证向第三论证过渡的部分中，柏拉图有过一次针对时间性的朝向对于存在的一的阐释的努力。但这个努力所得到的仅仅是"一个奇异事物"——"突然"（τὸ ἐξαίφνης）(《巴曼尼得斯篇》，156D，第275页)。就这个"突然"不在时间之中而言，它代表了存在的、本体的一，然而它仍然无助于揭示时间的本质或起源。

了柏拉图后期宇宙论的基础。这一点我们可以在《蒂迈欧篇》中看得十分清楚。

在《蒂迈欧篇》中，柏拉图借蒂迈欧（Timaeus）之口给出了一个虽然看起来粗糙但相当完整的宇宙创生论：造物主先造出了诸天（体），然后给它们以材料并教以法则，让他们造出天上、陆地和水中的生命。虽然借用了造物主（神）的名义，但柏拉图的宇宙学却尽可能地成为一种理性的，而非神话的系统。这个宇宙学显然吸收了柏拉图以前恩培多克勒的四元素（水、火、土、气）概念和阿那克萨哥拉的种子概念。它主张宇宙的基本成分就是这四元素，而四元素在组合上所具有的内在秩序则称为灵魂。灵魂如种子一般地存在于宇宙事物的任何可能的部分之中，无论它有多大，也无论它有多小。①四元素本身是由微小的几何形体构成的。正四面体是火，正六面体（立方体）是土，正八面体是气，正二十面体则

---

① 关于宇宙的基本组成是水、火、土、气，见《蒂迈欧篇》31B—32C（载《柏拉图全集》第3卷，王晓朝译，北京：人民出版社2003年版，第282—283页），而灵魂与种子的关系，则如柏拉图所说："神……制成了各种灵魂植入种子，使灵魂被包裹在种子中，使髓的种类也像它后来接受的不同灵魂的种类一样多。"（同上书73B—C，第326页）这样的种子与阿那克萨哥拉的种子一样具有某种"全息性"，这是由灵魂的制作方式决定了的："神以这样的方式从下述元素中把灵魂创造出来。他用不可分的、永恒不变的实体和归属于物体的可分的实体构成第三种中介性的实体并将它混合于那两者之中。他以同样的方式处理了同与异，在它们的不可分的部分和可分的、物体性部分中混入从中得到的东西。接着他将这三种混合物混在一起做成一种统一体，迫使不易混合的异与同统一起来。现在，在他将这两者与实体混合并将三者做成了一个混合物后，他再将这整个混合物分解为他的任务所需的数量的部分，每一部分都包含着同、异和实体。"（同上书34C—35B，第285页，译文有所改动）当然，到底是灵魂构成了种子还是它进入了种子，柏拉图说得并不清楚，这种含糊想必与我们接下来所指出的他的发生学的根本困难有直接的关系。但无论如何，灵魂体现了宇宙构成中的秩序这一点是毫无疑问的。"灵魂从宇宙中心扩散到各处，直抵宇宙的边缘，无处不在，又从宇宙的外缘包裹宇宙，而灵魂自身则不断运转，一个神圣的开端就从这里开始，这种有理性的生命永休止，永世长存。天的形体是可见的，但灵魂是不可见的，分有理性与和谐，是用最优秀的理智造成的，具有永恒的性质，是被造物中最优秀的。"柏拉图接着说道："灵魂乃出于'同'、'异'和'存在'三者的混合，又经过了按照特定比例进行的分割与联合，处于回归自身的旋转之中，所以它一接触到任何存在的事物，无论是分散成部分的还是完整的，灵魂都会自行启动并贯通整个存在，并且宣示这东西和什么相同，和什么相异，与什么事物相关，以什么样的关系、为了什么、在什么时间，同时作用于这个生成的世界和永恒不变的世界中的每一事物，并且受它们的影响。"（同上书36E—37B，第287—288页，）读者可以在读完本书的第十五章之后，将超绝发生学中所说的"灵魂"与这里柏拉图所讲述的灵魂的诸多特征加以对照，可以看到它们之间虽然是隐约的但却是有趣的相关性。

是水。①而这些几何形体自身又由所谓基本三角形按照某种数的法则构成。②柏拉图更隐晦地表示了这些基本三角形最终也是由数构成的。③这就表明柏拉图的宇宙论虽然吸收了恩培多克勒和阿那克萨哥拉的思想，但它从**根本上**说却是毕达哥拉斯式的。但这绝不意味着这种宇宙论等同于毕达哥拉斯的宇宙论。它与后者的根本区别在于，由于在柏拉图之前和毕达哥拉斯之后有过伟大的巴门尼德，柏拉图的宇宙论必定以从本体论的意义上解决"一"与"多"的关系问题为基础。换言之，柏拉图的宇宙论不过是他在本体论上对于"一"与"多"的关系问题的解答的一种自然哲学式的展开。与此相应地，在柏拉图的宇宙论中便有了毕达哥拉斯学说中所没有的、体现了形式与质料二分的观念。这种情况的发生当然是由于毕达哥拉斯与柏拉图在人类意识的双重构造进程中所处的位置不同造成的。柏拉图的宇宙论中的形式与质料二分的观念包含在这种宇宙论关于造物主之创造宇宙的三个条件之中。这三个条件在《蒂迈欧篇》中分别有三种表达，即（1）实体（ουσία）、同、异；（2）模型（被模仿者）、接受者、生成者；（3）存在（ὄν）、空间和生成。④在这三种表达中，第一种最接近我们在《巴门尼德篇》中看到的八组论证中的第二组，也就是在关于"如果一'是'"或"如果一实存"的论证中所看到的"实存"、"一"和"异"。⑤这已经充分地表明了《蒂迈欧篇》中的宇宙论与《巴门尼德篇》中的本体论之间的密切关系。但在《蒂迈欧篇》的宇宙论中，柏拉图却还要再给出另外两种表达。在这两种表达中模型和存在（这时应当作"本质"来理解）大致相当于后来被亚里士多德称为"形式"的东西，而接受者和空间则相当于亚里士多德称为"质料"的东西。可见，尽管柏拉图已经在《巴门尼德篇》的第二部分中努力给出了一个本质发生学框架以解决理型论的（分有）困难，但由于我们在前面指出的那种"未明

---

① 参见《巴曼尼得斯篇》55E—56C，第308—309页。
② 同上书54C—55C，第306—308页。
③ 同上书31B—32C，第282—283页。
④ 分别见同上书34C—35B，第285页；50C—50D，第302页；51E—52D，第303—304页。
⑤ 在《蒂迈欧篇》中的这个"同"、"异"和"实体"分别是"不可分、不变化的"，"分布在物体中的"和"中介性的"。因此，这个"同"对应于《巴门尼德篇》中的"一"，"异"对应于那里的"异"，而"实体"则对应于那里的"实存"。

了的跳跃",他在《蒂迈欧篇》中竟无法仅仅依靠那个本质发生学来建立一种宇宙论,从而不得不借助类似于"形式"和"质料"这样的概念。但这两个概念即使是到了亚里士多德那里也无法真正克服面对"一"与"多"的关系问题时所陷入的困境。在《蒂迈欧篇》中,我们看到,即使模型或本质——它们在这里按照《巴门尼德篇》的第二部分的本质发生学而毕达哥拉斯化了,即不再是此前的理型论中那种与类概念对应的理型而是数及其关系——被设定为造物主所固有从而不再追问其根据,但接受者或空间仍然无法被归结为模型或本质,这样所造成的二元论无非是以另一种方式重复了理型论的"分有困难"乃至柏拉图的本质发生学自身的困难。①

这样一种困难在毕达哥拉斯那里却不存在,其原因仅仅在于毕达哥拉斯的数本来就是"有空间性大小的"。但是体现了双重构造中已经发展了的意识的柏拉图的本质发生学,尽管与毕达哥拉斯的数的本体论有着如此的相似性,却因为意识的双重构造由于群集的运作图式的形成所导致的形式与质料、抽象与具体等二元对立的作用而不得不在数及其关系,也就是数的理型(《蒂迈欧篇》中造物主的模型)②之外,再设定一个接受者或空间来,以构成一个从"一"到"多"的发生学。这样一种困难因此是根本性的,它的这种根本性在于它是意识以双重构造的方式发展的必然。这就是为什么紧接着就有了亚里士多德在形式与质料的二分法上所遇到的困难。这个困难显然是从那以后至今哲学上所有重要的、不同形式的困难的原型。然而,尽管如此,对于我们来说,柏拉图在《巴门尼德篇》中总结了他从苏格拉底那里继承下来的理型论的困难之后所尝试的本质发生学毕竟第一次表明了面对哲学由于意识的双重构造而注定要产生的这种困难还存在着一种不同于后来亚里士多德所做出的选择。这是一种努力探究形式与质料的分化与对立**之前**的存在,即从实存而追溯存在,从实存者而追溯存在本身的选择。在接下来的一节中,我们将会看到,这种选择的结

---

① 在《蒂迈欧篇》中,柏拉图在谈及这个"接受者"时说道:"它是一种不可见的、无形状的存在,它接受一切事物,以某种神秘的方式分有理智,是最难以理解的。"(同上书51A—B,第302—303页)

② 关于柏拉图学派的未成文学说以及与之相关的数的理型论的种种故事,说到底不过是真正属于柏拉图自己的那个学说,即《巴门尼德篇》第二部分的那个本质发生学自身的困难的表象罢了。

果，也就是柏拉图的本质发生学，正是哲学发展的历史上第一个超绝哲学，或者更确切地说，是超绝哲学的先型。

第二节　从本质发生学到超绝发生学

一　本质发生学产生的发生学根据

这一章的整个第一节向我们表明，人类意识的双重构造是如何地影响到，甚至决定了古希腊哲学的发展形态的，并且指出在这一时期的哲学中，存在着一个体现了哲学反思的深度的毕达哥拉斯—巴门尼德—柏拉图的本质发生学的形成线索。现在，我们想**进一步地**思考这样一个问题：这一本质发生学是如何因为人类意识的双重构造而成为哲学反思的必然结果的？

答曰：这是因为，首先，无论哲学与科学是像一开始那样未分化地融合在一起还是像后来那样逐渐分化，哲学都是提供世界根本图景的世界观。这里之所以要说"世界的根本图景"，不过是想将世界本来如何与它在感官经验中的形象区分开来。这种区分的意义在于，尽管似乎人类的感知，也就是直接的感官经验——例如那儿有一棵虬松——是不取决于意识的主动性的、我们的感官对于"外物"的印象，或者如我们通常所说的"现象"，[1]但**如何**理解这些现象，也就是认识这个向我们呈现着的世界的本质，却不能不依赖于意识的主动性。这种主动性的最高体现就是哲学，既然哲学要认识的是万物的始基或本原。上一节已经告诉我们，哲学如何理解世界的本质，如何认识万物的始基，是由意识的双重构造所决定的。实际上，这种基于双重构造的意识的主动性对于认识我们眼中的世界究竟**是**什么所起的作用还远不止于此。现象所以被认为是不由意识的主动性决定的，是因为总存在着某种虽然为我们所感知，但却并不以我们的意志为转移的东西。这其实也就是笛卡尔在其《第一哲学沉思集》中所说的那种被动的感觉。笛卡尔正是据此——虽然不仅仅据此——相信区别于我们的意识或灵魂的另一种实体（即物体）的存在的。[2]然而，除非我们对这

---

[1] 正如我们在后面将表明的，事实上现象并非不涉及认知的主动性。那种前认知的感性质料如果是可能的话，也只能是认知阶段出现之前的事情。

[2] 见笛卡尔：《第一哲学沉思集》，庞景仁译，北京：商务印书馆1986年版，第83—84页。

种感知完全不问一个为什么，或者说，除非我们仅仅感觉而不知觉，否则就不得不承认，我们的知觉中已经包含了意识的主动性，因为知觉中本来就**不可分割地**包含着这种主动性。包括皮亚杰的学说在内的当代认知心理学研究无一不告诉我们，知觉的活动与构成这种活动的认知意义的意识的主动性是不可分的，甚至这种活动本身就是由这种主动性所支配的。在任何情况下，都不存在"纯净的"感觉。这种不带有任何意识的主动性的感觉只是一种并不真实地存在的早期经验主义虚构的童话。[1]而这种意识的主动性，皮亚杰的研究表明，与我们前面所揭示的体现于哲学思考之中的意识主动性一样，其类型与结构都是由意识的双重构造所决定的。因此可以说，我们面对着的世界究竟是怎样的一个世界，最终是由意识的双重构造所决定的。换言之，**意识的双重构造说到底也就是世界的构成**。其次，结论已经十分明显，哲学既然要探求世界的本原，这个本原就隐藏在这个双重构造之中。[2]这就是为什么我们看到在古希腊哲学中，那些深刻的、在对于世界本原的探究中走得更远的哲学家都不是向外诉诸于感官经验，而是向内在内省或反思中追寻实际上是意识自身的双重构造的本源的道理。这个本源，我们从这些哲学家，也就是毕达哥拉斯、巴门尼德和柏拉图那里看到，与某种连续性的直观有着深刻的联系。通过对皮亚杰的双重构造理论的分析与批评，我们曾认识到这种直观就蕴含在作为意识的双重构造的根源的感知—运动图式之中，或者说，隐藏在身体的**活动**之中（见前面的图13—1—2）。从这里开始的意识的双重构造既是反思着的哲学自身何以可能的根据，又是世界何以是如此这般的真正原因。这就是为什么以探寻万物的始基为目的的古希腊哲学中最为彻底的、最为深刻的哲学走出的是一条本质发生学道路的根本原因。这个发生学不过是力图在纯粹的条件下（不取决于感官经验地）在理论中重构世界由那个最本源的直观（"元一"、是"一"的存在）演绎出来的逻辑线索罢了。

这就是上一节所揭示的本质发生学的毕达哥拉斯—巴门尼德—柏拉图

---

[1] 塞拉斯（W. Sellas）曾称此为"所与的神话"。在第十五章第一节的第二小节中，我们还将对塞拉斯的这个观点做进一步的分析。在那里，我们还将指出，尽管经验主义者们设想的那种不带有任何认知的主动性的"纯净的"感觉并不存在，但这并不意味着感觉没有一个自己的、不同于那些认知主动性的来源。

[2] 严格地说，这种说法**仅仅**适用于经过超绝发生学改造过的"双重构造"概念。关于这一改造，我们在第十六章有深入的探讨。

路线的实质,是这一路线在古希腊哲学中必然出现的原因。在毕达哥拉斯那里,本质发生学的"本质"还未能明确,因为在那里还没有本质与现象、"一"与"多"的二分法。巴门尼德作为这一路线自身的"正、反、合"的辩证发展的"反题"而确立了这种二分法,从而使得此后的探求必定具有了本体论的意义。这个意义在于说明"一"与"多"的关系。这样一种本体论在柏拉图那里,确切地说,是后期的柏拉图那里才得到实现。我们在本书第一卷中断定为超绝哲学的基本特征之一的构成性,在这里已经有所体现,那就是从作为本原、本体或本质的"一"到作为现象世界的,或不如说作为这个世界的具体的诸原则和基本概念的"多"的演绎。由此可以体会柏拉图的本质发生学在何种意义上就是超绝发生学的先型。

二 从本质发生学到超绝发生学

作为一种精神活动的必然,本质发生学的传统一直延续到近代,在笛卡尔那里得到了重要的提升。虽然在某种意义上笛卡尔的哲学源于对中世纪所继承的亚里士多德传统的反叛,但似乎不可避免地,亚里士多德哲学中那个深层的因执着于群集运作所导致的、通过其分类系谱而将存在存在者或实存者化的做法,在笛卡尔的哲学中仍然有其影响。这一点我们曾在本书的第一卷中指出过。[①]很可能,正是这种影响使得笛卡尔未能完成他的属于柏拉图传统的"普遍数学"的构想。在莱布尼茨那里,这种影响变得更加明显,以至于为康德的伟大发现提供了契机。康德的批判哲学发端于他的《就职论文》中对于感性与知性世界的区分,发端于他将空间与时间作为直观形式区别于**直接地**关涉于类概念的知性范畴。由于一种非常深刻的原因,这一区分与看上去更像是直接起因于对所谓"休谟问题"的回答而导致的哲学上的"哥白尼革命"联系起来,而这个革命则以"验前综合判断如何是可能的?"这样一种康德式的发问昭示了哲学的超绝维度。《超绝发生学原理》第一卷的最后一章曾经告诉我们,由于康德未能揭示知性范畴本身的根据——这个根据其实就隐藏在直观形式与知性范畴的深刻的关联之中,——便使得在他那里,未能实现超绝维度的发现本来应使其哲学体现出的那种柏拉图式的本质发生学的彻底性的极致。

---

① 见《超绝发生学原理》第一卷,第 325 页。

第十三章 再寻"始基":毕达哥拉斯—巴门尼德……发生学

然而,这是一种怎样的极致呢?它可以通过这样两个命题得到刻画:(1)**只有超绝哲学才是本真意义上的哲学**;(2)**一个完备的(成功的)超绝哲学只能是超绝发生学**。这两个命题所断言的超绝发生学便是古希腊哲学中柏拉图传统的极致,是本质发生学的极致。

哲学在古希腊始于对万物始基的探求。在这一持续不断的探求过程中,随着意识的双重构造中群集的运作图式的作用,逐渐形成了实体与属性、本质与现象和主体与客体的分离和对立。这种对立在亚里士多德那里由于他对于意识中这种群集运作的执着而有了充分的体现,其中之一便是提出了**符合论**的真理观。于是哲学对于万物始基的探求这种活动本身便表述为主体对于客体的不断增加其符合程度的认识进程。在这个进程中,哲学与科学构成了一个连续统,因此将亚里士多德的第一哲学称之为"自然科学之后"倒是恰如其分的[1]:每当我们确定了某些事物的原因,这个原因作为事物仍有其原因,如此追溯下去,那最初的原因便正是哲学所要探求者。[2]当哲学实现了对于这个最初原因的探求,主体与客体也就达到了,至少是在原则上达到了完全的符合。然而,主客体的这种分离或对立,或者说认识的这种符合论关系一旦确立,就不可避免地有种种怀疑论相伴随地出现。这甚至在亚里士多德之前的德谟克利特,特别是智者那里便已经有所体现。于是,哲学的进程中便呈现出一方面是对于本原或始基的不断深入的探索;另一方面是对于这种探索的可能性再三出现的怀疑和否定。正是这样一种情况最终导致了康德哲学的出现。在这种哲学中,至少在形式上,"万物的始基是什么?"这种问题被那些使我们的认识成为可能的所谓验前的认识——验前综合判断——自身如何可能的问题所取代。我们现在已经习惯于将对后面这种问题的回答称为为认识"奠基",也就是说,询问认识的**最后根据**。康德将这样一种为认识奠基的哲学体系称为"超绝的"。显然,如果说询问万物的始基是什么已经体现了哲学固有的彻底性的话,那么回答认识本身如何是可能的,这同样也体现了一种

---

[1] meta-physics 中的 physics 在 19 世纪初以前意指自然科学,所以它的意思是"自然科学之后"。

[2] 这种对于"最初原因"的探求其实是哲学区别于其他学科的唯一的、根本的特征。例如数学家研究数的性质与关系,但他们不会纠缠于"究竟什么是数?"这样的问题,物理学家研究物体在空间与时间中的运动,但他们一般也不会去穷究"时间究竟是什么?"等等。在这个意义上,"自然科学之后",也就是为自然科学奠基。

哲学的彻底性。在我们刚才简要的叙述中已经包含了哲学从其开端到超绝哲学的诞生的进程的一种内在的逻辑必然性。这种必然性仍然是以"正、反、合"的三段式逻辑体现出来的。"万物的始基是什么？"这个问题中就已经潜在有主、客体的对立，这种对立由于哲学发展历史上诸种怀疑论的作用被揭示为现实的，它造成了哲学的一种现实的危机。这个危机催生了康德的哲学以及其后所有冠以超绝之名的哲学，它们的共同宗旨正是重新统一主、客体。如果说主客体的统一在哲学关于万物始基的第一问中与主客体的对立一样仅仅是潜在的话，那么，这种统一通过超绝哲学就应该获得一种现实性。换言之，最初的哲学是哲学发展的"正题"，而超绝哲学则是哲学发展的"合题"。合题乃是潜在于正题中的理想的现实化，依照这一黑格尔式的辩证逻辑，**超绝哲学就应该是哲学理想的实现**。正是在这个意义上，本真的哲学只能是超绝哲学。

那么，又为什么说一个完备的（成功的）超绝哲学必定是超绝发生学呢？为了回答这个问题，让我们稍稍深入到刚才说到的三段式逻辑中去。如果说前面我们通过历史的宏观描述表明了哲学必然从最初的对万物始基的追问辩证地进展到超绝哲学对于认识如何可能的论证，也就是对于认识的最后根据的探求，那么，我们还可以通过分析这里所涉及到的基本因素的微观结构——对原因的探询、对认识的根据的确认和关于主客体对立的意识等——来进一步揭示超绝哲学之为哲学理想的实现的深刻意义。

与探询万物始基相关的原因概念是与现象—本质的二元关系相对应的，这一点是在巴门尼德关于意见与真理的区分的观念中，或者至少是在德谟克利特从其原子论的立场出发对于知觉的分析中就已经被意识到了的。对于这种二元关系的理解日后衍生出了第二性的质与第一性的质的区分。例如我面前的这张桌子的桌面以我知觉到它的那个样子实存着：它是棕色的，有木纹的，长方形的，有一定的硬度的……。我知道这是因为它是由木板做的，在它的表面涂了一层油漆。我可以依照主客体关系，将我对桌面的知觉理解为我的表象，而将构成桌面的木板和油漆理解为与这个表象对应的作为客体的桌面本身。这时候，这个客体**既是**我对于它的表象的一个原因，**也是**作为一种认识的这个表象的一个根据。但构成桌面的木板与油漆并不是真正的客体，因为我知道，它们都由是某些种类的分子所构成的。换言之，木板与油漆其实也是我的表象，它们对应的客体是那些种类的分子。然而甚至分子也不是真正的客体，既然它们**不过是**处于一定结构中的一些自身在电磁力的作用下由原子核与电子结合而成的原子。显然，这种追溯可以一直进行下去。"图13—2—1"对这种情形做出了概括，例如最初的"表象1"和"客体1"分别意指我对桌面的知觉和构成桌面的材料（木板和油漆），而"客体2"则意指构成木板和油漆的诸种分子及其结构，……。图中的"表象"与"客体"的关系由连字符表示。就像桌面的例子所表明的，每当认识前进了一步，原来（被认作为）的客体就成了表象，确切地说，成了处于一定关系中的表象。但这个关系不再是符合的关系而是推演的关系了，例如以诸种原子在电磁力的作用下形成一定的结构来推演出分子的诸种性质，由油漆分子（"客体2"）的性质推演出当日光照射在构成桌面的木板和油漆（"客体1"，它被认识之后即成为表象，即"表象2"的一部分）上的时候的反射光谱（我看到的棕色等，即"表象1"），等等。这样，如若哲学的探询始基的目的是可以达到的，那就意味着我们可以认识"图13—2—1"中的"客体n"。这个"客体n"，如我们刚刚指出的，既是它前面所有"客体"的最初原因（始基）又是它前面所有"表象"的最后根据。这一点显示出了一个基本的事实，即在这样一个体现出哲学的彻底性本质的关系中旨在寻找认识的最后根据（为认识奠基）的

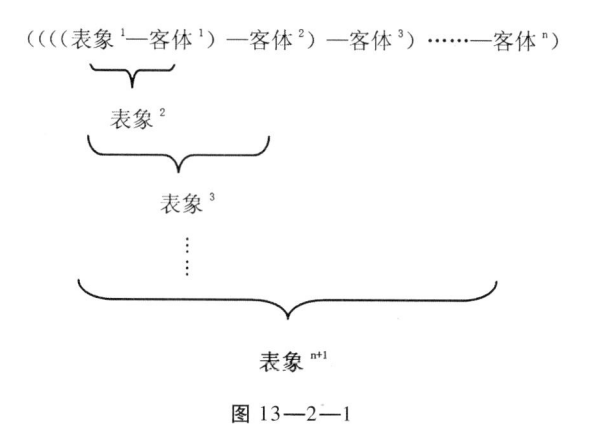

$$((((表象^1—客体^1)—客体^2)—客体^3)……—客体^n)$$

$$\underbrace{\qquad\qquad\qquad}_{表象^2}$$

$$\underbrace{\qquad\qquad\qquad\qquad}_{表象^3}$$

⋮

$$\underbrace{\qquad\qquad\qquad\qquad\qquad\qquad}_{表象^{n+1}}$$

图 13—2—1

认识论与寻找万物的始基的本体论将合二为一。我们还看到，这样地被认识到的"客体n"将立即成为"表象n＋1"的一个部分，并且全部主客体的关系也因此将转变为表象间的关系：整个世界将成为一个表象

的系统，即"表象 n + 1"。①

　　这样一个被彻底化了的泰勒斯式的对于万物始基的探求图式，立刻便可引出一个改良了的贝克莱式的结论：存在者或实存者就是表象的复合。这表象可以是知觉，也可以是比知觉更加复杂的观念，但这些观念无论如何复杂，如何远离知觉，说到底它们仍然是基于知觉的构成物。例如前面提到的分子结构并不能被直接地知觉到，但在原则上，它们通过一定的方式总是能够被知觉的。甚至对于像夸克这样的观念，作为对于作为被解释项的知觉（微观现象）的解释项，它的实在性依然可以归结于直接的知觉。然而，这个贝克莱式的命题却体现了图13—2—1所示意的分析结果的形而上学不彻底性，因为它至少存在着两个困难。首先，所谓表象的复合，在上述分析中，就是表象之间的因果关联。但问题在于这种关联如果不是一种纯粹的预设，那么它自身存在的根据何在？显然，这一问便体现了前面我们提到的休谟的怀疑论论题出现的必然性。其次，既然所谈论的是表象，而表象作为心灵中的实存者却有着一个不容否认的特性，那便是"它总是我的表象"，即表象本质地具有我属性（即所谓"第一人称性"）。正是基于对表象的这种我属性的意识，笛卡尔提出了在其后的哲学史中可说是占据着中心地位的概念："我思"（cogito）。我们说过，面对着怀疑论的冲击，康德第一次系统地以超绝理论的方略规划了对于认识的奠基，也就是规划了确定认识的最后根据的工作。这个方略恰恰是要基于"我思"——它在康德的超绝演绎中被明确为"超绝统觉"——明示出包括因果性在内的、使得诸表象及其关联成为可能，从而也就是使认识成为可能的"超绝逻辑"。在这样一种逻辑中，"我思"才是认识的最后根据的真正意指。②换言之，图13—2—1中的那个"客体 n"作为认识的最后根据就是"我思"或超绝自我。这实在是一个让人震惊的发现：作为主体，确切地说是作为绝对主体的"我思"原来竟然是万物的始基，是万物最初的原因！这让我们在脑海中对于前面所说的万物的最初原因与认识的最后根据之间的同一性有了一个更为清晰的图像。在这个图像中，

----

　　① 《超绝发生学原理》（第一卷）的"导论"中也曾有过与这里通过实例所做的类似的对于哲学探求万物始基的进程中主客体关系的分析。只是这里接下来的分析将更加深入和完备。
　　② 事实上，这是康德的"哥白尼革命"的必然结论，但他的超绝演绎并没有真正地贯彻这个结论，既然这个演绎始终无法内化自在之物（参见《超绝发生学原理》第一卷，第十二章，特别是其中的第四、五两节）。

事情的逻辑不再是图13—2—1所示意的那种直线式的，而是圆圈式的了（见图13—2—2）。这样一种逻辑意味着，**在像康德的那种以超绝演绎为核心的超绝哲学中基于"我思"或超绝自我明示认识如何可能的根据或理由的诠释系统，就其本质来说应与对于万物所由以存在的因果关联的陈述系统等价**。①我们说这是一个"惊人的发现"，只不过因为我们可说是第一次以这样一种明白确定的方式将一个看上去如此不可思议的道理表述出来。而事实上，这个道理早已在后康德主义，特别是黑格尔的哲学中得到过显示。在黑格尔那里，充当图13—2—2中"'我思'＝客体n"这一项的就是那个著名的"绝对理念"。然而，更重要的是，无论是在黑格尔的系统中还是在更早些的费希特和谢林的系统中，都缺乏了包含在我们刚才的分析——如对于所涉及的环节中第一性的质和第二性的质之间关系的揭示——中的那种概念间的构成性关系。换言之，这些后康德主义体系不是基于类逻辑的演绎关系而是基于所谓辩证逻辑的"三段式"推演的。它**一方面**以概念替代了必要的直观，**另一方面**否定了类逻辑的二值性，这两者合起来便使得它虽然有着宏观上的正确性，但却缺乏微观上的明确性。因此，作为在其中贯彻了对万物最初原因与对认识的最后根据的寻求的本体论与认识论统一的系统，黑格尔的辩证逻辑虽然是迄今唯一完备的超绝哲学体系，但它的这种完备性却是以直观的明见性与知性的确定性的丧失为代价的。

因此，一个完备的、有效的从而成功的超绝哲学系统必须能够以构成性的方式阐明本源性的主体与作为一切存在者的本质的客体的同一。从费希特那里我们可以明白，这就是超绝自我与自在之物的同一。这当然是一个康德的批判哲学所无法容纳的结论。②然而，若是无法达到这一点，则

---

① "我思"（或超绝自我、纯粹自我等等）在历史上已有的诸超绝哲学中的本源性地位将在下一章第二节的第二小节中加以论述。不过，这些超绝哲学，尤其是本身具有构成性的康德与胡塞尔的系统，严格地说都未能真正地，也就是以构成性的方式达成"我思"与始基或本原的同一性。本书第十五章第四节的第一小节其实是表明了为什么唯有超绝发生学才能（因为超绝意识的发现而）达到这种同一性的。

② 换言之，如果康德不能将以关于认识的最后根据的问题对于关于万物的最初原因的问题的取代进一步转变为这两个问题的合二为一，他的超绝体系就无法达到完备。康德的《最后的著作》中的所谓"以太证明"多少表明了他——也许并非完全自觉地——按照这两个问题的同一性的逻辑完善其体系的努力。关于康德的这部未完成的著作，在本书第十五章第三节的第四小节中有进一步的分析，另可参见福斯特尔（E. Förster）的 *Kant's final synthesis: an essay on the Opus postumum* (Cambridge: Harvard University Press, 2000) 的第4节 "Ether Proof and Selbstsetzungslehre"。

客体₂   客体₃

客体₁   ……

"我思"＝客体ₙ

图 13—2—2

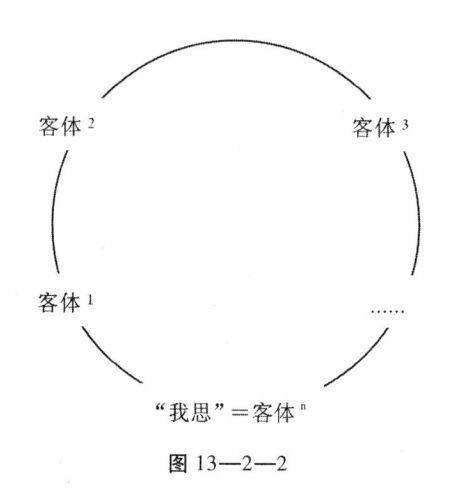

无论对于万物的最初原因还是对于认识的最后根据的寻求都将陷于一种直线式的无限倒退之中。在这种情况下，万物的始基和认识的最后根据都只能是一种本质上遥不可及的臆想之物。①凡处于这种境况中的哲学，如果还怀有一丝对于本原与基础的信念的话，就只能求助于某种超越于人类认识之外的东西。对于超越者的接纳，这就是康德主义之前哲学的主流形态。自从笛卡尔的"我思"被康德用于他的就其原初目的来说是揭示认识所以可能的最后根据的超绝体系中之后，图 13—2—2 所示的那种"圆圈"，万物的最初原因与认识的最后根据的，也就是始基与"我思"的同一性就必将成为一切以"超绝的"自诩的哲学的基本图式，即使这些哲学的创立者中有些，例如康德本人，对此并未有过充分的自觉。换言之，彻底的，从而真正的超绝哲学拒绝在其体系内保留任何超越物。超绝哲学的这一根本立场使得在它之内不应该存在任何超越的成分，为此我们说超绝哲学必须是"内在性的"。显然，康德虽然是历史上首先提出超绝哲学的设想之人，但他的哲学体系却令人遗憾地因为容忍了"自在之物"的存在而并不具有完全的内在性。然而，图 13—2—2 所示意的超绝哲学的逻辑却再一次表明内在性必定是这种哲学不可或缺的性质。超绝哲学的，

---

① 按照图 13—2—2 想象一下：如果图中那个"'我思'＝客体 n"未能得到确认（其实是明见），则这个"圆圈"便断开为一"直线"，这"直线"的两端将永远地延伸。这分别意味着"认识的最后根据"与"万物的最初原因"将永远无法达到。

或者不如干脆说是本真意义上的哲学的这种性质还可以从语义学的角度看得更加清楚。

上个世纪初诞生的分析哲学导致了对于语言的前所未有的哲学关注。它的最重要的功劳之一，正在于将哲学表达为一种语义学。这种语义学与形式语义学的区别，在于它不仅要考虑如何在形式上正确地表达"真理"概念，而且要告诉我们**什么是真理**。罗素—维特根斯坦的逻辑原子主义告诉我们的是，真理在于认识（作为一个语言系统）与世界的符合。若干年后，塔尔斯基提醒我们，从形式语义学的角度看，世界对于任何一个这样的系统，都隐藏在无限层次的背后。这如果以认识论的方式说出，便是：如果说任何一种认识都是在追求真理的话，那么通常所说的认识并不能证明自己实现的正是这样一种追求，换言之，这些认识无一能证明自己作为认识的合法身份。然而康德已经表明，超绝哲学的任务，恰恰可说是要为**一切**可能的认识颁发身份证。这样，既然超绝哲学本身也是一种认识，并且如果不希望因为陷入无限倒退而丧失它的这种一切可能认识的合法性的确认者的特殊身份，它就必定不同于通常所说的认识：它必须能够在表明一切其他的认识的合法性的同时，表明自身的合法性。这也就是说，超绝哲学作为一个（充当**元语言**的）语言系统，必须是语义地封闭的。这同时告诉我们，既然语义上的无限倒退意味着在这个倒退系列中任何一个语言系统都不可能给出真理，也就是明示任何可能认识与世界之间的符合，那么语义地封闭的超绝哲学则必须能够做到这种明示，并且这种明示只能是在其体系内部达到的。而这恰恰表明，超绝哲学作为（实际上是）唯一可能的这样一种认识，意味着真理的符合论并没有实在的意义，**真理本质上是融贯论的**。

那么，超绝哲学是如何能够实现自身为这样一种语义封闭的认识系统的呢？康德在哲学的历史上第一次构建起的超绝哲学在这一方面至今仍然是这种认识系统的典范。它向我们表明了超绝哲学这个元语言系统是通过将自身内化到作为对象语言的一般认识系统中而达到其语义封闭性的。（在《超绝发生学原理》第一卷中，我们对此曾给出过一个图示。为方便读者，我们将它作为图13—2—3再次给出。）这就是为什么康德的超绝演绎虽然因为其对于认识的可能性的证明的任务而处于元认识的层面上，但我们却无法在其中看到任何能够将它与一般认识，特别是心理学区别开来的界限的真正原因，既然由于语义封闭的需要它必须将自身内化到一般认识系统中去。因此一直以来就存在着的对于康德的演绎隐含着某种心理主义的困难的指摘并非完全没有道理。事实上，任何超绝哲学，如果不是像黑格尔的辩证逻辑那样放弃体系的构成性，便总会有陷于心理主义之嫌。在这一点上，胡塞尔的超绝现象学是另一个重要的例子。那么，这种情况是否表明超绝哲学是一种根本上不可能的精神追求呢？回答是否定的：超绝哲学即便必定将自身内化到作为对象语言的一般认识系统中去，它仍然有别于包括心理学在内的其他任何一种具体的关于对象的认识，这是并且仅仅是因为，它作为元认识或本质上的元语言包含了对于作为认识的最后根据的万物最初原因的确认。我们已经知道，这意味着它必然是一个认识论与本体论相统一的系统，而这一特性却是其他任何一种具体的关于对象的认识所不可能具有的。我们在前面先后给出的三个图示之间存在着一种近乎完美的关联，这种关联深刻地体现了必定在语义上是封闭的超绝哲学的固有逻辑。我们看到，从图13—2—1到图13—2—2正是图13—2—3

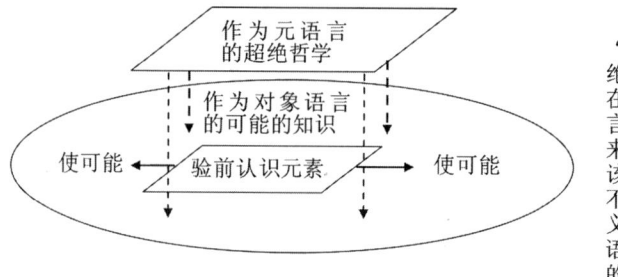

```
        ┌──────────────┐
       ╱  作为元语言   ╱        "内化"使超
      ╱   的超绝哲学  ╱         绝演绎得以
     └──────────────┘          在其对象语
          ╷    ╷               言中表述出
    ┌─────┴────┴─────┐         来——这时
   ╱  作为对象语言    ╱         该系统已经
  ╱   的可能的知识   ╱          不再区分语
 └──────┬────┬─────┘           义层次，成为
  使可能 │验前认识元素│ 使可能   语义上封闭
  ←─────┘           └─────→    的了
```

图中虚线箭头表示"内化到"，实线箭头表示验前认识元素之"使知识成为可能"。

图 13—2—3

所显示的作为元认识的超绝哲学的内化的起点与终点：图13—2—1描述的是对于万物始基的探求。仅就其所以为基础的是因果性概念与一般对象（客体世界）的概念来说，它与（可能作为它的组成部分的）任何——例如对于自然现象的——探索并无根本区别。在这个意义上，图13—2—1所描述的是一种单纯平面的语言系统。但是当它体现出一种**彻底性**，也就是所探求的不是任何一个或一类具体事物的原因，而是万物的最初原因或始基的时候，情况就产生了根本性的改变。因为正如我们已经指出的那样，这样一种探求的实现意味着处于因果关联之中的只能是作为认识内容的无限的表象，这时就势必提出并要求能够解决关于认识本身的可能性的，也就是认识的真理性的问题，于是便有了元语言与对象语言的区分，即图13—2—1中的单一层面的语言必定转变为两个层面（图13—2—3）。但这两个层面必须是通过内化而合二为一的，否则其中表达了超绝哲学的元语言便不可能是完备的，并且事实上其中的对象语言因此同样不可能是完备的，既然认识本身的可能性问题是由那个探求万物始基的认识活动作为自身实现的先决条件而提出的。图13—2—2告诉我们的恰恰是，一个完备的超绝哲学的实现，或者说，成功地将元认识内化到对象认识中的结果只能是在其中**同时**达到作为一切可能认识的最后根据的"我思"与作为万物的初始原因的始基。概言之，如果说单纯的对象认识如图13—2—1那样是单一地平面的，那么为认识奠基的任务便使得认识区分为元认识与对象认识，即出现了如图13—2—3中那样的双层的平面，而内化则进一步导致了图13—2—2所显示的那种"圆圈"。它可以看作是两个语言层面的两头实现了对接。这种对接之所以可能，是因为在将元认识内化为对象认识的超绝演绎的方略中，"万物最初的原因"与"认识最后的根据"注定要被同一化。确切地说，无论是否成功，超绝演绎中已经蕴含了以"认识最后的根据"同化"万物最初的原因"的契机。这意味着，康德所谓"哥白尼革命"如果贯彻到底的话，就应导致主体与客体地位"倒转"，因为这个倒转，原先分离的两个层面成为一个（同一个层面上的）圆圈形态的统一体，这就是上述"内化"或"对接"的实质。这很像是一条莫比乌斯带（Möbius strip），超绝哲学就是一个哲学的莫比乌斯带。

然而这样一个哲学的莫比乌斯带是可能的吗？显然，只有当超绝哲学证明了那个超绝的主体——"我思"——作为认识的最后根据同时也是万物最初的原因，这个问题才能够获得一个肯定的回答。按照康德的逻辑，这种证明必须是一种由"我思"开始的对于认识与事物的起源或可能性的一般原理的构成性推演。但是康德自己并没有完成这样一个证明，因为他未能证明那些作为认识的根据的验前形式**就是**万物由以发生的原因，同时也未能澄清这些形式与"我思"之间的构成性关系。后康德主义诸家则更加没有提供这样一个证明，相反，从费希特到黑格尔，它们体系中概念之间的构成性关系越来越薄弱，直到在黑格尔那里完全为非构成性的辩证关系所取代。事实上，直到今天也没有任何人成功地给出过这样的一种证明，因此作为本真的哲学的超绝哲学是否可能，从而哲学本身是否可能，这在我们书写至此时仍旧是一个谜。不过，上个世纪上半叶有两项成果为破解超绝哲学的可能性之谜提供了十分有价值的线索，从而为哲学本身开启了一扇希望之门。这便是胡塞尔的超绝现象学与哥德尔的不完全性定理。

哥德尔在八十多年前发现的不完全性定理与量子力学中海森伯（W. K. Heisenberg）的不确定性原理无疑是当代引出哲学讨论最多的两个科学上的发现。哥德尔的定理告诉我们的是，数学就其本质来说是不可为类的逻辑演算所穷尽的。这个定理对于我们来说更为重要的是为建立对于这个定理的证明，哥德尔使用了所谓对角线法将一个元数学证明成功地内化到了作为对象语言的算术系统中，这就与我们在前面所论述的超绝哲学赖以实现的内化运作之间构成了某种相似性。这种相似性使得我们可以将哥德尔对于数学系统的这一发现类比到经验系统中去。这一类比告诉我们，似乎存在着一个数学世界和一个经验的世界，它们在本质上都是类逻辑所不可穷尽的。另外，上个世纪上半叶关于数学基础的争论表明，既然类逻辑对于数学有此局限，则关于数学本质的直觉主义理解至少在此意义上是正确的。换言之，哥德尔不完全性定理中所说的不确定命题应当是对于数学系统具有本质规定作用的某种直观或某种直接根据于这种直观的命题。由此我们可以设想，在人类经验乃至整个认识系统中，同样存在着某种直观，它或它们是不可还原为类的关系或逻辑的。

那么，这种直观会是什么呢？它或它们是否就是超绝哲学所要探求的认识的最后根据和万物的最初原因呢？正是在这个问题上，胡塞尔的超绝现象学对我们提供了重要的提示。超绝现象学最为核心的概念无疑是"还原"。如果我们不简单地将"本质还原"理解为达到类概念和这些概念间的逻辑结构的方法，而是理解为达到一般认识构成的原理的方法，则胡塞尔所提到过的诸种还原都可以**统一到**本质还原这个概念上来。同样，作为通过本质还原所达到的诸结果，也都应是本质直观。在这个意义上，超绝现象学的根本问题就是如何通过本质还原达到那些构成认识和构成作为认识对象的世界的本质直观。这其中最为基础的本质直观，就是与"我思"密切相关的超绝自我。因此，胡塞尔的超绝现象学引导我们去**设想**的，首先就是在超绝系统中必定作为基础的、不可为类逻辑所穷尽的、认识的最后根据和万物的最初原因的，正是作为本质直观的"我思"或超绝自我。既然它是这样一种最后根据和最初原因，我们便可以称它为**"本源的直观"**。其次，胡塞尔的超绝现象学，尤其是其后期的发生现象学告诉我们，一个成功的超绝哲学，定然要能够从并且仅仅从这样一个本源的直观以纯粹的，也就是不借助于任何本质上是或然的经验的方式构成作为认识对象的世界。这显然与康德的立场是一致的。表达这一立场的，正是我们在前面所提到的**第二个命题**，即"一个成功的超绝哲学只能是超绝发生学"。因此借助于哥德尔和胡塞尔的工作，我们似乎达到了超绝哲学最为隐秘的领域，在那里存在着某种本源的直观，它是全部可能认识从而可能的认识对象最为深刻的根据和原因。**超绝哲学或不如说超绝发生学便是以纯粹的方式揭示这一本源直观以及它与它的全部结果之间的逻辑关联的系统。**

然而胡塞尔的超绝现象学并没有向我们指明这样一个超绝的自我究竟如何才能是一种本质直观，因此它也就不能使我们明确那个本源的直观**究竟**是什么。不过，我们却注意到，胡塞尔在明确了他的现象学是超绝的之后，逐渐确认了本质还原的方法运作地体现为一种想象性变换（本质变换），虽然他对于这种想象性变换的运用并没有达到任何确定的最终的本质，无论是像类概念（如"红"和作为类概念理解的"3"等）的本质还是那个超绝自我的本质。[①]想象性变换的重要意义，在于**真正具有**本质直观的意义的，恰恰是这个想象性变换本身。这倒不是因为它实际上是胡塞尔的本质还原得以进行的手段，尽管这一事实在心理上强化了想象性变换的直观意义，而是因为在想象性变换的背后作为它的真正根据的，是一种对称性，绝对的对称性！它才是真正的本原，因为它不需要以任何其他的东西作为前提，在它的"前面"已经不可能有任何东西。因此，想象性变换本身是直观但非本源的，本源的直观乃是这个绝对对称性——我们在接下来的一章中将对此做出明示，并由此最终阐明这种本源的直观与"我思"或超绝自我的关系。

---

① 参见《超绝发生学原理》第一卷，第十一章。要通过想象性变换达到纯粹的"红"的本质自然是不可能的，即使是宣称通过在想象中变换各种表象，最终达到那个（在任何可想象到的表象中都）不变的"我"或"我思"，这也是不恰当的，因为在这里诸表象是"我的"这一点在进行表象的想象性变换之前显然就已经被断定了。因此，问题始终在于，这样一个"我"或"我思"是如何被断定的。

这个作为本源直观的绝对对称性要在超绝发生学中成为由之纯粹地从而内在地同时构成一个可能的认识主体和一个作为对象或客体的可能的世界的起点，这首先就意味着有一个从它开始的（超绝的）意识的发生或构成过程。无论是康德还是胡塞尔，他们的超绝体系尽管未能完备，但都一样地表现为对于意识的构成过程的纯粹的明示——或者按着胡塞尔更喜欢的方式说——描述。这也就是他们的体系之具有构成性的根本原因。在本节的第一小节中，我们曾指出由于意识的双重构造说到底也就是世界的构成，柏拉图传统的本质发生学中对于万物始基的探求才能够并且必须通过反思或不如说**内省**所达到的对于意识的双重构造的回溯来实现。于是我们看到了超绝发生学与柏拉图的本质发生学之间的相似性，即通过内省[①]回溯意识发生的起点并以此给出一个揭示万物的始基和认识的根据的构成论系统。只是在柏拉图那里，这种系统作为对于认识的根据的明示尚未达到自觉。这使得它看起来**好像仅仅**是为了要揭示万物的始基。相反，正如我们已经指出的，由于在意识的双重构造中本质与现象、主体与客体等二元对立的生成，造成了成为种种怀疑论契机的符合论情境并最终导致康德经由认识论（我们对于对象的认识何以可能？）而引出的哲学的超绝维度，而此后哲学的发展更表明只有超绝发生学才有可能显示出万物的始基与认识的最后根据之间的同一性，并因此使得超绝发生学必定成为一种在其中认识论与本体论统一的体系。因此我们再一次看到了一种"正、反、合"三段式的辩证发展，即从毕达哥拉斯—巴门尼德—柏拉图传统的本质发生学的只是未自觉的从而是潜在的本体论与认识论统一的体系（"正题"，并且如我们曾在本章第一节第一小节的最后指出的，它本身也是一个三段式演化的结果）经由诸怀疑论（"反题"）而达成作为"合题"的以超绝发生学为其归宿的超绝哲学。因此可以说，超绝发生学是本质发生学的最终实现，而本质发生学则是作为先型的、潜在的超绝发生学。

[①] 我们更愿意说"内省"而不是"反思"，其原因可见于本书15页的注释①。

第十四章　绝对对称性的自身区分与"我思"

前一章第一节的第二小节表明，柏拉图的本质发生学作为一种超绝哲学尽管只能说是"原始的"，但却是一种近乎完备意义上的超绝哲学体系。相反，康德虽然通过"验前综合判断如何是可能的？"这样的提问而引出了成熟形态的超绝哲学，但他却未能将其超绝哲学构筑为一个完备的系统，既然他在理论理性的批判中留下了一个超越的自在之物。以此为理由，可以说黑格尔的辩证发生学是哲学史上的第二个完备的超绝哲学体系（如果将作为超绝哲学的先型的柏拉图的本质发生学也算上的话）。然而，黑格尔的这种超绝哲学虽然是完备的，但它却缺少了超绝哲学三个基本特征中的构成性，这种构成性恰恰是康德在哲学史上首次展示的成熟形态的超绝哲学所固有的。由此可以设想，一个新的更为发展了的超绝哲学应能将康德的超绝哲学的构成性与黑格尔的超绝哲学的完备性，或者不如说彻底性（它包括了那三个基本特征中的奠基性与内在性）有效地结合起来才是。这样一种新的超绝哲学如果被构建出来，它必定在某种意义上是以成熟的方式朝向柏拉图的原始形态的超绝哲学的"回归"，既然在柏拉图的本质发生学中已经包含了一个完备的超绝哲学的几乎**所有**基本方面的萌芽。

如果说超绝哲学的三个基本特征中奠基性与内在性是这种哲学作为体系所必须的效果，那么构成性便是实现这种效果所必须的方式。因此，能否具有构成性是新的超绝哲学或超绝发生学的构建成功与否的关键。我们知道，在已经有过的成熟形态的超绝哲学中，唯康德与胡塞尔的超绝哲学系统具有这种构成性。不过它们的构成性的具体体现方式仍然存在着诸多差别。这些差别中最为重要的有两个，它们分别体现在构成性阐释的范围和对于第一原理的揭示这两个方面。康德系统的构成性阐释，即超绝演绎，基本上属于对于可能经验的构成，[①]而胡塞尔的系统，就其完成的部分来说，则主要地是对于知性的形式方面，特别是逻辑形式的构成。[②]与此多少相关地，康德未能构成性地说明那些用以奠基的范畴本身，更未能——如我们在《超绝发生学原理》（第一卷）的第四章第三节中所指出的——揭示出判断的逻辑方面与认知方面的共同根据。相反，胡塞尔却将研究的重点放在了这个逻辑方面，并创造了一种为康德所缺乏的、用以获得那些基本的构成性因素的还原方法，即本质变换。历史的吊诡在于，胡塞尔的超绝现象学的这一根本性成果在很大程度上其实是在为柏拉图前期直接禀承于苏格拉底的理型论"招魂"，而无涉于作为原始的超绝哲学的柏拉图后期的本质发生学。尽管如此，我们却可以经由胡塞尔的这个成果而获得发现作为一个完备的超绝哲学所必需的第一原理的，即自身无前提的本源明见性的重要线索。

第一节　本质变换：理型论难题的一个并不成功的胡塞尔解法

在《超绝发生学原理》（第一卷）的第十一章中，我们曾经看到"还原"在胡塞尔现象学中的重要作用，同时还看到，胡塞尔最终未能使其现象学中的诸还原程序达到一种原理上的统一性，具体地说，就是"本质还原"、"现象学还原"（"悬置"）与"超绝还原"未能在一个统一的机制下得到说明。这种情况，应该说，是导致胡塞尔现象学在方法或路径——所谓"笛卡尔的道路"、"基于生活世界的回溯性探问"和"经由现象学心理学的道路"——上不统一的真正原因。透过这样一种现象，我们还可以更加深入地看到，在诸还原概念中，本质还原是胡塞尔现象学事业中几乎贯穿始终的一个概念。不仅如此，这个概念在后期胡塞尔那里还得到了一个重要的发展，即将本质还原进一步理解为**本质变换**。这一进展事实上将本质还原放置到了较之另外两种还原更为基础的层面上，也就

[①] 这里我们只考虑两个系统在纯粹形而上学或认识论概念上所具有的构成性，而不考虑其价值理论与情感理论方面的情况，既然在构成性上，后两个方面必定取决于前一方面。

[②] 例如我们在其著作《逻辑研究》、《纯粹现象学和现象学哲学的观念》第一卷（简称《观念I》，汉译作《纯粹现象学通论》）、《形式的和超绝的逻辑》和《经验与判断》等中所看到的那样。

是说，造成了将悬置与超绝还原奠基于本质还原的可能。显然，如果能够实现这一奠基，则胡塞尔的现象学在方法上和理论构成上实现其统一便不会是不可能的了。然而，正如我们在《超绝发生学原理》（第一卷）的第十一章的最后一节中已经指出的，胡塞尔终究未能将这一可能变为现实。事情的实质在于，以本质变换来实现悬置（这意味着本质还原与现象学还原的统一），这说到底就是通过本质变换最终达到超绝自我（这意味着本质还原，从而现象学还原与超绝还原的统一）。然而胡塞尔的困难恰恰就是无法**如此这般地**得到一个真正明见的超绝自我，这就使得他的超绝现象学仅仅是一个未能完成的超绝哲学体系。[①]

但是，胡塞尔的超绝现象学毕竟是超绝哲学发展的一个重要的阶段，是超绝哲学的一个重要的历史形态。它对于超绝哲学的最为重要的贡献之一，就是不仅重提了费希特关于无前提性的条件对于超绝哲学的必要性，更要求这种无前提性体现为一种"明晰的知识"，一种"纯粹的本质直观"，[②]并且创造性地给出了——至少在胡塞尔本人看来——用以获得这样一种明见性或本质直观的具体方法，即本质变换，由此至少是部分地揭示了超绝哲学必定是一种**本质科学**的秘密。因此，尽管胡塞尔未能通过本质变换最终建立这样一种本质科学，但本质变换自身，作为一种方法也作为一种**运作**，却仍然具有重要的意义。事实上，正如我们在上一章的最后已经指出的，以它为线索，我们将发现超绝哲学的真正无前提的、本源地明见的第一原理。

虽然胡塞尔在《欧洲科学的危机与超绝现象学》（汉译本名为《欧洲科学的危机与超越论的现象学》，以下简称《危机》）中声称，通过本质变换可以使我们达到认识的某种基础，即生活世界的原初形态，而在《笛卡尔沉思》中，他也确曾力图通过本质变换来得到那个作为超绝系统的核心的超绝自我，但他的这些设想和努力终究未能成为现实。这也许已经是一种暗示，暗示我们本质变换并非一种能够使我们获得**本源**的明见性的有效**方式**。如果说在这些著作中，胡塞尔为明见地达到所提到的这些基

[①] 参见《超绝发生学原理》（第一卷）第十一章的第二节，以及（本卷）第十五章第四节的第一小节。

[②] 见胡塞尔：《逻辑研究》第二卷，第一部分，倪梁康译，上海：上海译文出版社1998年版，"引论"的第7节。

础性概念（生活世界或超绝自我）而对于本质变换的运用实际上既不明白也不确定，那么对于本质变换之能够使我们得到一般**类概念**的本质这一点，胡塞尔的态度却是明确与肯定的，并且这也是他在从《逻辑研究》的第二卷一直到其现象学探索的最后工作中都不变地坚持的主张。胡塞尔下面这段话以十分明确的方式阐述了这个主张：

> ……在对一个原始形象，例如一个物做这种自由变换时，必定有一个**不变项**作为**必然的普遍形式**仍在维持着……。这种形式在进行任意变换时，当各个变体的差异对我们来说无关紧要时，就把自己呈现为一个绝对内涵，一个不可变换的、所有的变体都与之相吻合的"什么"：一个**普遍的本质**。……这个普遍本质就是艾多斯（Eidos），是柏拉图意义上的 ιδεα（理型），然而是在纯粹的意义上来把握的，摆脱了所有形而上学的阐释，因而是这样精确地理解的，正如它在以上述方式产生的理型的看（Ideenschau）中直接直观地被给予我们的那样。①

由此可知，本质变换（自由变换或想象性变换）在一定意义上复活了柏拉图的理型论。这不能不说是一种进步，既然本质变换使得在柏拉图那里多少具有直观性质的理型——于是"理型的看"应是一种合理的表达——的获取变得更加可操作了。然而我们已经知道，这种理型论严格地说是属于前期柏拉图的（或者说是柏拉图直接从苏格拉底那里继承下来的），它对类概念的类本质的理解摇摆于类关系与直观之间，这使得它自身存在着十分严重的困难，并且这些困难已经为柏拉图自己所认识到，那就是在《巴门尼德篇》中通过巴门尼德之口所指出的"分有困难"与"分离困难"。正是这些困难动摇了理型作为实体的地位。那么，胡塞尔将其关于概念的类本质学说奠基于本质变换之上，这样做是否能够避开理型论在柏拉图那里所遇到的困难呢？乍看起来这似乎是毫无疑问的。因为在柏拉图那里，理型是一种实体，一种与具体事物一样真实地（确切地说，比具体事物更为真实地）存在着的东西，但胡塞尔却不需要走这么远，他只需承认"理型"是一种作为本质的**概念**（"本质当然是'概

---

① 《经验与判断》，邓晓芒、张廷国译，北京：三联出版社1999年版，第395页。

第十四章 绝对对称性的自身区分与"我思"

念'",胡塞尔在《观念I》中这样说道①)就行了。但是,将"本质"当作"概念"意味着什么呢?从《观念I》中我们可以看到,胡塞尔在强调本质是概念的时候,他是在与对于概念的经验主义或心理主义的理解做斗争。因为在后者看来,类概念的所谓本质,说到底不过是被称为"抽象"的心理活动的结果,并没有自身的实在性。特别是,也正因为如此,这些概念或本质只有经验的、或然的意义而没有必然的普遍性。胡塞尔在这里并没有直接地证明作为本质的概念的必然的普遍性,他只是借助"数"这个概念来示范一般概念的本质的这种必然的普遍性:数本身不是数在我们心中的那些表象,例如被称为(或表象为)"一"或"1"的那个数本身并不就是那名称或表象。这样一个东西"是一种非时间的存在","因此把它称作一个心理形成物是荒谬的",事实上,它"是**在一切理论之先**的"。②然而,这样一个先于一切理论而存在的东西说到底不就是柏拉图意义上的实体吗?如果将胡塞尔的这个说明仅仅看作对于数学概念的必然的普遍性的断言,则它显然不过是弗雷格的算术柏拉图主义的一个翻版(而我们在《超绝发生学原理》第一卷中已经表明了后者"是难以被证成的"③)。可见,除非胡塞尔能够通过本质变换具体地明示数学概念乃至**包括经验性概念在内**的一般概念如何可能是必然地普遍的,即如何可能是他所谓的本质直观,否则胡塞尔在这里针对经验主义或心理主义所做出的对于类概念的本质的非经验本性的说明就是不充分的,甚至(就其未能在这里明确区分数学概念和经验性概念来说)是不恰当的。然而实现这样一种明示对于胡塞尔来说并不(像他本人所以为的)那么容易。一方面,《超绝发生学原理》(第一卷)第十一章的分析表明,虽然本质变换方法的确定使胡塞尔的本质直观概念变得更具操作性(这本来意味着本质直观可能更加具有明见性),但其真正的结果却是暴露了本质直观将具有一种违背类逻辑法则的"奇特的两间统一性"。④这对于胡塞尔来说似乎是一个悖谬,既然本质直观恰恰是用以为类逻辑法则奠基的。在同一章中,我们还指出了,这样一种两间统一性与黑格尔的概念的辩证法一样,在体系

---

① 《纯粹现象学通论》,李幼蒸译,北京:商务印书馆1992年版,第82页。
② 同上。
③ 见《超绝发生学原理》第一卷,第135—142页。
④ 见《经验与判断》,第400页,并参见《超绝发生学原理》第一卷,第241—244页。

中的真正作用是摆脱亚里士多德式的分类系谱的（也就是任何基于类关系的类概念本身的）潜无限性而达到其实是代表了一种实无限的个体性。①另一方面，类概念的这种潜无限性与个体的实无限性的矛盾，也正是柏拉图理型论的困难的实质。由此可见，胡塞尔以本质直观或者进一步以通过本质变换实现的本质直观来为类概念奠基，这只是在表面上避开了柏拉图理型论将类概念的本质——理型——理解为一种实体所导致的困难。换言之，似乎存在着一种深刻的逻辑力量，使得为类概念奠基的任何企图都难免因为或明或暗地包含着一种对于实无限的设定而陷于困难之中。

这个问题无疑涉及包含类概念为其基本元素的语言的可能性。如果我们意识到从《逻辑研究》中将类概念的一般可能性奠定于本质直观到《危机》中关于科学语言的普遍性或交互主体性如何可能在历史中涌现出来的思考正是这种相关性的体现，就不难体会到这种相关是何等深刻。如果本质直观作为类概念的根据真是可能的，那么曾经让维特根斯坦感到困惑的"私人语言"问题就不存在了，因为如果那样一种"普遍的本质"不仅理型般地存在，而且能够被我们以本质变换的方式直观到，语言在原则上就可以基于这样一种普遍必然的直观而在每一个私人那里成为公共的了。然而，正如我们在《危机》中所看到的那样，胡塞尔并未能借助本质还原或是什么其他的方法来说明这样一种（即使是在交互主体性的意义上）公共的语言如何能够被制作出来，这表明本质还原并不真地能够解决类概念的，也就是语言自身的奠基问题。②胡塞尔的现象学研究的这样一种历程，是否表明本质直观在一开始就并非一个被真正阐明了的、确实可靠的概念？本质直观作为类概念和（语法性）语言的基础③，是否最终不过是胡塞尔的一种美好的憧憬？回顾一下胡塞尔是如何将对于"本质直观"的信念传达给我们的无疑将有助于我们澄清这些问题。在《逻辑研究》第一卷中，胡塞尔说道：

---

① 见《超绝发生学原理》第一卷，第241—244页。

② 关于《危机》中所表现出的胡塞尔在这方面的困难，可参见德里达的《胡塞尔〈几何学的起源〉导引》（钱捷译，台北：桂冠出版社2005年版）。另外，还可参见我的论文"Rückfrage：梅洛—庞蒂、德里达与《几何学的起源》"，载《现象学与哲学》，台北：漫游者文化事业股分有限公司（待出版）。

③ 关于"语法性语言"的概念，见本书后面第167—168页。

可能存在着一种知觉,它在一看中知觉到整个世界,知觉到个体的极大的无限性。当然这种观念的可能性不是可以被某个经验主体所设想的那种实在可能性,这尤其是因为这样一种直观将会是直观的无限延续:这种可能性是一种与康德的理念相一致的可能性。①

这时候,本质直观即那种知觉到"个体的极大的无限性"的一看,它被认为与康德的理念相一致。但康德的理念至少在这种(涉及类概念的)情况下并不是一种直观,更不是一种知觉。所以胡塞尔心目中所想到的这个"一看"的对象,从一开始就只是柏拉图式的个体化的类概念。然而,知觉到无限性,这是毕竟是一件难以明示的事情。作为"直观的无限延续"的直观,其直观的地位也毕竟是可疑的。若干年之后,在《经验与判断》中,如前一段引文所表明的,这个"一看"被更为明确地称为"理型的看",而如此地所看到的东西也被明确地断言为柏拉图式的理型或"艾多斯"。②所以有此进展,很有可能是因为胡塞尔已经确定了获得这种直观的具体方法,即本质变换。这时候胡塞尔这样表明感性的直观与本质直观的区别:如果仅仅是感性经验的一种类比,例如许多红色的表面的类比,所能得到的"始终只能是与经验范围有关的共同性和普遍性",即经验的普遍性而非纯粹的从而必然的普遍性。如果要想得到一个"红"的本质直观,一个"艾多斯红","那么我们就已经需要一个在我们意义上的无限变换来作为基础了"。这个无限变换也就是本质变换。"它给我们提供了那种作为不可分割的相关项而属于艾多斯的东西,即所谓**艾多斯的范围**,'纯粹概念性本质'的范围,它是可能的个别性的无限性,这些个别性隶属于艾多斯之下,它们是这个艾多斯的'个别化'"。③实施一个"无限的"(unendlich)变换自然是不可能的,但胡塞尔的意思其实是这种变换可以"随意地如此继续下去"④。然而这样的运作果真能够使我们获得一个"相对于属于这个红和任何一个可以与此相吻合的红的无限可

---

① 《逻辑研究》第一卷,倪梁康译,北京:上海译文出版社1994年版,第161页。
② 除了前面引用过的《经验与判断》第395页上的那段话之外,此说还可见于该书第404—405页中的论述。
③ 同上书,第405页。
④ 同上书,第397页。

能的个别性来说是一"①的艾多斯红吗？这个问题在胡塞尔那里已有答案，即为此必须存在某种"奇特的两间统一性"。于是，我们又回到了前面说到过的那种类似于柏拉图的"分有问题"或"分离问题"的困境。以胡塞尔所举的"红"颜色为例，在柏拉图那里，困难是我们无法直观一个一般的"红"，即使它是所谓"红"的理型。因为这个"红"的理型如果不是**一种**红，那么它有何理由充当"红"的理型？而如果它是一种红，则必为感官所感知，但感官又如何能够判定它是理想的红？这里表现出的"红"的理型与任何一种具体的（能为感官感知的）红之间的鸿沟，使得"分有"成为不可能，从而也就使"红"的理型失去了存在的根据。对于胡塞尔来说，"红"的理型是通过对于任意多具体的，无论是实在的还是想象中的红色实施本质变换得到的。但这种变换必定要区别于那种对于诸多具体红颜色的类比，因为这种类比正是经验主义者所说的获得"红"的概念的抽象方法的实质。按照类比或抽象的方法，我们能够得到的"红"的概念自身当然不是红的，它只是对于可以通过类比，也就是通过相似性原则而归为一类的**诸多具体的红色的一个称呼**。由类比而来的这种名称显然并没有一个完全确切的意指。换言之，在经验主义或心理主义那里，"红"这个概念本身是**不完全**确定的。②那么，本质变换能够使我们得到确定的"红"的概念吗？如果这个"红"真的是所谓本质直观，那么它就一定是确定的。但本质变换如何使我们得到这种直观呢？胡塞尔让我们从一些现实或想象中的具体的红色开始在思想中实行自由的变换，他以为这样一来就可以得到那个就其作为红的本质来说是共相，但作为直观来说又是本身作为"一"的"红"。然而这样一种思想中的变换究竟如何能

---

① 《逻辑研究》第一卷，倪梁康译，上海译文出版社1994年版，第405页。
② 看看休谟对于这样的概念是如何说的："一个'人'的抽象观念代表着种种身材不等，性质不同的人们；可以断言，抽象观念要做到这点，只有通过两个途径：或者同时表象一切可能的身材和一切可能的性质，或者根本不表象任何特殊的身材和性质。……为前一个命题进行辩护是荒谬的，因为这就涵摄着心灵具有无限的才能，所以一般的推论都拥护后一个命题；于是，我们的抽象观念就被假设为既不表象任何特殊程度的数量，也不表象任何特殊程度的质量。但是，这个推论是错误的，我想在这里加以说明。**第一**……对于任何数量或质量的程度如果没有形成一个明确的概念，那就无法设想这个数量或质量；**第二**……心灵的才能虽然不是无限的，可是我们能在同时对于一切可能程度的数量和质量形成一个概念，这样形成的概念不管是怎样的不完全，至少可以达到一切思考和谈话的目的。"（《人性论》上册，关文运译，北京：商务印书馆1980年版，第30页）

够使事实上是有限的具体的红色变为一种就其单一性来说同样是具体的但却在本质上"不是一种感性的看"的对象的"红",从而本身并不红的本质的"红"呢?——这里完全缺乏明见性,从而是一个跳跃。这个跳跃一下子就将各种不同的具体的红色变为一个单一的"红"的艾多斯或理型了。这样实现的不是别的,正是我们一再提到过的胡塞尔所谓的"奇特的两间统一性"。且不说这样一种奇特的东西是否可能,至少在胡塞尔这里,它并未达到真正的明见性。如果这个跳跃的机制,也就是它的合法性不能被明示,那么所谓本质变换与经验主义或心理主义的抽象就其结果来说便难以划清界线了。这样一来,胡塞尔也就不可能为概念,从而为语词乃至语言的确定性提供出比经验主义更多的保障。显然,一直到晚年,胡塞尔仍然在构成《笛卡尔沉思》、《危机》以及许多其他文稿的核心内容的那些主题上苦思冥想却依然无法为科学认识的普遍客观性找到一个可靠的依据,无法提供一个有效的关于交互主体性的理论,这一事实与他终其一生未能真正澄清本质直观(本质还原)的概念,未能明示那个"理型的看"有着直接而深刻的关联。

以上的分析告诉我们,如果我们将胡塞尔在通过本质变换以达到针对事物的类(概念)的本质直观方面所做的努力看作是对于柏拉图从苏格拉底那儿直接继承过来的理型论的一种拯救——看来不能不承认胡塞尔就是这样理解自己的这一工作的——那么,这显然是一次失败的拯救行动。胡塞尔的这种失败不仅直接导致了他的超绝现象学的未完成性,同时也表明他仅仅是柏拉图前期的理型论的继承者,而对于我们在《巴门尼德篇》的第二部分所看到的柏拉图的本质发生学,他其实毫不知晓。这一切都意味着胡塞尔注定会失去构建一个完备的超绝哲学体系的机会。[①]

第二节 从本质变换到绝对对称性的自身区分

一 对称变换与数学实在

我们在上一节中得到了这样的结论:将类概念理解为一种本质直观,

[①] 尽管胡塞尔后期也有所谓"发生现象学"之说,但无论是在《笛卡尔沉思》中对于自我(人格)的构成还是《危机》中对于世界的构成的论述,都还是十分粗糙和缺乏明见性的。参见本书第十五章第四节的第一小节,以及我的论文"《几何学的起源》与发生现象学",载《中国现象学与哲学评论》(第八辑),上海:上海译文出版社2006年版,第75—87页。

这种作法并没有一个明见性的基础。但是，说到这里，区分数学概念和经验性概念就变得非常重要了。[①]我们在《超绝发生学原理》（第一卷）的第十一章中就曾指出过，胡塞尔在声称类本质是一种直观或一种"理型的看"时，并没有区分所说的类概念是数学概念还是经验性概念。我们在前一节中也看到，胡塞尔在《观念I》中曾试图绕开柏拉图的形而上学实体性理型而断言本质就是概念，是"非时间的存在"而非"心理形成物"。这时胡塞尔所给出的例证恰恰是数学的东西（作为对象的数，例如"1"）。至少是在这种情况下，胡塞尔未能意识到在概念的纯粹性和普遍性上，数学概念与经验性概念之间存在着**根本的**区别，以至于在《危机》中探讨如何为"伽利略的"欧洲科学奠基时，他依旧未能将数学与物理学分开论述。在这一点上康德的头脑要更加清醒。虽然因为时代的局限，他未能明确区分纯粹几何学与物理空间，在他关于直观形式与知性范畴各自对于数学的奠基作用方面的论述中也有严重的含糊之处，但他毕竟明确地将数学的最终根据放在了空间和时间的直观形式本身上从而使之与物理学（自然科学或经验科学）区分开来。数学概念与经验性概念的根本区别在于，虽然——如果我们暂时遵从胡塞尔的话——它们都可以被对应于某个本质变换的运作，就此来说，它们都可以**看作**是类概念，但在前者中，总会存在着某种与此变换相应的法则。例如我们想象各种不同的三角形，它们在本质变换中总是有着一个**不变项**，那便是三角形的法则（"由不在同一直线上的三条线段首尾依次相连所得到的封闭图形"）本身，而这正是"三角形"这个概念的本质！至于后者，例如对不同的红色加以变换，却不能说在这变换中有一个本质的"红"作为不变项。这正是胡塞尔产生了错觉的地方，他没有认识到，这种借助想象力的所谓本质变换必须具有一个使这个变换自身成为可能的**直观的法则**才能够合法地实现，而在构成经验概念的感觉印象中却根本不存在这样一种法则。因此一般地认为通过本质变换可以得到**类本质**这一基于本质变换—本质直观的功能对子的胡塞尔的"一切原则的原

[①] 一个概念是经验的，就是说它的构成中必定有感觉印象的介入，而一个概念是数学的，首先就是说在它的构成中不涉及任何感觉印象，因而是纯粹的，其次，如我们接下来将指出的，它的根据在于一种（纯粹的）连续性的直观。属于前一类概念的，有如"红色"、"有机物"等等，后一类概念则如"三角形"、"自然数"等等。

则"其实是不成立的。①本质变换如果（像它在数学概念的场合所表现出来的那样）还是有意义的话，那么它的这种意义恰恰蕴含在数学概念的上述本质之中。因此，通常被同样地置于类概念名义之下的数学概念与经验性概念其实是根本不同的。在这一点上，康德的见解仍然是最为透彻的。他将数学概念的真正基础指定为感性的直观形式（纯粹的空间和时间形式），这意味着，本质变换只是在数学概念的构成上才是超绝地合法的，即是有其验前的（直观性）根据的。正如我们在《超绝发生学原理》（第一卷）的第三章第二节中所指出的，这一点曾导致康德将数学概念的构成特别地称为**"构造"**（Konstruktion），以区别于经验概念的构成。②

于是我们知道，之所以本质变换在数学概念的场合才有意义，是因为数学概念本身奠基于空间和时间这样的直观形式或纯粹直观之上。③正是这种直观使得与任何数学概念相应的本质变换体现出变换中的不变性，而这种不变性恰恰就是这个数学概念的本质。因此，在这里，本质变换的根据与数学概念的根据已经统一起来了。这种统一性就体现在，它们的最终

---

① 在《观念 I》中，胡塞尔以"一切原则之原则"要求我们将认识的合法性奠基于通过本质直观而"在直观中原初地给予我们的东西"（《纯粹现象学通论》，第 84 页），他对于这种直观给予物的理解完全是建立在本质变换—本质直观这个对子上的。

② 不过，尽管有此根本区别，数学概念的构成（前面我们已经在注释中说明，在超绝发生学中我们将数学概念的构造与经验概念的构成通称为"构成"，虽然我们清楚甚至强调了这两种概念的构成之间的区别）在这一重要之点上与经验概念的构成是同样的，那就是需要范畴的介入。正是在这里，康德的论述表现出了某种混乱（参见《超绝发生学原理》第一卷，第 38 页上的注释③）。在本书第十五章第二节的第二小节中，我们将会看到，康德所涉及到的这种构成，在我们的超绝发生学逻辑中应区别于使之成为可能的那些构成物（即所谓"直观性意向对象"）的构成。这种术语学上的变化的根据在于这样一个事实：超绝发生学的构成论是直接建立在本源的明见性之上的，是一个基于这一明见性的明示性系统，而康德的，甚至还有胡塞尔的构成论，则仅仅涉及超绝发生学的构成论中的诸环节的一部分。关于这一点，还可参见本书后面第 120 页的注释①。

③ 在此我们直接采纳了康德对于数学概念的基础在于纯粹空间（和时间）直观的观点，原因在于这是我们所能够利用的最为深刻的思想史资源之一——它不仅是后来数学直觉主义的先驱，而且在深刻性与明确性两方面都直到当下仍然是无与伦比的。**然而，我们接下来研究结果（超绝发生学逻辑）将表明，作为真正的根据的连续性在超绝构成论中要比空间与时间直观更加基本，并且事实上，数学直观和空间、时间直观在与这种更为基础的东西的关系上是平行的。另外，我们的研究还将反过来有助于加深对康德有关文本的理解，使我们能够认识到被他在《纯粹理性批判》的"超绝感性论"中称为"直观的形式"的空间的本质恰恰就是连续性（见本书第十五章第二节和第三节，并参见钱捷、林逸云："直观的意义——康德《纯粹理性批判》B160—161 注释辨微"）。

根据都是与作为纯粹直观的空间和时间相关的。相反，本质变换并不能为经验性概念提供一个直观的本质（或如胡塞尔所说，本质直观）。这恰恰是因为，经验性概念没有一个基于某种像空间或时间形式那样的纯粹直观的本质以充当关于它们的本质变换所必须的、变换中的不变性。经验性概念在这种情况下所表现出的缺失不是别的，正是胡塞尔企图通过本质变换得到它们的本质（直观）时所意识到的那个"奇特的两间统一性"。将经验性概念本来所**不可能具有的**东西通过本质变换而给予它们，这就是我们前面所说的"不合理的跳跃"。不过，这反倒表明，作为一种运作形式的本质变换，它**自身**的本质必定与这种两间的统一性有着某种深刻的联系，或者甚至于后者就是**本质变换的本质**之所在。换言之，假如这样一种本质变换是可能的话，那么它的实现所形成的概念的本质就必定蕴含这个两间统一性。因此，弄清这个两间统一性的真实含义将是理解本质变换自身的本质所必需的。对于我们而言，幸运的是，彭加勒在《科学与假设》中关于连续性的一段分析提供了达到此目的的线索。按照他的启示，我们可以知道：在所针对的是经验性概念的情况下，这个两间的统一性可以具体表达为 A = B，B = C，A < C 这样一种形式。[①]但这种形式显然是矛盾的，即违背类的逻辑本身的。这一结果与我们在前面所做出的将本质变换运用于获得经验性概念的所谓本质直观将导致不合理的逻辑跳跃的判断是一致的。而如果要坚持类的逻辑——这是必须的，否则一切关于类概念的讨论都将没有意义——那就必须在（经验性）类概念的构成上采取一种潜无限的态度。就上面的关系式而言，这就意味着应该能对 A、C 之间的 A 与 B、B 与 C 加以区分（即使得 A < B，B < C），然而按照同样道理，在 A、B 之间及 B、C 之间将再次出现类似的情况，从而需要再做区分，并且如此以至无限。这也就是说，经验性类概念是不可能有一个实在的精确的本质的。与这种无法达到确定实在的潜无限性相对的，是一种直观上的实无限，即我们在《超绝发生学原理》第一卷中曾称为"本原的"无

---

① 见彭加勒：la Science et l'Hypothèse, Rueil - Malmaison: Editions de la Bohème, 1992, pp. 34—40。如果我们——例如胡塞尔所做的那样——拒绝对于类概念的经验主义式的归纳或抽象的理解而将这种概念奠基于某种直观之上，我们就必须"看到"这种概念的外延的同一性。这使得我们可以在这种"看到"与一般知觉之间建立某种类比。这种类比使我们很容易地得到与经验概念相应的，也就是在知觉中两间的统一性的表达式。我们在正文中所看到的这个表达式正可以作为这样一种涉同类知觉的量（例如红颜色的色度）的同一性认定的通式。

限性者。①在这里，这样的一种无限性，其具体的实在便是体现于空间（以及时间）直观中的连续性。②可见，让胡塞尔感到"奇特的"**那个两间的统一性，本质上就是纯粹的连续统**。然而，正如胡塞尔不自觉地向我们所提示的，它正是本质变换的本质。这就与我们在本质变换对于数学概念的运用中所看到的这个变换与它所运用其上的数学概念两者在根据上的统一性完全一致起来了，即任何一个可能的具体的本质变换其本质与相对应的数学概念的本质是同一的（这一点我们很快就会看得更清楚），它直接地关涉到或者不如说，根源于纯粹空间（以及时间）直观中的某种连续性。

我们已经知道，本质变换所体现的是一种变换中的不变性。变换中的不变性总是规定了一种对称关系。因此可以说，本质变换也是一种**对称变换**。并且在所讨论的领域内，"对称变换"对于我们所了解到的本质变换的真正意指其实是一个更为恰当的称呼。这不仅是因为"对称变换"能够更直接地表达出我们所理解的本质变换作为一种运作的或一种作为运作的纯粹直观的实质，而且还因为它仅仅表示这个变换运作自身是对称性的，或者说是基于某种对称性的（即那个变换中的不变性），这就避免了因为胡塞尔不恰当地赋予这种运作的给予一般类概念以本质直观的功能所造成的混淆，既然这种运作虽然能够**帮助**我们获得既包括经验概念也包括数学概念在内的一般类概念，但却只能**直观地给出**后一种概念的本质却不能**直观地给出**前一种概念的本质，换言之，**只有**当它所得到的是数学概念的情况下**才**是"本质直观"。总之，"对称变换"这个名称揭示了被胡塞尔不恰当地称为或当作本质变换的那种精神运作的实质，使我们认清所谓本质变换说到底只是，更确切地说，应该是对称变换的一种特殊情况：对称变换比胡塞尔的本质变换要更加普遍从而在某种意义上也就更加本质得多。于是十分自然地，与我们在前面分析本质变换时所看到的一样，对称变换本身与数学概念有着密切的联系，它们都基于某种连续性的直观。我们甚至可以进一步看到，对称变换其实是在数学概念中体现了这种概念的

---

① 见《超绝发生学原理》第一卷，第118页。
② 康德其实正是根据这种无限性而将作为直观形式的空间（以及时间）与类概念区分开来的。关于这一点的分析可参见《超绝发生学原理》（第一卷）第六章的第二节，以及我的论文"彭加勒和康德的空间意识学说之比较"（《自然辩证法通讯》1998年版，第3期），该文收录于《头上的星空——康德的〈纯粹理性批判〉与自然科学的哲学基础》，第119—136页。

连续性本质，或者更直截了当地说，前者是后者的形式根据（这一说法的确切含义将在第十五章与第十六章中从不同角度和不同层面上得到阐明）。对称变换与数学概念的这种关联最为显著地体现在**"群"**这个概念上。事实上，群的概念之在数学中被发现也是从数学中的对称现象开始的，它形式地表达了数学变换中的不变性。数学中对群的研究表明它很可能是全部数学的真正的、深刻而隐秘的基础。①数学概念的构成，总能够看作是对称变换的结果，因为这些概念中总会包含着某种**规定了它们的本质的**群的结构。例如，胡塞尔所设想的用以构成"三角形"概念的本质变换（对称变换）其实就是一个由变换"对由不在一直线上的三条直线所构成的封闭图形中的那三条直线（边）的长度的在 $0 < x < \infty$ 区间的改变"对于（长度的）相加运算所构成的群：（1）变换 A + 变换 B = 变换 C；（2）（变换 A + 变换 B）+ 变换 C = 变换 A +（变换 B 变换 + C）；（3）不变换 + 变换 A = 变换 A + 不变换 = 变换 A；（4）变换 A + 变换(–A) = 不变换。②

这个例子向我们提示（当然还不是严格地证明）表达了数学对象的数学概念原则上都可能表达为一种对称变换，或者说一个群。同时，这也就更加深刻地揭示了何以数学概念是生产性的（这个群可以**产生**无数具体的三角形，而不仅仅是它们的一个类概念③），是康德所说的"构造"

---

① 胡作玄、邓立明所著的《20世纪数学思想》（济南：山东教育出版社1999年版）中归纳出了群的发现的这样一个路径：发现对称性 → 不变性 → 保持不变的变换 → 所有保持不变的变换集合 → 变换群。（第195页）他们指出："群在结构数学中具有典型的意义。一方面，群在数学中无处不在；另一方面，群也是数学统一性的象征。它既不是'数量关系'，也不是'空间形式'，如果不是数学家经年累月的努力，要想抽象出'群'这种深藏不露的概念是极为困难的。"（第192页）"……群是一个比较单纯的概念，比较适于抽象地进行研究。而一条直线代表实数集合，看起来很简单，它同时具有代数结构、拓扑结构和序结构，这些结构之间又有复杂的相互关系，很难脱离其具体背景来研究它。另外，群的结构适中，有丰富的内容，不像结构很少的集合那样流于空泛，它永远有解决不完的问题。……它在数学中处于中心地位"。（第193页）

② 这几个式子表明所说的情况满足了群的定义，其中第4个式子中的 –A 是 A 的逆元，即如果 A 是一种延长的变换，则 –A 就是与之相同程度的缩短的变换，反之亦然。关于群的定义的一般表达，见本书的第268页。

③ 有趣的是，只有在这种情况下，苏格拉底—柏拉图的理型论的分有说才能成立，例如在这个例子中，无数可能的具体三角形因为分有那个由群的性质所表述的三角形的本质直观（也就是由这个群的性质所规定的对称变换）而存在。这样一种关系，如我们所指出的，并不存在于经验性的类概念与它的诸外延之间。

第十四章 绝对对称性的自身区分与"我思" 69

的结果。这也就是群对于数学概念具有根本性的道理之所在。与数学概念相应的对称变换，蕴含了数学概念的本质，这个本质通过最终是这种概念的基于直观的定义而确定下来。这个定义或这个本质的生产性表明了它的个体性。它的这种个体性也就是康德所理解的它的作为殊相（singularis repraesntatio）的直观性①，因此，例如这里所说的三角形的定义或它的（普遍）本质，就是一种（空间性的或更确切地说，连续性的）直观。相反，经验概念的定义根本不导致这样一种生产性，所以它并不能够确定被定义概念的本质，或者不如说，它所确定的本质绝非一种实体或直观。在经验概念那里，所谓的本质变换并不能使我们得到与其感觉内容相应的本质直观而只能帮助我们得到（本身没有直观性的）类概念，因此在这里它作为一种运作并非生产性的而仅仅具有一种"助构成"的作用。这样，在经验概念的情况下，其实也就不存在本来意义上的"本质"变换了。换言之，对于数学概念，对称变换是内在的、本质的，而对于经验概念，对称变换则是外在的，非本质的，从而严格地说，只有在数学概念的情况下才有所谓本质变换，而在经验概念的情况下并无这样的变换。

但也许有人会有所疑虑：上面的举例仅仅说明了几何图形（几何学概念）与对称变换在空间直观形式的基础上所具有的关联，那么同样的关联是否也存在于数与对称变换之间呢？回答是肯定的。在代数学中，数学家们对于群（以及基于此的环和域）的研究已经揭示了关于数的十分复杂的对称结构。例如，整数、有理数和实数对于加法成群，这意味着这些概念的外延都是可以通过群的（对称）运作而在一定的规则下产生出来的。但这些种类的数对于乘法却不能成群而只能成为半群，这仅仅是因为0不具有逆元。这也许是因为在这些数的系列中0其实处于一种对称中心（对称点）的地位上。这种中心的存在恰恰表明了这里的对称并非是绝对的。换言之，任何具体的对称运作，例如这里体现为群的运作，都只是某种相对的对称性。然而无论如何，我们说对称变换是数学对象的一个内在的、结构性的基本的特点，这无疑是合理的，并且与今天人们在数学

---

① 见《就职论文》，载《康德著作全集》第2卷，李秋零主编，北京：人民大学出版社2004年版，第410页。

基础方面的研究所达成的认识也是一致的。①另外，我们在前面指出过，胡塞尔已经意识到一个类概念如果是确定的话，就需要这个概念的意指中包含某种奇特的两间统一性。然而这种两间统一性并不为经验概念所具有，只有数学概念才可能具有它。而这仅仅是因为这个**两间统一性本质上就是连续性**，因此它之成为数学概念的基础，便表明数学概念本质上区别于亚里士多德式的类概念且（至少）是以康德所理解的空间和时间直观形式那样的直观为基础的概念。在这种情况下，这种概念的直观本质，也就是连续性，使它得以用一种本原无限性——这种无限性保证了数学概念所意指的对象的实在性——替代一般类概念的构成中必定遭遇到的无限倒退（潜无限），而这种替代的可能性与实质，正是那个"超绝语义学的总体性质关系式"曾经向我们表明过的。②我们可以看到这样一种替代的实例：数学归纳法中所蕴含的无限性绝非潜无限性，它所表达的不是无限倒退而是一种本原无限性。这正是彭加勒当年向我们指出并以"精神由以具有一种直接的直观的能力"来解释的东西。③然而他却未能进一步指明，这种直观的能力本质地蕴含着某种对称变换形式，而这种对称变换的形式又根源于连续性直观。④考虑到算术对象在数学对象中的基础性，这里所指明的关于数学概念的直观基础的——即（康德的作为直观形式的空间所包含的）连续性直观保证了通过对称变换（也就是本质变换）以得到

---

① 见第 68 页的注释①。

② 见《超绝发生学原理》第一卷，第 122—123 页。

③ 见彭加勒：la Science et l'Hypothèse，p. 30。彭加勒的这一观点使他成为当代数学基础的直觉主义流派的奠基人之一。我在"彭加勒的数学直觉主义"一文（载《自然辩证法通讯》1998 年第 2 期，该文也收录于《头上的星空——康德的〈纯粹理性批判〉与自然科学的哲学基础》，第 137—154 页）中对罗素关于数学归纳法是一重言式的观点的批判支持了彭加勒关于这种归纳法包含一直观为其本质的观点。在后面的第十六章第二节的第一小节中，我们更具体地分析了数学归纳法的这种本原无限的内涵（见本书的第 284—285 页）。

④ 数学归纳法是皮亚诺所给出的自然数的五条公理中的一条。自然数本身并不具有完整的群结构，它与整数等对于加法所成的群的差别在于它不具有逆元。但它可以视为嵌在整数中的一个半群（幺半群），也就是说，它是封闭的。数学归纳法便体现了自然数（概念）的这种封闭性，体现了某种实无限性或不如说本原无限性，而这是任何经验性类概念都无法具有的性质。自然数在人类经验的发生中出现得要比整数、有理数和实数要早，这可以理解为时间直观在人的认知活动中的基础作用，既然自然数体现了一种开端和持续的进展（良序）。它之扩展到整数乃至实数，可说是时间直观向空间直观的过渡（这本身也意味着从区分性的主导到对称性的主导），这种过渡体现了这种直观的连续性本质。自然数的封闭性（本原无限性）正是基于这种本质而得以存在的。

第十四章 绝对对称性的自身区分与"我思"

其本质这一运作的有效性——原理，对于数学概念或数学本身必定具有普遍的意义。①

显然，数学与对称变换的这种本质的亲缘性同时还告诉我们，任何一种可能的具体的对称变换自身也是一种纯粹的、验前的直观。那么它是否正是我们要努力寻找的那个本源的直观呢？回答是否定的。因为作为任何一种可能的具体的直观性运作，它能够并且只能够实现于时间过程之中，也就是说，在任何情况下对于对称变换的这样一种直观都将处于胡塞尔所说的那种"体验流"之中。②因此，作为具体运作的对称变换的直观不是本源的，甚至也不是绝对单纯的，它的这种复合性自然会影响到它的明见性。总之，作为一种直观，任何具体的对称变换虽然是纯粹的、验前的，

---

① 这里需要提及胡塞尔的《形式逻辑与超绝逻辑》（Formale und Transzendentale Logik, Versuch einer Kritik der logichen Vernunft，汉译本为《形式逻辑和先验逻辑》，李幼蒸译，北京：中国人民大学出版社，2012年）一书。胡塞尔在该书中（继《逻辑研究》之后）再次思考了逻辑与数学对象的构成问题。在上个世纪初数学基础研究中形式化运动的影响下，胡塞尔在这里是站在所谓"作为形式科学理论的分析学"（die Analytik als formale Wissenschaftslehre）的角度来理解逻辑本身的。这个形式理论的现实样板就是流形论（die Mannigfaltigkeitslehre）——"作为最高逻辑层级的流形论"，胡塞尔这样写道（第116页）。但胡塞尔并没有阐明这一角度的准确含义，这从他的论述中根本没有提到流形论中的任何具体成果就可以看出来。这就使得他尽管将流形论当作了最高层级的逻辑，却没有通过其"超绝逻辑"——它的任务是确证逻辑或形式理论的对象的可能性——真正触及那种逻辑的对象的直观性，即连续性直观。这很可能与当时流形论的主流数学家（如希尔伯特）所采取的康托的集合论视角（这是以某种离散性来理解连续性的视角）有关。这种视角使得胡塞尔虽然看到了流形论所包含的对于作为形式理论的逻辑和数学对象的构成（也就是康德和数学家们所说的"构造"），却不能洞悉这一构成的直观性根据。相反，他因此未能像康德那样意识到这种对象与经验对象在构成上的差异。例如他说，"非实在的、最广义上的观念性对象的明见性，在实行中，完全类似于所谓内在的和外在的通常经验的明见性，此经验本身——除了此成见外无须其他理由——即被认为能够使人们实行原初的客观化。一种观念物的同一性即其**对象性**，……正如一种通常的经验对象的同一性一样，例如和一种自然经验对象的或一种任何心理材料的内在经验的同一性一样。"（第134页）当他说康德的空间形式概念是"误导"人的（第78页注释①）时候，虽然正确地指出了康德心目中的空间仅仅是欧几里得流形的一个特例，但却没有意识到康德所赋予这个形式的直观性对于流形的普遍意义（关于这种普遍意义，参见我的论文"彭加勒和康德的空间意识学说之比较"）。我们接下来关于本源明见性以及基于它的超绝发生学逻辑的论述将揭示这种连续性直观在逻辑和数学对象构成中的作用的实质，既然胡塞尔未能把握这一实质，则他在《形式逻辑与超绝逻辑》中并未就逻辑与数学对象的构成问题获得最终的答案——因此他说道："需要进一步探索，把该实存者作为在同一自我内之同一实存者（在'持延'中）构成的是什么"（第241页）——就没有什么可奇怪的了。

② 确切地说，是处于纯粹的体验流而非经验的体验流中。关于纯粹体验流及其与经验体验流的区分，见本书第十五章第三节的第一和第二小节。

但却并非本源的和完全地明见的。因此，对称变换的直观还不是我们所要找寻的那个可以充当第一原理的绝对的、本源的直观或明见性。然而正是通过前者，我们才可能最终将后者揭示出来。

二 绝对对称性的自身区分及其与"我思"的关系

这样，我们就不仅进一步看清了对称变换在概念的构成上，从而在认识的奠基过程中的重要意义，即区分了被胡塞尔混淆了的对称变换在经验概念上的非生产性作用**与**在数学概念上的生产性作用，而且认识到对称变换之所以有此作用，是因为它体现了数学概念的这样一种本质，即其中包含着纯粹的连续性直观，或者说，对称变换在这里乃是数学概念的本质中的连续性的一种直观性体现。但是，正如我们所指出的，虽然由此可知对称变换作为一种运作自身的纯粹直观性，这种纯粹直观却不是完全地明见的，更不是本源地明见的。尽管如此，对称变换对于数学概念的构成的这种奠基性作用，以及虽然它并不能体现经验概念的本质，但却仍然是构成经验概念的基本手段，这些却是无疑的。它的这种对于概念的形成从而对于认识的构成的基础性作用提醒我们，如果能够揭示出对称变换本身奠基于其上的某种更为基础的明见性，那么这后一种明见性便很可能是，至少会更接近我们所要寻找的具有完全的明见性的、本源的直观。于是一个十分自然的设想便是通过对于任何一种可能的具体的对称变换的还原性分析来接近这个本源的直观。根据我们在上一小节的最后指出的造成对称变换自身作为直观的非完全彻底的明见性的诸种理由，不难知道这种还原首先便是要消除对称变换的直观中的时间性因素，形象地说，是要在"体验流"中提纯对于对称变换的直观。具体的做法可以是：当我们在构想中将任何一种具体的对称变换（也就是在思想中进行一种对称的运作）在其中得到表象的时间无限地缩短以至于为 0 的时候，这个变换或运作所剩下的就只是一种**可能性**了。这种单纯的可能性显然就是**对称性**本身。其次，我们可以构想将一切可能的具体对称变换的这种单纯可能性，也就是将它们的对称性加以叠加，这就可得到一个**绝对**的对称性。虽然在这种还原性分析中我们先后构想了对称性与绝对对称性，但这两者毕竟是难以想象的。因此，我们还需要在这里**努力地**思考一下，它们，尤其是这个**绝对对称性**究竟是一种什么东西。我们已经知道，对称意味着变换中的不变性。就我们从中引出了讨论的主题的、用以构成概念的对称变换来说，无

第十四章 绝对对称性的自身区分与"我思"

论是在其生产性的运用中还是在其非生产性的运用中，结果都是同一性的显现或差异的消除。在"三角形"概念的构成中，对称变换给出了任何三角形的同一性（本质），而在"红"的概念的构成中，对称变换的施行则取消了诸种具体的红颜色之间的差别。更**一般地**，我们还可以考虑并不直接构成概念的对称变换的情况。例如，一个正方形是旋转对称的，因为它绕其对称轴（过正方形对角线交点并垂直于正方形所在平面的直线）旋转一周时，图形重合4次。换言之，正方形在旋转一周的变换中不变的情况出现4次。这4次变换中得到的正方形是彼此不可区分的，这正是正方形所以为旋转对称的理由。圆的对称性要比正方形的对称性强得多，因为它绕垂直于圆心的直线一周时能与自身重合无数次。在这无数次达到重合的变换中，该圆都是同一的或自身未曾有过差别的。显然，在任何一种具体的对称变换中，变换的对象必定**由于此变换而**处于某种无差别的状态之中。①因此，**对称意味着无差别或不可区分**。②一种对称就意味着一种含有一个不变性的变换（即对称变换），绝对的对称当然也就是包含着并且仅仅包含着无限种不变性的变换，或者说它就是一切可能的对称变换。于是绝对对称性也就意味着不存在任何的差别，或者说，意味着一种绝对的无差别。而绝对的无差别，难道不就是一个"**绝对的无**"吗？这个"无"既然是绝对的，它就不是**通常**那种与有相对的无。一方面，我们通常可以有对"**有**"（即"某物存在"）的意识。这种意识可以是经验的或者纯粹的。我看见一朵玫瑰（我会因此说，"这儿**有**一朵玫瑰"），这属于前一种情况。我意识到在我的心灵之外存在着物体（**有**一个外在的物质的世界），这属于后一种情况。而无论是前后哪一种情况，我们的意识都不能算是充分地明见的：对于前一种情况，笛卡尔可以用他的"穷竭的怀疑"得到否定性的结论，但同样是这样一种怀疑的方法能否像笛卡尔所以为的

---

① 具体的对称变换中变换的诸对象当然不是绝对无差别的。但对于任何一种具体的对称变换，这些被变换的对象总会在由这个变换所规定的某一性质上是无差别的，此即所谓"变换中的不变性"。

② 将对称理解为差异的消除或不可区分性是很普通的。例如外尔（H. Weyl）在《对称》（冯承天、陆继宗译，上海：上海科技教育出版社2002年版）一书中谈到左右对称现象的时候就说道："我们说到左右之间没有内在的差异，以及现在再用莱布尼茨的术语——左和右是**不可区分的**——重复一下的时候，我们所想表达的意思是：空间的内在结构使我们（除了人为的规定外）不能把一个左螺旋和一个右螺旋区分开来。"（第17页）

那样反而得到关于心灵之外物体的存在的认识，这并不像他所说的那样地"清楚明白"。另一方面，我们也可以有对"无"的意识，但这种"无"的意识总是相对于某种"有"的意识的，是指某种"有"的缺失，因此它是与对"有"的意识伴随着、对照着产生的。这个"无"总是相对于某种"有"而被意识到的，无论所说的情况是经验性的还是纯粹的。由于这个原因，我们对"无"的意识的明见性尚不及对于"有"的意识。但绝对对称性却是一个"绝对的无"。因此它并不相对于，也不伴随着任何的"有"，同时，它也不（像与有相对的"无"那样）否定"有"。这样一个"无"存在着必定是真正孤独的，否则就会有某种东西与之相对，它也就不再是"绝对的无"了；这样一个"无"也必定没有部分，既然它是绝对的无差别。简言之，它就是庄子所说的"至大无外，至小无内"者，或者说，它比巴门尼德的作为"一"的存在更可称之为"本原"，既然那个"一"还能够被描绘成一个"球"[①]。事实上，它最为接近，或者不如说就是后期柏拉图在《巴门尼德篇》中那8组论证中所说的那个同样作为存在本身的"一"。后面我们关于本源明见性的论述将涉及这种明见性的诸多性质，它们与柏拉图的这个"一"的性质是很相像的。这丝毫也不奇怪，它无非是柏拉图后期的本质发生学乃是超绝发生学的先型的又一个证据罢了。

于是，从任何可能的具体的对称变换，我们通过还原性的分析达到了绝对对称性。它的比巴门尼德的"一"更要基本而与后期柏拉图的"一"非常接近的特征让我们倾向于认为它就是我们所要寻找的那个超绝发生学的第一原理，即本源明见的直观。这也就是说，我们看来可以将这个绝对对称性当作是产生出"多"，产生出其集合被称之为"世界"或"宇宙"的一切可能的存在者或不如说实存者的**本原**。这对于超绝发生学来说——如果我们没有忘记"世界"的本原与认识的根据在超绝发生学中必定是同一的话——就意味着要以绝对对称性为根据明示一切可能的认识，从而首先是一切可能的概念（无论它们是数学的还是经验的）产生的机制。这一构成论的机制原则上正是还原的逆过程。因此，我们首先应该明示

[①] 巴门尼德说："存在各方面都是锁闭的，很像一个滚圆的球体，从中心到任何一个方向都相等，因为它不可能在某一方向大一点或小一点。"（《古希腊罗马哲学》，第53页）这个球体显然已经非常对称，但却还不是绝对地对称。

的，将是任何可能的具体的对称变换如何能够基于绝对对称性而产生的道理。然而，如果绝对对称性对于任何可能的具体的对称变换是生产性的，那么它对于这些具体的对称变换的普遍性就必须区别于一般类概念对于其外延的普遍性，因为后一种普遍性不是生产性的。这种生产性的普遍性我们在前面论述数学概念与经验概念的区别时已经涉及到。不过在那里，具有生产性的是能够规定数学概念的本质的某种具体的对称变换，例如我们在三角形的概念中所见到的那样[1]，而现在需要明示的，则是绝对对称性作为一种普遍的对称性，与一般类概念的普遍性不同地具有对于任何可能的具体的对称变换的生产性。于是困难出现了：数学概念，或者与之相应的对称变换对于属于这一概念的外延的生产性体现了这种概念的直观性，更具体地说，如我们在前面一节已经看到的，这种生产性在于数学概念的直观性本质正体现在相应的、本身亦为直观性的对称变换上。但是现在，如何才能确定绝对对称性也是一种直观呢？看来我们似乎并不具有对于绝对对称性的直观，因为正如我们在在本节的一开始所实施的对于任何可能的具体的对称变换的还原性分析所表明的，要在意识中达到绝对对称性，首先必须涉及时间间隔的无限缩短，在由此得到任一可能的具体的对称变换的可能性——对称性本身——之后，再对这种对称性加以无限的叠加。换言之，在所进行的还原分析中存在着一个（虽然并不非法但却导致直观性丧失的）朝向无限的逼进。

前面的分析已经告诉我们，对称变换之所以能够使我们获得对于数学概念的本质直观，是因为任何数学概念（例如"三角形"、"整数"等）的本质都是某种体现为对称性或对称变换的直观性本质。这意味着这些数学概念的外延产生于与其相应的直观性本质。这与经验概念的情况不一样，在经验概念那里，对称变换对于（类）概念的构成作用仅仅在于将诸具体的经验置于相应的（类）概念之下，却不能达到这些概念的直观性本质，并且事实上它们并不存在这样一种直观性本质。例如通过对称变换，我们可以将诸多红颜色的经验（不同的具体的红颜色）置于"红"

---

[1] 数学性概念的这种生产性曾经被皮亚杰当作数学概念与一般类概念区分的基本特征。他举出"圆锥曲线"的例子来说明这种生产性。例如，"圆锥曲线"不仅概念地包含着"圆"（这是类概念之间的属种关系），而且还**产生出**"圆"（圆锥曲线 $Ax^2 + Bxy + Cy^2 + Dx + Ey + F = 0$，当其中 $A = C$，且 $B = 0$，$D^2 + E^2 - 4F > 0$ 时，成为圆）。（参见皮亚杰：*Essai de Logique Opératoire*, établie par Jean-Blaise Grize, Paris: Dunod, 1972, pp. 64—65.）

的概念之下——这个概念因此是类概念——却并不能给出一个"红"的直观性的本质，因为并没有这样一种本质的红，除非我们相信那种对于类概念来说本身意味着悖谬的"两间的统一性"。那么，既然对称变换可以使我们达到数学概念这样的纯粹概念的本质直观，我们是否也可以借助这种变换来达到对于绝对对称性的直观，既然绝对对称性已经被理解为任何一种具体的对称变换的可能性本身？也就是说，我们能否通过对称变换来达到对称变换的本质？回答是否定的。因为任何一个对称变换都是一个具体的对称变换，它与其他对称变换就作为一种对称变换来说都是一样的，不可能有一种对称变换如此地特殊，以至于它可以等同于其他一切对称变换的**本质**。这个困难有些类似于关于理型的分离困难：如果这个相当于其他一切对称变换的本质的对称变换也是——正如我们所言，它不能不是——一个具体的对称变换，则需要另一个对称变换来达到它与它作为其本质的那些对称变换的共同的本质，如此以至无限。因此，通过对称变换是不可能获得一般对称变换的本质的，相反，这样所能够获得的只是对称变换的类概念，即其下有着诸多对称变换作为其外延的对称变换的概念。后一种情况之所以是可能的，显然由于所得到的这个"对称变换"的概念本身并非对称变换，就如"红"的概念本身不是红的一样。于是，摆在我们面前的现实是，对称变换是一种非常基础的直观但却不是本源的直观，同时，似乎我们也难以具有看起来是一切对称变换的本质，从而是它们的可能性的根据的绝对对称性的直观。这就启发我们设想，本源的直观是否可能是直接地来自于绝对对称性，或者不如说，代表了绝对对称性的介乎于绝对对称性与一切可能的对称变换之间的某种东西呢？回答是肯定的。首先让我们考虑一下这个"一切对称变换的可能性"。我们在前面说过，它就是对称性本身，并且这个对称性本身也就是绝对对称性。但我们却不能因此而**仅仅**将绝对对称性理解为单纯的无差别性或绝对的无差别性，因为如此它将不可能作为一切对称变换的可能性从而本质并产生出任何可能的对称变换。这就反过来告诉我们，作为这样一种可能性或本质的绝对对称性必须是有着自身区分的可能性的，也就是说，这必须是一个自身区分着的绝对对称性。正是这样一种绝对对称性是可以被直观地获得的。我们曾指出过，我们具有对于"有"的直观，并且这种直观较之于与之相对的"无"的直观要更为明见。因此，我们可以从这个"有"的直观开始来描述我们对于自身区分着的绝对对称性的直观的获得。这里所

第十四章 绝对对称性的自身区分与"我思"

要求的"有"的直观应该是一种尽可能微小的"有"的直观，例如它可以是一条线，甚至是一个点。但只要有了这样的一个点，无论它是多么的微小，我们就立刻能够产生相关于这个点的对称变换的直观。例如这个点的左右对称，如此等等。显然，这样一个点就是最初的区分性。这种区分性之所以能够产生对称变换，正是因为这个最初的区分性是对于看起来本身是全然没有区分性的绝对对称性的区分。换言之，这最初的区分性作为**绝对对称性的自身区分**，原是绝对对称性的自身破缺，但这一自身破缺必定立即引起对于这一破缺的对称变换，以使得绝对对称性在其自身破缺的情况下保持其自身的对称性。在我们如此这般地描述这个契机的时候，是不难体验到其中那种克服破缺的对称性动力的。这个动力体验正是关于自身区分着的绝对对称性的直观。它不是别的，正是前面说到的一切可能的对称变换的可能性本身。这因此是一种"**能（对称）运作**"的直观，即一种"能（对称）运作"的纯粹而直接的意识。[①]一切具体的对称变换都起源于这种纯粹的直观。[②]因此可以说，作为直观的绝对对称性必定是一种包含了区分性的"能（对称）运作"的直观。绝对对称性这种直观与任何其他可能的对称变换的或对称性的直观的区别在于如下两点：第一，任何一个其他的对称性（对称变换的）直观——作为直观它们总是具体的——都必定有其根据或原因，而绝对对称性的直观则因为它是关于一个绝对的（并非与任何"有"对峙的）"无"的直观，将不会有任何根据或原因。相反，正因为它的这种"无前提性"使之成为**唯一**可能充当第

[①] 对于"能运作"的意识（"我能……"），胡塞尔、梅洛—庞蒂等都曾有过现象学的分析。特别是梅洛—庞蒂将它与所谓"感体"（la chair）联系起来，达到了某种深刻的直观层面（见 *Le Visible et l'invisible*，Paris：Gallimard，1964，p. 309）。关于他的这种认识与超绝发生学的关系，本书第十六章第二节的第二小节将会提到。现在只需注意到，我们这里虽然看起来只是在"能运作"中加上了"对称"，但这显然是一关键之举，因为它预示着本源明见性的发现。

[②] 即起源于绝对对称性的自身区分。这种区分与绝对对称性本身一同成为了任何可能的对称变换的充分而必要的条件，既然任何可能的差别性都可以理解为这种区分的某一个结果，而绝对对称性则保证了这个差别必定将为某种形式的对称变换所克服。例如镜像对称之物的左、右图像的差别可在镜像对称的关系中消除（即使得左右互为镜像的图像重叠）；又如整数的（的集合）对于加法运算成群表明了这个集合中所有元素同样地属于整数（是"整数"概念的外延），尽管它们是不同的整数。经验告诉我们，差别无处不在，但绝对对称性自身区分的直观则告诉我们，任何差别终究会通过某种对称关系所消除。这些对称关系，其实就是经验中同样无处不在的各种规律，而规律的本质正在于彰显同一性。显然，这多少已经在向我们提示我们很快就要得到的结论：绝对对称性的自身区分作为直观乃是本源的！

一原理的，也就是**本源的直观**，而它的这种本源性亦使之成为唯一可能充当其他任何可能的事物的终极原因者。第二，这个直观作为其他任何可能的事物的根据或原因当然也是其他任何可能的对称变换的终极原因，同时显而易见的是，它作为绝对对称性蕴含了无限多的其他任何可能的对称变换，换言之，正如我们已经知道的，绝对对称性的直观不是任何一种具体的对称性而是**对称性本身**。①上述两点中第一点表明，这样一个对称性本身，作为"能（对称）运作"，它因此只能是其自身的原因。然而这如何是可能的？特别是，它的可能性是如何存在于一个（本源的）直观之中的？我们刚刚指出过，在"能（对称）运作"的直观中必定包含着区分的运作。作为对称性本身的绝对对称性的直观，它所包含的区分性运作只能是对于绝对对称性的区分，既然绝对对称性已经是终极的东西，它**自在地**永远是无任何异己地、孤独地存在着的。同样的道理，对于绝对对称性的这种区分也不可能来源于任何别的东西而只能是绝对对称性对于其自身的区分。也就是说，作为对称性本身或绝对对称性的这种"能（对称）运作"不是别的，正是**绝对对称性的自身区分**。同时，也不难知道，在这个"能（对称）运作"中，区分性运作不是预先也不是随后而是同时被包含着的。这样，绝对对称性便**本源地**是区分性与对称性的统一。它所包含的区分性与对称性将成为任何其他可能的对称运作的充分必要条件。不仅如此，如果说任何其他可能的对称运作作为具体的"能（对称）运作"都无法以自身为条件，绝对对称性作为一般的"能（对称）运作"则是其自身的充分必要条件。而这，仅仅是因为绝对对称性**就是**绝对对称性的自身区分。换言之，绝对对称性**必定**自身区分，只有自身区分，绝对对称性才成其为绝对对称性。它因为自身区分而是本源的直观，因为是本源的直观而自身区分。我们由此便可确认绝对对称性作为本源的直观或明见性的身份，既然"能（对称）运作"是一种明见的直观而它作为绝对对称性的自身区分无论如何**只能是本源的**。②事实上，绝对对称性或绝对

---

① 在此我们看到了类似于**基于直观**的数学概念的特征，即作为一类数学对象（例如各种三角形）的本质的数学概念（如"三角形"概念）同时也是这些具体数学对象（各种具体的三角形）的根据或原因。

② 这里需要做一个预先的说明：这样一种本源的直观必定是非反思的，因此它自在地不是任何认知主体的对象。它也不可能作为对象与一个不同于它的认知主体相对着存在。接下来几章将会从不同角度与不同深度上涉及直观的非反思性，并使其含义逐渐明朗。

对称性的自身区分的这种本源性，也就是它的"自因"特性，与它的直观性乃是同一的。换句话说，绝对对称性的自身区分是在直观中作为自因者的。作为"能（对称）运作"，其中的区分性直观地体现为"恍兮惚兮，其中有物"①，而这又使得这种直观必定具有一种内在的对称（运作）的倾向：如果我们设想在光滑的平面上滴上一滴水，在我们的想象中这滴水必定具有呈现出某种对称性的表面。这种想象是如此的自然，从而生动、形象地体现了意识深处的"能（对称）运作"的某种自发性，这种自发性不是别的，正是一种直观，它从根本上**源自于、派生于**那个作为绝对对称性的自身区分的本源的直观。

既然我们已经确认绝对对称性——或者更确切地说，绝对对称性的自身区分——为那个唯一的本源明见的直观，则这个直观应该同时被确认为超绝发生学的**第一原理**，也就是说，被确认为一个将从它推演出一切可能的实存者之实存的基本原理。这个第一原理也可以这样表述：**绝对对称性存在，当且仅当它自身区分**。作为第一原理，它揭示的是一种本源的生产性。正像我们在数学中所看到的那样，概念所蕴含着的外延的直观性本质产生了这些外延。这就是所谓的"生产性"，只不过自身区分着的绝对对称性的生产性是本源的，也就是说，其产物不是**某种**可能的实存者而是**任何**可能的实存者。因此，全部超绝发生学的任务，就是明示一切可能的实存者**如何最终是因为绝对对称性的自身区分而可能的**。由这一对于任务的表述，我们可以清楚地看到超绝发生学在何种意义上正是按照康德所制定了的超绝哲学的基调演绎的。

当我们以这样的方式确认绝对对称性的自身区分为超绝发生学的第一原理时，就自然而然地想要知道"我思"与它的关系：既然"我思"在整个超绝哲学产生与发展的历史线索中一直是一个核心的概念，那么它与绝对对称性自身区分之间的关系之澄清对于超绝发生学的构建便不仅是必

---

① 《老子道德经》（载《诸子集成》，第四卷）第 12 页。我们在后面的第十六章中将会指出，由于这个本源直观的基础性，它在人类之中是普遍存在的，无论这些人们处于何种发展水平上。极言之，它甚至为一切实存者所具有。正文中所引老子之言所出自的上下文曰："道之为物，惟恍惟惚。惚兮恍兮，其中有象；恍兮惚兮，其中有物。窈兮冥兮，其中有精。其精甚真，其中有信。自古及今，其名不去，以阅众甫。"老子对于这种似有似无的本源之生动的描述，亦可算是真真确确的了！

需的，而且也是实现这一构建的一个可能的方便途径了。① 即使是在今天看来，笛卡尔的 cogito, ergo sum（"我思，故我在"）仍然是对于"我思"的一个最好的表达。这个表达传递了这样的意思，即"我思"不仅是一个明见的直观，而且它本身就是**一种实体**，只是在进一步地阐明这种意思的时候，笛卡尔难免陷于种种困难之中，其中最主要的，就是我们曾经指出过的，这样一个明见的直观，作为实体必定将与笛卡尔体系中的实体概念的亚里士多德意味相冲突。正是亚里士多德的实体—属性模式中的实体观念使得人们几乎是从笛卡尔提出"我思，故我在"这个命题时起就总是情不自禁地将这个命题误解为一个三段论推论。而在这类误解中最为醒目的，则是罗素对于这个命题中的"我"的意指的质疑。罗素以为，cogito 至多表明思维的存在而不是"我在"。② 但这样一来，由于思维只是一种属性，它的独立的实在也将是难以想象的——而笛卡尔的确是将思维理解为一种属性的，他认为它是（我的）灵魂这一实体的本质属性。③ 这也是为什么笛卡尔自认为"我思，故我在"的意义在于证明了（我的）灵魂作为实体的存在的道理。由此可见，一直以来对于"我思，故我在"

---

① 自从笛卡尔以明确的方法论（"穷竭的怀疑"）得到 cogito（"我思"）之后，这个概念在历史上第一个成熟形态的超绝哲学体系——康德的批判哲学——的核心部分"超绝演绎"中就已经是一个基础性概念，特别是在随后产生的，旨在解构康德体系中的"自在之物"的费希特和谢林的超绝哲学那里，"我思"（自我或自我意识）逐渐成为唯一的基础。而在以还原的方法开创了超绝哲学新的事业的胡塞尔的超绝现象学那里，"我思"则在恢复了康德的构成性意义的基础上成为体系的核心，而这个核心甚至是胡塞尔试图通过超绝还原所要达到的本源的明见性。正如胡塞尔所说："……当我实行现象学悬置时，如在自然设定中的整个世界一样，'我，这个人'也遭到了排除；留下的只是作为运作的具有其固有本质的纯粹体验。但我也看到，对作为人的体验的这个体验的把握，撇开对实存的设定不谈，还引入了种种并非必然存在的因素，另一方面，没有任何排除作用能够废止 cogito 的形式和径直取消运作的'纯粹'主体：'指向'、'关注于'、'对……采取态度'、'体验于'、'受……之苦'，本质上**必然**包含着：它正是一种'发自自我'，或在相反方向上，'朝向自我'的东西——而且这个自我是**纯粹的**自我，任何还原都不能伤及它。"（《纯粹现象学通论》，第 202 页）

② 拉丁语动词 cogito（"思"）的第一人称形式是 cogito，按照拉丁语的习惯可不写出主语，因此笛卡尔的这个命题中的 cogito 可译为"我思"（这个命题后面的 sum 也一样地可译为"我在"）。但在罗素看来，这只是就语法而言的，并不意味着"思"就必定有"我"：笛卡尔"在什么地方也没有证明思维需要有思维者，而且除按语法上的意义来说，并没有理由相信这一点"（罗素：《西方哲学史》下卷，马元德译，商务印书馆 1976 年版，第 91 页）。

③ 见 R. Descartes, *Les Principes de la Philosophie*, *Œuvres de Descartes*, IX, Ch. Adam & P. Tannery, Paris : le Vrin, 1996, p. 48.

这个命题的上述误解，其根源在于亚里士多德的基于类概念的实体观念，而这个观念恰恰为笛卡尔的实体学说所包含。因为这个原因，尽管笛卡尔在针对他的"第一哲学沉思"的"第二组反驳"的回答中已经明确指出"我"作为一个思维着的东西（即灵魂）的存在并非什么三段论的推论而是"一个自明的事情……是用精神的一种单纯的灵感看出它来的"①，但误解却始终难以消除。那么，让我们回过头来再看作为超绝发生学第一原理的绝对对称性的自身区分。对称性通常可以理解为一种现象，更可以理解为一种属性，例如我们说某个图形是对称的（这是一个现象），即是说它具有对称性（这个对称性是某物的属性）。但绝对对称性，或自身区分着的绝对对称性却不然，它像直观性的"三角形"的本质（由不在同一直线上的三条线段首尾依次相连所得到的封闭图形）一样既是一种属性，**又是**某种（具有这个属性的）东西。康德当初正是因为看到了数学概念的这个特点，才将它与一般类概念区别开来并将它的根据理解为一种纯粹直观的。作为本源的直观的绝对对称性或绝对对称性的自身区分也因此特点才可能是生产性的，并且才可能因为它的这种生产性而作为直观与类概念相区别。这对于早已习惯于基于亚里士多德式实体—属性模式的语言的我们会造成些许理解上的困难，但却是绝对对称性的自身区分之作为一种直观所必定具有的特点，并且这一特点对于我们在理解上的困难性恰恰表明了它之无法被类的属种关系所穷尽。事实上，一切与类的观念平行的，也就是在思维发生上与类的逻辑处于同一共时性结构中的那些二分法的对子，都将在这样一种直观性上遇到困难：不仅实体与属性的二分法不适合于它，抽象与具体的二分法，形式与质料的二分法等等也都不适合于它。进一步，由于绝对对称性的自身区分不仅是直观的而且是本源的，因此甚至同样在思维发生上相关于类的逻辑而产生的"有"（实存）与"无"（非实存）和因果性概念等也将不适合于它。如果一定要以这样一些概念来思考或表达它，则会有陷入悖谬的危险，例如它既然绝不是"有"，那它就是"无"，这样作为本源的它就意味着不可思议的"无中生有"。这无疑会使我们想起康德的作为纯粹知性概念运用的限度的自在之物并意识到这个自身区分着的绝对对称性就是自在之物。这倒与绝对对称性的本源地位相吻合！这样一个作为绝对对称性的自身区分的本源直观将使得我们

---

① 笛卡尔：《第一哲学沉思集》，第144页。

能够看清在笛卡尔的"我思,故我在"上发生的争议的实质:要想使得"我思,故我在"成为一种明见的直观,这个 cogito,"我思",就必须是如绝对对称性的自身区分那样的本源直观或至少是直接地产生于这个本源直观的直观,非此便无法反驳罗素的那种质疑。但是,笛卡尔恰恰不能将这样一种本源性赋予"我思",同时还因为未能真正获得那种本源的直观(这在笛卡尔应是那个"至上完满的"的上帝)而更无法从它直接地得到"我思"。因为,虽然笛卡尔在其形而上学沉思中努力表明"我思,故我在"是一个"清楚分明地呈现在我心里、使我根本无法怀疑的东西"[①],表明这样一个命题所意指的是一种直观,但他却没有将这种——自他以后在诸超绝哲学中普遍以"我思"称呼的——直观当作第一的或真正的实体。他认作为真正的实体的,是他以为通过"一个至上完满的存在体……的观念"可以证明其存在的上帝。[②]但是这个证明同样被发现存在着严重的问题,即所谓"笛卡尔循环"(the Cartesian circle)[③]:笛卡尔借助上帝来保证清楚明白的观念的这种真实性,但恰恰上帝在他那里又是通过一个清楚明白的观念(至上完满的观念)直接地加以证明的。这表明笛卡尔终究未获得一个关于上帝的"清楚明白的"直观。事实上,要想一般地仅仅通过一个观念是"清楚明白的"来证明这个观念的无可怀疑的**真实性**,这个清楚明白的观念就必须是一个本源明见的直观。然而笛卡尔其实从未达到过这样一种直观。正是由于这个原因,他才在"我思,故我在"和关于上帝的证明上备受质疑。相反,既然超绝发生学已经获得了作为本源明见的直观的绝对对称性的自身区分,它就不会重蹈笛卡尔哲学的覆辙。这个绝对对称性的自身区分**一并**解决了笛卡尔的"我思"与"上帝"概念中的困难。它以其直观性满足了"我思,故我在"而以其本源性满足了"上帝"。因为正如我们说过的,这个自身区分的绝对对称性本就是一个绝对的无,一个"全无",而它作为超绝发生学的起点,却要能够从中产生出万物及其一切的基本法则,从而它也就是"万有"。这样地集"全无"与"万有"于一身并不意味着矛盾,由于

[①] 笛卡尔:《谈谈方法》,王太庆译,北京:商务印书馆 2000 年版,第 16 页。
[②] 《第一哲学沉思集》,第 52 页,并参见《谈谈方法》,第 29 页。
[③] 关于"笛卡尔循环",可参考 W. Doney, *Eternal Truths and the Cartesian Circle: a Collection of Studies*, New York: Garland, 1987。

第十四章 绝对对称性的自身区分与"我思"

在这个作为"绝对的无"的、自身既非"无"亦非"有"的"能（对称）运作"的直观中，能够被称为"有"或"无"的一切都还只是**潜在的**。我们在下一章将会看到，它的实现便是它的自我显现，即它作为绝对对称性的自身区分而必定演化出的一切——这就是"造物"的实质，因此这个"全无"与"万有"的统一体正是上帝之完满的唯一可能的刻画。

如果说，在笛卡尔那里，"我思"（或"我思，故我在"）被赋予的直观意义本身要求它成为一种本源的直观却既未能被认可亦未能被达成，康德则看起来更加明智地禁止作为他的超绝哲学的核心的超绝演绎的核心概念"我思"（超绝统觉）充当像笛卡尔的上帝那样的本源之物。于是，上帝在这里便成为超越于超绝演绎之外的自在之物。然而这样一种超越性最终将阻碍一个超绝哲学的体系具有它所必需的内在性。不过，我们毕竟在《超绝发生学原理》（第一卷）的第十二章，特别是其中的最后两节中揭示了康德体系中的"我思"总是具有一种自发地冒充自在之物的僭越倾向。这种情况生动地表明了超绝哲学体系是如何因为它固有的内在性而必需拥有一个能够取代自在之物但本身却不是超越的，并且事实上在像超绝演绎这样的超绝论证中能够起到像作为超绝统觉的"我思"所应起到的那种最终构成任何可能的经验的作用的东西的。康德最终也未能使他的超绝体系满足这样一个需要，而这个体系中那些关键性的困难，几乎无一不与这个缺失相关。显然，作为本源直观的绝对对称性的自身区分的发现，意味着以这样一个直观为逻辑起点的超绝发生学将可能克服康德体系中的那些困难，从而成为一个真正完备的超绝哲学体系。

其实，紧接着康德，费希特就已经由于超绝哲学的这种内在需要的驱使而让"我思"——他更多地称其为"自我意识"或"自我"——对自在之物实行了僭越。这样，当我们看到绝对对称性的自身区分在超绝发生学中的作用与费希特的"自我"在其知识学中的作用存在着某种相似之处就不应该感到奇怪了。事实上，绝对对称性的自身区分正对应了费希特的知识学的第三条原理。这条原理是："**自我在自我之中对设一个可分割**

的非我，以与可分割的自我相对立"①。这条原理中的所谓分割，正相当于我们这里说的绝对对称性的自身区分。而尤其要注意的是，如果仅就费希特的原理来说，单纯的区分则只是将自我区分于非我即可，但我们这里说的却是绝对对称性的自身区分，所以它不是费希特的第一条原理，也不是第二条原理，而是第三条原理：对自我与非我的分割统一于那个绝对的自我——在超绝发生学这里就是绝对对称性——之中。因此，若是全面地对应于费希特的这三条原理，则可以说，超绝发生学的绝对对称性的自身区分中绝对对称性方面对应于知识学的"自我"，这个绝对对称性的自身区分中区分性方面对应于知识学的"非我"，而超绝发生学的绝对对称性的自身区分，作为绝对对称性与区分性的统一体，则对应于知识学的"可分割性"或"可有量性"。知识学以这三条原理为基础，通过自我与非我的相互规定辩证地演绎出了世界以及从世界朝向本原的自我的回归，而超绝发生学则将由绝对对称性的自身区分起始，通过它的绝对对称性方面与区分性方面的相互作用，构成**超绝发生**的全部过程，并且这个过程将同样呈现出一种朝向起点回归的、宏观的辩证法。

然而，超绝发生学终究不是知识学。在《超绝发生学原理》第十章第二节的第一小节中，我们曾指出费希特的知识学的辩证三段式或"正、反、合"的"圆圈"是通过一种不合法的跳跃而获得的。这个跳跃可以理解为将单纯的可区分性（它意味着"反题"，即关于"非我"的第二条原理）直接地等同于可分割性（它意味着"合题"，即关于"自我"与"非我"的统一的第三条原理）。②因此，要想使这个辩证三段式所描述的超绝哲学的**宏观**形态具有充分的合法性，就必须在（可）区分性和（可）分割性之间建立一种使前者转变为后者的构成性机制。超绝发生学的绝对对称性的自身区分这一本源直观恰恰包含了形成这一机制的充分必要条件，即当且仅当这个区分性是"绝对对称性自身的"。其中的奥秘在于，绝对对称性对于自身的区分性的约束导致自身所产出的不是类关系而是像几何图形或自然数那样的个体间关系。这也就是为什么绝对对称

---

① 费希特：《全部知识学的基础》，载《费希特著作选集》第一卷，梁志学主编，北京：商务印书馆1990年版，第522页。

② 见《超绝发生学原理》第一卷，第207—210页，特别是第210页上的注释①。

性的自身区分所对应的是知识学中的第三条原理的原因之所在，同时也是为什么绝对对称性的自身区分是一种具有**生产性**的本源的明见性的原因之所在。

从上面关于绝对对称性的自身区分与历史上超绝哲学的产生与发展的几个环节上的"我思"（或"自我"）概念的简略的比较可以看到，在所参照的这几个环节中，只有费希特的"自我"具有与绝对对称性的自身区分相当的本源性，只不过前者的这种本源性因为缺乏真正的直观性而无法使整个费希特的知识学系统具有超绝哲学所必需的构成性。康德的"我思"被用心良苦地设置在一个构成性的系统（超绝演绎）中，但它不仅本身同样不具有直观性，而且更不具有本源性——这种本源性被让渡给了完全不具有直观性的自在之物。笛卡尔的形而上学沉思虽然还不算是一种真正超绝哲学的工作，但在其"我思"的概念之中已经埋下了超绝哲学的伏笔。但就是这个"我思"，在笛卡尔的系统中也处于本源性与直观性两端不着边际的尴尬状态之中，这使得这个"我思"虽然进入后来诸超绝哲学体系的中心地带，但最终却无法使这些体系具有完备的构成性。在这个意义上，绝对对称性的自身区分正是历史上几乎所有超绝哲学都在"我思"这个概念之下所努力挖掘的那个本源明见性和第一原理。因此，我们很有理由预见，唯有它才有希望使失去了构成性的辩证逻辑能够在超绝发生学的微观构成机制中得到实现，而这一实现必将使得超绝发生学在超绝哲学的构成论路线上，比康德的批判哲学和胡塞尔的超绝现象学跋涉得更远。[①]

最后，作为本章的结束，也许值得一提的是，中国古代的太极学说以另一种方式也刻画了一个多少与超绝发生学相关的发生学形态。周敦颐的《太极图说》中说道："无极而太极"。它所表达的其实正是这样一个绝对对称性的自身区分。"无极"便是作为全无的绝对对称性自身区分的绝对对称性方面，"无极而太极"表示绝对对称性必然自身区分，并因此区分而成为万有的根据。全无与万有不可分割地存在于绝对对称性的自身区分之中，只有在这种不可分割的统一性中，全无才不会成为彻头彻尾的死

[①] 读者将会看到，在下一章中，我们便回应或不如说实现了这一预见。

灭，万有也才能具有其本源。① 但是在中国传统文化中却没有发展出真正的作为**超绝哲学**的发生学，这里面的深刻原因是很值得思考的。②

---

① 宋代周敦颐说："无极而太极"；"太极，本无极也"。(《太极图说》，载《周子通书》，上海：上海古籍出版社 2000 年版，第 48 页）朱熹解释道："圣人谓之'太极'者，所以指夫天地万物之根也；周子因之而又谓之'无极'者，所以夫'无声无臭'之妙也。"(《朱子论太极图》，同上书，第 50 页）"太极"从《周易》之"易有太极，是生两仪，两仪生四象，四象生八卦"出。而"无极"则从《老子》"天下万物生于有，有生于无"出。所以陆九渊才会怀疑"无极而太极"之说真是出于周敦颐。但"无极而太极"确是真知灼见，而它也确是对《老子》中"无名天地之始，有名万物之母"的恰当重述。

② 《周易》中的学说甚至也算得上是一个原始的本质发生学。将它与柏拉图的本质发生学加以比较，也许有助于探究超绝哲学乃至一般意义上西方那种在柏拉图和亚里士多德那里确立了其开端或不如说走向的哲学在中国传统文化中的未能出现的原因。另外，必须指出的是，也许非西方哲学传统中与超绝发生学最为相近的，是佛学中的某些学说，例如唯识学。超绝发生学与人类（不同的）哲学传统的这种广泛的相关性并不是偶然的，它其实是人类意识发生的那些内在规律所导致的结果，而这些规律在超绝发生学中必定有深刻的体现，或者说被深刻地揭示（这一点我们在前面借助皮亚杰的发生认识论来分析古希腊哲学的起源与发生的那些部分中已经可以看到，而后面第十六章的第一节的内容将更为深入地与此相关）。

第十五章　超绝发生:从超绝意识到自我与世界

第一节　作为超绝发生学的逻辑起点的超绝意识

一　作为绝对对称性自身区分的超绝意识的直观性内涵

在上一章的最后一节中,我们通过比较绝对对称性的自身区分与超绝哲学诞生及发展历史的若干环节中共同的核心概念"我思",看到了前者正是后者作为超绝哲学的第一概念的真正理想。就此来说,绝对对称性的自身区分这个本源的直观正是以往超绝哲学固有的但却从未真正满足过的诉求。正因为绝对对称性的自身区分与"我思"的这种特殊的关系,我们在探讨超绝发生学的诸原理和陈述超绝发生学的内容时将不断地涉及到超绝哲学历史上以各种不同形态出现的"我思"。为了不至于造成混淆,特别是为了不至于沾染上那些"我思"概念所带有的——正如我们接下来会看到的——种种缺陷和"病症",尽管绝对对称性的自身区分可以理解为"我思"这个超绝哲学的核心概念在超绝发生学中的新形态,我们还是用一个新的术语"**超绝意识**"而非"我思"来专门意指绝对对称性的自身区分。对于这样一种取代,我们还有必要在对超绝意识做出进一步的分析之前指出:作为一种"能(对称)运作"的直观,超绝意识可以说是"我的",这是它与超绝哲学史上那些"我思"的一个最基本的共同点。在这个意义上,超绝意识与那些"我思"一样,其实就是某种"自我",所以正如在以往的超绝哲学中可以看到的那样,这个自我也会被称为"自我意识"。然而正是在这一点上,如我们将在本章第四节的第一小节中表明的,许多曾有过的超绝哲学,特别是那些具有构成性的超绝哲学,都存在着一个共同的问题,那就是混淆了非反思性自我与反思性自我。但这一混淆对于超绝哲学来说却是致命的从而绝不允许的。事实上,在第十四章的最后我们看到的笛卡尔在上帝与"我思"之间的关系上所遇到的问题便与这种混淆有着直接的关联。现在看来——这也是我们以"超绝意识"这个名称取代习惯的术语"我思"的动机之一——只有超绝发生学的超绝意识概念才可能避免这样的混淆，也就是说，**它清楚明白地只是非反思性自我**。更进一步，绝对对称性的自身区分作为一种意识也并非通常所说的被认为是具有意向性的意识，也就是说，它并非意向性的自我或自我意识。"超绝意识"中的"超绝"二字恰好表达了这种区别。

就"我思"，或者说就给予"我思"一种分析性描述而言，我们在上一章的最后一节已经谈到过笛卡尔在这样做时所遇到的种种理解上的困难，并且这绝不是唯一的、个别的情况，"我思"在康德、费希特、胡塞尔等人那里，当他们企图对其做出深入描述的时候，也一样地备受折磨，常常是陷入思辨的泥潭而难以自拔。这一点我们在《超绝发生学原理》（第一卷）的第三部分中可以找到更加充分的例证。之所以如此，一个重要的原因是，这些伟大人物在分析和描述被当作本源直观的"我思"时，总是不由自主地将它对象化，也就是说，直接或间接地陷入了那种"我思我思我思……"的无限倒退的困境。在《超绝发生学原理》第一卷中，我们曾以康德的"我思"概念为例对此有过深入的分析和揭示。[①]反过来说，如果像几乎所有的超绝哲学家所希望的那样将"我思"确定为一种本源的直观[②]，那么这样一种对象性的意识（这正是我们通常的意识，意识之普遍具有意向性便是对这种意识而言的）就是根本不适合于它的。由于费希特可说是在对于这种直观的认识上走得比别人要更远一些，他的一些表述多少已经暗示了这个道理。与其他超绝哲学家一样，费希特也将"我思"理解为一种自我意识。他因此对他的读者这样要求道："想想你自己，构筑对于你自己的概念，并且注意你是如何做这一点的。……谁只要去做这一点，谁就会发现，在这个概念的思维中，自己的活动性（Tätigkeit）作为理智会返回自身，会把自身变成自己的对象。"[③]然后他紧接着问，"什么是自我返回自身呢？这应当属于哪一种意识的变化形态呢？"，并且回答道：

---

① 见《超绝发生学原理》（第一卷）的第十二章的第四节，第 328 页及其后的几页。
② 对于费希特和胡塞尔，"我思"当然可以说是一种直观，即使是康德，也曾（尽管十分含糊地）说它是"某种不确定的经验性的直观"（《纯粹理性批判》，第 303 页，B423，注②）。
③ 费希特：《知识学新说》，载《费希特著作选集》第二卷，梁志学主编，北京：商务印书馆 1994 年版，第 689 页。

第十五章 超绝发生：从超绝意识到自我与世界

> 它决不是**理解活动**（Begreifen）……它是一种单纯的直观。——因此它也决不是意识，甚至也不是一种自我意识；而且，仅仅由于凭借这种单纯的行动不会产生任何意识，也确实可以进而推知另一种行动，凭借这种行动，对于我们才产生某个非我；只有这样，哲学推理的进展和对经验体系所要求的推演才成为可能。自我通过上述行动仅仅具有产生自我意识的可能性，并与自我意识一起，具有产生一切其余的意识的可能性。但是还没有产生任何真正的意识。上述行动只是整个理智运作的一部分，……凭借整个理智运作，理智（Intelligenz）产生出自己的意识。[1]

在此，这种"返回自身的活动"并没有被明确为自我意识，而是被提示为比自我意识更为基础的东西，一种——看来应该说——本源的直观。这表明费希特已经意识到本源直观作为意识与通常所说的、具有意向性的意识的区别。按照费希特，这种本源的直观是一种无法用概念来证明或阐明的智性直观。[2]他要求我们相信这是一个"直接的意识事实"，并声称如果我们不能对此有所领悟，则我们对此便"什么也不能寻问，什么也不能谈论"，[3]因为这就会像是一个盲人要求别人告诉他什么是红颜色一样地不可思议。[4]我们很快就会看到费希特的这些看法是如何地触及到了问题的实质。但是，如果对这个直观除了"返回自身的活动"之外就无法再有更加清楚明白的描述，既不能明示这个活动，也不能揭示它如何使意识成为可能的机制，就要让我们相信这个直观确实存在，并且硬要说如果我们不能有此直观，那只是因为我们是一个理智上的"盲人"，这却是让人难以信服的。事实上，正如我们在《超绝发生学原理》（第一卷）中曾经指出的，在费希特这里，这种直观与其说得到了确切的明示，不如说它只是他的知识学建构的一种需要，从而本质上仍然是一个预设。[5]这再一次说明了对于作为本源直观的"我思"的描述实在是一件十分困难的事情。许多年之后，萨特在其《存在与虚无》中将费希特的那个"返回自身的

---

[1] 费希特：《知识学新说》，第690—691页。
[2] 同上书，第694—695页。
[3] 同上书，第692页。
[4] 同上书，第695页。
[5] 见《超绝发生学原理》第一卷，第183—184页。

活动"理解为"前反思的'我思'"（*le cogito préréflexif*），并举出了这种意识的一种具体表现的类型，即那些我们一般称为"**情绪**"的意识，例如快乐：

> 快乐不可能在意识到快乐"之前"存在——即使以潜在性或潜能的形式也不行。……并不是**先**有一种（无意识的或心理的）快乐，**然后**这种快乐接受了意识这种性质，就像射进一道光芒似的；也不是**先**有一种意识，**然后**这种意识接受了"快乐"这一感受，就像在水里加了颜料似的，而是有一个不可分割的，不可分解的存在……。①

萨特指出，这种意识之为非"定位性的"（positionnel）原初意识——这显然相当于我们所说的本源直观——在于"它与它意识到的那个意识是同一个东西"，而这大致也就是费希特的所谓"返回自身"的意思吧。②

然而，只要我们尽可能地对萨特所给出的这个例子认真地加以体会，就不难意识到，它与其说表明了某种"前反思的'我思'"，不如说明示了在"我思"这种原初的意识中，一个明确的（意识的）对象是不可能的（因此萨特所谓"前反思的"其实也就是"非意向性的"），既然当这种意识指向诸如"快乐"这样的情绪时，被意识到的快乐已经不再是原先的那个快乐了。确切地说，它已经不再是**作为情绪的**那个快乐了：我们对于情绪的对象性意识永远是不确切的，我们永远只能**不确切地**将自己的情绪意识为某种对象。或者反过来说，被我们确切地意识为对象的情绪，已经不是**那个情绪本身**了。因此，如果这里所说的意识总是"对……的意识"这样一个函项，那么在这个函项可能的值当中真正说来并不存在像情绪这样的东西。换言之，如果一定要将情绪说成是一种意识的状态，那么这种意识并非通常以为必定具有意向性的意识。在这个意义上，"它与它意识到的那个意识是同一个东西"并不是一个对于情绪意识的确切

---

① 萨特：《存在与虚无》，陈宣良等译，北京：三联书店1987年版，第12—13页。
② 同上书，第11页。

第十五章 超绝发生：从超绝意识到自我与世界

描述。确切的描述应当是，在这种非定位性的意识或非反思的"我思"①——我们现在知道它是一种非意向性的意识或意识状态——之中，存在着一种不可排除的相对于通常具有意向性的意识来说的不确定性。

与萨特以情绪为例所描述的非反思性"我思"在意向性上的这种不确定性相对应，绝对对称性的自身区分，也就是超绝意识，则包含着一种对于类逻辑来说的不确定性。这种对应不过是在更深层面上这两者的同一性的一种体现。换言之，萨特所说到的这种非反思性"我思"正是超绝意识的一种并不严格与精确的表述。我们在前一章第二节的第一小节中曾经指出，即使借助于想象性变换，我们也无法获得对于基于类的逻辑（属加种差）的经验概念的本质直观，从而无法获得这种概念的确定性，因为这些概念的所谓本质根本就不是直观性的。然而在数学概念中，我们确实能够获得这样的本质和确定性。那是因为我们在那里具有对称变换的直观，例如在我们曾举过的例子中，三角形和整数（自然数）的构成中的对称变换直观。②在同一小节中，我们还表明了，类的逻辑相对于直观性的对称变换在概念的构成上所欠缺的，乃是被胡塞尔称之为"奇特的两间统一性"的东西。这种欠缺直接导致**对于类逻辑来说**这样的直观必定包含着某种不确定性。③而在前一章第二节的第二小节中，我们则知道了一切可能的具体对称变换**最终**来自于绝对对称性的自身区分或超绝意识，尽管我们还未能明示一切可能的对称变换由超绝意识而产生的一般原理，未能明示超绝意识一般地构成任何可能的对称变换的机制（这个工作要等到第十六章以及其后的部分才能完成）。因此，超绝意识对于类逻辑来说也必定包含着某种不确定性，并且由于超绝意识的本源性，这种不确定性也将是本源的。这样一种对于类逻辑来说的本源的不确定性，意味着以任何本质地包含类逻辑的方式来认识这种对之不确定的"对象"，这

---

① 我们所说的"非反思性（的）"（irréfléchi，相应的英文与德文为 unreflected 和 unreflektiert）与萨特这里说的"前反思的"（préréfléxif）同义。所以要以前者代替后者，原因之一是便于和"反思性（的）"（réfléchi，reflected 和 reflektiert）相对应。

② 见本书的第 68—70 页。

③ 也就是说，这个两间的统一性对于类逻辑来说是不可理解的，甚至可说是一种悖谬。就数学概念来说，哥德尔不完备性定理不过是通过严格的方式证明了这些概念说到底无法基于类逻辑而得到确定罢了。这再一次为《超绝发生学原理》（第一卷）第七章中的关系式 VII—3 提供了证据，在这个式子中的左边项便包含着这里所说的不确定性，它意味着类的逻辑是无法达到数学的本质的。

种认识都将在原则上不可能是完备的。哥德尔在20世纪30年代初针对数学系统所发现的那种不完备性，就是数学系统对于类逻辑来说的不确定性的一个典型的实例。毫无疑问，超绝意识作为本源明见性的这种对于类逻辑来说的不确定性要比数学系统的这种性质更加深刻与普遍得多。事实上，数学系统的这种性质是来源于超绝意识的。同样由于来源于超绝意识，经验世界的整体，作为自然科学的"对象"，对于同样基于类概念的自然科学来说也存在着无法消除的不确定性，而这其实正是海森伯比哥德尔稍早一些在量子物理学中发现的不确定性关系所告诉我们的。[①]

　　本源的不确定性必定伴随着一种本源的不可逆性，这一点我们可以借助于对**熵**的本质的理解而认识到。熵这个概念与热力学第二定律有着密切的关系，事实上热力学第二定律可以称为熵增原理：在一个封闭体系内，系统的熵总是趋于最大值。长期以来，这条定律所包含的物理意义困扰着人们。人们难以将这一定律对于系统的描述与同一个系统中的所有物质粒子因为服从那些在时间反演上具有不变性的（无论是经典动力学还是相对论动力学的）定律从而是可逆地运动的这一点统一起来。换言之，人们难以将系统在宏观上的这种不可逆性与它在微观上的可逆性统一起来。在历史上，这个困难通过所谓洛喜密特—策梅洛悖论和吉布斯悖论等被表述出来。然而，如果我们在系统中引入一种**不可克服的**不确定性，这些悖论就自然会得到消解，因为这些悖论的引出，都在于它们预先假定了微观粒子具有严格的可区分性，即它们在原则上都是确定的。如果事情并不像所假定的那样，而是相反，在系统中存在着**内禀的**不确定性，那么玻尔兹曼 I. E. Boltzmann 基于微观粒子的全同性的关于熵的统计诠释就将是完全合理的，不应该受到那些悖论的挑战，从而系统的宏观表象与微观行为之间的矛盾也就不复存在了。当代科学已经为我们提供了这种本源的（从而内禀的与不可克服的）不确定性的直接证据，这就是前面提到的量子

---

　　① 也许人们会感觉到说经验世界来源于超绝意识要比说它来源于绝对对称性的自身区分更令人吃惊。但这种感觉不过是习惯使然。克服这种习惯显然需要一点儿形而上学的思辨力。事实上，这种说法并不比"存在就是被感知"这句话更不合常识。应该说，前者比后者要含有更多得多的真理性，因为这个超绝意识并非像知觉那样的心理活动，而是真正本源的，甚至比莱布尼茨的单子还要本源的东西。这些道理，我们都将在本章后面的部分以及第十六章中加以阐明。另外，海森伯的不确定性原理看起来是针对所谓微观粒子的，但它的真正意指，则是整个经验世界在因果关联上的不完备性，或者也许更确切地说，这种关联的潜无限性。

力学——不是它的数学形式而是关于它的物理意义的诠释——中的那个不确定性原理，它表明在普朗克常数的尺度内，确定一个物质粒子的精确状态在原则上是不可能的，这样一来就否定了那个关于微观粒子具有严格的可区分性的假定。由此可以看到，正是不可克服的、必定存在的不确定性造成了普遍的熵增原理，或者说，导致了实在的世界中普遍的不可逆性。尽管我们在后面的章节中才能够论述物质系统与我们这里所分析的超绝意识之间的关系，但这里所表明的不确定性之导致不可逆性这一事实却是具有普遍性的，因为玻尔兹曼的 H 定理（它给出了热力学第二定律的数学原理）仅仅是一种**纯粹的**统计学规律。[①]因此，作为绝对对称性的自身区分的超绝意识所包含的本源的不确定性必然导致某种基本的，或者不如说**是本源的不可逆性**。这样一种不可逆性，作为一种状态，我们称之为"绵延"。也就是说，**绵延就是绝对对称性因为其自身区分而导致的显现为不可逆性的本源的不确定性**。

　　然而，这种本源的不可逆性在本质上却是一种不对称性。它既然直接产生于绝对对称性的自身区分，则对于这种不对称性的出现，就必定要有某种缘自于它自身的补偿，以克服这种不对称性。这是因为，绝对对称性既然已经是还原的终极，是一种没有任何对立面的、比巴门尼德的"一"更为本原的东西，它本身作为终极的存在是不可能被否定的。然而它所**必定会有的**自身区分却本源地，也就是由它自身而产生了某种不对称性，如果没有某种同样本源地自发的补偿作用，这势必导致它的自我否定。这种自我否定既然是不可能的，则要么绝对对称性并不自身区分，要么它就将必然在不对称性产生的同时产生对于这种不对称性的补偿。我们已经知道，前一种选择是不可能的（这一点由上一章第二节的第二小节所给出

[①] 这种对于熵的本质的理解，对我们来说，也就是对于不确定性与不可逆性之间关系的理解虽然并不依赖于对物理世界中实际存在着无法消除的不确定性的断言，但量子力学的不确定性原理，严格地说是对这个原理的哥本哈根诠释，还是令人惊叹的。哥本哈根学派的立场虽然已经得到来自于科学实验的有力支持，但这些实验却不能算是判决性的。反倒是我们关于绝对对称性对于区分性所具有的不确定性的断言，因为它所基于的本源明见性，以及基于它超绝发生学将得到一个实际上可以作为量子力学的哲学根据的、自身一致的原理系统这一事实，却能够给予这个学派以决定性的支持。当然，这丝毫不会减少我们对于自始至终作为哥本哈根学派在哲学上的对立面的爱因斯坦的崇敬！

的超绝发生学的第一原理①可知），所以只有后一种选择才是可能的，并且是唯一可能的，从而是必然的。那么这是一种什么样的补偿呢？同样根据上一章所述，这种补偿只能是在绝对对称性自身区分的条件下，也就是在因为这种自身区分而本源地产生了不对称性的情况下，建立起与之相应的对称关系。所谓建立对称关系，也就是施行对称变换。因此，绝对对称性的自身区分在导致不对称性的同时，也必将导致克服这一不对称性的对称变换。由于这时作为本源直观的绝对对称性的自身区分所产生的只有这种区分所导致的不对称性与基于绝对对称性存在的绝对性而具有的为克服这种不对称性所产生的对称变换，所以如果这个对称变换是可实现的话，则它的对象，也就是被变换者就只能是这个不对称性本身。由此我们看到任何可能的具体的对称变换是如何能够由于绝对对称性的自身区分而被产生出来的一般根据。这个根据——即**绝对对称性的自身区分直接导致本源的不对称性以及对这种不对称性的对称运作**——我们将它提出来作为**超绝发生学的第二原理**。②

不难理解，正是这个超绝发生学的第二条原理说明了为什么绝对对称性的自身区分或超绝意识必定通过"能（对称）运作"而成为本源的**直观**。这样一种本源的直观，我们知道，并不就是任何可能的**具体的**对称变换的实现了的自身，而那由于绝对对称性的自身区分所导致的不确定—不可逆性，也就是所谓绵延，也并非任何一个具体的——如我们曾例举过的"正方形"、"自然数"等等那样的——对称变换的对象，而是对称变换的一般可能的对象，或不如说，一种**潜在的**对象性。与此相应，与绵延同时产生的，旨在克服绵延的对称变换就不必，事实上也不可能是任何一个实现了的、具体的对称变换，而仅仅是对称变换的一种实在的**倾向**。因此，正是绵延与这种对称变换的倾向充当了绝对对称性的自身区分之为一种"能（对称）运作"的直观的，即超绝意识的原初内容。由此，我们可以

---

① 由于绝对对称性的自身区分已经被我们称为"超绝意识"，这条原理也可以称为"**超绝意识的存在性原理**"。

② 这种一般地作为对称变换的对象的不对称性就是绵延，我们稍后将指出，它在广延中体现为**时间性**，而这种时间性不仅是经验性对象构成的基本因素，也是数学性对象构成的基本因素。后一种情况表明数学直觉主义受康德的启发而将自然数的发生学根据理解为时间直观是很有道理的（参见我的论文"彭加勒的数学直觉主义"）。我们在后面正文中说绵延是一种"**潜在的对象性**"所意指的就是它的这样一种（超绝）发生学作用。

更加清楚地体会到这种"能（对称）运作"的本源直观的直观性内涵，同时看到它在何种意义上能够与以往那些超绝哲学中的"我思"相关联。事实上，我们可以将这个本源直观中的那个对称变换的倾向体会为作为直观的"我思"中的那个"我"。直观地说，这个"'我思'之我"便是对称变换的倾向中所必定蕴含着的对称中心。① 与之相应地，"能（对称）运作"的本源直观中的那个由于区分性而直接产生的绵延就是"我思"直观中的"思"。因此，"我"与"思"是同时呈现于作为**同一个**本源直观的"我思"（"能（对称）运作"）之中的。这就是为什么笛卡尔在直观到"思"的同时必然直观到"我"的真正原因！②

因此，超绝意识作为本源的直观乃是绵延与对称变换（的倾向）两者的统一。而这个与作为本源的不可逆性相对的本源的对称变换，则是被笛卡尔称之为"**广延**"的东西。如果说绵延是关于绝对对称性的区分——这是毫无疑问的，既然那个本源的不确定性就是区分性**在**绝对对称性**上的体现**——的话，那么广延就是关于区分的绝对对称性，或者说是绝对对称性**在**区分性**中的**体现。我们可以通过对一条直线的分割（它最终意味着对这条直线上所有点的确认）来构想我们对于绝对对称性的自身区分的分析性描述所得到的这种结果。**分割**可以理解为一种完备区分的方式，或者说，是一种理想的区分。事实上，前面所说的超绝意识，或者不如说是其中的绝对对称性，对于类逻辑来说的不确定性，换一种说法就是对于绝对对称性的分割的不可完备性，因为只有通过完备地分割得到确定的部分，所谓"类"才能具有其确定性。对此，我们可以作如下理解：例如，完全地分割一条直线意味着将它还原为彼此严格区分的点，并且非此不能有对该直线的确定的区分（作为确定的点的集合的类）。一方面，我们知道这是不可能的，这种不可能性在于直线上并不存在这样可以构成

---

① 胡塞尔曾在《纯粹现象学和现象学的观念》第二卷（中译本为《现象学的构成研究——纯粹现象学和现象学哲学的观念》第二卷，李幼蒸译，北京：中国人民大学出版社2013年版，我们以后将之简称为《观念Ⅱ》）中将"我"的这种特征描述为"一切意识体验的外射线中心或内射线中心"。（第88页）当然，如我们在后面将会指出的，无论是笛卡尔表述他的"我思"还是胡塞尔对自我做这样的描述的时候，都未能明确地区分非反思性自我与反思性自我，从而他们的"我思"概念必定带有某种含糊甚至悖谬。

② 然而正如我们指出过的，笛卡尔却由于他对于亚里士多德的"实体—属性"模式的接受而模糊了这一本源直观的性质。相反，由于我们对于"我思"的直观内涵的这种澄清，便可以十分恰当地将超绝发生学的这个第二原理称为"**超绝意识的直观性原理**"。

直线的确定的点。就此来说，这条直线对于这种严格的区分具有一种不确定性。对此我们可以说，是对这条直线的区分或者说分割导致了这一不确定性的呈现。这就是对绵延的，即对它之为区分性在绝对对称性上的体现的一个形象的描述。另一方面，之所以直线是如此这般地无法被分割为确定的点或者说无法被确定的点所穷尽，是因为直线本身是**连续的**，即它是一个一维连续统。换言之，这个一维连续统在区分（分割）的本来意义上乃是不可完备地实现的。① 由于任何一次可能的区分都必定导致某种不对称性（这是毫无疑问的，因为任何这种区分都意味着做出肯定与否定的划分，换言之，任何这种区分即便得到某种对称性，这种具体的对称性也只是相对的，也就是说，是相对于绝对对称性的某种欠缺），所以这个一维连续统的不可区分性就意味着在其连续性本质中存在着对于因为区分而产生的不对称性的否定。既然对于绝对对称性来说区分乃是必然的（超绝发生学的第一原理），那么这种否定就只能意味着以相应的对称性来消除区分所**可能**导致的不对称性。由此可以看到，一维连续统正意味着某种对称性，确切地说，它是某种对称变换的在区分的条件下的体现。这样，一旦将一维连续统推广到无限维连续统（即考虑一维连续统本身亦是某种区分的结果，例如是对于二维连续统的区分的结果，消除这一区分便可得到二维连续统，以此类推，最后所得到的将是无限维的连续统），这个无限维连续统，或者说连续统本身，就是对于所有可能的区分来说的所有可能的从而普遍的对称变换的体现，也就是说，是绝对对称性在区分条件下的体现。显然连续统本身正是笛卡尔称为"广延"的东西。因此，我们说，绝对对称性在区分性中的体现就是广延。②

这样我们便得到结论：**绝对对称性的自身区分，即超绝意识，直观地就是绵延（关于绝对对称性的区分）和广延（关于区分的绝对对称性）**

---

① 前面第十三章中提到的芝诺对于"存在是一"的论证便是利用了这一点，即假如存在是可分割的话，则这种分割没有理由不能无限地进行下去，但"可分割的"本就意味着此分割是可完成的，这便导致了矛盾。芝诺由此断定存在是"不可分割的"。这样一种不可分割性无非就是说分割是能够无限地进行下去且永远不会完成的（即是一种潜无限）。这种对于分割来说表现出不可分割性或对于分割是不可穷尽的性质，就是连续性。

② 连续性与绝对对称性的自身区分的这种关系也可以这样来理解：任何在有限步骤中可完成的分割——这意味着非连续性——都将带有某种非对称性，因此要想达成绝对对称性，分割就不可能在有限步骤中完成，而这种分割只能是对于连续统的分割。

第十五章 超绝发生：从超绝意识到自我与世界　　97

两者的统一。这个结果首先是笛卡尔所万万不可能想到的，因为在他的形而上学系统中，以广延为其本质的物体（物质）与"我思"，也就是思维的实体，被认为是上帝所创造的唯有的两种不同的、相对置的实体。其次，这个结果也是康德所万万不可能想到的。因为在康德那里，我们以为分别是广延和绵延的样式的空间和时间作为纯粹直观形式在根源上完全不同于"我思"，即，空间和时间属于感性而"我思"则属于知性，感性与知性是完全不同的两种认识能力。[①]然而本书后面的分析将使我们知道，尽管如此，我们所得到的这个超绝发生学的结论却能够将笛卡尔和康德理论中真正有价值的东西包摄于其中并克服掉他们的理论中种种深刻的困难。

　　前面我们曾指出萨特将其实是作为绝对对称性的自身区分的超绝意识的非反思的"我思"——与在他之前的那些超绝哲学家一样，他总是将它理解为"自我意识"——说成是"与它意识到的那个意识是同一个东西"是不妥当的[②]，原因在于这种说法依然包含了将这个"我思"当作意向对象的意思，但它并非也不可能作为意向对象。因此，说这个"我思"作为意识"与它意识到的那个意识是同一个东西"，不如说是"意识与它的对象尚未分化的意识"，而这正是它之为"本源的"的题中应有之义。因此，"自我意识"如果被等同于这种非反思的"我思"，也就是超绝意识，那么它便不能在"对于自我的意识"（这就是反思性"我思"了）这个意义上来理解。这想必也是费希特要说"它也决不是意识，甚至也不是一种自我意识"的道理。在这个意义上，或许德文的 Selbstbewußtein 要比法文的 conscience de soi 更能准确地表达这种非反思的"我思"。[③]这样理解"我思"，就从根本上避免了"我思我思我思……"这个导致无限倒退的困难。只是我们并非（像费希特那样）仅仅因为要避免这个困难而特设性地这样理解"我思"，相反，我们分析性地在没有任何预设情况下（即无前提地）描述了这种"我思"，也就是超绝意识这个本源直观，并且揭示了这一直观的绵延与广延统一的内涵。而接下来我们还将以这一

---

① 康德：《纯粹理性批判》，第 52 页（A51/B75）。
② 胡塞尔也有类似于萨特的那种表述的表述，例如他将"我思"理解为一种"内知觉"，指出："对于一个内在指向的知觉，或简单说，一个内知觉……，**知觉和被知觉者**本质上构成了**一种直接的统一体，即单一的具体我思行为的统一体**。"（《纯粹现象学通论》，第 110 页）
③ 大概正是因为如此，萨特在那个 de 上常常加个括号，即 conscience（de）soi。

本源直观为单纯的、唯一的和绝对的起点，表明（具有意向性的）意识与它的对象之间的关系，从而这种意识与它的对象本身，是如何被构成的。

二　作为超绝发生学的起点的超绝意识

一般所谓意识与它的对象之间的关系就是意向的关系。这种关系的存在曾被认为是意识的充分与必要的条件，换言之，意识的本质在于它具有意向性。这种关于意识的看法在胡塞尔那里得到了充分的发挥，使之成为了超绝现象学的构成论立论的一个基本前提，因为在那里全部的构成都可以被理解为对于意向性，也就是意向运作与意向对象之间的关系的描述。但是，正如我们所知道的，胡塞尔的超绝现象学并没有达到作为超绝哲学的构成论必须以之为起点的本源的明见性，也就是说，没有达到类似于作为绝对对称性的自身区分的超绝意识这样一种自身无前提性，从而也不可能真正提供那样一种描述，首先是不可能明示意向性**自身的**构成论的（也就是超绝发生学的）本质。而这一本质正是我们在这一小节中将要加以明示的。通过这一明示，我们将同时刻画出超绝意识作为超绝发生学的起点的具体形象。

在上一小节中，我们指出了超绝意识是广延与绵延的统一体，但它同时还是**倾向**（disposition）[①]和**质素**（hyle）的统一体。作为绝对对称性的自身区分的超绝意识从一开始就具有一种内在的**对立统一性**，即绝对对称性与其区分性的对立统一。我们说广延是关于区分性的绝对对称性，就是

[①] 赖尔（G. Ryle）曾用这个术语来主张一种关于心灵的行为主义观点。因此，在他的这种使用中的这个术语与我们这里这个术语之间除了某种表面上的相似之外，是根本不同的。在本书这一章第三节的第三小节中，我们将阐述一种与所谓自然化认识论相反的立场，而这种自然化认识论显然与赖尔的行为主义有着哲学上的亲缘关系。这当然是指它们都来自于它们的十七、十八世纪的经验主义前辈学说，但康德关于"纯粹理性的谬误推理"的那些本身并不清晰的论述（它反对将心灵理解为一种实体）也许亦可能是它们的思想来源。我们知道，在这个问题上，也就是对于"我一般说来如何能够对我自己是一个客体"的问题，康德的想法其实是相当含糊的（见《超绝发生学原理》第一卷的第330页及其后的几页）。我们在本书后面的论述中将表明的观点是：就康德所理解的实体——即实在者，实存者（参见后面第286页的注释②以及第314页的注释①）——来说，的确存在着可理解为一种实体的心灵，而能够说是作为笛卡尔所理解的实体的，则只能是灵魂（作为单子而运作着的自我），甚至只能是超绝意识或自身区分着的绝对对称性了。

说它体现了在自身区分条件下的绝对对称性,这时的绝对对称性不仅体现为广延,而且还因为在自身区分的条件下它作为绝对之物必定造成一种对于区分的克服——这当然是绝对对称性与区分性的对立方面——而体现出了一种本源的倾向。前面我们谈到如果将超绝意识做"我思",确切地说是做非反思性的"我思"解,则其中的"我"可以理解为一种"对称中心",这个对称中心其实正是在这个倾向中或通过它被直观到的。所以倾向是超绝意识固有的内容。① 康德曾经将其所说的纯粹知性的原理分为"数学性的"和"动力学性的"两类。我们可以借用这些限定词,将广延称为关于区分性的绝对对称性的数学性体现,而将倾向称为关于区分性的绝对对称性的动力学性体现。如果我们意识到倾向在心理状态中常常以情绪的方式表达,就更能够体会到将它称为"动力学性的"是何等地恰当了。在前一小节中,情绪已经以十分突出的地位出现过。我们引用了萨特对于它的所谓"前反思"的特性的表述,同时指出这种特性意味着它对于一种对象性的意识来说具有本源的不确定性。正因为如此,情绪是处于一般经验对象关系之外的,尽管它本身可以说是一种(心理)体验。换言之,如果一般经验对象是处于因果关联之中的,情绪却并不在其中。

关于情绪的这种特性,我们可以这样来理解:在经验的因果关联图景中,情绪可以被当作动机的表达。如果我觉得非得去做什么事,或非得做出什么行动,那直接地就是因为我有了某种情绪。例如一些感觉若使我不适,我就自然要避开导致产生这种感觉的原因。相反,如果我要去帮助一个人,那最直接的原因其实是这样做会使我快乐。这种适合或不适合的情绪其实是在那些**自然的因果联系**之外的东西。渴的感觉可说是我要去找水喝的自然原因之一,其他的原因还可以有如体内代谢活动缺水等等。这里看起来存在着一个自然的因果链锁:渴的感觉可以解释我的不适,体内代谢缺水可以解释我渴的感觉……然而,实际的情况并非如此。我的**不适**无疑是我有所行动的直接的、最切近的原因,而这个包含或体现了喝水的动机的情绪其实是不可能还原到例如渴的感觉乃至体内代谢缺水等等自然原因上去的。因为这些原因都无法回答为什么渴所导致的是不适,以及为什

---

① 倾向最典型地体现出一种直接性,一种**普遍的**直接性——因为它所针对的是任何可能的不对称性——在这里,确切地说也就是一种本源的直接性。这种直接性可说是它作为本源直观的内涵本质特征,而这个特征充分地表明了它的非反思性。

么这个不适就一定会使我有找水喝的动机。人的行为动机在哲学家、心理学家和生理学家那里常常被不恰当地还原到那些自然的原因，就像这里说到的找水喝的原因被认为在于渴的感觉乃至身体的缺水等。但人的行为在于它的**目的性**。而目的性的真正根据则正在于表现为情绪的动机。这种情绪是超然于任何具体因果关联之上的，因为渴之为一种不适并没有自然的原因。渴的感觉可以解释为体内缺水，但体内缺水却无法说明它导致的渴的感觉为什么是不适的。即使进一步将渴的感觉追溯为当体内缺水时大脑中相应部位的化学变化或电生理反应也不行，因为我们还是不能说明为什么这种变化或反应会导致渴作为一种感觉是不适的。一句话，渴的感觉之不适其实并不处在自然因果链锁之中，不是其中的一个环节。这里所涉及的问题的实质是，不适作为一种情绪，它体现着倾向，而这倾向根本不可能被纳入对象性的意识之中，从而也就根本不可能是经验的（对象）世界中因果链锁中的一环。①

上面这个例子使我们看到了这种作为行为动机的真正根据的、表现为某种情绪的、直接包含于超绝意识之中的倾向。倾向是**普遍的**，既然它存在于一切行为的背后。之所以说是"一切行为"，是因为这里的"行为"其实与动机是完全对应的。这些行为不仅包含像"喝水"——它背后存在着喝水的欲望作为动机——也包含"看""说"等，除非它是所谓"下意识的"，但下意识的行为显然不包含在这里的"行为"概念之中。其实，倾向的这种看起来异乎寻常的性质，无非是它作为超绝意识的内容所固有的深刻性或本源性的体现罢了。换言之，在超绝意识之中，它与"能（对称）运作"的直观是处于同一个层面上的，或者不如说就是后者的内容之一。②

与广延有着绵延与之相对应一样，倾向也有其对应，那就是质素。如

---

① 也许可以提供一种进化论的解释。例如，口渴是体内缺水的结果，后者对于生物体来说显然是不利的。因此长期的进化便排除了那些口渴却不会感到不适的生物品种出现或存留的可能。但这并非是一种对于口渴的感觉与不适的情绪之间因果关系的解释而是一种隐蔽的自然目的论的解释，从而是将根据托付给了一个有目的的自然。然而自然之有目的是为何意，乃至这样一个有目的的自然如何可能等等，这正是任何彻底的哲学所应该给出（一种在本质上超出了自然因果性的）回答者。

② 作为超绝意识的固有成分，倾向甚至不止体现于人的行为，也体现于物的"行为"。因此，倾向乃是所谓"目的因"的真正的、直接的根据。

果说倾向作为超绝意识的动力学性体现与广延作为超绝意识的数学性体现相一致，即都是关于区分性的绝对对称性的体现，那么，质素也是超绝意识的一种动力学性体现，与之相一致的是作为超绝意识的数学性体现的绵延，并且它与绵延一样，都是关于绝对对称性的区分性。既然广延和倾向作为关于区分性的绝对对称性，其共同的本质中存在的是对称性，那么与之相对应地，绵延与质素的本质中存在的便是区分性，它体现为不可逆—不确定性。也就是说，它在超绝意识的数学性体现中成为绵延，而在超绝意识的动力学性体现中则成为质素。这样一种质素其实早已是哲学史上源远流长的话题和难题。在亚里士多德那里，由于将现实之物理解为质料（matter）与形式（form）的结合，当形式被一层层地剥去时，最终所留下的便是**纯粹的**质料。它作为原初的但却是完全缺乏规定性东西，也的确意味着一种本源的不确定性，并且是从经验中的实存之物（个体）的角度来看的本源的不确定性。显然，它十分接近我们这里所说的质素。事实上，在柏拉图的宇宙论中已经涉及质素。正如我们在前面第十三章第一节的第二小节中提到的，柏拉图将它说成是"接受者"或"空间"。但空间并非没有形式的，并且它与这种接受者的关系因此已经难于理解，更何况这个接受者本身的来源在柏拉图那里是无从知晓的。应该说，从柏拉图和亚里士多德开始，一切本体论中对于存在的解释和一切宇宙论中关于起源的说明，都不能不溯及这个东西，并在我们将它揭示为超绝意识的动力学性体现之前一直不得不让它留驻在人类的解释力所无法触及的彼岸。我们在《超绝发生学原理》第一卷中曾经指出，正是因为未能克服这一困难——在那里我们称此为"质料之谜"——康德的超绝演绎才难以"消化"自在之物以便成为一个具有完全的内在性的超绝体系。[①] 同样的困难在笛卡尔那里则阻止了笛卡尔得到一个基于一种彻底的广延本体论的自然科学的形而上学原理系统。很可能，笛卡尔早年提出的"普遍数学"（mathesis universalis）的伟人纲领未能在他后来的著作中得到有效的发扬光大，其根本原因，就是因为无法澄清广延与质料的关系而不得不如我们在他的《哲学原理》中仍然看到的那样继续保留与这个纲领相矛盾的亚里士多德式

---

① 见《超绝发生学原理》第一卷，第377页。

的基于类概念或形式与质料的二分法的个体概念。①笛卡尔的形而上学体系虽然在总体上并不是超绝的，但他通过"穷竭的怀疑"所获得的实体概念，特别是那个 cogito（"我思"），乃是后来超绝哲学共同的基础性概念。因此这个困难在他的体系中的存在对于超绝哲学亦具有深刻的意味。

　　这里我们尤其要提到的是胡塞尔，因为他的现象学还原方法以及基于意向性概念的构成论使得"质素"概念在他的体系中必定有着比在他以前的诸多超绝哲学中更为突出的地位和作用。当然，在胡塞尔那里，质素并没有我们所要赋予它的那种原初性。相反，正如我们在《观念 I》的§85 中所看到的，它在未做进一步的区分的情况下被认为是一些"感觉内容"或"感性材料"，例如颜色感觉材料、触觉材料、声音感觉材料……乃至于"感性的快乐感、痛苦感和痒感等等"。②即使如此，这些感性材料在胡塞尔那里仍然具有某种基础性的意义，即它们是构成意向对象或实现意识的意向性的基础。在胡塞尔的超绝现象学中，意向性问题可以看作其构成论的基本问题，或者说，构成在这种理论中说到底就是意识的意向性的实现。所以胡塞尔会说："一切问题中最重要的是功能的问题，或'意识对象构成'的问题。"③意向性的通俗表述就是一切意识都是"关于某物的意识"。这个概念来源于布伦塔诺，但将它运用到一种超绝哲学中显然需要重新界定，这首先是因为在超绝体系中，并非一切意识内容都具有意向性，例如前面提到的萨特的所谓"前反思的"意识。更重要的是，如胡塞尔所做的，意向性被明确地认为体现于这样一种结构，或者说通过这种结构来实现：意向运作（noesis）—意向对象（noema）。在这种规定下，所谓意向性的实现，便是通过意向运作而达到意向对象的构成。在《观念 I》中，胡塞尔对于意向运作采用了这样的理解，即它与感性材料一道构成意向对象：

　　　　我们看到在那些感性因素之上有一个似乎是"活跃化的"、给予意义的（本质上涉及一种意义给予行为的）层次，具体的意向体验

---

① 关于笛卡尔的"普遍数学"作为一个基于广延本体论的研究纲领，可参见我的"笛卡尔'普遍数学'的方法论意义初探"。
② 《纯粹现象学通论》，第 214 页。
③ 同上书，第 218 页。

通过此层次从本身不具有任何意向性的感性材料中产生。①

而在更早的《逻辑研究》第二卷中，与这种感性材料（"质料"）相对应的则是所谓"质性"。②在胡塞尔此后的文本中，这个术语的这样一种用法似乎不再见到。这就留下了一个胡塞尔著作的研究者应该注意的问题：质性与意向运作之间存在着一种什么样的关系？一般地说，这种变化很可能意味着胡塞尔对于那个"意向运作层"的理解越来越深入到了运作的层面，而不是简单地停留在对认识活动的质性的区分上，例如它多少已经与意识活动的方式（知觉、记忆，甚至知觉中"注意的射线"，以及"判断行为的体验"等等）等同起来。③在这种情况下，如我们所看到的，胡塞尔已经明确表示感性材料"本身不具有任何意向性"，而所谓意向性或意向对象的构成则是意向运作对于感性材料产生作用的结果。因此，澄清这样一种作用的机制是解决"意识对象构成的问题"的前提。但是，胡塞尔恰恰缺乏了对于意向运作的普遍形式或法则的揭示。这与他对这里所涉及到的诸多概念的本质缺乏深入的、确定的理解是有着直接的关系的。我们这样说，首先就是指他没有看到无论是所谓"感性材料"还是"质性"等等，在意向性的构成中都还不属于最为基础的东西。

胡塞尔将颜色、声音、痒这样的视觉、听觉因素、触觉因素与快乐、痛苦等一同当作感性材料，然而这些东西之间显然存在着更为细致并且重要的区别。尽管快乐、痛苦往往伴随着感官上的感受，例如当一个人品尝美味佳肴时获得的快感总是与他的味觉感受相伴随的，或者如前面提到的口渴时的不适也伴随着渴的感觉，但如我们已经指出过的，这种内心愉悦与否并不能等同于或归结为单纯的感官感受或感觉，它并不处于单纯感官感受的"刺激—反应"的因果模式之中。再比如一段美妙的音乐使我感受到的快乐，这种快乐作为一种情绪并不能归结为我的听觉感受。它是内

---

① 《纯粹现象学通论》，第214页。

② 按照胡塞尔，"火星上存在着智慧生物"、"火星上存在着智慧生物吗？"和"愿火星上存在着智慧生物！"这三个语句在"内容"上是相同的，但却有着不同的质性。因此质性是体现一个语句以何种态度（断言、怀疑、希望等）出现的东西。就此来说它大致相当于分析哲学家常说的"命题态度"。（见《逻辑研究》第二卷上册，第448页，亦可参见《胡塞尔现象学》，第18页）

③ 见《纯粹现象学通论》，§92、§94等。

心的一种激动,它被听觉感受"唤起",但听觉感受绝非它的充分条件,既然听觉感受并不必然导致这样一种内心的激动。这样的一些内心状态,愉悦、激动等情绪不是别的,正是超绝意识中倾向的表现。因此,将这些情绪与颜色、声音等混为一谈是不允许的。然而不仅如此,现在我们还要进一步分析的,是颜色、声音这样一些我们通常称之为"感觉"的东西。刚才说到当我听到一段音乐时,我意识到(我)听到了某种音色和旋律,那么这些被我听到的声音即使是在胡塞尔所说的"感性材料"的意义上不也是一种意向对象吗?① 然而,胡塞尔并不认为这些感性材料具有意向性,让我们看看他这样认为的理由是什么——

> 感觉和感觉复合表明,并非所有体验都是意向的。无论被感觉的视野的某个块片如何通过视觉内容而得到充实,这个块片都是一个体验,它自身可能包含着许多部分内容,但这些内容并不是被整个体验所意指的对象,并不是在它之中的意向对象。②
>
> 如果这些所谓的内在内容毋宁说只是一些**意向的**(被意指的)内容而已,那么另一方面,那些属于意向体验实项组成的**真正内在**内容就**不是意向的**:它们建基于行为之上,作为必然的基点而使意向得以可能,但它们自身并没有被意指,它们不是那些在行为中被表象的对象。我看到的不是颜色感觉,而是有色的事物,我听到的不是声音感觉,而是女歌手的歌,以及如此等等。③
>
> 被感觉的内容的存在完全不同于被知觉的对象的存在,后者通过前者而得到体现,但却不是实项地被意识。④我看到一个事物,例如这个盒子,我看到的不是我的感觉。我看到的始终是这**同一个盒子**,无论它作任何旋转和翻身。……因此,各种不同的内容被体验到,但却只有这一个对象被知觉到。⑤

这里所说的"实项的""被感觉的内容"(或"颜色感觉"、"声音感觉"

---

① 这里的"我"在后面将被进一步地明确为认知层面上的我。
② 《逻辑研究》第二卷,第一部分,第410页。
③ 同上。
④ 同上书,第421页。
⑤ 同上书,第422页。

第十五章　超绝发生：从超绝意识到自我与世界　　105

等）就是我们在前面所引的胡塞尔的那段话中所说的"感性材料"。显然，胡塞尔认为它们不是意向对象，而是在意识行为——大致就是《观念I》中的意向运作——中构成意向对象的东西。从这段引文可以知道，所构成的意向对象包含了意向运作的效果，例如对一个盒子的种种侧显（"任何旋转和翻身"）的组合，它因此而成为"同一个盒子"，即"一个对象"。可见，在胡塞尔看来，意向对象不是单纯的，它本质上是一种组合物，或不如说综合物。这种综合是通过依照某种规则的意向运作完成的。然而正是因为这个道理，胡塞尔所谓的感性材料恰恰也必定是一种意向对象，因为这些感性材料并非如胡塞尔所以为的那样纯粹。将它们看作纯粹的，这只是一种虚构。真实的感性材料无不是处于意识的某种意向性之中并成为意向对象的。在这一点上胡塞尔犯了与被塞拉斯称为"感性材料理论家"的那些人所犯的同样的错误：相信了某种"所与的神话"。胡塞尔的"感性材料"就是这样的一种"所与"，在胡塞尔或那些"感性材料理论家"看来它的直接性体现在它没有被任何被前者称为"意向运作"的而在后者看来是推论性的活动所触及，例如当我观看一个红苹果时，我所感觉到的一个红色的、有凸起感的圆形便是这样一种所与。但塞拉斯打破了这一神话。他指出，如果这样的感性材料是一种知识（它可能不是一种知识吗？），那么这种知识必定包含着某种预设，例如就上面的例子来说，"我感觉到 X 是红色的"或者"X 看上去是红色的"这样的知识需要**预先知道**怎样才叫做"是红色的"。①塞拉斯就此认为并不存在作为经验知识的基础的非推论性的知识。至于有人会说，"X 是红色的"这个知识固然并不是直接的（或非推论的），但一个红色的感性材料本身却应该是直接的，正是它们构成了"X 是红色的"这样的知识。对此，塞拉斯是看法是，这种说法就好比说气体分子的运动构成了经验中气体的体积、温度与压力的关系。因此，那些所谓的直接的感觉印象其实是一种**理论的假设物**。②

然而，如果塞拉斯真就因此而否定了经验知识的直观性基础的存在，那就是走到真理的反面了。事实上，他的论证并不足以否定这样一种基础

---

① 参见塞拉斯："经验论与心灵哲学"，载《逻辑与语言》，陈波、韩林合主编，北京：东方出版社 2005 年版，第 699—703 页。

② 同上书，第 705—707 页。

的存在。不错，所谓"感性材料"并不纯粹，在某种意义上，它们已经触及了意向运作或认知性的前提。但就是在这些感性材料中，却包含着某种先于意向运作或认知性前提从而更为基本的东西。这些东西中至少有一种可以被理解为感性材料的**质**。例如，我知觉到的苹果的红颜色。尽管如塞拉斯所言，"X看起来是红色的"并不比"X是红色的"更基本。也就是说，无论我做出的是这两种判断中的哪一种，都已经表明在我的知觉中已经蕴含了某种关于颜色判别的标准的知识。但是显然，在我的知觉中存在着比这些判断更为基本的东西，那就是"X有着不同于Y的颜色"。我们将这种东西说成是感性材料的"质"，是因为它是一般地作为可能的知觉内容的感觉的可区分性条件。这种质甚至也不能被所谓科学的分析还原掉。即使我们将红颜色分析为一定波长的光波对于视神经的刺激，以及这种刺激通过神经纤维传导到大脑皮层并在那里产生某种物理化学的变化，……我们却还是不知道这个"红"，不知道那一系列复杂的物理因果相互作用的"结果"为什么是**这样一种感觉**。这种说法也适用于一切其他的感觉。特别像"渴"的感觉，它不仅如我们在前面所指出的，区别于与之相伴的不适的情绪，而且虽然它作为感觉可以被解释为体内水分的缺乏所导致的生理反应，但我们还是不知道这种反应为什么有"渴"这样感觉的质，即它为什么是渴的。为了有助于理解我们这里所说的，可以设想一个机器人，它被设计成这样：一旦它的部件的连接部位的润滑油缺少到一定的程度，它就能自动为自己的这些部位上油，然而由此便认为这个机器人会有类似"渴"（或"饿"）的感觉将是不可思议的。所以，撇开那种不适的情绪不说，便是"渴"之为渴，也非上述（科学）分析所能够说明的。这表明感性材料的质必定另有来源。这个来源就是质素——与胡塞尔将感性材料称为"质素"不同，我们所说的质素乃是感性材料的质的一种根据。在这里，我们看到了与前面分析情绪时所看到的类似的情况，即它们都不能仅仅通过科学的因果追溯来加以说明，只不过情绪的来源是倾向罢了。于是我们看到了一种平行关系：**倾向是情绪的根据而质素则是感性材料的质的根据**。

上面的分析无疑将胡塞尔关于意向性的构成机制进一步推进到了更深刻的层面，即非意向性的"我思"或超绝意识的层面。在那里只有超绝意识或它的数学性和动力学性体现，即广延—绵延和倾向—质素。通过上面的分析，我们已经能够确定，超绝意识或它的体现并不具有任何意向性，因此它或它们才会是意向性的根据，是那个意向运作的根据。广延与倾向、绵延与质素分别作为超绝意识的体现以独特的方式两两相交相似：一方面，广延和绵延同为超绝意识的数学性体现，倾向和质素同为超绝意识的动力学性体现；另一方面，广延与倾向一起作为关于区分性的绝对对称性，绵延与质素一起作为关于绝对对称性的区分性。如果说作为关于区分性的绝对对称性，广延更代表了连续性，则倾向更代表了对称性；相似地，如果说作为关于绝对对称性的区分性，绵延更代表了不可逆性，则质素更代表了区分性或不确定性。这样一种特殊的内在关联将实现一种本质发生学的构成论契机，即在其中绝对对称性的因素将不断地克服区分性因素（由此有所谓"超绝发生学的第二原理"或"超绝意识的直观性原理"，以及我们接下来将给出的"超绝发生学的第三原理"）。因此，正是超绝意识的这种内在关联使得意向运作从而意识的意向性成为可能，也就是使得超绝意识自身成为了意识的意向性的构成的，从而超绝发生学的真正起点。

第二节　超绝发生——从超绝意识到自我

一　作为超绝意识自我显现的一个环节的形式与质料

前面已经指出，本源明见的超绝意识乃是超绝发生学体系的起点。我们揭示了，在超绝意识中，存在着作为关于区分性的绝对对称性的数学性体现的广延和关于绝对对称性的区分性的数学性体现的绵延，以及，关于区分性的绝对对称性的动力学性体现的倾向和关于绝对对称性的区分性的动力学性体现的质素。在这里体现着的与被体现的超绝意识是同一个东西，它既可以看作是作为起点的超绝意识自身，也可以看作是**超绝意识自我显现**的**第一个环节**。从这个自我显现中可以看到，超绝意识的这些固有内容正是作为绝对对称性自身区分的它的内部对称性和区分性这两个不可分割地关联着的方面相互作用的**直接**结果。接下来我们还可以看到，超绝意识的这两个方面将**一再地**在已有的基础上，也就是在超绝意识自我显现中已构成的环节上发生这样的相互作用并导致新的环节的出现。超绝发生学便是借此形成了它在一个又一个环节上的自我显现的。这可以称为**超绝意识自我显现的基本法则**，它是超绝发生学的第三条原理。[①]通过对于超绝意识的这种自我显现的描述，便可揭示基于作为本源明见性的超绝意识的超绝发生学的逻辑进程。这一进程是纯粹的、本质的。因此，**超绝发生学说到底不过就是对于超绝意识的自我显现的一系列环节的本质描述**。换言之，超绝发生学作为一种超绝哲学，其明示性正是在于这样一种描述，而其构成性则在于对称性和区分性两者之间的这样一种辩证的相互作用。在这个意义上，超绝发生学无非是将我们在康德和胡塞尔的超绝哲学中的构成性与后康德主义的超绝哲学中的辩证法综合起来的结果。

在《超绝发生学原理》第一卷中，我们曾经说过后康德主义的辩证法只能体现超绝发生的宏观形态。之所以会是这样，说到底是因为与之相关的那些超绝体系不具备应有的构成性，而它们的非构成性，又是由于在它们那里处于辩证关系中的元素最终不是基于本源的直观或明见性的。我们的超绝发生学则将通过描述超绝意识在对称性和区分性两者的相互作用之下所形成的诸自我显现环节而获得其构成性。这种描述既是本质的又是明示的，因为所描述的每一个环节都**纯粹地**基于本源明见的超绝意识，也就是说，超绝意识的这些自我显现环节无不从这个本源明见性那里继承了某种明见性。在上一节中，我们已经在作为超绝意识自我显现的第一个环节中的"广延"、"绵延"、"倾向"和"质素"上看到过这种明见性。事实上，作为超绝意识的**直接**体现，它们也都是本源的直观。正因为如此，它们自身才不是意向对象而是意向对象的构成的最根本的因素。在关于超绝意识自我显现接下来的诸环节，即动觉、形式—质料以及动体诸环节的讨论中，我们将再一次看到这样一种对于超绝意识中对称性和区分性相互作用的明见性产物的构成性描述，只是这一次，动觉、形式—质料以及动体的，连同在它们的构成中所出现的那些成分，例如在动体环节上被构成的逻辑元素、范畴元素和数学元素，以及感觉元素、物质元素和时空元素的明见性将不再是"本源的"而是"派生的"了。

在超绝意识中，广延与绵延的本质分别是连续性和不可逆性，并且它们分别代表了超绝意识中的对称性和区分性。按照超绝发生学的第三原

[①] 正如超绝发生学的第一、二条原理可以分别称为"超绝意识的存在性原理"和"超绝意识的直观性原理"，这个超绝发生学的第三条原理也可以称为"**超绝意识的构成性原理**"，既然超绝意识自我显现的过程也就是世界的构成之过程。

第十五章　超绝发生：从超绝意识到自我与世界

理，广延与绵延必定会发生相互作用。这种相互作用将有两种不同的方式，我们称其中一种为"广延对于绵延的相关"，另一种为"绵延对于广延的相关"。所谓"广延对于绵延的相关"，是广延在绵延中被展现。这种展现显示于直观中，就是连续性以一种不可逆的方式在意识中显现。这种显现不是别的，正是"**空间**"。但这种空间还根本不是我们通常在观念上或认知上所熟悉的度量的（即量化的）空间，如欧几里得空间，而是缺乏可度量性的**拓扑性**空间，或者不如说本源的空间。①这并不难以理解，因为在广延与绵延的这种相互作用中，还不可能有度量关系出现，出现的仅仅是关于一种处于绵延中的连续性的意识。特别地，在这种相互作用中，绵延也将与其自身有所不同，因为有了"绵延对于广延的相关"。这种相关是绵延通过广延的呈现。这种在直观中的呈现就是一种连续的不可逆性，即"**时间**"。同样地，这种时间也应是非度量的、拓扑性的和本源的时间。显然，本源性空间不是数学上所说的那种拓扑空间，它与本源性时间在直观中实际上是不可分割地（即彼此不可独立地）关联在一起的，因此是**本源性的时间—空间**（以后直接写作"**本源性的时空**"）。在这样一种空间和时间直观中，我们清楚地意识到了广延与绵延的，也就是纯粹的连续性和纯粹的不可逆性之间的相互作用。在这种相互作用中，广延与绵延分别处于主导的地位。因此，空间将因为其中广延的主导地位而更多地代表了超绝意识的对称性方面，而时间则因为其中绵延的主导地位而更多地代表了超绝意识的区分性方面。既然无论空间还是时间都是广延与绵延**如此这般地**相互作用的结果，那么在意识中明确它们的区别无疑是重要的。空间作为连续性以不可逆的方式在意识中的显现与时间作为不可逆性通过连续性的方式的显现在直观上的不同在于，虽然前者在意识中的显现是不可逆的，但它本身作为连续性——这样说正体现了在其中广延的主导

---

① 应当区分"非度量的"（即"非量化的"）、"可度量的"（"可量化的"）和"度量的"（"量化的"）这几个术语。就时空而言，可度量的与度量的，这两者分别对应于康德的直观的形式和形式的直观。前者是一种 quantum 而后者是一种 quantitas（参见"直观的意义——康德《纯粹理性批判》B160—161 注释辨微"）。至于这里所说的缺乏可度量性的空间，即所谓"非度量的"空间，它是完全缺乏运作性的。这种运作性只有在后面指出的动觉通过内化而产生了运作元之后才有可能，它具体地存在于在此之后产生的"时空直观"之中，使得这种直观成为"可度量的"。当其中的运作性在运作中实现的时候，可度量的时空将成为度量时空。因此我们有时也称度量时空为"运作化的"时空。

地位——是没有方向的,从而潜在地可以是多于一维的,相反,当后者显现为一种连续性的不可逆性的时候,它本身作为不可逆性——这体现了在其中绵延的主导地位——却是有方向的,从而潜在地只能是一维的①。

除了广延与绵延,在超绝意识中还有着作为它的动力学体现的、同样分别代表了对称性和区分性的倾向和质素。在倾向与质素之间必定也存在着相互作用。这种相互作用也有两种不同的方式,一种是"倾向对于质素的相关",另一种是"质素对于倾向的相关"。前者产生的是"**能**",后者产生的是"**质**"。这个能与质就是后面环节中认知层面上世界图景中的能量与质量的原初的形态。作为原初形态,它们还没有量、个体(实体)性与物理因果性的规定,所以是一种"**混沌**",即混沌的能与混沌的质。这种能与质乃是我们通常称为"**物质**"的东西的本源的根据,或者说,它们是物质的本源状态。因此它们也可称为**本源的质能**。

这样由于广延与绵延、倾向与质素相互作用而产生的本源的时空与本源的质能处在一个统一体之中,这个统一体也是一种直观,我们称它为"**动觉**"。在我们的意识深处的确存在着这样的动觉。并且,从这动觉的直观中,是可以直观地区分出拓扑性的空间与时间,以及混沌的质与能的。在写于1934年的一份手稿中,胡塞尔就曾指出:

> 在此,重要的是注意到:身体作为——由动觉功能所导致的——"显现"的、"感性显露"的和诸视角的统一体具有其可说明的"为何"(quid),其在最宽泛的意义上的"质"(quale),它包括形式(广延)和随此形式扩展的质(这里"质"是在特殊意义上理解的)。当人将注意力转向身体以期认识它之所是的时候,地点并不呈现:地点不是"质"的一种契机。身体自身处于同一性中,如它在知觉中所给出的样子,就是在"质"的变化中作为变化中的持续者而保持同一。但在这种情况下,它也还具有一种与其时间位置的变化相应的绵延,并且它在每一时间位置上有其地点。如若我们用知觉来意指在其可说明的"为何"中同一的身体知觉,……那么这时间位

---

① 这里所谓"潜在地"意思是"在此后产生的彼此分化了的空间与时间中将会如所说的那样"。

置和地点便均非"可知觉的"。①

在这里,胡塞尔从动觉的角度对身体做了现象学的分析。他认识到,在这种动觉中显现出了某种"为何"与"质",这应该就是我们所说的通过倾向与质素的相互作用所得到的"能"与"质"。与这"为何"及"质"相应的是胡塞尔在这里提到的"广延"与"绵延",它们在动觉中被"知觉"到。就这个意义上的知觉来说,时间位置和地点却是不可知觉的。与我们在前面用"广延"与"绵延"这两个术语所意指的不同,在胡塞尔这里它们所意指的其实分别是我们所说的非度量性空间与时间,因此是我们所说的广延和绵延相互作用的产物。既然在动觉中被"知觉"的只是(与我们所说的"能"和"质"相伴随的)非度量性的空间与时间,那么身体的时间位置和地点作为度量的时间与空间的部分当然就是不可知觉的了。在同一手稿的另一处,胡塞尔以另一种方式表达了这里所涉及的空间的非度量性:"**我已经形成了我的动觉系统**。在构成的原初形式中静止与运动——在此构成中这些概念尚未蕴含'距离'——意指什么?在最宽泛的意义上,这里还没有度量"。②与并且仅仅与这种拓扑性时空相伴随着的,才可能是混沌的能与质。后两者在动觉中,正如胡塞尔所描述的,是与前两者不可分离的("形式(广延)和随此形式扩展的质",质"也还具有一种与其时间位置的变化相应的绵延")。这种与非度量性时空不可分离的能与质就是原初的质料。胡塞尔也——虽然并不十分清晰地——意识到了这一点:"每一特殊的动觉都有其动觉的'质'的系统,或不如说,它的可表达的'姿态的感觉',它固有的质料的连续场,它固有的质素,而这东西却不是'能感觉的'"。③

由于动觉直接产生于体现为广延和绵延、倾向和质素的统一体的超绝意识,而超绝意识即是绝对对称性的自身区分,所以动觉便本质地包藏着

---

① E. Husserl, "notes pour la constitution de l'espace" (Notizen zur Raumkonstitution), *La Terre ne se meut pas*, tra. par D. Franck, D. Pradelle et J - F. Lavigne, Paris: les Editions de Minuit, 1989, p. 40—41. 引文中的着重是引者所加。

② Ibid., pp. 36—37.

③ Ibid., p. 44. 胡塞尔这里的质素(Hyle)已经不是感性材料,而是甚至比它的质(注意,不应将我们前面所说的这个"感性材料的质"与本源的质能中的,也就是胡塞尔这里所说的"质"相混淆)还要根本,此即我们后面将称为"感觉元"的东西。

对称性和区分性，并作为超绝意识自我显现的一个**环节**。在超绝意识的进一步自我显现中，依照超绝发生学的第三条原理，即超绝意识的构成性原理，首先便在动觉中产生了一种分离。这种分离是通过所谓"内化"①和"外化"进行的。通过内化，从动觉所包藏着的对称性和区分性那里直接获得了两种运作，即**对称变换**和**分割**。这两种运作我们统称其为"**运作元**"。外化与内化相应，它是对于内化的一种补偿。它所指的是，在从动觉中"抽象"出运作元之后，剩下的便是某种非运作的东西。这种东西将成为超绝意识自我显现中后面的环节中感觉的质（即"感觉元素"和"感觉直观"）的根据，因此我们称它为"**感觉元**"。与动觉或动觉中所包含的本源的时空或混沌一样，运作元和感觉元也是一种（派生的）直观。胡塞尔所谓本质变换的运作最终所根据的便是这运作元中的对称变换的直观。至于分割，笛卡尔曾经说过："很容易认识到不可能有像某种哲学所想象的原子或不可分割的物体部分。因为我们无论假设这些部分如何地小，既然它们一定是有广延的，我们就可构想它们中没有任何一个是不能进一步被分割为两个或更多个更小部分的，由此可知它是可分的。因为，只要我们能够清楚明白地认识到一种东西是可分割的，我们就必须判断它是可分的。"② 他这样说时所依据的便是运作元中的分割的直观。感觉元作为一种直观也是显然的，这一点我们在上一节的最后部分已经有所触及。它是比当年那些英国经验论者（特别是休谟）所说的那种他们以为是认识最为基础的成分的"印象"更为源始的直观。由此也可以看到，这些经验论者是如何不恰当地将所谓"生动的印象"当作了认识中最为原初的东西的。

　　动觉中一旦形成了对称变换和分割的运作，就有了"**形式**"，也就是说，形式就是动觉中的内化所得的运作元。相应地，在动觉中外化所得的非运作的感觉元则称为"**质料**"。无论是形式还是质料，都离不开动觉。因此也可以说，**形式是运作元与动觉的统一，而质料则是感觉元与动觉的统一**。换言之，形式与质料分别是动觉的内化与外化的产物，在形式与质

---

　　① 注意这个"内化"与我们用于意指超绝哲学作为一种元—认识之表达于作为对象语言的一般认识系统之中这一事实（见第十三章第二节的第二小节）的"内化"的区别。

　　② Descartes, *Les Principes de la philosophie*, en *Oeuvres et Lettres*, Paris: Gallimard, 1953, p. 622.

料之中都不可缺少地存在着作为它们自身的实在的基础的动觉。设想一下，如果没有动觉，即便有所谓单纯的（对称变换和分割的）运作元如何能够有形式的**实在**，而即便有单纯的感觉元又如何能够有质料的**实在**？由此可知，动觉同时是形式与质料产生的原因以及它们持续存在的原因，并且它是它们产生和持续存在的唯一原因，即它们所以为（派生的）直观的原因。①因此，动觉正是作为形式与质料的产生与持续存在的这样一个充分必要条件而成为形式与质料的对立统一——说它们对立是因为形式虽然包含了分别体现对称性和区分性的对称变换与分割，但它作为一个整体其中仍然是对称性占主要地位的，相反，质料中则是区分性占据主要地位——的充分必要条件的。

至此，在本小节中，我们就揭示了超绝意识自我显现的这样一个过程，在其中产生了动觉并通过动觉的内化与外化分别产生了作为纯粹运作的运作元和单纯的非运作的感觉元，继而有了形式与质料的对立统一。如果我们将超绝意识之体现为广延—绵延和倾向—质素的统一体看作是超绝意识自我显现的第一个环节，而动觉是其**第二个环节**，那么形式与质料的对立统一的构成便是超绝意识自我显现的**第三个环节**。在下一个小节中，我们将描述超绝意识自我显现的**第四个环节**和**第五个环节**，即"动体"的环节和"自我"的环节。通过这两个环节，本身不具意向性的超绝意识在其自我显现中形成了**具有意向性的意识**。②

二 意向性的形成与自我的诞生

当超绝意识自我显现为形式与质料的对立统一之后，由于刚才指出的形式与质料的对立性质，同样是按照超绝发生学的第三原理，形式与质料之间将会发生相互作用。这种相互作用是通过作为形式与质料的发生学根据的动觉的中介才得以实现的。动觉之能够在这种相互作用中充当中介，当然是由于构成形式与质料各自特征的运作元和感觉元本身就是从动觉中

---

① 这里要注意的是，所谓"持续存在"只不过是我们站在超绝意识自我显现的后面诸阶段上基于形式和质料而构成的一系列结果之中的人的角度上回过头来看形式和质料的存在时才有意义的一种表述。就形式和质料自身来说，由于在与之相应的环节上还未有可度量的时间，所以是无所谓"持续"的。

② 为了帮助理解，当阅读到涉及超绝意识自我显现的诸环节的地方，建议读者随时参考本书第164页上的图15—3—6。

分化出来的，并且在这种分化之后，动觉本身并不因此而被分解掉了，但也不是作为独立于形式与质料的"第三者"，而是融入形式与质料两者之中成为它们各自的固有内容了。因此，在形式与质料的相互作用中，不仅存在着运作元与感觉元之间的作用，也存在着（形式中）动觉与（质料中）感觉元之间的作用、（质料中）动觉与（形式中）运作元之间的作用和（形式中）动觉与（质料中）动觉之间的作用。这些相互作用每一个又区分出"形式中……对质料中……"的作用和"质料中……对形式中……"的作用两种。因此总共将有4组8种不同的结果。现在让我们来逐一地分析这8种情况并看看它们分别会产生出何种结果。

首先让我们看形式对于质料的作用。这时有4种不同的情况并有4种不同的结果产生，它们分别是：（1）形式中的运作元对于质料中的感觉元发生作用；（2）形式中的运作元对于质料中的动觉发生作用；（3）形式中的动觉对于质料中的感觉元发生作用；（4）形式中的动觉对于质料中的动觉发生作用。第一种情况产生了类的形式的可能性，我们可称其为"**逻辑元素**"，因为形式逻辑或类逻辑（古典逻辑和数理逻辑）说到底就是在此基础上产生的。当形式以其运作元作用于质料中的感觉元时，后者提供了分割的可能性（可分割者），如此分割在对称变换的条件下的结果便是亚里士多德式分类系统中各种类的可能性，也就是说，在形式中分割的运作给出类的可能性的同时形式中的对称变换运作则给出了这些可能的类之间具有特定的运作关系的可能性。我们在下一章中将会看到，在这种**可能性**的基础上所实现的将是形式逻辑的基本定律（对古典逻辑而言）或运算法则（对数理逻辑而言）。①第二种情况所产生的是数学形式的可能性，称之为"**数学元素**"。在这种情况中，形式中的运作元使得质料中动觉蕴含着的本源的时空有了个体化（在分割中无限小的部分）的可能性。这种个体化便构成了**量的范畴**的根据。笛卡尔曾经对此有所意识并由此产生了"普遍数学"的构想。在这一构想中，数学的可能性与表达了数学在物理学中运用的可能性的量的范畴作为

---

① 在目前这一小节中，关于形式与质料的这种相互作用，我们仅仅指出按照这种作用的诸种不同方式分别得到的结果，并不对这些结果分别是通过什么样的具体机制产生的做详细的分析，而将这种分析留到下一章的第二节来做。

同一原理而被确定下来。①第三种是形式中的动觉对于质料中的感觉元发生作用的情况。在其中，如果这动觉中分割占优势地对于质料中的感觉元发生作用，那么它产生的是对应于康德的范畴表中所谓的"实体范畴"的根据。我们将这种范畴改称为"**对象性范畴**"而将这种根据称之为"**规律元素**"。这里具体的机制是，首先是分割的运作造成了感觉元的同质性，并由于这种作用——与第一种情况不同地——是直接通过动觉实现的，因此感觉元的这种同质化与它之被给予**实在性**是同步的，也就是说，造就了某种"存有"（there be）的方式。而如果是形式中动觉的对称变换占优势地作用于质料的感觉元，所产生的则是对应于康德范畴表中的"**因果性范畴**"的规律元素。这是因为前面那种动觉中分割占优势地对于质料中的感觉元发生作用所产生的个体性必定由于区分（分割）而造成某种不对称性，则依照超绝发生学的第二原理，形式中动觉的对称变换的

---

① 对此构想，我们在"笛卡尔'普遍数学'的方法论意义初探"（载《头上的星空——康德〈纯粹理性批判〉与自然科学的哲学基础》）中曾论述如下：笛卡尔告诉我们如何去达到这样的直观："如果我们研究的是图形，则让我们认为所处理的是一个有广延的和只有在理智中形象地表现出来才能加以认识的主体；如果是一个［立］体，让我们认为所处理的同是有广延的主体，但作为长、宽和深来研究；如果是一个［表］面，让我们设想同样的主体，作为长和宽，略去深但却不否定它具有深；如果是一条直线，则只作为长来研究；最后，如果是一个点，设想同样的主体，略去一切而只除了它是一个存在物。"多么奇特的东西！然而却是唯一正确的。只有这样，我们的几何学家才能够在一边说着没有宽度的线，没有深度面，一边却让这些线来生成面，让这些面来生成体的时候依然心安理得——这只是一种权宜的表述而已，真实的情况是，即使是几何学的点，在本体论上也是一个"体"。同样的道理完全适用于"数"的概念。"关于数字，有这样一个问题：我们想象主体可以用若干单位来度量，这时知性尽可以仅仅思考这个主体的复多性，但我们仍应当心，不要使知性随后得出结论，以为我们已从我们的概念中排除了被数之物……"这一切立即使我们想到毕达哥拉斯的"有空间的数"。笛卡尔关于数学和物理学统一的，也即是"普遍数学"的形而上学基础——广延性——的观念的确与毕达哥拉斯学派的"数"的本体论，或者柏拉图学园的"数型论"有着深刻的关联。因此，我们就不难理解笛卡尔何以会说下面的话了："最早揭示哲学的那些先贤，只肯把熟悉 mathesis 的人收为门生去研究人类智慧，他们大概是觉得：为了把人们的才智加以琢磨，使之宜于接受他更为重大的科学，这一学科是最为便利、最为必要的。当我这样想的时候，我不觉有点猜测：他们所知的那个 mathesis 大概同我们这个世纪流行的非常不一样。……自然最初撒播于人类心灵的真理种子，由于我们日常读到或听人说到的谬误太多而在我们内心中湮没的真理种子，在那质朴纯洁的古代，其中的某些却仍然保持着原来的力量，以至于古人受到心灵光芒的启示，虽然不知其所以然，却也认识了哲学中和 mathesis 中的真正思想，尽管他们还达不到这两种科学本身的高度。"因此，数学的对象并不是抽象的观念，而是真实的存在。这种存在与物理学的对象其实是同一的，即广延。（第263—265页）

运作在此情况下的意义就在于克服这种不对称性，其结果是建立了与这种实在性（对象性范畴）相应的因果必然性（因果性范畴）。①第四种情况，是形式中的动觉对于质料中的动觉发生作用的情况。由于形式本身就是动觉与运作元的统一，则在这种情况中所产生的是一种**对于主动性的直观（主动感）**。

从以上我们对形式对于质料的作用及其结果的描述不难看到，超绝发生学的机制的辩证性质体现在在任何时候统一体中的对立因素都不可能完全孤立地发生作用，虽然在发生作用时，它们会有主次之分。例如当我们看到形式的运作元中分割的运作"占优势"的时候，并不意味着其中的对称变换的运作就不起作用了；又如我们在下面会看到的，当质料中感觉元作用于形式中的动觉之时，动觉本身中与感觉元相对立的另一方面，也就是运作元的效应就会被突显出来。因此，有效地掌握超绝发生学的这种辩证法，对于理解超绝发生或超绝意识的自我显现（即理解那些基于本源的直观的派生的直观是如何获得的）将会有很大的帮助。

与形式对于质料的作用的 4 种情况相对应的，是质料对于形式的作用的 4 种情况。这 4 种情况分别是：（1）质料中的感觉元对于形式中的运作元发生作用；（2）质料中的动觉对于形式中的运作元发生作用；（3）质料中的感觉元对于形式中的动觉发生作用；（4）质料中的动觉对于形式中的动觉发生作用。第一种情况所产生的是诸**感觉**的可能性，即诸**感觉元素**，它们正是我们在前面谈到的感性材料的质，也就是感觉的潜在形态。首先，由于这是动觉的内化与外化所得到的运作元与感觉元之间的相互作用，而动觉的超绝发生学本质中就有一种本源的中介性，所以虽然是以形式与质料的相互作用为名义的，这种作用给出其可能性的感觉将成为接下来在后面的环节中产生的认知层面上身体的中介性的具体体现。其次，作为质料中感觉元对于形式中运作元的作用的结果，感觉元素（感性材料的质）的这种来源本身便已经为处于超绝发生学逻辑进程**后面阶段的**人的认识——特别是科学认识——提供了某种合理性。例如感觉的复多性（其实也就是前面提到过的感觉的可区分性），它的直接根据便是形式中所蕴含的区分性对于感觉元的要求，而从感觉元到诸感觉的质的构成

---

① 对称变换在规律元素的这两种范畴的产生中的作用，在本书第十六章第二节的第一小节中对于这两个范畴所蕴含着的群的结构的分析中可以清楚地看到。

第十五章 超绝发生：从超绝意识到自我与世界

的另一根据即形式中所蕴含的对称变换则同样是诸感觉的构成的根据。这就是为什么在科学认识中（实际上是从知觉入手）不断探究诸感觉的背后的物质结构与物质间相互作用——这些结构与相互作用的规律必然具有某种对称性——的活动必然构成科学进步的轨迹的道理。并且，这种探究必定以一种复杂的层层深入的方式（即溯因）无限地接近某种原初的东西（我们将指出，这其实就是基于马上会提到的物质元素的物质直观）。第二种情况是质料中的动觉对于形式中的运作元发生作用。由于在这种作用中质料中动觉所包含的本源时空被形式中的运作元所引发，产生的是**量化的**空间与时间的可能性，即**时空元素**。① 其中的过程与我们在前面就形式对于质料的作用的第二种情况所描述的相似，所不同者仅仅是由于这里是质料对于形式的作用，结果因此是空间与时间的量化可能性而非数学的可能性。第三种情况是质料中的感觉元对于形式中的动觉发生的作用。这种情况所产生的是**物质元素**，即基本物质的可能性。这时由于质料中感觉元激发了形式中动觉所包含的运作元，而运作元具有对称变换和分割两种运作形式，它们分别体现了超绝意识中的对称性和区分性，所以在质料中感觉元对于形式中的动觉发生的作用中所产生的物质元素决定了基本物质有两种可能的认知类型，即**场**和**粒子**。前者突显了对称性，后者突显了区分性，并且显然分别对应于上一节所提到的能与质。② 进一步，一方面，场的直观与动觉中的本源时空有着更为密切的关联，既然它们都更多地体现了对称性，粒子的直观则与动觉中的混沌有着更为密切的关联，这是因为它们都更多地体现了区分性。另一方面，场通过其具有强度和频率而与

---

① 注意，这种可量化时空，只是在后来的认知层面上才成为具有具体的空间与时间量值的构成性意向对象。这与数学形式只是在作为认知对象的时候，才成为通常的数学概念的意指是相似的。这一区分看似与康德的思路相一致：可量化时空属于感性（现象），它们的实在的量的规定性却属于知性。但实际上康德完全没有明确的关于所谓直观形式（空间与时间）与知性的范畴的发生学概念，这也是为什么在他那里会出现"直观的形式"与"形式的直观"这两个概念之间纠缠不清的困难的根本原因（参见"直观的意义——康德《纯粹理性批判》B160—161 注释辨微"）。

② 在物质元素中应包含有能量与质量的可能性，就像在时空元素中包含有空间与时间的可能性一样。这一特点可追溯到上一节的第二小节谈到的广延与绵延及倾向与质素的相互作用。并且包含着能量与质量的可能性的物质元素正好与包含有康德的"因果性范畴"与"实体范畴"的可能性的规律元素相对应，而包含有空间与时间的可能性的时空元素则与包含有几何与算术的可能性的数学元素相对应。

混沌相关，粒子则通过其具有运动而与空间—时间相关。单就粒子来说，在它的表象中也存在着对称性和区分性的对立统一。它使得**圆周运动**成为粒子运动的基本形态，因为对称性造成了粒子间的**引力**而区分性则造成粒子间的**斥力**，并且正如笛卡尔就曾想到的，当没有理由相信有虚空存在的情况下（物质元素的确没有为虚空的存在提供依据），粒子在这时的运动形态只能是圆周运动。这样，倘若基本物质处于空间与时间之中，则它们可能的运动方式便是笛卡尔式的"涡旋运动"了。[①]质料作用于形式的最后一种情况，即质料中的动觉对于形式中的动觉发生作用，所产生的是一种**对于被动性的直观（被动感）**。

我们可以将形式与质料之间的上述相互作用及其产物概括如下：

形式中的运作元对于质料中的感觉元发生作用而有**逻辑元素**；质料中的感觉元对于形式中的运作元发生作用而有**感觉元素**。

形式中的运作元对于质料中的动觉发生作用而有**数学元素**；质料中的动觉对于形式中的运作元发生作用而有**时空元素**。

形式中的动觉对于质料中的感觉元发生作用而有**规律元素**；质料中的感觉元对于形式中的动觉发生作用而有**物质元素**。

形式中的动觉对于质料中的动觉发生作用而有**主动感**；质料中的动觉对于形式中的动觉发生作用而有**被动感**。

正如在形式与质料中动觉使得形式与质料具有实在性一样，作为形式中与质料中的动觉之间相互作用的产物的主动感与被动感（对于主动性的直观与对于被动性的直观）——它们总是相伴随的，因此也可以将它们表达为"**主动—被动感**"——使得形式与质料之间相互作用所产生的逻辑元素、规律元素、数学元素与感觉元素、物质元素、时空元素具有了一种实在性。主动—被动感是通过将这些元素统一为一个整体而使之具有实在性的。这时候，主动—被动感就像是诸物体之间的万有引力一样存在

---

① 粒子间的斥力来源于区分性这一点不难明白，而引力来源于对称性，是因为它对应于（粒子的）圆周运动。广义相对论所主张的引力与空间曲率之间的对应相关也许亦可算作是一种证据。另外，切线力显然是圆周运动的体现，它的根据，正如我们指出的，是基本物质的概念所规定的自然的超绝发生图景中不存在虚空这一事实。

于诸元素之间。这样一个整体，我们称之为"**动体**"。由形式对于质料的作用与质料对于形式的作用所产生的这些动体的元素分别属于动体的形式方面（即逻辑元素、规律元素与数学元素）与质料方面（即感觉元素、物质元素与时空元素）。同时，主动—被动感在这里还有着一个十分重要的作用，那就是在动体中引出了某种**意向性**。这是因为主动感与被动感的结合或协同作用**内在地**产生了一种自己作用于自己——即主动的自己与被动的自己——的表象，它是一种对于自身的返回（这类似于费希特的说法）或对于自身的指向，也就是说，一种"对于自身的意识"或"自我意识"。与主动—被动感一样，这个自我意识也是一种直观。这样一种直观，我们便称之为"**自我**"（ego）。不仅如此，由于主动—被动感与动体的诸元素之间密不可分的关联，它所产生的这种自我意识或不如说"自觉"亦表现为，甚至不如说正在于表现为，对于这些元素的直观。于是逻辑元素、规律元素、数学元素和感觉元素、物质元素、时空元素也就相应地变为**逻辑直观、规律直观、数学直观**与**感觉直观、物质直观和时空直观**。如果说在动体中主动—被动感使动体的诸元素具有了实在性，那么**在本身作为直观的自我之中**，主动—被动感则使得诸元素变成了诸相应的直观。这个"在……自我之中"便意味着——以康德方式来说——自我必然能够伴随着所有这些直观。换言之，这些直观属于自我，并且离开了它们自我也将不复存在。

这样，自我也就成为了超绝意识自我显现继动体之后的又一个环节（第五环节）。这里需要特别注意的是，我们不能因为主动—被动感在动体中引起自觉便认为动体由此意识到了自身从而成为了自己的意向对象，而应该认为，动体在此一自觉中**不复为**动体——它成为"自我"了。换言之，不是动体而是自我成为了自己的意向对象。在这个意义上，自我（而非动体）具有了意向性，并且这一意向性十分特殊，它是一种**自我意向性**（self-intentionality），即它既是被意向者，也是能意向者，特别是，这个被意向者中必定包含着由诸元素转变而来的诸直观。这些直观作为被意向者，也就是说，作为意向对象，并不同于通常所说的，特别是胡塞尔那里的与"意向运作—意向对象"这样一种机制相关联的意向对象。后一种意向对象我们称之为"**构成性意向对象**"。就其被构成的意义来说，这种意向对象与康德的经由诸范畴（知性的运作）的作用而被构成的认识对象是同样的东西。相反，在前一种情况下，意向对象并不是通过自我的**运作**被构成的,既然它们作为形式与质料之间的相互作用的产物已经(潜在地)存在于那里了。它们存在于动体之中,但作为潜在性,只是由于自觉,才**实现**为一种直观的对象,因此我们称它们为"**直观性意向对象**"。这样一来,自我的自我意向性也就应该被理解为一种**直观的意向性**,而与构成性意向对象相对应的意向性,则是**构成的意向性**。①

具有直观意向性的自我因此有两层含义。一是它是自己的(直观性)意向对象,二是它包含并且仅仅包含着诸直观性意向对象。造成这种情况的显然是主动—被动感:因为这个主动—被动感,自我得以具有自我意向性(这是自我意识的本义),也因为这个主动—被动感,自我必定伴随并且仅仅伴随着每一个直观性意向对象。从而使得这每一个直观性意向对象都是自我对于自身的直观的题中应有之义。换言之,并没有一个独立的、没有任何直观性意向对象作为其内容的**自我直观**,也没有任何一个直观性意向对象不属于自我直观。然而,使得自我具有自我意向性的主动—被动感本身却没有意向性,也不是任何东西的意向对象。一句话,它是直观,但本身无所谓意向性,也不是任何一种意向对象。在这个意义上,它可以被比喻作超绝意识这个本源直观的存留在超绝发生的动体—动觉环节这个"地层"中的"活化石"。

我们已经知道,动体因其中主动—被动感而有自觉。当动体自觉之时它便已是自我。其实,自觉同时也就是一种分化,即诸元素于动体中潜在之统一状态转变为自我中诸直观性意向对象的现实的区分状态。②诸直观性意向对象越是分化,则自我意向性便越是显著,诸直观性意向对象也越

---

① 因此在"构成性意向对象"这个术语中,"构成性"或"构成"要比本书中在其他情况下出现的"构成"一词的用法要狭窄得多,它仅仅用于与直观性构成相区别的构成。也就是说,"构成性意向对象"中涉及的构成其实只是本书所说的诸多构成中的一种,它与同样属于构成的"直观性意向对象"的构成相区别。就这种区别来说,"构成性意向对象"与"直观性意向对象"中的"构成"与"直观"多少可对应于康德的"构成"与"构造",因为在那里"构造"才是直接地基于纯粹直观的。关于这一点,可参见《超绝发生学原理》(第一卷)第三章的第二节。当我们将构成性说成是超绝哲学的三个基本特征之一的时候,我们是在一个比较宽泛的意义上使用"构成"概念的,即以这个术语意指基于本源明见性而形成意识的一切环节的机制或过程。在这个意义上,无论是康德所说的"构成"还是"构造"都属于"构成",正如这里的"构成性意向对象"和"直观性意向对象"都是构成的结果一样。这里关于"构成"和"构造"这两个术语的说明可与前面第4页的注释②中关于皮亚杰的"构造"术语的说明相参照。

② 这种分化首先是指形式方面和质料方面的分化。在第十六章的第一节中,我们将看到,皮亚杰所发现的个体意识发生中的所谓"双重构造"揭示了自觉的这种分化的机制。

第十五章 超绝发生：从超绝意识到自我与世界

是明见地属于"我"的。于是，就有了这样一个问题：诸直观性意向对象如何又都是那同一个自我的？在回答这个问题之前，预先要指出的是，这个自我的同一性问题并不涉及到时间性，因为尽管自我直观在其必定伴随着诸直观性意向对象的意义上使得时空直观（即可量化的时空）作为其内容之一，但自我直观自身却并非处于这样的时间直观或时空直观之中的。如果要说自我直观的时间性，那只是就其作为（近乎本源的）直观本身所具有的一种本源的时间性而言的。这种本源的时间性甚至与同样本源的空间性两者是未曾分化的，此即我们前面所说的本源的时空。因此，这样的自我直观是无所谓（在时间中）是否同一的问题的。在此情况下，这个自我既然是因主动—被动感导致的自觉而生，则它便就是自觉中伴随诸直观性意向对象并因此使后者成其为直观性意向对象者。换言之，这个自我不是别的，正是**自觉中的**主动—被动感。如果说自觉中动体的诸元素之分化为自我的诸直观性意向对象，这是在自觉中所体现出的某种区分性的方面，那么，按照超绝发生学的第二原理，在此分化中的主动—被动感就将是自觉中与那个区分性相应的对称性方面，它将体现为伴随诸直观性意向对象的同一的（统一的）自我。这个机制可以这样来理解：在产生于动觉的动体乃至自我之中，主动—被动感的特殊性在于，如果说诸元素乃至诸直观性意向对象是动觉自身分化的结果的话，那么它却意味着动觉的统一性，换言之，它在最终分化为诸直观性意向对象的动觉中保持了动觉本身（想想我们刚刚将其比喻为"活化石"）。这一点只要注意到主动—被动感之为形式中动觉与质料中动觉的相互作用的产物这一事实便不难理解。这个在诸直观性意向对象中被保持如一的动觉便是"**这一个**"自我直观。

  这样的一种自我将因此而一直追溯到超绝意识。事实上，我们在第十四章的最后一小节所说到的那个"能（对称）运作"的直观性就体现于这里的主动—被动感。在这个意义上，从超绝意识到动觉再到作为形式与质料中动觉相互作用的产物的主动—被动感（以及整个动体）最后到自我直观，超绝意识自我显现的这些前后接续的环节可以理解为对于超绝意识之为"能（对称）运作"的本源直观的不断释义（interpretations）。然而这种释义绝非没有实质意义的同义反复。作为本源的直观，超绝意识并无自觉可言。或者也许更确切地，如果说它具有自觉的话，那么它的这个自觉不是别的而正是它的自身显现。在其自身显现的逻辑进程中，它作为本源的直观，只不过是一种潜在的"能（对称）运作"。显然，这个"能

（对称）运作"之由潜在的而成为现实的，正在于它的自身显现从动体环节到自我环节的过程中因为那主动—被动感所引起的自觉。这意味着，自我直观**说到底**乃是作为"能（对称）运作"的直观的超绝意识的"自觉"（自我显现）。①超绝意识作为"能（对称）运作"并非任何一种"能运作"，而是"能对称运作"，并且这里的"对称"并非任何一种可能的具体的对称，而是任何可能的对称。换言之，它作为"能运作"是有着一种普遍而又具体的内容的。这个内容，在第十四章的第二节中我们曾以数学中的对称变换举例说明，现在，有了对于超绝意识自我显现从开始到自我诸环节的描述，我们对这个内容便有了更深入和更确切的认识。我们知道——这一点在第十六章第二节的第一小节中将得到确切的证明——经过这种自我显现，这些内容便在自我环节上具体地体现为那些直观性意向对象。因此，作为"能（对称）运作"之现实的而非仅仅是潜在的直观的自我直观与这些直观性意向对象的不可分割的关系乃是自然而然的，是它们作为超绝意识自我显现的一个特定环节的必然。这种必然也是自我直观的自我意向性本质的必然，既然诸直观性意向对象正是这种自我意向性中的被意向者。这些直观性意向对象因此而属于这个自我。与它们在动体中的来源之分别是动体的形式方面与质料方面相对应，这些直观性意向对象分别是**自我的形式方面与质料方面**。作为自我直观的本质的主动—被动感必然地伴随着这两类直观性意向对象。它使得形式方面的直观性意向对象具有更多的主动性而质料方面的直观性意向对象则具有更多的被动性，换言之，如果说前一类直观性意向对象是"能运作的"话，则后一类意向对象便是"可（被）运作的"。这是因为这两类直观性意向对象本来就是同源的，即同出于形式与质料之间的相互作用，前面对于它们之由于这种相互作用而产生的方式的概括，已经十分清楚地表明了它们之间所存在着的那种根源于超绝意识的区分性与对称性的结构性关联；这时候，形象

---

① 在这个意义上，自我直观是超绝意识由潜在到现实的标志。正因为如此，正如我们在下一章将看到的，它通过认知层面的发生而充当了超绝意识自我显现的辩证逻辑——正题（对称性与区分性的潜在的统一）—反题（对称性与区分性的现实的分化）—合题（对称性与区分性的现实的统一）——中的"反题"。这一点是显而易见的，因为超绝意识只有当其自觉之时才有可能**开始**一种自我回归，从而完成它的自我显现，而开始回归的前提正是对于它（自身）的背离已经存在。所有这些都是与"自我"环节的构成相关的。超绝意识自我显现的逻辑的这一辩证特征要在后面第十六章的第二节和第三节中才能得到充分的展示。

地说，主动—被动感就使得它们的这种关联成为**动态的与生产性的**了。可见，这不过是超绝发生学的第三条原理，也就是超绝意识的构成性原理的又一个具体体现罢了。自我的这种同时包含有"能运作的"与"可（被）运作的"这两方面内容的事实，多少解释了它是如何可能具有那样一种自我意向性的。重要的是，这样的自我一旦形成，其中这两类直观性意向对象的动态的、生产性的关联便是一种**认知性的**关联。那些能运作的形式方面的直观性意向对象因此也可称为"**认知性运作直观**"（intuitions of operation cognitive），它们与可（被）运作的质料方面的直观性意向对象的动态关联，或者不如说前者对于后者的作用，将与它们对于自身的作用一道导致超绝意识自我显现的第六个环节，即"**世界**"。只是在这个环节上，才真正存在着**无论是康德还是胡塞尔**所描述的那种构成性关系。那些认知性运作直观部分地与康德的知性范畴相吻合，它们的作用也可以看作是胡塞尔的所谓"意向运作"，这种作用可以实施于那些属于质料方面的可（被）运作的直观性意向对象，也可以实施于这些认知性运作直观自身，甚至整个自我都可能成为这种运作的对象。在这个意义上，世界乃是这些认知性运作直观的作用所构成的意向对象，或者说，是无数这样的可能的意向对象的集合。正如我们已经指出的，这种意向对象应称为"构成性意向对象"，以区别于（自我环节中的）那些直观性意向对象。

然而，世界的意义并不仅仅在于两类直观性意向对象之间所存在的这种——我们也可以这样称呼——**认知作用**。我们知道，这种作用离不开主动—被动感。这个主动—被动感乃是自我直观的本质，它使得自我——我们以后会指出，确切地说应该是自我在认知层面的体现，即人，或作为人的自我——能够进行认知，即通常所说的"听到"、"看到"、"认识到"……。与此同时，它还使得人具有欲望和情感。因此，所构成的世界，当其作为人的世界，将不仅是自然的，也是社会的。人与这个世界的关系，将不仅是**认知**的，也是**道德**的与**审美**的。

第三节　世界的构成：实存之我、他者、
　　　　　质料的与形式的世界

一　自我从直观层面到认知层面的转换

前面说到，当动体由于自觉而转变为具有诸直观性意向对象的自我

时，这个自我就因此而拥有了"意向运作"的能力。不仅如此，诸直观性意向对象中还有一些同时充当了胡塞尔以并不准确的方式称为"感性材料"的东西。①这就自然地使一种意向性的构成活动得以进行。这种活动在自我的**直观层面**之上构成了一个新的、**认知性的层面**。自我的这种活动表现为那些被称为认知性运作直观的直观性意向对象对于自我的内容，其中包括这种运作直观自身的作用。这种活动所涉及到的诸直观性意向对象，无论是"能运作的"还是"可（被）运作的"——因此这种活动本身——仍然为主动—被动感所伴随。对于这种活动本身来说，所伴随的主动感体现的是倾向，从而因表达了对称性的方面而与广延相关联。按照超绝发生学的第二原理，这亦将使之与被动感所体现的质素相关联，并且因此表达了区分性方面而与绵延相关联。这样一种状况，恰似胡塞尔所说的"**体验流**"，也就是说，活动中的或者说运作着的自我总是处于这种体验流之中。这样的一个自我显然不再是处于直观层面上的、仅仅是"能（对称）运作"的、即使是由于自觉而成为了现实的"能（对称）运作"的自我，而是**进行着**运作的自我了。说这个自我是在体验流之中并不十分确切，既然并没有什么东西在这个自我之外。正确地说法是，体验流就是运作着的自我的自身状态。这个成为了一种体验流的自我，我们称之为"**灵魂**"。这时候，灵魂就是所有可能的直观性表象以及伴随着它们的主动—被动感的整体，这些表象在一种"流动"之中实施着意向对象的构成。因此，灵魂是直观层面到认知层面的过渡状态。

这样，作为体验流的灵魂就成了在超绝发生学中实现同样作为一种超绝哲学的超绝现象学还原的理想的一个重要的环节，因为整个世界不过是这个体验流的构成性产物。在这里，没有"外在的世界"，因此也没有一个与之相对的内心世界；在这里，没有心灵、身体和物体的分别，甚至也没有主体与客体的分别。所有这一切的分别都只是在这之后的认知性层面上才出现的。只有这样一种灵魂的概念，才能在满足超绝哲学的完全内在性要求的同时却不致陷于一个众所周知的对于超绝哲学来说是危险的困境。这种困境在康德的体系中之所以看上去并不存在，那只是因为这个体系作为超绝哲学并不完备。在《纯粹理性批判》的"超绝感性论"中，康德这样写道：

---

① 见本书第 102—106 页。

空间是一切外部直观的纯形式，它作为验前条件只是限制在外部现象。相反，一切表象，不管它们是否有外物作为对象，毕竟本身是内心的规定，属于内部状态，而这个内部状态却隶属在内直观的形式条之下，因而隶属在时间之下，因此时间是所有一般现象的验前条件，也就是说，是内部现象（我们的灵魂）的直接条件，正因此也间接地是外部现象的条件。①

这段话实际上有着一个未在其中提及的前提，那就是对于自在之物的设定。假如没有这样一个设定，说本身作为一种认识的主观条件的空间直观形式是"外部现象"的验前条件就会失去意义，因为这些现象作为表象说到底都是并且仅仅是"内部状态"，甚至空间直观形式自身也属于这种内部状态。这样，空间直观形式就失去了它相对于时间直观形式的独立性，或者说，成为后者中的一种表象了。②其实，这个问题在笛卡尔那里就已经存在。笛卡尔以广延（空间是其样态）乃是一种清楚明白的观念作为它的真实性的保证，但任何一种观念（自然应当包括广延的观念）在他那里却作为思维的样态而是没有广延的。那么，没有广延的观念与有广延的空间，我们到底应该相信哪一个是真实的呢？笛卡尔似乎并未关注到这个问题。也许，由于作为物体的本质属性的广延的真实存在在他那里最终是由上帝的存在来保证的，所以他不会认为这里存在着什么困难。如果说，尽管笛卡尔对于上帝存在本身的证明并未得到普遍的认同，上帝存在这件事对于他的体系来说毕竟是可能的，那么，在康德那里，正如我们多次指出的，自在之物的设定却正是其超绝哲学体系无法达到完备的一种标志。换言之，康德的超绝体系在这里陷入了一种两难：或者因为自在之物的设定而无法达成一个完备的内在论系统，或者听任空间直观形式相对于时间直观形式的独立性从而外在世界的存在成为不可能。相反，我们则以灵魂概念克服了这个困难，因为作为直观或直观性意向对象，空间直观与时间直观一道被包含于灵魂之中，至于所谓心灵的"内在"与物体的"外在"，那只是作为灵魂的构成性作用的结果而在认知层面上才是有意

---

① 《纯粹理性批判》，第37页（A34/B50）。
② 显然，因为自在之物的设定，康德才可以在那段引文中将"灵魂"理解为有着外部现象与之相对的"内部现象"。

义的。①

然而，还有一个问题需要加以回答，那就是作为体验流的灵魂如何能够是自身同一的问题，即，这个体验流中的诸直观性表象（诸直观性意向对象）如何可能都属于同一个（我的）灵魂？我们在前面一节的最后一小节中就已经论及自我直观的自身同一性的问题。现在，灵魂作为运作着的自我直观而以一种体验流的方式存在，因此如果说自我直观的同一性尚未涉及时间性，则灵魂的同一性就必定在某种意义上涉及了时间性。但这里必须将这种时间性与通常所说的时间加以区别。因为后一种时间恰恰是灵魂的运作所构成的、属于认知层面的时间，即一种认知性、运作化或量化的时间。因此尽管灵魂是一种体验流，我们却不能说它处于这种时间之中。②正如我们在前面已经指出的，运作着的灵魂就其运作来说体现了超绝意识中的倾向与广延，从而它便不得不同时处于体现了超绝意识中的质素与绵延的体验流之中。但灵魂的运作既然已经是超绝意识的这些直接内容中产生的动觉的，特别是其中的运作元作用的结果，则它的这种时间性毋宁说必定具体化为它所具有的时间直观，即那种可量化的时间。与之相应地，灵魂的运作的，或不如说运作的灵魂的同一性的根据却与同样为它所具有的可量化的空间的根据是一致的，即连续性。因此，当我们问及涉及"这一些"与涉及"那一些"直观性表象的运作着的灵魂是否同一个灵魂时，我们似乎是在对灵魂加以枚举。它与我们在一维的连续统中区分（数出）代表数字的"点"是相似的。既然正如在自然数的归纳公理中所看到的那样，我们对于这样的"点"能够有一个同质的理解③，则在对灵魂的体验流加以枚举时，我们也一样可以"看到"灵魂的同质性，也就是它的同一性。换言之，由于在超绝发生学上的同源性（灵魂在可量化的时间中的同一性便完全相当于在数学直观中对于自然数的枚举，既然数学直观与时空直观有着相同的根据，即作为形式中运作元与质料中动觉相互作用的结果），灵魂的同一性必定与数学归纳法所描述的自然数的同质性相似。因此，我们说灵魂"在枚举上是

---

① 关于这种意义的具体分析，见本节的第三小节。
② 在问题的深刻之处，亦可说前面提到的康德和笛卡尔的那种困难之所以会出现，乃是因为在他们的系统中是无法做出这种区别的。
③ 参见前面第69—70页。那里指出数学归纳法体现了自然数（对加法）封闭的性质，而这种性质正表明了自然数的一种同质性。

第十五章 超绝发生：从超绝意识到自我与世界　　127

同一的"（numerically identical）。①按照彭加勒的方式，我们可以将这种同一性表达如下：在体验流中，（毫无疑问）这一个是我的直观表象；而若这一个是我的直观表象，则紧接着的一个亦是我的直观表象，故紧接着的这个是我的直观表象；而若紧接着的这个是我的直观表象，则紧接着它的一个亦是我的直观表象，故紧接着它的一个是我的直观表象……如此重复下去。②如果说数学归纳法体现了作为自然数的本质的数学直观，则灵魂的这种枚举的同一性则表明灵魂作为纯粹体验流与它自身所包含的时间直观有着相同的结构。这样一个结构与胡塞尔在内时间意识的现象学分析中所发现的结构十分相似。胡塞尔的这个结构可概括为"持延—原印象—预延"（Retention – Urimpression – Protention）。胡塞尔亦曾明确地将这个体验流的时间意义区别于认知性的时间。③他因此将前者称为"现象学时间"。"我们应当注意观察**现象学时间**和'**客观的**'即**宇宙的时间**之间的区别"，他强调说，"前者是在**一个体验流内的（一个纯粹自我内的）一切体验的统一化形式**"。④但是胡塞尔并不真正清楚这种体验流的直观性本质，他将它理解为康德的"理念"那样的东西，从而认为它的"充分规定是不可达到的"。⑤我们稍后将会看到，他的这个缺憾使得他最终未能获得一个关于引文中提到的那个"纯粹自我"从而这样一个自我自身的同一性的明见性。相反，我们则根据灵魂的超绝发生学机制确认了它所具有的与数学直观相似的直观明见性，它在这种明见性中是自我同一的。这种直观的同一自然也就是（对于这个）同一的直观。在直观自身这一点上，灵魂与它与由之而来的自我是同样的，即它具有一种直观

---

① 康德曾将这种同一性看作是超绝统觉的基本特征，见《纯粹理性批判》，第119—120页（A107）。
② 这个表达类比了彭加勒对于数学归纳法的表达，即它是由无限个三段论推理构成的。参见本书的第284页，注释①。
③ 但这并不是说胡塞尔总是明确地区分了这种体验流与我们后面将提到的经验的体验流的。我们将在本章第四节的第一小节中对这种复杂的情况做出分析。
④ 胡塞尔：《纯粹现象学通论》，第203页。
⑤ 同上书，第208页。胡塞尔在这个问题上的缺乏必要的洞见与（如我们在本书第十四章第一节中所指出的）他之未能真正洞悉类概念与数学概念的区别有着同样的根源。另外，既然胡塞尔与康德分别通过纯粹自我与超绝统觉断定了这个"自我"或"我思"的同一性或统一性，则这里前者仍将它理解为后者的"理念"，这便多少是对于我们在《超绝发生学原理》第一卷最后一章的第四节中关于超绝觉或"'我思'之我"与自在之物的密切关系的论述的一种肯定。

的自我意向性。①

这样，我们就有了两种自我，或者更确切地说，自我的两种不同形态，即自我直观与作为体验流的灵魂。自我直观是由于动体自觉而成为现实的本身作为潜在的"能（对称）运作"的超绝意识。作为现实的"能（对称）运作"，自我直观具有一种直观的意向性，并且因此而必定是自我意向的。自我直观的这种特性保证了它内部的诸直观性意向对象在运作中相互作用的可能性。这种运作具有胡塞尔所说的意向运作的意义，通过它，在自我直观的基础上能够实现意向对象的构成，从而导致了作为超绝意识自我显现的第六个环节的世界。这是一个从自我环节的直观层面朝向世界环节的认知层面的转变。导致这个转变的运作因此是认知的，它的实施同时使得自我直观转入一种体验流的状态，这就是不同于自我直观的第二种自我的形态，即灵魂。灵魂在其直观性自我意向中保持为验前地同一的。因此我们说，自我直观意味着**认知运作的可能性**而灵魂则意味着**进行中的认知运作**，我们将会看到，在作为这种认知运作的结果的世界之中，还存在着第三种自我的形态，即**心灵**，它是**认知运作的结果**之一。

二 质料的与形式的世界

自我与灵魂是如此接近，乃至于可说它们就是同一个东西的两种描述。不错，就它们作为现实的"能（对称）运作"者以及包含有同样的、由主动—被动感不可分离地伴随着的直观性意向对象来说，它们是同一个东西。但如上一小节所述，它们又不是同一个东西，因为灵魂不仅是现实地"能（对称）运作的"，而且永远是正在运作的——它是一个运作着的

---

① 正如数学归纳法其实包含了无限多个三段论，但无须穷举所有这些三段论便能够得到一个（关于自然数全体的某个性质的）必然的结论，彭加勒认为这正是数学之奠基于一种纯粹直观之上的体现，灵魂在直观上是同一的也同样是验前地必然的。事实上，仅仅借助胡塞尔的那个内时间意识（现象学时间）的结构"持延—原印象—预延"，我们就能够通过超绝发生学的原理而理解灵魂的这种同一性：在个结构中，所谓原印象就是灵魂对于自身的一个直观，而它也就是灵魂自身。超绝发生学的第二原理要求这一直观必然由于区分性而导致某种不对称，此即持延与预延（按照胡塞尔的说法，这是原印象的"晕"），而原印象的上述直观本性则必定使自身成为克服这种不对称的对称性。这样一种克服的唯一方式，就是使作为体验流的灵魂的（无限多可能的）原印象成为同一个。另外，不难想到，作为运作着的自我的灵魂的那个同一的"我"才是我们在本章第一节的第一小节中所说的那个作为"对称中心"的"我思"之"我"。我们由此便对这样一个"我"的直观意义有了进一步的理解。

第十五章 超绝发生：从超绝意识到自我与世界

自我，一个作为体验流的自我。一个这样的灵魂实际上便成为了一种类似于莱布尼茨的**单子**的东西，既然它最终通过认知活动而表象了整个的世界。所不同者，仅仅在于莱布尼茨并没有对于单子如何可能表象世界的道理给出一个明确的解释，而在超绝发生学中，至此，我们可以说，灵魂是通过内在于它自身的意向运作的构成活动（noetic constitution）达到对于世界的表象的。这时，自我或灵魂中形式方面的直观性意向对象，即认知性运作直观，决定了意向运作从而构成活动的结构，通过它们，那些可（被）运作的直观性意向对象被构成为构成性的意向对象，即组成世界的任何一种实存的事物。我们知道，在灵魂中，不仅所谓质料方面的直观性意向对象能够充当这样的可（被）运作者，而且形式方面的直观性意向对象也能够充当这样的东西。在前一种情况下，被构成的是自然界，我们也称其为"**质料的世界**"（material world），而在后一种情况下，被构成的则是形式的对象，它们组成了"**形式的世界**"（formal world）。

首先让我们来看质料世界的构成。在这里，可（被）运作的是质料方面的直观性意向对象，即感觉直观、物质直观和时空直观。感觉直观来源于感觉元素。我们说过，感觉直观是感觉材料的质。塞拉斯雄辩地否定了感觉判断（如"X 是红色的"）或感觉印象（如"X 看起来是红色的"）的非推论性，但正如我们已经指出的，由此并不能导致对于感觉材料的质的否定。换言之，感觉元素从而感觉直观的存在是确凿无疑的，并且超绝发生学已经揭示了它们存在的根据。在运作着的自我，即灵魂之中，感觉直观不是独立的而是与时空直观、物质直观密切地结合在一起的。从感觉直观之为质料中的感觉元对于形式中的运作元作用的产物的角度来看，它具有一种验前的不完备性，如果我们将这种相互作用中动觉整体上作为一种因素的存在理解为一种完备性的话。这就使得感觉直观不可能是一种独自稳定地存在的直观。它必定分别形式地和质料地与本身在来源上包含了动觉的时空直观和物质直观结合在一起。例如"红色"，作为一种感觉直观，必定是具有某种形状的、某物的颜色；一种声音也必定有一个哪怕是很短暂的持续并且是由某物发出的；一次疼痛的感觉必定发生在身体的某个部位……不仅如此，质料方面的这些直观性意向对象的相关性也蕴含着它们与形式方面的直观性意向对象的关联。例如知觉到某个红色的物体，这里面就已经有着属于规律直观的对象性范畴的作用；作为一种声音的声源的某物与这种声音之间必定存在着某种因果关系，而疼痛的感觉也必定与它所发生的身体部位上的某个变化存在着因果关系，这种因果关系的构成显然需要属于规律直观的因果性范畴。可见，这样一种诸直观性意向对象之间的相关性实现了从直观层面到认知层面的转变，这种转变乃是由动体自觉而来的自我的一种内在的必然。甚至可以说，认知活动不过就是诸直观性意向对象之间的这种相关性的主动实施罢了。例如当我感觉到胳膊上的一阵刺痛时便移开自己的胳膊并观察疼痛的部位，试图发现是什么引起了这样的疼痛，此刻我的行为就已经具有了地道的认知意义。这样一个简单的情景，作为我的世界的一个极小的部分，就是如此地在我的作为体验流的灵魂中由诸直观性意向对象之间实施的运作与被运作的关系，即意向性的关系所构成的。在这里，所谓通过认知得到构成性意向对象，首先就是在感觉材料或不如说**知觉**片断（由于在认知活动开始时并不实际地存在着一个单纯的、与其他直观性意向对象没有认知相关的感觉直观）的基础上形成知觉的对象，这也就是通常所说的"现象"。然后这些现象被纳入一种因果关系之中。这种"纳入"说到底是对于因果关系的不断追溯，借此最终构成的是一个普遍地因果联系着的质料的（物质的）世界。在认知实践中，这些物质或物质系统从作为可观察的现象到间接地可观察的现象再到甚至是不可观察的"现象"——最后这种"现象"显然已经不能说是知觉对象了，但它们仍然是对象——构成了一个因果关系的序列（解释序列）。因此，作为构成性意向对象的自然界或质料的世界不过是从基本物质，例如基本粒子，到诸知觉之间的一张因果必然性联系之网，是一个引导我们将诸知觉通过因果联系还原到基本物质上去的因果关联的系统。在这里，物质直观在与规律直观（对象性范畴与因果性范畴）的结合中形成了被认知为知觉的根据的基本物质的概念，它在认知活动中因此可说是起到了康德所说的合目的性理念那样的范导性作用（但是在这里，康德理论中的那种范导性与构成性的区别实际上已无必要）：在认知中，存在着一个从知觉（时空中的现象）开始反复借助对称性关系的使用而不断地朝向基本物质的追溯。在范畴，特别是因果性范畴的作用下，这种追溯将以**溯因推理**的方式进行。哲学史上从德谟克利特那里就已经能够看到而后来被洛克清楚地表述的所谓"第一性的质"和"第二性的质"的区分的意义也因此在这里得到明确。这种溯因推理，也就是对于诸知觉（现象）构成**科学解释**。因此，存在着一种可由图15—3—1表示的关系：基本物质之呈现为诸知觉与关于诸知觉的解释

(认知）是一对互逆的过程。在其中，从一开始的诸知觉一直到最终的基本物质，编织起的一个个环节，例如桌子→木板→植物纤维→碳水化合物→氧原子→电子……等等，构成了一个不断地丰富起来的自然图景。

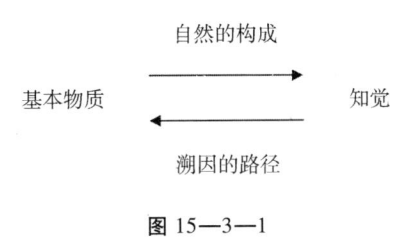

$$\text{基本物质} \underset{\text{溯因的路径}}{\overset{\text{自然的构成}}{\rightleftarrows}} \text{知觉}$$

图 15—3—1

可见，超绝发生学关于超绝意识自我显现的逻辑最终给出了康德所说的可能经验的构成机制。对于康德来说，这种构成论便是其所谓"哥白尼革命"的具体实现。为此，在《纯粹理性批判》中，康德分别通过"超绝感性论"和"超绝逻辑"中的"超绝分析论"先是将认知的对象确定为（感性的）现象，然后再对知性的范畴对于现象的客观有效性加以论证（此即著名的"超绝演绎"），从而说明由并且仅仅由可能的经验组成的自然界是如何根据纯粹的感性直观与纯粹的知性概念而被构成的。但是，正如我们在《超绝发生学原理》（第一卷）的第十二章中曾经指出的，康德的工作绝非是完备的，他实际上既未能说明"现象"是如何形成的，也未能真正证明范畴对于现象的客观有效性。"超绝感性论"中的"激动"和"现象"这两个概念以及"超绝图型法"中的"超绝的时间规定"概念的含糊性十分典型地体现了这两方面的不足。[①]现在，通过对于超绝意识的自我显现的，也就是超绝发生学的逻辑，可以使这些概念的含义得到澄清。首先，必须认识到，康德的"现象"充其量只能算是我们刚刚提到的"知觉片断"，既然知觉中已经含有在他看到属于知性的范畴的作用了。这样的知觉片断不过是处于与时空直观的关联中的感觉直观罢了，并且这种关联的可能性，完全在于作为动体自觉的产物的这些直观的、根源于形式与质料之间的相互作用的规定性。在这个意义上，可以说并不真正存在所谓的"激动"，也可以说这个所谓的"激动"就是形式与质料之间的相互作用在感觉直观乃至整个质料方面的直观性意向对象上所

---

① 分别见《超绝发生学原理》第一卷，第349—351页、第379—381页和第310—312页。

体现出的效应。更为重要的是，既然在康德那里，隐匿在"激动"背后的是那个具有无法克服的超越性的"自在之物"，则当超绝发生学澄清了"激动"这个概念时，"自在之物"的概念也就不复存在了，更确切地说，它是被消解在自我显现的超绝意识之中了。这正体现了超绝发生学具有着康德的超绝哲学所不具有的，但为一个成功的超绝哲学所必须的完备的内在性。[①]这一点更体现在自在之物的这样一种消解同时也揭示了同样是在《超绝发生学原理》第一卷的最后一章中曾经指出的康德自己未做解释甚至也根本未予以承认的在其第二版《纯粹理性批判》的"超绝演绎"中包含着的超绝统觉（"我思"）与自在之物不得不同一但又不能同一这一困境的实质。[②]康德的"超绝统觉"大致相当于超绝意识自我显现的第五环节，即"自我"（这当然是一种十分粗糙的说法，对此更为细致的分析与说明将在本章下一节的第一小节中给出）。那么，既然这个自我乃是在超绝发生学中以替代的方式消解了康德的自在之物的超绝意识的现实形态，并且感觉直观以及诸质料方面的直观性意向对象，乃至包括了认知性运作直观——它们中含有与康德的范畴相对应的内容，并且在运作中实现了康德超绝统觉的综合统一作用——在内的所有直观性意向对象都在主动—被动感的伴随之中被统摄于它，它之具有康德的自在之物的作用就不奇怪了。如果说超绝发生学以超绝意识消解了康德的自在之物，那么它更进一步以超绝意识的自我显现破解了在康德那里造成困难的超绝统觉与自在之物的相似性以及表现出这种相似性的两者分别对于内、外感官的"激动"之谜。另外，与康德的超绝哲学系统本应具有的内在性由于在涉及自在之物的诸主题上所体现出的破缺相关的，还有作为这个体系内部"最重要的章节之一"[③]的超绝图型法中所包含着的困难。这个困难的实

---

① 不仅如此，由不可知的自在之物的"激动"必定导致现象间必然的因果关联的丧失，这是即使借助所谓"合目的性"也无法挽救的。这种情况最终使得因果性范畴落入了一个十分尴尬的境地。相反，超绝发生学对于现象概念的澄清将深刻地导向一种与因果性范畴的"客观有效性"相一致的"前定和谐"。并且这个前定和谐因此不像莱布尼茨那里那样只是一个设定，而是超绝意识自我显现的必然结果。

② 见《超绝发生学原理》第一卷，第334页及其后的几页。

③ 这是康德自己的话，见他1797年12月11日写给蒂夫特隆克（J. H. Tieftrunk）的信（载 *Kants gesammelte Schriften*, Herausgegeben von der Preußischen Akademie der Wissenschaften, Band XVIII, Berlin und Leipzig: Walter de Gruyter & Co., 1928, S. 686）。

质，在于在康德那里存在着无法自身弥合的感性与知性之间的裂隙。[①]实际上，对于如此重要的"超绝图型"概念，康德仅仅以一个十分粗糙的类比替代了论证，即将同样是由与亚里士多德的判断逻辑的类比得到的四类范畴的图型，"量的图型"、"质的图型"、"关系的图型"和"模态的图型"，类比于"时间序列"、"时间内容"、"时间次序"和"时间总和"，并由此断定超绝图型就是"超绝的时间规定"。这里的牵强与含糊同样是明显的，例如，就"质的图型"与"时间内容"之间的相关性来说，康德认为后者是"某种（时间中的）存在"，从而便断定它对应于"质的图型"（其相应的原理是"知觉的预测"，即关于所谓"强度的量"的原理）。然而这个时间内容究竟指的是什么呢？看来只能是"现象除了直观之外……所需的质料"[②]，但既然是"除了直观之外"的，它本身便并非属于空间或时间直观（形式）的，从而不可能是"时间内容"。如果一定要说是的话，那么为什么不说是"空间内容"呢？由此可见这里真正缺乏的，是深入到那种简单类比的背后对于根据的揭示。更成问题的是，这个充当超绝图型的超绝的时间规定，其实乃是一种运作化的，即已经由范畴作用过的时间直观，但属于知性的范畴又如何能够有效地运用于属于感性的纯粹时间直观的呢？这种运用难道不需要另一个中介（图型）来实现吗？显然，如此追问下去将导致一种无限倒退，从而永远无法在知性与感性之间架起一座桥梁，这最终意味着超绝演绎的失效。这个困难在超绝发生学中将自动地被克服，因为显然，无论是康德所说的知性范畴还是感性的直观形式与质料，都是属于自我的直观性意向对象。就所举的强度的量来说，它不过是自我中或更确切地说，在灵魂的运作中数学直观（作为认知性运作直观）对于感觉直观的一种运用。这种运用的可能性已经包括在了这两种直观各自的来源之中——它们的来源中共有着形式中的运作元：正是这个运作元在对于（质料的）动觉的作用中产生了数学直观，而在感觉元对于它的作用中产生了能够量化的感觉的质，例如颜色的明暗度、压力（感）的大小等等。同时，康德所说的"超绝的时间规定"作为运作化的时间则不过是数学直观运作于

[①] 参见我的论文"从生产性想象力到知性运作——关于康德的'超绝图型法'"（载《头上的星空——康德的〈纯粹理性批判〉与自然科学的哲学基础》，第93—113页）。

[②] 《纯粹理性批判》，第158页（B207—208）。

时间直观之上所得到的结果，因此并不具有充当一般的范畴（数学直观便包含着"量"的范畴）之作用于感觉直观的或是由它形成的知觉片断（现象）的根据的特殊地位。由此可见，超绝发生学对于超绝意识自我显现的逻辑的揭示意味着找到了康德仅仅是猜想到但却对之毫无所知的所谓作为人类知识的"两大主干"的感性与知性的那个"共同的，但不为我们所知的根基"①。这个根基不是别的，正是超绝意识或自身区分的绝对对称性。

现在，让我们再看形式世界的构成。我们已经看到，质料世界的构成有着规律直观对于相互关联着的感觉直观、时空直观和物质直观的运作，这一运作表现为认知活动中的溯因推理，其结果是构成了由认知对象，也就是由构成性意向对象所组成的因果关联之网。这些对象与一切可能的认知对象的整体就是自然界或质料世界。事实上，在这种认知活动中并不仅仅有规律直观一种认知性运作直观在实行着意向运作，逻辑直观和数学直观也参与了这一运作。这种参与具体体现为逻辑与数学在对自然界的认识中的应用。这种应用无疑与逻辑、数学本身作为构成性意向对象的构成有着直接的关系。这些意向对象组成了形式的世界，它们是认知性运作直观对于自身运作的结果。这种对于自身的运作也可说是一种自我诠释，一种认知性的自我诠释。它以类或是集合为模型诠释了逻辑直观，构成了古典的与数理的逻辑系统。与此平行地，与我们在质料世界的构成中所看到的相似，在规律直观的范导下则达到了数学直观的认知化，即构成了几何学、算术与代数等的数学系统。②

以上就是对于质料世界和形式世界之产生于自我直观中诸直观性意向对象的相互作用的构成性描述。在这个构成过程中，这些直观性意向对象有着不同的地位或位置，它们取决于这种意向对象自身由以产生的形式与质料的相互作用的性质，取决于这种作用中属于形式或质料的具体成分。

---

① 《纯粹理性批判》，第21—22页（A15/B29）。

② 我们从毕达哥拉斯和笛卡尔那里，都可以看到数的概念是如何在基于对象性范畴的实体观念的支配下形成的。"几何原子"这个名称则表明了这种实体观念是如何支配着他们对于几何学空间以及物质空间的理解的。这样一种理解，构成了笛卡尔所说的"普遍数学"的古老传统。尤其是，我们可以在"普遍数学"中看到经验科学中的溯因推理（类比）与数学中的比例关系的同一性。参见我的论文"笛卡尔'普遍数学'的方法论意义初探"（载《头上的星空——康德的〈纯粹理性批判〉与自然科学的哲学基础》），特别是其中的"（五）'普遍数学'：科学发现的逻辑"。

第十五章 超绝发生：从超绝意识到自我与世界

这些成分分别是运作元、感觉元和动觉。① 正如我们在上一小节中已经指出过的，逻辑直观与感觉直观是形式中运作元与质料中感觉元相互作用的结果，而这种相互作用中的作用者与被作用者均非动觉，因此是片面的、不完整的——既然动觉是超绝意识的一个完整的自我显现环节。这种片面性便造成了自我直观凭借其运作（即灵魂）而由直观层面进入认知层面后认知活动的，也就是说世界之构成的进路。这个进路由图 15—3—2 显

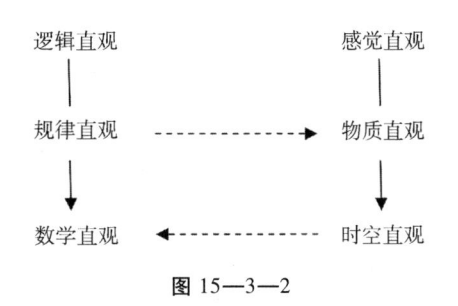

```
逻辑直观              感觉直观
   │                     │
   ▼                     ▼
规律直观  - - - - - - ▶ 物质直观
   │                     │
   ▼                     ▼
数学直观  ◀ - - - - - -  时空直观
```

图 15—3—2

示出来。具体来说就是，在构成质料世界的进路中，感觉直观必须通过指向物质直观并依据规律直观的溯因而达成最终的以时空直观为基础的（运作化的）时空图景；另一方面，在构成形式世界的进路中，逻辑直观必须通过指向规律直观并依据时空直观的溯因而达成最终的以数学直观为基础的（运作化的）数学图景。② 之所以会存在着这样的进路，在这个进路中诸直观性意向对象之所以会分别地处于这样的地位，如刚刚所言，乃是由它们各自所由以产生的形式与质料的相互作用中形式或质料的成分决定的。首先，在这两个进路中，所**指向**的为什么分别是物质直观和规律直观呢？这是因为在这两种直观的形成中参与者除了动觉之外，都是感觉元。感觉元所代表的是超绝意识的区分性方面，而认知亦始于区分，甚至可以说，认知的目的亦在于区分，因此物质直观和规律直观必定是这种认知进路的目标所在。当然，仅仅这两种直观体现区分性这一事实还不能使

---

① 确切地说，直观性意向对象并非直接产生于形式与质料的相互作用，而是产生于对作为这种相互作用的结果的动体中诸元素的自觉。但由于它们与动体中诸元素的一一对应关系，我们常常在表述中略去自觉这一过程不提。

② 由此显现出的人类知识中物理知识（经验认识）与数学知识之间的平行性，我曾在 30 多年前完成的硕士论文中就已经基于皮亚杰的发生认识论对之做过论述（参见我的论文"论发生时空观与人类时空意识的发展"，载《科技导报（广州版）》1990 年第 1—2 期）。

之成为认知进路的目标,既然感觉直观和逻辑直观的形成中也一样地存在着作为区分性因素的感觉元。物质直观和规律直观之所以成为认知进路的目标,还在于它们的形成中存在着动觉,从而使得它们相对于感觉直观和逻辑直观来说表达了一种全面性和完整性。其次,时空直观与数学直观,更确切地说,运作化时空与作为认知结果的数学之所以成为上述溯因(认知进路)的**结果**,同样是因为,一方面这些直观的形成中都有动觉参与,这使得它们相对于逻辑直观和感觉直观来说是全面的、完整的;另一方面,它们的形成中除动觉之外还存在着运作元,而运作元代表着对称性方面,并且只有体现了对称性的区分性才能够成为超绝意识自我显现的认知结果的完备形态。最后,至于为什么在关于质料世界和形式世界的溯因中将分别以规律直观和时空直观为**依据**,这是因为就质料世界之溯因来说,由于规律直观的形成中存在着感觉元,它是质料的固有成分,因此这种直观必定充当质料世界溯因的依据;同理,就形式世界之溯因来说,由于时空直观的形成中存在着运作元,它是形式的固有成分,因此这种直观必定充当形式世界溯因的依据。

至此,我们明示了在(出自于自我的)作为体验流的灵魂中构成或产出质料世界与形式世界的机制。这样一种机制,即超绝发生学的逻辑,因为以一种完备的方式给出了这些世界构成的原理,所以达成了一种彻底的内在论。显然,只有在这里,康德的"哥白尼革命"的理想才真正得以实现。这一结果并不会导致所谓"唯我论",因为这个唯我论中的"我",这个在主客体区分中作为主体的"我",这个在交互主体中作为与"他者"相对的"我",恰恰同样是灵魂的这种意向性构成作用的结果。如果说康德最终是通过那个自在之物规避了唯我论的话,超绝发生学则因为它对于自在之物的消解并非一笔勾销而是将其内在化,或者说使之成为了所谓"内在的超越性",从而以一种彻底内在论的方式同样地规避了唯我论。[①]

[①] 康德因为自在之物的设定以其系统在内在性上的不彻底为代价避免了唯我论,这一点在如下一段可说是其"哥白尼革命"的甚至是其超绝演绎的纲领的话中明白地体现出来:"只可能有两种情况。要么只有对象使表象成为可能,要么只有表象使对象成为可能。如果是前者,则这一关系只是经验性的,这种表象决不是验前可能的。……但如果是后者,由于表象自己本身……**就存有而言**并不产生自己的对象,所以仅当唯有通过表象某物才能**作为一个对象被认识**的情况下,表象对于对象倒还具有验前的规定性。"(《纯粹理性批判》,A92/B125,第84页)然而超绝演绎为我们提供的教益恰恰是,如果不涉及对象的存有,就根本无法证明"唯有通过表象某物才能作为一个对象被认识"!

三 反思中的人格及其同一性

上一小节我们看到了作为体验流的灵魂是如何可能认知地构成形式世界与质料世界的。我们知道，这种构成活动是意向性的，所产生的结果因此是构成性意向对象。在灵魂的这种构成性活动（意向运作）进行的同时，**必定伴随着某种可以称之为"反思"的意识状态**。这是因为，一旦意向运作处于实施之中，**它自身**就不可避免地也成为被运作者。因此，反思说到底是一种**对于认知的认知**。[①]在反思中，灵魂的活动所体现的对称性，我们知道，按照超绝发生学的第二条原理必将引起某种时间性。就灵魂自身来说，这种时间性并没有认知意义，它是一种本源的时间性，或者充其量是一种时间直观。但正是这种直观，当其成为反思的对象，便认知地被构成为量化的时间。于是**在反思之中，灵魂的意向运作就显现为或者不如说产生了一种处于时间中的杂多的表象，虽然这些表象已经不是直观层面上自我的那些直观性意向对象，而是运作化了的表象**。例如，只有在这时，确切地说，感觉直观才以知觉的方式显现出来，尽管——如我们曾指出的——这些表象还不是完成了的，或者说完整的被构成物而仅仅是一些**片断**。这些处于时间中的表象亦将构成一种体验流，它区别于灵魂的那**种纯粹的体验流**，是一种**经验的**体验流，既然其中的表象已经在被构成的同时处于时间或时空之中。这个反思中的体验流有着一种构成性的统一性，即它的**我属性**。换言之，在这一变动不居的体验流之中，也存在着某种不变性，即构成此体验流的诸表象都属于**同一个我**。这样一个处于认知层面上的我与处于直观层面上的自我直观或灵魂之我（灵魂的同一性）有所区别。因为后者本质上是一种直观，而前者则是**在作为对于认知的认知的反思中**被构成的。

因此，灵魂的意向运作必定带有反思性（reflexion）：当我在如此这般地构成一个对象时，我必然地知道**我是**在如此这般地构成着的。例如，当我在思考一个三角形时，我必然地知道我是在思考这个三角形。我知道它，是因为此时我在思想中画了这样一个三角形。又如我知觉到胳膊被什

[①] 因此认知（它本质上就是一种意向活动）虽然必定包含着反思的可能性，但却并不等于反思。由此亦可知反思必为意向性的，但意向性的却并非都是反思的。事实上，直观是非反思的，但却可以是意向性的，其结果是直观性意向对象。

么尖锐的东西刺痛时,我也必然知道我有这样一种知觉。我知道它,是因为在这个知觉中已经包含着一种溯因推理。我其实正是通过"在思想中画"和"溯因推理"这样一些认知性运作而意识到我自己的。这就是我们说"意向运作必定带有反思性"的含义。当康德说在认知中"内感官受到我们自己的激动"时,他所意指的其实就是这样一种反思的效果。他正确地意识到,这种反思是通过**"注意力"**体现出来的。①换言之,这种注意力就是反思的表象。它就像胡塞尔曾经描述过的"射线"一样投射向所思维的、所知觉的东西,同时也投射向这个思维者与知觉者自身。②后者作为"射线"返回的终点,即胡塞尔所谓的"自我极",其实已经不是实施其"能(对称)运作的"功能的灵魂,而是在反思的注意力——"射线"——中被构成的经验体验流的**不变**的主体。这个主体,我们称它为**"心灵"**。作为对于认知的认知的反思因此有一种特殊的性质,即它的"目光"所向,无不成为它的对象或客体。甚至心灵本身也可能成为这样的客体。敏锐的人一定会意识到,现在,一个早已被人注意到的困难已经摆在面前:反思本身作为一种认知,是否将伴随着另一个对于这种认知的认知,即反思的反思?并且如果回答是肯定的,那么我们将会因为这样一个概念而陷于无限倒退之中。由于这种无限倒退是由对于(认知着的)自我的认知形成的——我认知到……我认知到我认知到某物——所以可称为"自我意识的循环困境"。③然而这种困难其实是虚妄的,因为这种自我意识的可能性并非奠基于认知而是奠基于直观之上的。

---

① 《纯粹理性批判》,第 104 页(B157)注①。正如我们关于反思所举的例子,康德也以实例说明过同样的情况,如"我们不在思想中**引出**一条线,就不能思维任何线,不在思想中**描出**一个圆,就不能思维任何圆,不从同一点**设定**三条线相互成直角,就根本不能表象空间的三个量度,甚至于,也不能表象时间,如果我们不是在**引出**一根直线(想要它作为时间的外部形象的表象)时只注意我们借以前后相继地规定内感官的那种对杂多的综合运作,并因而注意在内感官中这种规定的前后相继性的话。"(同上书,第 102—103 页,B154—155)

② 见《现象学的构成研究——纯粹现象学和现象学哲学的观念第二卷》,第 88—89 页。

③ 在《超绝发生学原理》第一卷中我们也曾针对康德等人的理论提到过"我思我思我思……"这种无限倒退的形式,它与这里所说的"循环困境"其实是一个意思,只不过在那里我们还没有也不可能像现在这样对"我思"或自我意识的复杂的层次结构做出区分罢了。《超绝发生学原理》第一卷中就"我思"的无限倒退所涉及的笛卡尔、康德和胡塞尔的"我思"与这里给出的自我直观、灵魂和心灵的关系,将在下一节的第一小节加以阐明。另,可参见张伟:"'自身意识的'、'反思模式'是循环的吗?——基于胡塞尔现象学的立场对图根特哈特的回应"(载《哲学与文化》第四十一卷第六期)的第一节。

第十五章 超绝发生：从超绝意识到自我与世界

前面已经论述过的超绝意识的发生学逻辑告诉我们，认知的可能性，从而反思的可能性在于灵魂的意向运作，更确切地说，在于这种运作的灵魂自身的同一性。没有这种同一性，灵魂自身从而基于它的运作的认知乃至于反思都将是不可能的。但灵魂的这种同一性恰恰是一种**非反思的**直观，它因此而排除了上述无限倒退的可能性。这告诉我们，认知层面上的，作为经验体验流的不变项的心灵之自我并不能够为自身奠基，或者说并不给出自己的实存。给出它的实存的，乃是在超绝发生学上更为基础的直观层面上的灵魂乃至于自我直观。就此来说，胡塞尔所说的"自我极"或自我（ego）与"我思对象"（cogitatum）或客体极都是派生物，真正原初的却是那个"我思"（cogito）。只是在胡塞尔那里，这个"我思"的意指在我们所说的灵魂与心灵之间摇摆不定，从而无法明确地避开所谓"自我意识的循环困境"。

因此，处于反思状态下的经验性体验流就好比是展示灵魂的意向运作的大舞台。这个舞台是用**度量时间**（metrical time）做成的。在这个舞台上，灵魂的意向运作呈现为丰富多彩的表象。其中有"在思想中引一条线"这样的运作，我们知道，它是认知性运作直观对于自身的运作，它所构成的是形式的意向对象（形式世界中的对象）；也有认知性运作直观对于质料方面的直观性意向对象的运作，它们所构成的是质料世界中的对象，例如将一系列红色的、由于亮度的变化而显现出凸起的圆形表面——胡塞尔所谓的"侧显"——构成为一个被称为"苹果"的意向对象的运作。如此等等，不胜枚举。在这里，认知仅仅具有构成意向对象的作用，而反思作为认知的认知，则将认知的意向运作理解为经验的体验流，并在其中区分出**心灵**和**身体**。在反思中作出这一区分所遵循的基本原则，是从心灵到身体主动感的连续减弱或被动感的连续增强。由此可见，反思作为认知的认知并不简单地是两个认知的叠加。这恰恰是因为**主动—被动感是反思所不可缺少的内容**。我们已经知道，这种主动—被动感正是自我直观，也就是动体之自觉的关键。因此它之必然存在于反思——这种反思首先导致了经验体验流的我属性——中的事实，与刚刚说到的反思的我属性或作为一种自我意识的反思之所以不会陷于无限倒退的原因在于它直接地奠基于自我直观的事实本质上乃是同一回事。换言之，反思如果仅仅是认知的叠加，则无限倒退就将是不可避免的了。正是反思中这种主动—被动感的存在，使得心灵与身体得以区分。一方面，在反思中，或者说在经验体验流中，那些针对认知性运作直观（形式方面的直观性意向对象）的运作——例如"在思想中引一条线"——伴随着的主动—被动感中主动感显然是占绝对优势的。在这种情况下，认知性运作直观的运作便被例如康德这样的人认为是一种生产性**想象力**的结果。这里的生产，可以是数学性意向对象的生产，也可以是因果性关系的生产，如此等等。康德的所谓"验前综合判断"便是这种生产性想象力的结果。与此相应地，还有着非生产性的想象力，例如想象"嫦娥奔月"，甚至如在梦境中一样更加"混乱地"想象。无论是生产性的还是非生产性的想象力，它们作为想象力都伴随着极其充分的主动感。构成心灵的本质的，正是这种主动感，或者说主动—被动感中主动感占据绝对优势的状态。另一方面，在经验体验流中，那些针对质料方面的直观性意向对象的运作所伴随着的主动—被动感中被动感占据了绝对的优势。例如在将一系列红色的、由于亮度的变化而显现出凸起的圆形表面构成为一个"苹果"时，想象力在颜色的种类、亮度的变化以及与之相关的形状方面完全处于被束缚的状态，或者说，在这时想象力完全没有任意发挥的余地。又譬如，当我的胳膊被一个尖锐的物体刺痛时，我显然只能被动地接受这一疼痛的知觉。不可能因为这种知觉引起我的不适便想象这种知觉或引起这种知觉的情况不存在而它或它们因此也就真的不存在了。一句话，在这类情况下，想象力是无法"张开它的翅膀的"。前一种情况在反思中形成了心灵的表象，后一种情况则在反思中形成了身体的表象。也就是说，**心灵就是灵魂的运作中自由活动着的想象力**，是——无论是生产性的还是非生产性的——想象力的自由活动，而**身体则是灵魂的运作中这种想象力的缺失**，是它的自由的可能性的缺失。①一句话，在反思中，心灵是主动的而身体则是被动的。反思在对于这种本身作为直观的主动感与被动感的注意和知觉中达成了对于心灵与身体的意识。②

---

① 因此，心灵与身体与其说是灵魂中或由灵魂的运作产生的两个彼此分离的东西，不如说是灵魂由自己的运作所造成的自己在认知层面上的两个种不同的体现。或者说，心灵与身体是同一个东西（灵魂）之两面。这多少再现了斯宾诺莎的"两面理论"，同时也为梅洛—庞蒂以触觉为例所指出的心灵与身体之为"一物之两面"的断言提供了更为深刻的理由（参见本书后面的第297—300页）。

② 我们曾在多处强调过主动—被动感不是认知的对象而是一种直观。它在反思中依然保留着这种直观性，这一点显然与经验体验流的我属性的根据之在于自我直观，以及反思作为认知的认知之不同于认知是一致的。

然而，主动感与被动感实际上是一个不可分割的整体，即主动—被动感。正是这种整体性决定了心灵与身体处于一种特殊的相互关联和相互作用之中。例如一种疼痛的知觉，它所伴随着的较强的被动感随即引起伴随着较强主动感的不快的情绪。前者属于身体而后者属于心灵。这样一种"引起"就是身体对于心灵的影响的实质。被影响了的心灵自然地产生了，譬如说，避开他所认作是造成疼痛的外在原因——例如某一尖锐的物体——的动机或意愿。这一动机甚至引发了心灵中的某种内在表象，例如对于这一意愿中的避开动作的想象。这无疑体现了心灵的主动性。这种想象性表象——我们可称它为"**动式**"（scheme of movement），它常常伴随着相应动作的图像（image of movement）——所具有的是一种"次级主动性"，如果我们将那个引起它的情绪或意愿称为"初级主动性"的话。主动—被动感的关联或其整体性此时便体现为在身体中产生了相应的"次级被动性"，即（身体的）**动感**（sensation of movement）。①这个动感是对心灵中的那个（一种生产性想象力的）想象或动式的一种模拟。如果说那个动式总是与心灵的情绪或意愿相伴随的话，那么这个身体的动感则总是与身体的另一些感觉或知觉相伴随。这些知觉构成了身体的（真实的）外在运动——例如使疼痛的胳膊避开那个尖锐的物体——的表象。这就是所谓心灵对于身体的支配的实质。②由此亦可见，这里与身体的运动相对应的心灵中的想象乃是必须的，虽然在多数情况下心灵并没有一个对于它的觉察（如康德所说，"我们很少哪怕有一次意识到它"③），正如同样在多数情况下也不会有一个对于身体运动的反思一样。可以说，心灵的表象的核心内容是动式，而身体表象的核心内容则是动感。④这样，我们就解开了心灵与身体的关系这个哲学史上特别是自笛卡尔以来重大的谜题。

---

① 动感的次级被动性的被动程度显然弱于例如胳膊上的疼痛感那样的初级被动性。相似地，动式的次级主动性也弱于情绪或意愿的初级主动性。
② 这里举的是身体在心灵的支配下运动的例子。同样的道理也适用于心灵阻止身体运动的情况，这一点只要我们将身体的静止视为运动的一种特殊状态便可理解了。
③ 《纯粹理性批判》，第 70 页（A78/B103），尽管在这样说道时，康德对于想象力的理解与我们是不尽相同的。
④ 应该区分动感与动觉（kinesthesia）。前者是在认知层面上而后者则是在直观层面上。由此可见在我们的术语中，直观总是纯粹的并且是非构成的。

反思在其所造成的经验体验流中意识到了心灵与身体，但**反思所针对的认知**本身却因为认知性运作直观所针对的是形式方面还是质料方面的直观性意向对象而分别构成了形式的意向对象和质料的意向对象，它们分别组成了形式的世界与质料的世界。例如在前面提到的"在思想中引一条线"便是构成作为形式的意向对象的几何学对象的最为基本的一种运作，而由一系列红色的、由于亮度的变化而显现出凸起的圆形表面所构成的则是作为质料的意向对象的苹果。后者也称为**物体或物质**。从前面的论述不难看到，前一种构成及其结果与心灵有着直接的亲缘而后一种构成及其结果则与身体有着直接的亲缘。我们在前一种构成中意识到了心灵而在后一种构成中则意识到了身体。在前一种情况下心灵的本质被意识为运作性，而在后一种情况下身体的本质被意识为知觉性（perceptibility）。由于超绝发生学的第二条原理，它们分别具有动式与动感作为对于运作和知觉的补充。这从另一个角度表明心灵与身体并非截然分开的两种东西，它们通过主动—被动感，或者现实地通过动式—动感而紧密地关联着。这样地关联着的心灵与身体，在反思中进一步，也就是说，在经验体验流的基础上，被构成为一个统一体，我们称其为"**人格**"。于是我们有如下的关系：

形式世界：人格（心灵—身体）：质料世界　　　　（XV—1）

这个式子还表明，在反思中，我们不仅意识到的作为心灵与身体的统一体的人格，而且还意识到了人格与作为被构成物的形式世界及质料世界的区分。这就是我们通常称之为**主体**与**客体**的区分。不难看出，上面式子中的形式世界和质料世界说到底并非独立于经验体验流的实在，相反，它们是在这个体验流中被构成的。如果说它们是实在的，那么也是在这种意义上的**被构成的实在**。这种实在性，借用康德的话来说，就是"**作为一个对象被认识**"①，即它们之为对象或客体，其实在性就是其（被）构成性。例如，一个红色的、有着不同亮度分布的圆形（表象）就在认知性运作直观的作用下成为了一个（外在的、作为客体的）苹果；而想象中一个铜原子的形象，则在对于一些具有黄色的有光泽的表面且具有一定重量和

---

① 《纯粹理性批判》，第 84 页（A92/B125）。

第十五章 超绝发生：从超绝意识到自我与世界

硬度的、有延展性的几何形体的溯因推理所构成的因果链中被认为是被称为金属铜这样一种物质的组成微粒；又如在思想中画出一个三角形并借助一定的方法证明它的内角之和为两直角，这时被确认有此性质的三角形便是形式世界中的一个客体。显然，这些客体是不能够被还原为经验的体验流中被经验论者称为感觉印象的杂多表象（知觉片断）的。而使得这种还原不可能的，乃是这些客体之被构成所不可缺少的认知性运作直观的作用。这就是说，客体之所以为客体就在于它们由于这种作用所获得的规则性。如三角形之为客体，在于体现在诸如"在思想中引一条直线"这样的运作，即前面提到的生产性想象力的活动中的认知性运作直观的作用所具有的规则性。类似地，那些属于质料世界的客体之所以可能，总是由于它们所含有的杂多表象在认知性运作直观的作用下获得了量的范畴的规定（如在苹果和铜块的构成中）、因果性范畴的规定（如在铜原子的构成中）和对象性范畴的规定（如在苹果、铜块、铜原子的构成中）。与客体的构成相应的是作为主体的人格之构成。我们在前面已经指明，人格的构成同样是基于认知性运作直观的作用的。只不过，与客体的构成有着根本不同的是，人格的构成的关键在于与认知性运作直观的作用相伴随着的主动—被动感。由于反思中经验的体验流不仅包含了无论是客体的构成还是作为主体的人格的构成所需要的杂多表象，而且也包含了伴随着灵魂的意向运作的主动—被动感，所以我们也将人格的构成说成是反思中经验体验流的**自我构成**（self-constitution）。然而无论如何，客体与主体的构成都一样地追溯到灵魂的运作，追溯到自我直观，从而最终追溯到超绝意识。在《超绝发生学原理》（第一卷）的第十二章中，我们曾经指出，康德的"我思"与"对象 = X"统一于超绝统觉而后者最终与自在之物有同一之嫌疑。[①]现在，我们可以理解这种情况产生的真正原因了："我思"作为主体（自我）意识与"对象 = X"作为客体意识最终都根源于那个由于康德的超绝哲学的不彻底性而被他当作自在之物的超绝意识。所有这些，我们可以通过图15—3—3表示出来。

就作为客体的质料世界的构成来说，这种构成并不仅仅是如一个苹果、一张桌子的构成，它更是基于溯因推理对于处在因果关联之中的诸构

---

① 见《超绝发生学原理》（第一卷）第十二章的第四、五两节。

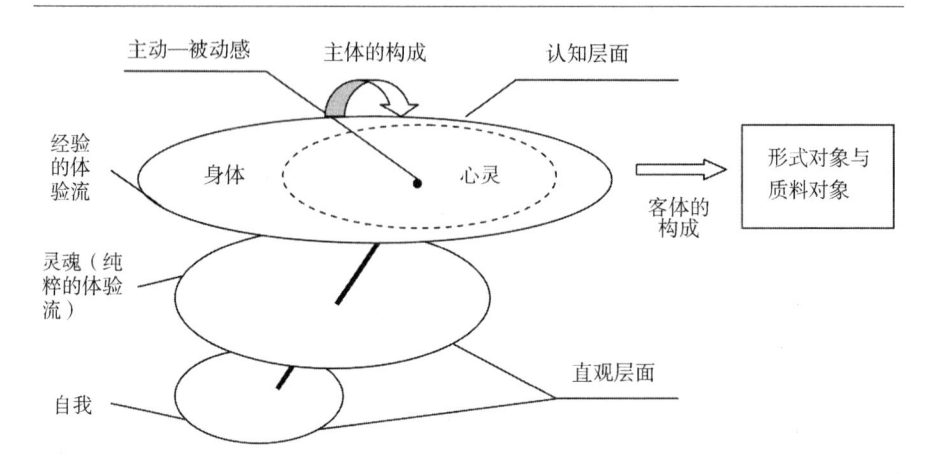

图中贯通诸圆的黑实线表示
贯穿始终的主动—被动感

图 15—3—3

成物（胡塞尔称之为超越物①）的构成。这种构成既然是灵魂的意向运作的结果，它便是基于自我直观的。因为这种运作不过就是在自我直观中感觉直观与物质直观通过规律直观的关联在认知层面上的（构成性的）体现。这样一种基于自我直观的运作，很自然地，是要通过溯因将经验体验流中一切涉及到感觉直观的片断，也就是说，一切质料方面的或与质料有关的片断还原到基本物质上去。既然这个体验流中除了形式方面的片断之外只有质料方面的片断，那么，这种还原就具有一种在将形式世界的构成物或构成性意向对象非实在化为抽象物的同时，将此体验流（心灵与身体）还原到质料世界，也就是还原为我们通常称为自然物质这样的东西的强烈倾向。这种倾向被今天的自然科学所固有，并通过所谓**自然化认识论**而深入到哲学的层面。然而，这种自然化其实是不可能的。因为它既然是一种**认知性的**还原，那么它对于心灵从而人格的运用就不可能是彻底的，既然心灵或者人格的构成中存在着本身不可能成为认知对象的主动—

---

① 胡塞尔的"超越物"恰恰就是康德的任何"可能的经验"。这也是所谓"悬置"的本义（见《纯粹现象学通论》，第134—136页）。这样一种对应并不像乍看起来那样奇怪，因为前者与后者同是意向运作的构成性产物（在康德就是知性对于感性的现象的综合统一作用的结果）。

被动感。一句话，心灵阻止了自然化的倾向。①换言之，作为反思的结果的、心灵与身体的统一体的人格与无论是形式的还是质料的客体有着根本的区别。如前所述，形式的客体的构成是在心灵的动式中完成的。但它们却不是这些动式从而不是心灵，既然动式与这些客体中完全没有的主动—被动感有着密切的关联。同样地，身体中的动感也导致了它与那些质料的客体的区别。这使得即便身体被认知为在其物理—生理方面具有自然物体的特性，却也不可归结为这样的物体。科幻电影中的那些机器人，就算它们表现出甚至超越于人的"智能"，也不能等同于人，它们的这种"智能"无关乎人的心灵，既然它们没有动式可言。同样，它们的机体也不是人的身体，既然它们的运动——在空间与时间中的变化——也无动感可言。不过，也许有人会进一步地发问：是否可能通过生物化学的方法"制造"出具有人格的生物呢？这个问题看起来要更为复杂一些，但最终的答案依然是否定的。首先，超绝意识自我显现的逻辑告诉我们，人格终究是从作为绝对对称性的自身区分的超绝意识超绝地发生而来，而人造物则是作为这一发生的结果的人格依照自我对于它自身的质料方面的直观性意向对象的认知（即如我们在上一小节所说，从知觉到基本物质的溯因）所得到的那些规律安排这一认知所构成的某些对象（物体材料，如碳水化合物、蛋白质等）的结果。由于那构成人格的本质因素，主动—被动感，根本不是认知甚至直观的对象（即它不是意向对象，无论此对象是构成性的还是直观性的），所以那些溯因所得的规律无一能够针对这种因素，于是人造物中便当然不可能包括人格这样一种的东西了。②然而，其次，既然我们在前面曾指出过这样一些溯因所得的规律，作为自然物体

---

① 就此来说，彻底的经验论与庸俗的唯物论——它们其实不过是康德分别称之为"经验的观念论"和"超绝的实在论"的东西——都是难以成立的，因为前者仅仅看到了体验流中质料方面的片断而没有看到这个体验流之受制于基于自我直观的灵魂的运作，相反，后者则在实际上主张了那种不可能实现的自然化纲领。

② 这一点还可以更为深入地加以思考。这涉及到我们在第十八章中才会提到的自我或单子的复多性，这种复多性表明任何物质，包括可能人造的那些物质，都在超绝发生学的意义上具有其自我。这看起来就与我们这里说人造物中不可能包含有人格这一点相冲突了。但这种冲突其实是根本不存在的。因为那些用以制造人格的无机物和有机物的自我中主动—被动感的品质与人格的自我中的相差甚远（见后面第十六章第三节的第一小节）。既然正是主动—被动感无法被认知，则任何通过认知而掌握将这些物质材料的主动—被动感（无论是以何种方式加以编排而）提升到人格的水平的企图都将是不可能得逞的。

（客体）之间的关系的规定性，与人格的构成所根源的主动—被动感同样地能够追溯到超绝意识本身，那么似乎就可以认为在人格与自然物体或这些物体组成的系统之间并不存在根本的区分，从而人造人格也就并非在原则上是不可能的了。但这终究是一种错误的看法，因为它包含了一个错觉，即以为溯因是可以达到完备的，也就是说，能够穷尽那体现为规律的规定性。再次，制造人格的不可能性还在于，人格乃是自我直观的认知体现，或者更确切地说，是它的反思体现，但人造人格所依赖的溯因却是通过人格得以体现乃至实现的。后一种情况导致了不合法的循环，因此与前一种情况完全不可同日而语。最后，由于前面已经说明的原因，人格作为一种特殊的构成性意向对象之区别于无论是形式的还是质料的构成性意向对象的根本原因，在于人格乃是心灵与身体的统一体。心灵与身体的这种统一性直接地表象为人格的我属性，因此上面所提到的机器人或任何"人造的人格"本质上是不可能具有"自我"的观念的。①

这样，就形成了一个基于经验的体验流的认知与反思（认知的认知）重叠的世界图景：形式的与质料的世界与最终不可还原为此二者的人格。在这个图景中，人格被反思为认知的主体而形式的与质料的世界却在这种反思之下被认知为客体，并且，在后一种情况中，始终存在着将认知扩展到人格（却不能）的冲动。心理学、生理心理学和人工智能等等便是这一冲动的体现。具体地说，在灵魂的运作所造成的经验的体验流中这种运作构成了形式的与质料的世界，也就是客体的同时，在这种运作能力之体现为动式以及它与图像的结合所构成的心灵中，经验体验流中的一部分被反思为形式世界的内在映像；在与这种运作相应的动感以及它与感觉的结合所构成的身体中，经验体验流中的另一部分被反思为质料世界的内在映像。映像就是认识，而被映像者就是认识的对象。认识属于认识主体而认识的对象则属于客体。这时候，上述将人格"下降到"质料的世界中去的冲动只能将主体与客体的关系理解为镜像的关系，即认为认识不过是质料的客体与本质上同样是质料的主体之间的一种物理反映。为达此目的，显然必须先将动式还原为图像而将动感还原为感觉，但这是不可能的，既然动式与动感中包含有主动—被动感。由此可见，今天的所谓自然化认识论的确是一个不可能实现的纲领。换言之，企图通过这样一种还原来最终

---

① 参见后面第十六章第二节的第二小节。

第十五章　超绝发生：从超绝意识到自我与世界　　147

统一主体与客体——分析哲学中最为基本的意义问题的核心也在于这种统一——是不可能的。这种统一必定只能在超绝发生学中通过将形式与质料的世界和人格都还原到运作着的灵魂——这也是超绝哲学的内在性的实质——才能够真正实现。①

　　从单纯主观上说，人格之不能被还原为质料的世界在于存在着人格的同一性意识。人格既然是反思的经验体验流自我构成的结果，那么，与作为纯粹体验流的灵魂相似，便有着一个自身的同一性的问题。与灵魂不同，人格的同一性不是直观的而是认知的，更确切地说，是经验性的。那么，人格的这样一种经验的同一性又是如何可能的呢？

　　人格作为经验的体验流的自我构成，它的同一性便是相当于康德所说的"经验的统觉"的东西。②而对于胡塞尔，我们在《超绝发生学原理》

---

①　这种统一性是显然是分析哲学近二十年来最重要的主题之一，但在对此主题的研究中终究未能产生真正的突破。以麦克道威尔的《心灵与世界》（John McDowell, *Mind and World*, Cambridge: Harvard University Press, 1996）为例，为了摆脱融贯论与所与的神话的两难困境，麦克道威尔提出了"第二自然"的概念，试图通过它将所谓概念的能力或自发性的能力实质地引入到感性世界本身（"自发性的能力自始至终都在发挥作用，直到经验判断的终极基础"，p.67）。这个第二自然之所以有此作用，在于它本身就是概念或思维的自发性与感性的接受性结合的产物。然而问题在于，既然这个"第二自然"成了解决问题的关键，就不能不追问是否还存在着"第一自然"，并且如果回答是肯定的，那么它与第二自然是什么关系，特别地，概念的自发性是否能够达到它那里。对此，麦克道威尔没有给予说明。不过至少是在《心灵与世界》的"第五篇演讲"中，他通过将自然类比于（受心灵支配的）身体而将自然人化了（Ibid., 89—90）。这样一个人化的自然正是他所说的第二自然——在"第六篇演讲"中，他肯定了马克思作为"人的无机身体"的"整个自然"就是第二自然（Ibid., p.118）。但是，这个类比并不能构成一个证明，既然它自身成立的前提就是自然与人的身体的相似性，也就是说，如果说这个类比构成了一种证明，那也不过是一个犯有窃取论题的错误的证明。与麦克道威尔这种在我看来并不成功的努力相反，图 15—3—3 以及前面的式 XV—1 所表示的超绝发生学关系清楚地表明了世界在什么意义上与人格相似的从而表明了"自发性的能力"是如何地必然包含在哪怕是感性（世界）的最终基础之中的，并且最终表明了主体与客体，能指与所指如何可能是统一的。特别是最后的这种统一性，我们在第五部分（也就是《超绝发生学原理》第二卷的下册）还将深入地加以探讨。

②　这也将是对于康德关于意识的经验统一性与超绝统一性之间的关系的澄清。康德说过，"意识的经验性的统一性凭借诸表象的联想，本身是涉及某种现象的，并且完全是偶然的。相反，时间中直观的纯形式仅仅作为包含所予杂多的一般直观，则从属于意识的本源的统一性，这只是由于直观杂多对于'我思'这个'一'的必然关系；因而是由于验前地给经验性的综合奠定基础的知性之纯粹综合。"（《纯粹理性批判》，第94页，B140）我们仅从图 15—3—3 便可以看到这样一种偶然与必然的统一之间的被奠基与奠基的关系。关于这一涉及康德"我思"概念的澄清，我们在下一节的第一小节中还将更为系统地加以论述。

的第一卷中就曾指出过①，如果说我们在空间中对某个物体的观察仅仅是"侧显的"，那么，（经验的）体验流——如果将它明确地理解为经验性的话——也是一样，它在时间中是侧显的。也就是说，在任何时刻，我们所能够直接地体验到的仅仅是被认为是"我的"体验流的一刻，例如（此时）感觉到快乐的我与（彼时）感觉到不快的我，而非一个完整的我。那么问题是，在关于"我"的现象之上是否还会有一个作为意向对象的我就像胡塞尔常作为例子举出的那个"杯子"一样地被构成？我们知道，康德的理论中是可能甚至必定容纳这样一个虽然他几乎从未加以讨论的自我，即经验的自我的。在第二版的"超绝演绎"中，康德就曾对"经验性的统觉"与被他称为"我思"的纯粹的或本源的统觉加以区分。②与这个纯粹的统觉相应的乃是超绝发生学逻辑中作为纯粹体验流的灵魂，我们在下一节将会看到，这种类比是有着充分的理由的。但经验性的统觉是否便是"现象之我"却难以轻下断言。因为不仅如《超绝发生学原理》第一卷曾指出的，康德在如何区分纯粹的统觉，也就是"'我思'之我"与"现象之我"上存在着困难，并且事实上，对于"现象之我"与作为经验性统觉的我的区别，康德也是十分模糊的。甚至不止是含糊，由于缺乏对于"'我思'之我"与"现象之我"的区别的清楚认识，康德很难确认这个"现象之我"是否可以成为认识的对象，是否可以被构成为一个作为经验对象的我，因为这会有将某种类似自在之物的东西（"'我思'之我"）当作认识的对象从而触犯纯粹理性批判的戒律的危险。③这样的困难在超绝发生学中却是不存在的。超绝发生学认为，作为一种在经验体验流中的构成性意向对象，人格必定是经验性的。特别是，人格不仅作为经验的体验流而在整体上具有时间性（处于度量的时间之中），而且作为心灵与身体的统一体，在身体上还处于空间之中。在这里，身体的空间性与人

---

① 见《超绝发生学原理》第一卷，第250—252页。
② 《纯粹理性批判》，第89页（B132）。
③ 例如康德曾经说过："时间表象在主体中有其本源的根据，这个主体就不可能由此而规定它自己在时间中的存有，而如果……这种情况不可能存在的话，那么……通过范畴对主体自身（作为一般思维着的存在者）进行规定也就不可能发生了"（同上书，第303页，B422）。另可参见《超绝发生学原理》第一卷，第341—342页。也许可以说，在《纯粹理性批判》中最有可能接近经验的自我（人格）的是所谓"思维着实存"的我，确切地说，是正文中后面将要说到的人格中的心灵。但这也仅仅是可能而已，实际上，这个"思维着实存"的我更多地不过是"'我思'之我"与"现象之我"之间的含糊的关系的一个表象罢了。

格的时间性并不冲突，因为人格中具有空间性的那些表象本身仍然是处于时间之中的。这其实正是康德所说的"在空间中一切都是相互外在的，但它本身，即空间，却是在我们里面的"所要表达的意思。[①]因此，人格乃是一种我们通常经验到的实存于空间与时间之中的个体自我，即**实存的自我**。我们通常说"我的思想"、"我的情绪"……，还说"我的胳膊"，"我的眼睛"……，这其中的"我"就是实存的自我或人格。人格作为自我认知的对象，是被构成的，这也就是为什么我们也将它归为"构成性意向对象"的原因。这样一种对象，我们将会看到，胡塞尔曾称它为"实在之我"（das reale Ich）。

与作为人格的组成之一的身体之区别于自然物体相应地，人格的同一性也与被当作物体来看待的身体——这当然也就不是真正的身体——无关。所谓被当作物体来看待，就是说，完全以整体等于部分之和的法则来理解身体。可以设想，当一个人的身体的某个器官被置换后，他并没有因此而变为另一个人。我们甚至可以不断地在想象中增加一个人身体上被置换的器官或部分，但却无法确定什么时候他会因为这种置换而变得不再是他自己。通常人们会认为从身体上判断一个人的同一性的根据是大脑，也就是说，如果更换了大脑，则这个人便不再是他自己了。但是，如果这里所说的大脑仅仅是指作为物体的、由有机分子构成的生物机体，这种看法便会大成问题。设想一下：两个或多个在物理化学乃至生理结构上完全一样的大脑（有一天我们或许可以通过克隆技术作到这一点）必定能造成同样的，更确切地说同一个人吗？目前的经验——正如我们在同卵双胞胎身上近似地看到的那样——已经能够告诉我们答案应该是否定的。[②]与同一的人格相关的应该是与心灵不可分割地统一着的、本身也**作为整体**的身体。身体的这种整体性当然与它所由以产生的直观层面上的自我直观中的主动—被动性有关（它也正因此而与心灵相关联），正是这一原因使得它不同于一般物体。这样一种身体有着与心灵的时间性相应的时间性，并且这是一种有限的时间性，即**寿命**。一个具体人格的寿命就是他的**历史**。因

[①] 《纯粹理性批判》，第 324—325 页（A370）。

[②] 说两个人是"同一个人"，这本身就是悖谬的。这两个人各自都有一个自我，如何能说这是同一个自我呢？这里有着单数第一人称的绝对性。就此来说，"我"是一个还是多个这个问题根本不可能存在。换言之，假如无法确认"我"的同一性，那么"我"就根本不存在，而不会是存在着多个不同的"我"。

此，人格的同一性根源于人格的超绝发生中处于认知层面之前的直观层面而体现于他作为认知对象所具有的历史之中。按照这个说法，人格的同一性便涉及两个层面，即直观层面和认知层面。这意味着，**首先**，人格的同一性，也就是说经验的体验流自身的同一性，作为一种构成性运作的结果，与一切的构成一样，源自于属于直观层面的灵魂的意向运作。因此，这种同一性的根据首先要在运作着的灵魂中去寻找，也就是说，灵魂作为直观性的运作者自身的同一性应是经验体验流的同一性的真正根据。这是必然的，还因为否则一个经验的体验流完全可以像历史上彻底的经验主义者所做的那样，被设想为自身并无同一与否的。也就是说，它的同一性**自在地**是偶然的，是一种自身无根据的经验的归纳。但反思中经验的体验流的确不仅其每一表象都伴随着自我意识，即具有某种我属性，而且这种自我意识还体现为在这些杂多表象的流动中的不变者，即一种自身同一者。因为若是没有这样一种倾向，那就连所谓偶然的同一或归纳也是无厘头的。在这里我们同样看到了休谟式的经验主义者的自相矛盾之处：他们在以其观念原子论将表象（观念）之间的联系完全理解为偶然或随机的同时，却又不得不在这些表象所出的人格或经验的体验流中设定一个内在的倾向——习惯，并以为它是完全无法进一步地加以说明的东西。恰恰是这个所谓习惯，对于一种彻底的哲学——超绝哲学就是这样一种哲学——来说是必须而且能够加以阐明的。这个习惯不是别的，正是灵魂所固有的禀赋。由于康德，特别是他的《未来形而上学导论》的影响，人们比较多地注意到了这种禀赋在因果性观念上的体现，即将认知中对于知觉间的联系的因果性理解看作是所谓验前的纯粹知性概念的作用。而实际上，同样并且更为深刻地，经验的体验流的我属性的统一性从而人格的同一性也是有着验前的根据的，这个根据在康德看来就是超绝统觉，而在超绝发生学中，则是灵魂自身的那种直观的同一性。这种同一性，我们在本节的第一小节中曾有着充分的根据地将之类比于数学归纳法的直观。正是这种直观，才是在人格同一性上休谟的习惯的真实内涵。它的存在，使得经验体验流在反思中必定自我构成为同一的（人格）。然而，**其次**，人格的同一性的这种根据的存在并不等于这个同一性的实现。这个同一性作为实现了的人格同一性，仍然是经验性的，也就是说，它本身并非如作为它的根据的灵魂的同一性那样是纯粹的、直观的和必然的。

同一的人格不是别的，正是总是在经验的体验流中伴随着某个表象的

"我"所构成的那个实存的我。这种自我构成也就是一种自我认知,这个自我此时便可确定为人格,尽管其根源在于直观层面的自我直观。自身同一的人格的构成是通过**记忆**(回忆)来实现的。[①]在反思的经验体验流中,作为认知对象的人格是在认知的,也就是自身也是被构成的知觉的时间与空间中被构成的。首先,身体的存在为这种自我认知提供了一个维度,这是一种外在的维度。我作为对象在认知中呈现为在空间与时间中运动的身体。与一般自然物体不同的是,我在此呈现出一种刺激—反应的行为模式,并且能够在此模式中不断地调整自己的行动策略,即具有学习能力,甚至能够进行发明创造(例如制造工具),而这一切当然都与使得身体之为身体的主动—被动感有关。另外,我还表现出具有某种自律(道德)和审美(艺术品的创作)能力。但这只是具有身体的人格的外在表现,如果我们对于自身的认知仅仅限于这种外在表现,那是根本无法构成对于自身人格同一性的认识的。因为我毕竟不仅仅是一个身体,事实上,更主要的,正如笛卡尔所认为的,我是一个能够思维的实存者,即我还有心灵。所幸与对于身体的认知维度相伴随地,还存在着另一个维度,即内在的对于心灵的认知维度。我能够观察或知觉到的任何外在行为,都有我的内心的(心灵的)活动与之相伴随。这种心灵与身体的相关性我们已有论述,它让我认识到我除了身体之外还有与之密不可分的心灵。特别地,我知道——这就是自我的主动—被动感的直观的作用——在我的心灵与我的身体的这种关联中,心灵是主动的而身体则是被动的。如果说对于我的人格这样一个认知对象,外在的维度使我得以通过空间与时间以对象化的方式来审视我自身,这种审视既包括了观察也包括了回忆,例如我从某种角度观察到我的双手正在敲打我的笔记本电脑的键盘,我回想到我登上埃菲尔铁塔远眺蒙马特高地上的圣心教堂的那一刻,等等,相反,内在的维度则**只能**通过回忆来实现,因为这是对心灵的审视,而一个对象性的(在时间之中的)心灵在他成为被审视的,也就是被认知的对象的时候,

---

[①] 关于以记忆来确认人格的同一性的理论可以追溯到洛克(见《人类理解论》上册,第309—311页)。这种理论是人格同一性问题上最为重要的理论,但是也一直受到人们的批评。事实上,这些批评主要是因为这种人格同一性理论本身缺乏一个系统的形而上学的支持,例如在当代批评者所设想的反面证据中常常预设了对于心灵与身体的关系的庸俗唯物主义解释。与此相反,我们这里的人格同一性理论恰恰是建立在超绝发生学这个本体论与认识论统一的新的形而上学原理之上的。

他必定已经成为过去了。因此在这里，回忆的对象只能是种种曾经有过的心灵活动，我们在前面曾指出这种活动的核心内容乃是动式。事实上它要更为复杂得多。与这动式、这心灵的自由想象相关联地，还有情绪与意愿。并且它们由于人格的心灵、身体的统一性而与身体知觉紧密相连。快乐的情绪甚至不仅与被我认为是引起我的快乐的知觉（如鸟语花香）关联着，而且它本身也会激起某种知觉。这大概是因为这种情绪使我的身体反向地——如果我们前面说到的心灵总是会有的对我的身体的知觉的反应是正向的话——产生了某种反应。[①]所谓回忆，其所能回忆的，应该并不只是那些心灵活动本身，还有与它们关联的种种知觉。例如，当我回忆起我的初恋，那种爱的情绪（冲动）本身其实是难以再现的，再现的乃是与之相关联的各种知觉，尽管这其中有一些常常是最核心也最精微的知觉是难以言表的（如《林海雪原》中少剑波的诗句"胜后静思小丫事，雪乡我心"中这个"雪乡"所形容的知觉），而另一些则比较确定，如那一刻心爱的人羞涩动人的笑容等等。特别是当这种回忆反过来激起了当下心灵的反应时，它便来得更加鲜明。由此亦可见，对于自身人格的回忆总是外在的维度与内在的维度，也就是身体与心灵相结合着发生的。这从另一个角度体现了人格之为心灵与身体的统一体的特性。而我对于自身的、结合了外在与内在两个维度上的认知，便构成了一个自身具有同一性的、被称为"我"的人格。在这个认知过程中，外在维度上的当下审视、回忆与内在维度上的回忆交织在一起，构成了一个复杂的、丰富多彩的表象的网络或系统。这个网络或系统中的诸表象之间依照认知性运作直观的要求构成了相互间的关系，这是一种诸表象在空间与时间之中的**因果关联**。我们看到，自然物体的同一性在于事件之间的因果关联，例如我相信我正在使用的笔记本电脑与我昨天使用的是同一个，只是因为，不仅它在诸感觉效果（形状、颜色、各部分的关联等等）上没有变化，而且没有拿同一牌子同一型号的笔记本电脑调换过它等等因果性事件的发生。相反，人格的同一性则在于产生于心灵与身体的相互作用的诸表象在回忆中的因果关联。自然物体的同一性是一种间断主义的同一性，因为它的同一性最终取决于那些作为它的部分而构成它的物质（更小的物体）的同一性，而人

[①] 笛卡尔在《灵魂的激情》（贾江鸿译，北京：商务印书馆2013年版）中（例如该书的"第二十五条"）便讨论过身体对于心灵活动的这种反应。

格的同一性则是整体主义的同一性，因为作为这种同一的人格的组成的那些表象只是空间与时间之中的**情境**而非物体。

也许有人会提出相反的看法，即人格的同一性并非借助记忆（回忆）得到的，恰恰相反，这种同一性是记忆（回忆）的前提条件，既然，例如，我在回忆——例如回忆童年——时，总是一开始就知道回忆的是"我的"童年。这种反对意见只能说明回忆的心理活动与通过因果意识在回忆中确认自我（同一的人格）是同步地进行的。但一些患者缺乏人格同一性的意识，无法对自我的人格同一进行确认这种事例的存在[1]，表明了在这个回忆—因果关联的共时性结构中，作为认知性运作直观的因果性范畴应该是逻辑上在先的。也就是说，是回忆加上因果判断构成了这种同一性关系，如果无法有效地做出因果判断，则回忆就只能是一种单纯的再现，就如缺乏人格同一性意识的神经病患者看到镜子中的自己时那样。另外，所涉及的认知性运作直观，借康德的话来说，是验前地存在于我们的灵魂中的，因此在我们的认知活动中，它们总是即时并且自发地起着作用，以至于在时间中心灵的活动中，也就是在一个具有同一性的人格的经验体验流之中，对于前一个瞬间的记忆总是伴随着人格同一性的意识，这也会造成我们以为人格的同一性是记忆（回忆）的前提条件的误解。[2]

四　他者、语言与世界

我们刚刚指出，作为构成性意向对象的自我是经验性的，这意味着关

---

[1]　这种情况可能发生在脑损伤的病人那里，例如在阿尔茨海默症患者那里，我们看到不能辨认亲人的情况。这种情况完全可能发生在针对自己的时候，即不能辨认自己（例如自己的照片或故事），或者将别人（的照片或故事）误以为是自己（的）。但最典型的情况则是被称为同一性解离失调（dissociative identity disorder）的病症，它表现为多重人格的出现。参见艾森克（M. Eysenck）主编的《心理学——一条整合的途径》（下册），阎巩固译，张厚粲校，上海：华东师范大学出版社2000年版，第676—677页。

[2]　在《纯粹理性批判》的"超绝原理论"中关于"第二类比"的论述中，康德曾比较对于房子的知觉和对于顺流而下的船只的知觉。康德认为，对于一座房子，我们可以从上至下，从左至右地观看，因而对于房子的这种知觉的顺序是任意的，但当我们观看一个顺流而下的船只，就只能是对其在上游时的知觉先于对其在下游时的知觉。他以为，正是因果性范畴造成了后一种情况中船只在时间中运动的客观性，从而使所观看到的现象能够成为一种（客观）对象。（见《纯粹理性批判》，第178—179页，A192—193/B237—238）然而按照我们的观点，无论是对于房子的知觉还是对于顺流而下的船只的知觉，都伴随着时间中因果关联的意识。因此即使是对于房子的知觉也不可能真是任意的，它的顺序是由我的目光从而头颈的转动方向因果地决定了的。

于自身人格同一性的认知是可错的，或者说，经验自我的同一性绝非明见的。我们提到过，一个人由于某种原因（例如大脑的损伤）可能会不再记得原来的自己。我们甚至可以假设，他可能不仅自以为是另外一个人——例如笛卡尔，——事实上他的行为举止可能变得很像传记中所描述的笛卡尔并能够说出笛卡尔的理论和他的故事，这些故事中有些是史有记载的，有些却根本无法判断其真假。如果这种设想并非不合理，那么，一个问题出现了：既然我们说人格的同一性是借助记忆达成的人格对于自身的一种认知结果，那么，说这种认知结果会是错误的，这是什么意思呢？从我们对于人格对自身同一性的认知的描述来看，错误不可能发生在作为这一认知的根据的灵魂所属的直观层面，而只可能出现于认知层面。这是因为，人格在其认知中将自身因果地置于量化的空间与时间之中了。这样一个作为构成性意向对象的自我便在获得自身实存的同时，使自己成为在空间和时间中的一种有限的实存者。这种实存者将与同样因为自我的认知作用而产生的**其他**实存之物一道因果地处于同一个空间与时间之中，并与数学、逻辑的形式系统一起作为一个整体而成为超绝意识在第六环节即"世界"中的自我显现。所谓错误，就是在这个作为认知对象的自我在空间与时间中的这种实存与其他的实存之物的实存之间产生了认知上的冲突或矛盾。就像在前面那个虚拟的例子中，那个忘记了从前的自己而将自己认知为笛卡尔的人的自我同一性认知就是错误的，因为这样的认知与关于其他实存之物的认知有冲突：笛卡尔生于1596年，死于1650年，而这个人要比笛卡尔晚生三百多年，并且也没有理由相信而反倒是有理由不相信**世俗的**转世之说和灵魂附体这样的事。[①]这个例子告诉我们，前面说的"同样因为自我的认知作用而产生的其他实存之物"中的这个"其他实存之物"中除了包含着自然界中的物体之外，还包含着我们至此尚未提到的一类实存者，即除了（作为构成性意向对象的）自我之外的其他的实存之我或其他的人（人格），如笛卡尔。另外，显然，当我们说这个有认知障碍的人要比笛卡尔晚生了三百多年时，我们已经涉及到一般的认知**事**

[①] 在本书的第十六章第三节中，我们将给出一种超绝发生学的灵魂转世学说。这种转世学说也不支持这个自称是笛卡尔的当代人，因为转世的灵魂或个体与其前世之间是不可能有任何信息沟通的。

第十五章 超绝发生：从超绝意识到自我与世界

实。这个事实作为事实绝非只是某一个自我或认知主体的认知作用的结果，它是诸多认知主体的认知作用的共同结果。这就意味着，每一个作为认知对象而实存于空间和时间之中的人格或实存之我都有着同样的不可消除的存在之根据。这个根据不可能是别的，而首先就是存在于这每一个人格背后的自我直观。①这样的每一个人格对于诸人格中的另一个来说，都是一个"**他者**"（另一个实存的人格自我）。由于他者比之于任何一个人格来说在数量上以及在时空分布上的绝对"优势"，使得一个人格的实存——这同时意味着关于这一实存以及与之相适应的世界的认知，我们可称之为这一人格的"世界图景"——总是受到他者的实存的制约而不是相反。或者也许更确切地说，所有的人格中间的任何一个的世界图景必须与诸他者的世界图景协调起来。这种情况，我们可以称为认知上的"**交互主体性**"。就所举的例子来说，这种交互主体性意味着，虽然在前面所举例子中的那个人格将自己认知为笛卡尔，但其他人格（诸他者），例如他的亲友、同学、同事和他的医生，却都（向他）指出他不是笛卡尔，并且无论他因此而纠正自己的看法（这对于这个例子中的认知障碍患者来说看来不太可能）与否，我们都将认为他对自身的人格同一性的认知结果是错误的。不仅如此，有关的他者还会试着给他所以犯这样的错误找到某种理由，例如他有认知障碍等等。②由此看来，他者或交互主体性至少在超绝意识自我显现的这个第六环节上有着重要的意义，因此，超绝发生学必须能够在其体系中对他者或交互主体性的存在理由（raison d'être）加以揭示。

为此，我们要回答这样两个密切相关的问题：其一，诸他者是如何可能的？或者说，它们的超绝发生学根据何在？其二，诸他者同那个与他者

---

① 这就不可避免地涉及到了自我直观的复多性，对此我们将在稍后，特别是在下一章的第三节对此做出详尽的论述。

② 如果没有这种交互主体性，可能也就无所谓对于人格的同一性发生认知错误了。这是因为这种错误只能在经验性的因果关联中才可能出现。一个绝对孤独的人格的同一性是必然的，因为在因果性方面，即便是发生了某种"错误"，这个孤独者充其量也只能将那个"错误"理解为一种梦境。也就是说，是假象而非错误。之所以这样说，是因为这个梦中的我依然是醒着时那同一个我。我在梦中可能充当了笛卡尔，然后我确认这是一个梦，因此我不是笛卡尔。更可能的是，即便我无法做出这样的确认，说我是因为精神错乱而误以为自己的笛卡尔，那也是毫无根据的，因为一个绝对孤独的我的周围不可能有任何他者来主张这一点。更何况如果**根本**就不存在他者，则连梦见自己成为了某个他者这件事本身也应该是不可能的了。

相对使他者之为他者的人格是如何能够实际地相互交流的？对于这两个问题，康德当年完全没有涉及。这也许是因为在康德那个时代人们还缺乏像今天人类学家向我们提供的关于原始人类的思维逻辑以及这种逻辑与我们的思维逻辑之间存在着多么大的差别的确凿的知识，这使得在今天看来他在断定存在着对于人类世代来说普遍有效的从而是必然的验前知识时，是多少有些轻率，或者更确切地，缺乏充分的论证的。这进一步导致康德未能真正重视在确定了他以为是验前地有效的知识（那些思维形式）的种类之后进一步地去揭示它们的根源，结果使得如我们在《超绝发生学原理》第一卷中所言，他的超绝哲学体系是从"中途"开始的，也就是说，他未能提供一种超绝发生学来追溯那些范畴和直观形式的普遍必然性的真正根据。①胡塞尔在这一点上比康德进了一步，在追溯这种根据的过程中，他涉及到了交互主体性的概念。但对前面那两个问题，他终究未能通过《笛卡尔沉思》解答第一个，亦未能通过《欧洲科学的危机与超绝现象学》解答第二个。然而对于超绝发生学来说这两个问题却并不难以回答。第一个问题的答案在于，绝对对称性不容许在反思中作为经验的体验流的认知不变项的人格是"孤独的"。这种人格的复多性其实是人格所由以在认知层面发生的、本身属于直观层面的自我的复多性所决定的。在后面的第十六章的第三节中，我们将指出，在直观层面上复多的——确切地说是无限多的——自我与认知层面上的实存者之间存在着一一对应的关系。至于自我的复多性以及复多的自我与实存者之间如何会有这样一种对应的理由，我们亦将在那里加以详细的论述。在此我们只能以一种简化的从而并不十分准确的方式指出，绝对对称性之所以要求人格是复多的，乃是出于如下的理由——

我们知道，灵魂的运作在认知层面产生了人格的同时，也构成了这个人格的（形式的和质料的）世界。仅仅事实就告诉我们，作为人格的自

---

① 见《超绝发生学原理》第一卷，第164—166页。当然，那些以为仅仅对可能经验加以**分析**，就可以断定被康德视为验前的认识能力的范畴等其实正是这种经验的必要条件的人是不会同意这里的说法的。但在《超绝发生学原理》第一卷（第三章的第一节）中我们已经指出并不存在这样一种断定的可能性，也就是说，针对这些验前的认识条件的客观必然性给出一个明示性的证明是完全必要的，而只有一个基于本源明见性的，因此不是从"中途"而是从"起点"开始的超绝演绎才能够实现这样一个证明。

我也是这个世界中的一个实存者。[①]然而到目前为止，我们在描述超绝意识自我显现的诸环节的构成时仅仅提到单一的自我以及由它产生的同样是单一的人格或经验的我。这就意味着，这个自我作为一个世界之中的实存者处在了一种中心的、特殊的位置上。这将不可避免地引出了一种新的不对称性，既然在空间与时间之中，在因果关联之中，也就是在世界之中，存在着这样一个**特殊的**位置。显然，绝对对称性按其本性势必进一步消解这样的特殊性。在不致连这个实存的人格本身也被消解掉——这是当然——的前提下要达到这一点，唯一的可能就是存在着**无限多**这样的中心（从而也就无中心了），而"这一个"作为人格体现出来的"我"，不过是这些与之有着种种对等性的中心中的一个罢了。我们在第十六章的第三节将会看到，以这种方式"去中心化"，所涉及到的那无限多的中心就不仅仅只是这里提到的人格，而是作为超绝意识自我显现的结果的世界之中所有可能的实存者。在这种情况下，人格虽然也将是复多的，但他们只是所有可能的实存者的一个部分。为区分起见，我们将除了某个称之为"我"的人格之外的其他一切可能的人格，也就是一切可能的"另一个我"，都称之为"他者"，而将除了某一个特定的实存者（例如那个"我"）以外的其他一切可能的实存者，都称之为"它者"。显然，诸他者不过是诸它者中的一个部分。然而，按着已经描述的超绝意识自我显现的逻辑，单一的自我在构成一个人格的同时还将构成他的（周围）世界，无论是形式的还是质料的。这样一来，复多的人格不就意味着有了复多的世界？并且这难道不会反过来要求存在着复多自我乃至复多的超绝意识？并且，这个问题并不仅仅是针对人格的，也是针对所有可能的实存者的。这也就是说，为了去中心化所要求的实存者的复多性将可能导致存在无限多的世界，以及无限多的超绝意识。这种情况显然是荒唐的。我们可以借用莱布尼茨关于单子的思想来避免这种情况的出现，即主张这些人格和实存者就如莱布尼茨所构想的单子一样共有着**一个**世界，而它们中的每一个又都是"观察"这个世界独特而不可替代的视角（见图15—3—4）。但问题至此还没有得到真正的解决，因为要想使得这种主张是能够实现的，则图15—3—4中的无限多的它者本身也都必须实存于那同一个世界之中，

[①] 我们在这里直接摆出这个事实。对此事实的解释将在第十六章第三节的第二小节中通过"认知性个体"这个概念给出。

如若不然，则它们就会像图15—3—4实际地（因此是不确切地）示意的那样是超越那个世界之上的，它们将构成另一个"同一个世界"并为又是超越于它们的诸他者所共有，如此导致无限倒退。为了解决这一困难，我们需要再一次借助于莱布尼茨的思想，即主张图15—3—4中的无

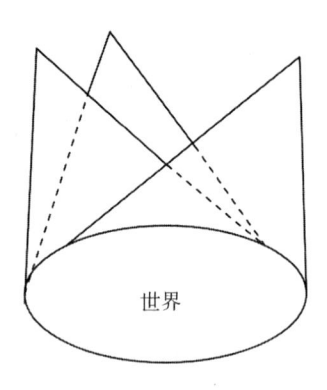

它者₁　它者₂　……　它者ₙ

世界

诸他者是图中诸它者的集合一个子集

图15—3—4

限多的实存者（他者）中的每一个都蕴含着整个的，也就是包含了所有这些实存者的世界。只有这样，那为所有实存者所共有的世界中才可能包含着这些实存者自身。这样一种莱布尼茨式的解答之所以可能，首先是因为存在着这样一个超绝发生学事实：超绝意识的自我显现循着这样的规律，即后一环节上的统一体中包含着在其中潜在地存在的上一环节的统一体，如我们已经描述过的，人格中便潜在地存在着作为"能（对称）运作"的自我直观或作为这一运作的实施的灵魂，也许我们可用"**自我—人格**"这个表达来**强调**自我乃至于超绝意识在人格中的这种潜在性。这个事实使得我们能够说每一个人格或不如说自我—人格都具有包含整个世界的可能性，既然这整个的世界不过就是超绝意识自我显现的结果罢了。显然，这里关于人格及自我—人格的说法必定适合于一切可能的实存者。[①]

[①] 事实上，我们在第十六章第三节的第二小节中就将引入"自我—个体"这个称呼，而其中的"个体"便意指任何可能的实存者。

其次，这样无限多的实存者每一个都蕴含着甚至包含它自身在内的整个世界，这种无限多的看似间断的、作为绝对对称性自身区分的逻辑结果的实存者对于绝对对称性的全息性映射（即所谓"蕴含着整个世界"①）其实是表达了绝对对称性自身区分的，也就是超绝意识内在的连续性——超绝意识之以广延、绵延为本源的内涵正是这种连续性的一个本源的体现——以及因此所得到的世界（无论它是哪一个实存者所蕴含着的或者说所看到的世界）的外在的连续性。而我们早已知道，这种连续性正是绝对对称性在区分条件下的必然体现。②这样一来，显然，我们也就通过超绝发生学更好地诠释了莱布尼茨的单子论："上帝"不仅是最高的单子，也是唯一真正的、最后的实体，其他一切的单子，无限多可能的自我乃至无限多可能的实存者，只不过是这个"上帝"——超绝意识或自身区分的绝对对称性——的自我显现在特定阶段上产物罢了。

在《危机》中，胡塞尔曾纠结于如何"从自我出发，从它的超绝功能和成就的系统研究出发……揭示出超绝的交互主体性以及它的超绝的共同体化"，并"通过它们，从自我极之功能的系统出发"，使得"'众人的世界'以及每一个主体的世界**作为众人的世界被构成**"这个问题。③他由于未能完全认清这一构成的逻辑而无法克服在思考这一构成时似乎存在着的那个"孤独的我"如何可能既是世界的本源又是这个世界中的一员的"悖论"，从而最终只能面对远隔在彼岸的上述问题的答案而望洋兴叹。④现在，超绝发生学澄清了这一切疑难。胡塞尔的"孤独的我"或"自我极"并非世界的本源，而只相当于超绝意识自我显现的第六环节上的产物，即作为构成性意向对象的人格，而与之相应的"客体极"（cogita-

---

① 此亦如朱熹借佛家语"一月普现一切水，一切月水一月摄"来形容世间万物皆整个地含有太极之理这样一个"月印万川"的道理。见《朱子语类》，北京：中华书局1986年版，第399页和第2409页。

② 见本书第96页，那里说道："绝对对称性在区分性中的体现就是广延"。连续性是正文中提到的全息性的允分必要条件。这一点甚至阿那克萨哥拉就已经有所意识，因此他的"种子"就是莱布尼茨的"单子"的先型。连续性与全息性的这种关系可以从所谓"伽里略悖论"——作为自然数的一部分的偶数与自然数是一一对应的——这个事实中看出，既然连续统的整体与其部分的关系与这个事实一样，即部分可以等于整体。至于在超绝发生学的逻辑中这一全息的映射是如何可能得到具体实现的，我们将在第十六章的第三节中详加论述。

③ 《欧洲科学的危机与超越论的现象学》，第225页。

④ 同上书，第225—226页。

tum）则是形式的与质料的世界。这种自我的"极化"，它之成为自己的认知对象，已经使它相对于它所由之产生的超绝意识呈现出了片面化，于是便有了同样根据在于超绝意识的、对于这种片面化的克服的自我的，或更确切地说，自我—人格的复多化。这样的诸自我—人格并不能还原到它们中的任何一个，甚至也不能还原到它们中任何一个中所蕴含着的那个自我直观之上，这仅仅是因为它们真正的、最后的根据在于并且仅仅在于超绝意识。于是困扰着胡塞尔的疑难，交互主体性的构成与"孤独的我"的悖论便消解在超绝意识的自我显现之中了。我们可以通过图15—3—5（它可以看作是对图15—3—4的改进）来示意这一结果。①这样，我们便在超绝发生学中实现了胡塞尔的"作为严格的科学"的超绝现象学的，乃至康德的"作为一种科学的未来形而上学"的批判哲学的理想。

因此，复多的人格，也就是诸他者，只是这样一个在他们彼此不同的眼中的同一个具有连续性的世界中无限多可能的实存者中极小的一部分。然而这却是有着特殊意义的一部分。这个特殊性在于他们是——正如莱布尼茨所认为的——上帝的"子女"②，因此也就特殊在他们是构成地意向着的，也就是认知着的主体。他们的这种意向的、认知的"目光"将遍及他们自身所由以发生的整个历史，而这个历史，正是超绝意识自我显现的所有环节在这种目光中的呈现。不难理解，这个呈现就是我们任何人（认知着的人格）所面对着的那同一个自身演化着的世界。任何一个可能

---

① 这里多少有些艰难地阐述的道理的深刻性在于：一个超绝哲学体系的内在要求，使得作为康德所说的可能经验（包括或者说再加上形式的对象）的整体的世界将根源于必定是唯一的超绝意识，而作为超绝意识自我显现的一个重要环节的自我则是超绝意识的完备的显现，但这样一个自我必定导致世界的构成，并且它必定被认知为这个包含着无限多可能实存者的世界中的一个实存者。这正是从一开始就困扰着哲学家们的那个"一"（超绝意识）与"多"（无限多可能的实存者）的关系问题。换言之，超绝哲学的本性使得这个"一"与"多"的关系成为了如何由"一"构成"多"的问题，这也是为什么胡塞尔要说这个问题是一切问题中最重要的问题的道理（《纯粹现象学通论》，第218页）。对于超绝哲学来说，这个"构成"的意义的实质在于它将作为元认识的超绝哲学内化到对象认识中去了。这一点恰恰在我们现在阐述的、胡塞尔曾面对它发出过多少表现出无奈的感叹的问题（一个超绝的自我是如何可能又是经验世界中的同一个自我的？）中体现出来。现在我们看到，这样一个问题的解决，也就是一个成功的从元认识到对象认识的内化或者一个构成论的超绝哲学体系的建立，其关键在于对某种无限性—连续性（作为超绝意识的内容的连续性，以及世界的本质的连续性和无限性）的恰当理解。由此不妨有些夸张地说：全部哲学的秘密就隐藏在一条（连续的）线中。

② 见莱布尼茨的《单子论》第84条，（《西方哲学原著选读》上卷，第491页）。

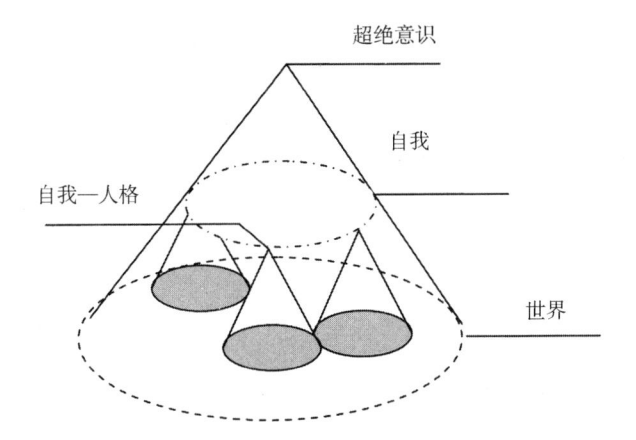

第十五章　超绝发生：从超绝意识到自我与世界　　161

图中大圆锥为超绝意识自我显现的进程（从锥顶到锥底），在进展到自我时便开始从直观层面进入认知层面，这时进展呈现出自我—人格的复多性。图中小圆锥便为诸自我—人格或他者的举例。每一个小圆锥在本体论的意义上也都是大圆锥。这是因为在本体上只有一个圆锥，即大圆锥，而所有的（无限可能的）小圆锥中的任何一个都不过是这唯一的圆锥在其认知层面上"镜像"。

图 15—3—5

的人格面对着这个世界，在他的认知中，这个世界都将因果地呈现在空间与时间之中。它首先呈现为纷繁多样的知觉形象，我们知道，这是作为人格的经验体验流中的一类表象（知觉）。随着认知的深入，将达到的是这些知觉"背后"的种种空间与时间中运动着的物质形态，最后是基本物质。在这个世界中，能够被溯因至基本物质的知觉，其总体就是自然，确切地说，是（作为交互主体的）人类与自然，虽然人类的心灵及其与身体的关联并不能还原为基本物质。然而，这个人类与自然本身所构成的世界却并非一个由基本物质构成的诸知觉表象的静态的系统。作为系统，世界是演化着的。它不仅具有共时性的结构，而且具有历时性的发展。这样一幅人格（基于自我或灵魂）的构成地认知的图景当然直接地是认知活动的结果。这种活动分有感性、知性和理性三种形态。在感性形态中，其产物便是那复杂纷繁的知觉。与这种形态相关的理论是描述的心理学。在知性形态中，认知的产物就是上面所说的人类与自然，与其相关的理论是物理学或自然科学。在理性形态中，这种认知的产物是作为**系统**的人类与自然，而其相关理论则是目的论的进化论。所谓"知觉"是在感性形态中将包括了作为现象的感觉、情绪和思考的感性材料在认知中加以整合的结果，如将某种色块、某种空间形状和触摸感觉到的硬度等直接的感性材料（其实是知觉片断）整合为一张桌子、将渴的感觉和那种不适的情绪整合为想去喝水的意愿，甚至喝水这个行动的方案，如此等等。知性形态中的认知活动则是通过朝向基本物质的溯因而将诸知觉放到一种因果关系之中。例如作为知觉的"桌子"是由木板构成的，而木板又是脱了水的植物枝干……，它之为桌子是因为人可以用它达到一些特定的目的，如写字、吃饭等，而它所以能够有如此功用，又是因为……。如此地在知性形态中构成的诸因果关系只有成为一个系统才最终能够得到落实。这种自然与人类的，也就是世界的系统性——它是理性形态有别于知性形态的标志——是直接地根植于本身是非反思性的直观之中。关于它的学问其实就是哲学，并且说到底是超绝哲学或更确切地，超绝发生学。对于这种哲学来说，达尔文的以及其他诸种科学的进化论，那只是处于从知性到理性或从科学到哲学的中途的东西。概言之，描述的心理学描述种种知觉，物理学（自然科学）揭示知觉背后的物质性原因，如分子结构等，超绝发生学则给出事物（人类与自然）所以能够成为系统的理由，并且首先就是揭示世界起源的本体论根据，因为这个根据正是世界的系统性的理由，并且它同时也是自然与人类乃至于知觉所以如此存在的根本理由。例如，正如我们在前面已经看到的，它能告诉我们何以存在着诸他者。这样的根据显然带有一种目的论的特征，而这个目的不是别的正是超绝意识或自身区分着的绝对对称性。[1]由此我们看到，在认知的三种形态中，只有知性活动脱离了直观，而另两种活动都深深地扎根于直观之中，并且这三种形态彼此相关，呈现出了一种"正、反、合"的辩证法。

我们在前面曾指出过，认知活动必定伴随着反思的可能性。在感性、知性和理性这三种形态中，与认知活动伴随着的反思的强度依次提高。同时，按照刚刚所说的这三种形态之间的辩证关系，自身体现为哲学思考的理性形态必定与直观有所牵涉，而这种牵涉最为清晰地体现在超绝哲学之

---

[1] 康德当年三大批判归结于目的论看来是有着深刻的道理的。

中，这是因为唯超绝哲学才是本真的哲学。因此，超绝哲学所体现的理性形态的认知，必是一种扎根于直观的反思。超绝发生学恰恰实现了这样一种反思，既然它的内在的构成性乃是直接地奠基于那个本源直观，即超绝意识之上的。这样一种看法迎合了我们在本书第十三章第二节的第二小节中的那两个判断中的第二个：一个完备的超绝哲学只能是超绝发生学。这样一种哲学，作为人格的认知活动的合题，也就是最高的理性形态，其原理或者说它的纯粹基础，正是我们在上一章和本章到此所说的一切，特别是由六个环节所构成的超绝意识自我显现的逻辑进程。我们将这个进程形象地概括为图15—3—6。这六个环节上的超绝意识或其产物以及与它们相关的一些过度性产物各自有着不同的特性，我们可以将这种情况概括如下：第一个环节——体现为广延/绵延和倾向/质素的超绝意识是本源的直观，它当然是非反思性的。第二、第三和第四个环节——作为本源时空和混沌的统一体的动觉、作为它分化的结果的形式与质料，以及包含在动体中的作为形式与质料中动觉的效果的主动感与被动感是派生的直观，它们当然也是非反思性的；动体中同样作为形式与质料的相互作用的结果的逻辑元素和感觉元素等也是这样的直观。第五个环节——由于自觉而从动体的诸元素所得到的形式与质料方面的直观性意向对象显然是意向性的，但却还是直观，从而是非反思性的，它们伴随着主动—被动感而构成直观的自我或自我直观；处于运作之中的自我便是灵魂，它当然也是具有意向性的直观。①第六个环节——灵魂的意向运作使得超绝发生从前面的直观层面进展到了认知层面，在此层面上，构成了经验性的人格（实存之我）、与此实存之我相对的同样作为实存之我的诸他者以及这些实存之我所共有的包含了无限多的实存者的质料世界与形式世界；由此组成的整个世界作为构成性意向对象的集合不再是直观的而是认知的了。超绝意识自我显现的这样一个进程以及导致这一进程的诸原理，我们将概括地称之为"**超绝发生学逻辑**"。这个逻辑显然是辩证的，它将表现为一个"正题—反题—合题"的三段式。特别是，这个逻辑不仅明示了世界的构成，而且通过这种明示，表明了超绝意识的这种显现之所以是一种"自我"显现，

---

① 顺便说，有趣的是，图15—3—6中的自我—灵魂环节很像人的由左右两个半球构成的大脑，而其中的主动—被动感在自我的心灵与身体之间所起的作用则像大脑中胼胝体在两个半球之间所起的那种作用。

第一环节

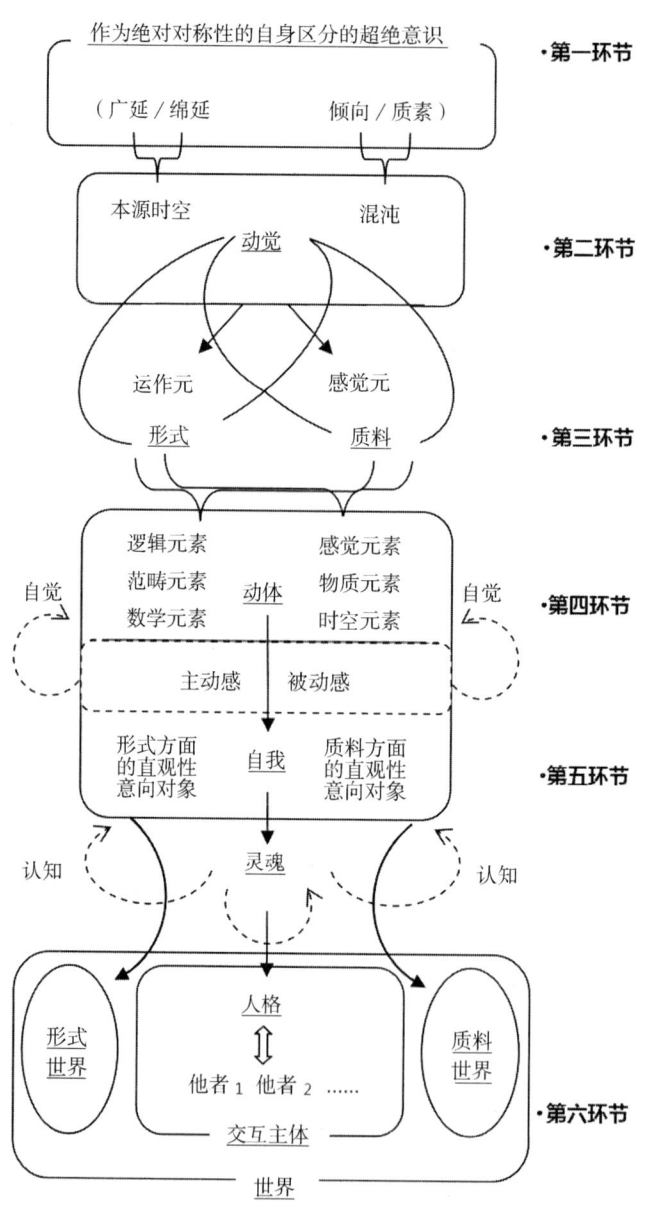

作为绝对对称性的自身区分的超绝意识
（广延／绵延　　倾向／质素）

第二环节

本源时空　　混沌
动觉

第三环节

运作元　　感觉元
形式　　质料

第四环节

逻辑元素　感觉元素
范畴元素　物质元素　动体
数学元素　时空元素

主动感　被动感

第五环节

形式方面的直观性意向对象　　自我　　质料方面的直观性意向对象
自觉　　自觉
认知　　灵魂　　认知

第六环节

形式世界　　人格　⇕　质料世界
他者1　他者2……
交互主体
世界

图 15—3—6

此图示意了超绝意识自我显现的过程：第一环节是包含着广延—绵延和倾向—质素的超绝意识本身；第二环节是由本源时空与混沌组成的动觉；第三环节是分别由动觉和运作元、动觉和感觉元组成的形式与质料；第四环节是形式与质料相互作用产生的诸元素组成的动体，此过程因此进入意向性水平；第五环节是在意向性水平上动体通过自觉而产生的包含有形式与质料两方面的直观性意向对象的自我直观，以及作为运作着的自我直观的灵魂；第六个环节是灵魂的意向运作所产生的认知层面上的实存之我、诸他者（此两者组成作为交互主体的人类）和质料的世界（自然界）与形式的世界（数学等），世界便是这些产物的总和。

图中虚箭头表示作用（自觉或认知），实箭头和⎱⎰表示产出（构成），空心双箭头表示交互主体的对等关系。

就在于它本质地是一种朝向自我的对于自我的显现。这种自我显现的可能性在于能够构成超绝意识的这样一种自我形态，**即自我—人格**，通过它超绝意识必定以自身为对象，进而使自身对自己显现出来。**这种显现是完备的，当且仅当它包括了这一显现的可能性自身**。这后一点表明了超绝意识自我显现的超绝性（即语义的封闭性），因此可称之为"**超绝意识的超绝性原理**"。这是超绝发生学的**第四条原理**。

这样，我们就不仅对本章这一节的这一小节开始时提出的两个问题的第一个问题做出了回答，而且表明，这一答案是并且只能是超绝发生学逻辑的一个必然的结论。接下来要回答的是第二个问题，即，诸可能的人格或他者彼此是如何在任何可能的特定历史时期实现其作为交互主体的沟通交流（communication）的？

沟通交流应该是交互主体最基本与最主要的属性。而在交互主体的实践之中，语言的交流又是这一属性的最重要、最有效的方式。也许正因为如此，语言的哲学问题特别是在19世纪末以来成为哲学领域中最为热门的话题之一。这在分析哲学中尤其如此。语言的哲学问题中有两个是最为基本的，即语词从而语句的意指问题和语言的普遍有效性问题。维特根斯坦在《逻辑哲学论》中未加论证地给出了一种关于语言的"图像说"，认为语言是对世界的描述，而世界是事实的总和。基本命题描述基本事实，复合命题描述复合事实，就像图画描摹了现实中的景物一样。他说："留声机唱片、音乐思想、记谱法、声波，都互相处于如存在于语言与世界之间的关系一样的形象的内在关系中。它们都具有共同的逻辑结构。"[1]罗素在其为《逻辑哲学论》写的"导言"中这样地表述了他对维特根斯坦的个这思想的理解：

> 要使某个句子肯定某个事实，不管语言是如何构成的，句子的结构和事实的结构必须有某种共同的东西。这也许是维特根斯坦先生理论的最基本的论点。他争辩说：句子和事实之间必须共同的东西，在语言本身中又是不能**说出来的**。照他的说法，这只能**表明**而不能说出，因为无论我们说什么，都需要同样的结构。[2]

---

[1] 维特根斯坦：《逻辑哲学论》（4.014），郭英译，北京：商务印书馆1963年版，第39页。
[2] 同上书，第3页。

可见，罗素在这里特别地强调了维特根斯坦认为语句（命题）与事实之间的这样一种同构关系是不可言说的。①然而，维特根斯坦为自己设定的这个戒律并没有被他自己所遵守。若干年之后他写了《哲学研究》，提出了"语言游戏"和"家族相似"这两个概念，并由此改变了自己对于语言的看法。在新的看法中，语言与事实的关系变得松散起来，因为语词的意指是在它们被使用的活动中得到确定的，这里面就已经包含了很大程度上的不确定性，使得这种意指存在着一种就好比家族成员之间的相似性一样的不确定性。《哲学研究》表明维特根斯坦一方面放弃了语句在意指事实上的确定性；另一方面，有趣的是，他却涉足了在《逻辑哲学论》中以为是不可言说的领域，即分析语词、语句与现实有并且为什么有如此这般的关系。这其间似乎存在着一种替代：《逻辑哲学论》中对语句的意指作用的确定性断言伴随着对于为这一断言给出理由的要求的放弃，而在《哲学研究》中对语句的意指作用如何可能给予了论证但其结果却是放弃了这种作用的确定性。如果说这前后两种意见之间有什么一致的地方，那就是它们其实都未能为语言作为交互主体之间对于世界的普遍有效的描述方式的可能性做出有效的论证。这样一种论证，恰恰是超绝发生学所能够给出的。

《逻辑哲学论》中的维特根斯坦在这一点上是正确的，即语言中必定存在着某种与事实，也就是与它所描述的世界相同的结构。这种结构首先是纯粹的类逻辑形式，但并不止于此。它还包括了康德的一些验前的范畴所具有的结构。这些就是我们称为"认知性运作直观"的东西。只有这样，语言才能够确实地具有**描述**我们人类所面对着的世界的功能。问题因此在于，这样一种在结构上相同的关系是如何可能的。这个问题可以理解为由两个子问题所组成，一是那些认知性运作直观的结构与作为认知对象的世界的结构之间的一致如何可能；二是语言自身的结构为什么与认知性运作直观的结构是一致的。其实，这两个问题在康德的《纯粹理性批判》中都曾涉及。前一个问题就是超绝演绎所要回答的问题，只是康德的回答仅仅包含我们所说的认知性运作直观中规律直观（对象性范畴与因果性范畴）和数学直观（量的范畴）这一部分，并没有涉及类逻辑结构。我们知道，康德回答这个问题的策略就是提出一个新的认知对象或客观性概

---

① 维特根斯坦在《逻辑哲学论》中作为结语的那句名言："一个人对于不能谈的事情就应当沉默"（7），说的应该就是这个意思（见同上书，第97页）。

念，即认知对象不是某种自在地存在着等待我们去认识，以我们的认识去符合的东西，而是我们将之认识为对象的东西。这就是康德的所谓"哥白尼革命"的要害，也是自康德之后诸超绝哲学中构成论的基本原则。①至于后一个问题，康德虽然没有明确地提出它来，更不可能对它有一个回答，但在《纯粹理性批判》关于范畴的形而上学演绎中，他显然已经将这种（语言与认知性运作直观的）一致性视为当然的了，因为事实上他正是根据语言的运用中判断的类型来确定那些范畴的种类的。因此，对于这两个问题，康德虽然已经涉及，但却对前一个的解答并不成功，而对后一个甚至没有意识到需要给出一个回答。现在，超绝发生学对于这两个问题能够给出自己的回答。首先，对于第一个问题，作为一种超绝哲学的超绝发生学注定要继承构成论的传统，将认知对象，也就是包括了人类自身、自然界和数学世界理解为自我或不如说灵魂通过其认知作用或意向运作构成的结果，即如我们已经看到的，它们是构成性意向对象。而所谓灵魂的意向运作，也就是自我中的那些认知性运作直观的作用。这样，在这些直观的结构与被构成的世界的结构之间存在着某种同构关系便是理所当然的了。当然，我们还可以进一步追问这些认知性运作直观为何能够如我们在前面所描述的那样在经验的体验流中构成为作为认知对象的质料世界（自然界）、形式世界和诸实存之我。这种可能性的根据显然存在于超绝意识的自我显现之中。例如质料世界的构成，便是自我将认知性运作直观运用于感觉直观并构成一种从知觉朝向基本物质的、借助空间与时间框架的溯因，这种运用所以可能，全在于无论是认知性运作直观还是感觉直观、时空直观和物质直观，它们终究都来源于形式与质料的相互作用，它们之间的同构关系正取决于这种相互作用（例如范畴直观与物质直观就同是形式中动觉和质料中感觉元相互作用的结果），以及这种相互作用中的结构性因素最终可以追溯到动觉中的运作元的事实。这些是我们从图15—3—6所显示的超绝意识自我显现的过程中便可以清楚地看到的。其次，关于语言的结构如何能够与认知性运作直观的结构一致的问题，同样可以在超绝意识的自我显现中找到答案。这里的语言确切地说应是一种与诗的语言不同的认知性语言（我们将称其为"**语法性语言**"），它的基本结构就是类逻辑和范畴，即它是由概念与概念之间的类逻辑关系以及这

---

① 参见上一小节中关于在反思的经验体验流中如何构成客体的论述。

些概念通过范畴形成的关系所构成。在这一点上，康德早已看得很清楚并且我们是赞同康德的见解的。对于这种见解，我们曾在《超绝发生学原理》第一卷中有过这样的表述：如果说类关系是认知判断或命题的形式方面，则范畴就是认知判断或命题的认知方面，这两者对于任何认知判断的构成都是不可或缺的。①既然如此，（认知性）语言的结构与认知性运作直观的结构之间的一致性当然也就是顺理成章的了。

语法性语言的这种与认知性运作直观的结构从而与作为认知对象的世界在结构上的这种同构性，保证了这种语言能够作为人类认知活动的一种可说是最为重要的工具。然而，既然语言在这方面运用的基本方式就是在诸认知主体（交互主体）之间充当沟通交流的工具，那么就还存在着一个问题：这种语言为何能够对于复多的认知主体来说是共同的，或者说，它是如何具有交互主体性的？②这个问题对于超绝发生学来说甚至可说并不存在，因为这种共同性在它看来是毫无疑问的，既然我们从图15—3—5便可以看到，这所谓复多的认知主体本质上只有一个，或者说它们的本质是唯一（同一）的，那就是它或它们所由以产生的自我显现着的超绝意识。换言之，这个问题的答案早已蕴含在那个自我—人格的复多性概念之中了。不过，这只是道明了语言在认知活动中作为交互主体的工具的可能性，这种工具在其实际运用中还将体现出另外一些性质，这些性质中有两个是基本的。

第一个性质是，语言属于一种**编码**形式。这种编码的实质在于实现一种区分性，这也是为什么索绪尔要将语言的本质理解为"差异"（"语言中只有差异"③）的原因。语言的形成中所涉及的所有类型的差异中，概念之间的差异乃是最为基本的。这种差异最后固定为亚里士多德式的分类系谱（所谓"属加种差"的分类方式），这种分类本质上是一种二分法。④这

---

① 见《超绝发生学原理》第一卷，第72页。另外，读者可以在下一章的第二节我们对于类逻辑与范畴的构成的具体分析中进一步看清认知性语言与它们的关系。

② 这里所说的语言当然不是专指任何一种具体的自然语言，例如英语、汉语等等，而是指使这些自然语言成其为语言的共同的、深层的语言结构。它有些像乔姆斯基（A. N. Chomsky）所说的生成语法结构那样的东西。显然，当我们针对这种结构说明了它与世界的同构性以及它在诸他者之中的普遍性，任何一种可能的自然语言对于沟通交流本质上的有效性就是不言而喻的了。

③ 索绪尔：《普遍语言学教程》，高名凯译，北京：商务印书馆1980年版，第167页。

④ 见《超绝发生学原理》第一卷，第197页，其中的图10—2—1（或本卷的图16—2—1）清楚地显示了这一特点。

第十五章 超绝发生：从超绝意识到自我与世界

就是为什么语言，确切地说是认知性或语法性语言具有类逻辑的结构并且这种逻辑本质上是"二值的"的道理，同时也是这种语言中最基本的真正具有认识功能的语义单元为什么是概念的道理。这种语言中的实词便是用来表达这些概念的。可以说，语言与现实的关系就是通过这些由语词来表达的概念与现实中的事物的对应而实现的。显然，从超绝哲学的构成论角度看，这种对应是在借助语言对事物进行分类的过程中产生的，虽然分类本身的可能性已经存在于超绝发生学所揭示的逻辑之中。因此，语词与事物的这种对应主要的不是专名（如苏格拉底）与现实中单个事物的对应，而是类概念（及其名称，如"红"、"桌子"、"三角形"等）与现实中事物的类之间的对应。但要决定"现实中事物的类"从而概念的内涵与语词的意指，这并非像看起来那样仅仅是一种约定，它涉及到复杂的认知活动。例如，我们无法在现实中看到桌子的类，而只能看到不同颜色不同形状的、具体的桌子。我们在思想中将它们归为一类。正如我们在本书的第十四章中所指出的，在这时我们进行了胡塞尔所说的本质变换那样的运作。这种运作能够保证我们获得类（概念），但它并不能够保证所获得的是一个正确的类概念。换言之，现实的事物的确存在着被区分为类的性质（这是前面所说的它们的超绝发生学来源所决定了的），我们（通过语音和书写）也具有可以表达概念的语词，而借助于本质变换，我们也的确能够得到可以被表达的类概念，但是我们没有一种方法使自己所得到的类概念无一例外地是正确的。这正是我们在前面提到过的超绝意识的自我显现在认知层面上所出现的片面化的结果。不过也正因为如此，类概念的这种可错性恰恰表明了存在着一种它可以无限地（通过纠错）去接近的真理。使用语言的交互主体的世代延替的沟通交流在现实中使得这种**接近**得以实现。①总而言之，在语言运用的实践中同时存在着两种因素，一是前面指出的那些超绝发生学机制所保证了的语言本身的作为主体之间沟

---

① 前面虚构的对于那个因为认知障碍而误以为自己是笛卡尔的人被"事实"证明是错误的，这种情形中已经包含了交互主体性的作用。前面的正文中曾指出交互主体中每一个主体（诸他者）都有独一无二的看待世界的角度，这就是所谓"片面性"。主体之间的沟通交流不可能从根本上消除这种片面性，但可以使这些从不同角度看到的世界变得越来越同构。在这种语言的，同时也是认知的实践中，作为客体的事实、事物乃至世界的构成并非任何一个主体孤独劳作的产物，而是一种交互的构成。这种构成是可能的，仅仅因为它根源于超绝意识或绝对对称性的自身区分。所有这些，我们在《超绝发生学原理》的第五部分还要做更进一步的讨论。

通交流的工具以传递主体所获得的对于世界的认识的可能性，二是在语言的实践中始终存在着的由于所谓能指与所指，或者语词与事实彼此属于不同方式的实存者（主体与客体）而导致的发生错误的可能性。这两种可能性之间显然没有根本的冲突，即它们并非是不相容的。所以，语言作为交互主体的交流方式不仅是可能的，而且交互主体或诸人格还将在这个交流的过程中通过不断地排除错误而增进相互的理解。由此亦可以说，就语言是可能的来说，当且仅当它的**结构**与事物的，以及人类认知的结构之间存在着同构性，从而《逻辑哲学论》中的维特根斯坦是正确的。而就语言的**使用**是可错的，并且这种可错性首先是概念的意指，也就是概念与它所要对应的事物之间的对应关系未必能正确地达成来说，《哲学研究》中的维特根斯坦是正确的。并且，这两个维特根斯坦并不矛盾，甚至应该说，唯有它们的结合才可能构成一种正确的语言哲学。

我们现在要谈到的另一个基本性质是**语言的辩证法**。从上面关于语言的讨论中我们已经看到了语言的编码形式是如何必然地具有语义的性质的。正因为语言的这种语义性质，我们在《超绝发生学原理》（第一卷）中给出的超绝语义学的总体性质关系式不仅应该适用于那些具有超绝意义的具体的语言系统，而且也应该一般地适用于作为系统的语言本身。这意味着，当语言通过类概念以及能够将类概念纳入形式系统和认知模式之中的类逻辑和诸验前范畴而试图表达一种本质上是无限的实在的时候，如果想要表达的是这种实在的全体，例如世界的总体，就可能遇到某种悖论，例如当我们试图描述宇宙的起源时就是这样。而如果要想使这种悖论成为无害的，我们就不得不让语言变得不那么严格和精确。这种不严格、不精确的情况有两种，一种是单纯的缺乏（信息），如我们无法知道，当然也无法描述宇宙开端上普朗克线度以内的情景；另一种是语言的模糊性，这种情况我们可以在古代描写宇宙开端的诗体文本（神话）中看到。如果说前一种情况相当于那个超绝语义学的总体关系式的右边，即表现出永远无法形成一个信息完备的——即使只是原则上完备的——关于世界的总体的话语状态，那么后一种情况则相当于这个关系式的左边——诗歌的语言显然包含着某种不可构成的东西。除此之外还有一种可能，即以辩证法的形式来表达世界的总体，这种表达本质上也具有一种不确定性，一种对于类逻辑来说的不确定性，从而对应于那个总体关系式的左边。但与模糊性的语言不同，这种辩证形式的语言并不必定是不具构成性的，也就是说，它可以不具有**也可以具有**构成性。前一种情况我们在后康德主义那里看到过，后一种情况的一个绝好的例子正是我们的超绝发生学。它作为语言系统，**一旦以本源的直观确定了本身不可构成的初始概念**，便能够构成性地给出宇宙的本源和发生，确切地说，给出对于宇宙的本源和发生的描述，而这种发生同时注定要带有某种辩证性质，这种性质的最基本的体现，就是超绝发生学中超绝意识自我显现的那些基本原理。[①] 由于语言就是实存者（事实、事物和世界）的一面镜子，发生在语言对于实存者的描述上的逻辑，也必然地体现在语言活动自身之中。也就是说，如果对语言活动的本质演变加以描述，则同样可以看到它内在地体现出一种辩证的发展，这个发展的"正（题）"、"反（题）"与"合（题）"分别是诗的语言、类逻辑的语言（即认知性或语法性语言）和辩证的语言，并且按照辩证法，合题与正题这两极是相通的。而贯穿整个"正、反、合"的"圆圈"的，则是那本源的直观：作为绝对对称性和它的自身区分的超绝意识。

第四节　超绝发生学——超绝哲学理想的实现

一　超绝发生学对于超绝哲学史上"我思"概念的澄清

在第十四章第二节的第二小节中，我们曾指出超绝意识正是历史上诸超绝哲学体现于"我思"概念上的追求之实质。在那一部分中，我们还特别地提到了自身虽然不算是一种超绝哲学但却无疑与超绝哲学有着深刻关联的笛卡尔学说和自身作为超绝哲学的费希特的知识学。费希特在其知识学中所说的作为直观的自我意识，特别是其中的第三条基本原理，在本质上可说是与超绝意识及其自我显现最为接近的了。然而，知识学体系作为一种超绝哲学毕竟缺少了这种哲学所必须具备的构成性，因此在其中"我思"概念的深入性以及因此而暴露的困难的尖锐程度都远不及在它之

---

① 由此可知超绝发生学之前的辩证发生学之所以不具有构成性，其根本原因就是没有一个本源的直观作为它们的逻辑起点。只有柏拉图的本质发生学中存在着这样一种直观，同时也具有辩证的形式，虽然在那里这个直观以及基于它的辩证发生学形式都还是粗陋的。因此，这种本质发生学不仅是后来一切超绝哲学的先型，更是超绝发生学的先型。

前的康德的批判哲学和在它之后的胡塞尔的超绝现象学。现在，我们既然已经阐明了作为本源明见性的超绝意识，并对其自我显现做出了**本质的描述**，换句话说，既然我们已经阐明了**超绝发生学的基本逻辑**，考察一下在这种超绝研究的成就取得之后，至少是从笛卡尔之后一直笼罩在哲学，特别是超绝哲学上空的"我思"迷雾是否能够或者已经被驱散，应该说是值得一做的事情。

我们曾指出在笛卡尔那里，"我思故我在"这个命题——它意指着作为"我思"的自我——之所以从一开始便受到质疑，并且这些质疑主要是针对"我思"的直观性的，是因为笛卡尔自己对于这个命题，这个"我思"或"我思"之我的阐述，一直受到亚里士多德式的"实体—属性"模式的影响。这种影响的实质，在于后者其实是从根本上否定了"我思"之我，也就是"我思故我在"这个命题中的那个存在着的"我"，是一个直观，或更确切地说，一个本质的直观。相反，它暗含着这样一种主张，即这个作为实体的"我"是一种属性的集合，而"思维"则不过是这些属性中的一个，那怕是其中最重要的一个。①当我们这样说的时候，我们已经意识到这种模式本质上是与对于实体的直观性理解相对立的。②正因为它的这种本质上对于直观性实体的排斥，才会在它的基础上形成了经验主义的基本原则，即那种将一切还原为观念，进而还原为直接的感觉印象的原则。对于接受或主张这种原则的人来说，通过思维，即像笛卡尔所说的那样"在怀疑，在领会，在肯定，在否定，在愿意，在

---

① 亚里士多德的这个"实体—属性"模式对于笛卡尔的影响所必定导致的结果在后者的论述中是十分明显的。笛卡尔在《方法短论》中就曾这样明确地说道："我发现，'**我思，故我在**'这个命题之所以使我确信自己说的是真理，无非是由于我十分清楚地见到：必须存在，才能思想"（《谈谈方法》，第28页）。对于笛卡尔的这一陈述可以这样来理解："必须存在，才能思想"说的是"思想"作为一种属性，与之相应的必须存在着一个实体，即"我"，并且前者作为属性而属于后者。因此这一陈述显然是对于笛卡尔在更晚一些时写的《哲学原理》中所表述的这样一个原则——"当我们发现了某个属性时，便有理由做出结论说它是某个实体的属性，并且这个实体存在着"（R. Descartes, *Les Principes de la Philosophie*, *Oeuvres de Descartes*, IX, Ch. Adam P. Tannery, Paris : le Vrin, 1996, p. 47）——的运用，并且在后一本书中，笛卡尔也的确是将"思想"视为作为实体的灵魂的主要属性，而"我思，故我在"中的"我"所意指的显然就是（我的）这个灵魂。（Ibid., p. 48）

② 这种对立可说是亚里士多德对于柏拉图的实体（理型）学说的改造的最为重要的结果之一。

不愿意，也在想象，在感觉"时，所能断定其存在的，只是这些思维形态本身。至于那个思维着的"我"，却充其量不过是由这些属性的存在而推论出来的，也就是说，这个"我"的存在绝非一个直观，或者说，根本不可能有这样一种直观。正如休谟所言：

> 就我而论，当我切身地体会我所谓我自己时，我总是碰到这个或那个特殊的知觉，如冷或热、明或暗、爱或恨、痛苦或快乐等等的知觉。任何时候，我总不能抓住一个没有知觉的我自己，而且我也不能观察到任何事物，只能观察到一个知觉。①

因此除了作为一系列的知觉外，并不存在一个对于"我"的直观，"我"就是"以不能想象的速度互相接续着，并处于永远流动和运动之中的知觉的集合体，或一束知觉"②。

然而，笛卡尔毕竟不是休谟，在他那里，亚里士多德的"实体—属性"模式毕竟没有被极端化为一种经验主义立场。在笛卡尔身上，还显著地存在着这个模式所由以蜕变——这种蜕变在我们看来甚至可说是一种倒退——出来的柏拉图主义。正是这一点使得笛卡尔不可能成为休谟，使得他在"我思"中不仅仅看到"一束知觉"而且也看到了，并且是"清楚明白地"看到了"我"的存在。这样的一个"我"与它的"思"本质上超越了"实体—属性"模式中实体与属性的关系。后一种模式，正如我们在休谟那里已经看到的那样，最终将导致实体的虚无化，剩下的只是属性。相反，当笛卡尔面对那些对于"我思故我在"这个命题的诘难时，明确地坚持说"他是用精神的一种单纯的审视看出它

---

① 休谟：《人性论》上册，关文运译，郑之骧校，北京：商务印书馆1980年版，第282页。

② 同上书，第282—283页。在上一章的最后我们提到罗素也认为笛卡尔只能说是给出了"思维是存在的"这个命题，而不应说"我在"。他的这个看法正是基于同休谟一样的思路的。但是，值得一提的是，休谟毕竟是不同凡响的，他在同一部书最后的一个简短的"附录"中表明了自己并不缺乏对于自我的直观意识，并且甚至由此而对他的哲学的（直接导致他对于作为实体的"自我"的否定的）两个基本原则有所怀疑。（见《人性论》下册，关文运译，郑之骧校，北京：商务印书馆1980年版，第673—674页，并参见巴里·斯特德：《休谟》，周晓亮、刘建荣译，济南：山东人民出版社1992年版，第177—178页。）

来的"①，而这样一种"精神的……看"就是一种关于本质，更确切地说，一种关于作为实体的本质的直观，一种后来被胡塞尔说成是"理型的看"的直观。②不过尽管如此，笛卡尔却未能对这样一种直观有任何进一步的明示。因此整个来说，"我思"在笛卡尔那里并非真正如其所说的那样"清楚明白"，更不可能在其哲学体系中具有任何构成性的作用。这并不奇怪，既然事实上在他的这个"我思"概念中本来就混淆着两种成分，即柏拉图式的直观的成分与亚里士多德式的非直观的成分。这两种成分正分别对应着超绝发生学中超绝意识自我显现的诸环节中的自我直观或作为其直接体现的灵魂和作为灵魂运作的认知结果的人格。在前一章中我们已经表明，这两者分别是通过非反思的（直观的）和反思的（非直观的）方式达成的。因此可以说，在笛卡尔的"我思"中混淆了两种不同的自我，即**非反思的和反思的**自我。

由于某种十分深刻的、我们将予以揭示的原因，笛卡尔"我思"的这种困难注定要成为其后那些"我思"在其中必定成为核心概念的超绝哲学体系，尤其是具有构成性的超绝哲学体系，如康德和胡塞尔的体系的宿命。我们在《超绝发生学原理》（第一卷）中曾揭示了康德的超绝演绎的诸多困难。在这些困难中，最深刻、最关键的，应该算是"自我的二重性困难"了。有趣的是，康德越是深入超绝演绎所不可避免地涉及的构成性机制的根底，这个困难就越加明显地暴露出来。在《纯粹理性批判》第二版超绝演绎的§24中，康德提到了本就是同一个的"我"如何可能会有"'我思'之我"与"直观到自身的我"这样两种表象的问题，此即我们所说的"自我的二重性"的问题。我们知道，康德最终未能解决这个问题，这是因为康德真正能够"直观"到的只是后一个我们根据康德的表述也可称之为"现象之我"的"我"，那个"'我思'之我"却是

---

① 《第一哲学沉思集》，第144页。

② 就在前面所引的句子之后不远，笛卡尔接着写道："由个别的认识做成一个一般的命题，这是我们精神的本性"（同上）。这在胡塞尔看来正是"理型的看"，即本质的还原，并且正如我们稍后还会提到的，在《笛卡尔沉思》中，胡塞尔也确实将那个真正作为"我思"的本质存在着的"我"（超绝自我或纯粹自我）当成了一种本质变换的结果。（关于"理型的看"，见《经验与判断》，第395页，关于"本质的自我"——Eidos ego——见《笛卡尔沉思与巴黎讲演》，第108页）

第十五章　超绝发生：从超绝意识到自我与世界

他始终未能真正直观到的；相反，这后一个"我"在那里几乎与自在之物相等同了。①因此我们说康德的这种困难说到底仍然在于未能获得对于这一本源的终极之物的直观。然而，如果"'我思'之我"不能落实，则由它所引起的"现象之我"也就无法超绝地给出，进而作为超绝演绎中的关键概念的超绝统觉、范畴的作用以及与此密切相关的超绝图型等一系列的主要概念就都无法得到阐明，从而也就无法完成超绝演绎既定的任务。②类似的情况在胡塞尔那里也曾发生。对于胡塞尔来说，现象学构成论的基础是还原，而还原中最重要的莫过于朝向并达到作为"真正的绝对"的"纯粹自我"的还原。相对于这个绝对的自我，存在于时间中的，或者不如说作为"体验之流"的"我思"倒是以独特的方式构成的。但是，尽管意识到揭示这一"独特方式"的途径在于一种关于时间意识的超绝分析，胡塞尔最终也未能够完成这一分析从而未能阐明"我思"或体验之流与纯粹自我之间的构成性关系。③这里所涉及的困难首先是胡塞尔的时间意识现象学分析并没有通过某种机制成功地与纯粹自我联系起来，其次是即便对于时间意识以及对象的时间性本身的构成，他也未能给出一个清楚而恰当的说明。结果，对于康德来说是"'我思'之我"与"现象之我"，而对于胡塞尔来说则是纯粹自我与体验之流（与康德更倾向于用"我思"代表作为超绝根据的"'我思'之我"不同，"我思"在胡塞尔这里意指的是体验之流而非更为基础的纯粹自我），他们都因为在对于自己的构成性的超绝体系来说作为基础的自我上遭遇了二重性的困难，也就是说，无法澄清自我的某种二重含义从而使其超绝体系难以达到完备。稍后我们将看到，从超绝发生学的角度看，康德和胡塞尔的体系中

---

①　参见《超绝发生学原理》（第一卷）第十二章的第四节。当然，康德也曾像笛卡尔那样将"我思"说成是一种直观，这是我们在《纯粹理性批判》的 B423 上的那个注释中所看到的，但正如我们在《超绝发生学原理》（第一卷）第十二章的第四节中所指出的那样，康德在这里对这个直观的解释是相当不明确的。我们甚至无法确定他这时说的"我思"究竟相应于"'我思'之我"还是现象之我。而在另一处，康德则说道："我意识到我自己，既不是像我对自己所显现的那样，也不是像我自在地本身所是的那样，而只是'我在'。这个**表象**是一个**思维**，而不是一个**直观**"（《纯粹理性批判》，第 104 页，B157）。这种含糊性与不一致其实正与我们下面紧接着要指出的事实直接相关，即康德像笛卡尔一样未能有效地澄清非反思的和反思的自我两者之间的关系。

②　见《超绝发生学原理》（第一卷），第十二章，第四、五节。

③　见同上书，第十一章，第二节。

的这样两个事关重大的对子（即"'我思'之我" VS."现象之我"，纯粹自我 VS. 体验之流），每一个对子中都有一个是更加本源的、非反思的，而另一个则是反思的。因此，如果说笛卡尔的"我思"或"我思，故我在"是直接地混淆了这两者的话，那么康德与胡塞尔则因为无法以构成性的方式澄清这两者之间的关系而同样是混淆了它们。所以，迄今为止超绝哲学及其所由以发展起来的前超绝形态（例如笛卡尔的哲学，甚至在某种意义上的休谟哲学）的一个共同困难就在于从根本上缺乏了一个从作为本源的明见性的非意向性的自我到被构成的①具有意向性的从而可以将自身对象化的自我的构成性阐明。现在，当我们的超绝发生学已经揭示了从本源的超绝意识到它的自我显现的第五个环节即自我的构成性关系之后，一揽子解决困难从而摆脱困境就是可能的了。因此，我们接下来将从已经给出的超绝意识自我显现的，也就是超绝发生学逻辑的角度，以康德与胡塞尔的相关论述为案例，对超绝哲学的上述根本性困难做出分析。由于如果仅就其构成性意义来说，关于内时间意识的分析已经使得胡塞尔在对于"我思"等的理解上超越了康德，我们的分析最好是从胡塞尔开始。

自以《纯粹现象学和现象学哲学的观念》为标志的超绝转向之后，"我思"便成为胡塞尔超绝现象学的核心内容之一，成为超绝还原的中心概念。因此，胡塞尔的现象学还原运作的一切困难也都必定会在这一概念上有所体现。这些困难是多种多样的，其最终的结果就是使得胡塞尔未能达成一个对于"我思"本身的本质直观。直到《笛卡尔沉思》，胡塞尔终于将现象学还原与本质还原统一起来，其标志就是将悬置理解为一种对于"我思"的本质变换的结果。我们这样认为的根据在于：在《观念 I》中，胡塞尔已经遇到了这样一个问题，即现象学的或超绝的还原所能够达到的看起来只

---

① 这里的"被构成"中的"构成"不同于"构成性意向对象"中的"构成"，因为后一种构成是认知性的（也就是说"反思性的"），所以不是一种纯粹直观，而这里的"被构成的"那个自我，即作为超绝意识自我显现的一个环节的、直观层面上的自我则是一个纯粹直观。关于本书中"构成"这个术语的使用特点，见前面第 4 页的注释②以及第 120 页的注释①。但这个非反思的、在直观的意义上被构成的自我却是意向性的，它由于那种"自我意向性"而被构成。关于超绝发生学中"反思的"（从而"非反思的"）与"意向性的"这几个术语之间的关系，见前面第 137 页的注释①。

第十五章　超绝发生：从超绝意识到自我与世界　　177

能是充斥着诸多"我思"或"我思活动"（cogitatio）的意识流或体验流，但胡塞尔至少像笛卡尔一样地坚持在这些"我思"的样态之中，必定存在着一个"纯粹自我"。他说道：尽管在体验流中只有不断改变着的"我思"而"根本未遇到纯粹自我"，但"纯粹自我似乎是某种本质上**必然的**东西；而且是作为在体验的每一实际的或可能的变化中某种绝对同一的东西，它**在任何意义上都不可能被看作是体验本身的真实部分或因素**。纯粹自我在一特殊意义上完完全全地生存于每一实显的我思之中，……按照康德的话说，'我思'必定能伴随着我的一切表象。"①然而依旧与笛卡尔一样，胡塞尔也未能够明示这样一种必然的东西是如何作为明见性而存在的（即如何被直观到的）。②只是在《笛卡尔沉思》中，胡塞尔才将本质变换明确为获得这个作为体验流的本质的，同时也是作为现象学还原的剩余的纯粹自我的方式。他说："我们也许从一开始就能够自由变换地思考这一点，并且根本上能够对一般超绝自我的清晰的构成的本质进行研究。……如果我们纯粹根据本质的方法，把现象学看成是建立起来的验前—直观的科学，那么，这门科学的所有本质的研究就完全是对一般超绝自我的普遍本质的揭示。"③他并且就这种本质还原的方法提醒我们"在从我的自我到任何一个自我的过渡中，既不必以有关他人的一种范围的真实性，亦不必以这样的可能性作为前提。这里，那个本质自我（Eidos ego）的范围是通过我的自我的自身变换得以规定的。"④然而，这个看似的对于笛卡尔的"我思"的直观性的进一步的认识却包含了一个错误，这个错误必将使得胡塞尔不可能真正获

---

①　《纯粹现象学通论》，第151页。
②　也许正是由于在思想上实际地处于这样一种尴尬的境地，在胡塞尔的这段话中，"我思"出现了两次，但其含义显然不同。第一次出现的"我思"是任何一个体验流的可能的组成部分（按照胡塞尔，纯粹自我乃是这些"我思"构成的体验流中的不变项），而第二次出现的（康德所说的）"我思"的意指却是并且只可能是那个纯粹自我。这种含混并非偶然，它无非是我们接下来将指出的在胡塞尔那里同样存在着前面已经指出的笛卡尔的那种对于非反思的与反思的自我的混淆的一次无意中的显露。
③　《笛卡尔沉思与巴黎讲演》，第108页。这段引文中所说的"超绝自我"也就是纯粹自我。在许多地方，胡塞尔用这两个术语所意指的都是同一个东西，我们这样说的文本根据见下一页上的注释①。
④　同上书，第109页，注释①。

得纯粹自我或超绝自我的明见性。①让我们对此略加说明——本书第十四章已经清楚地表明,"本质变换"这个术语的恰当使用的场合仅仅是数学性的概念而非经验性的概念。这个区别体现在,当我们对数学对象,例如自然数进行本质变换的时候,所构成的类概念("自然数")与经验性的类概念,例如"红"不同,因为在前一种情况下,本质变换将构成这种类概念的本质。②进一步,之所以会有这样的区别,又在于将数学性概念和经验性概念不加区分地理解为类概念,这种做法——这其实是胡塞尔的做法——并不恰当,因为对前一种概念来说,存在着作为其本质的直观,正是这种本质使得对于这种概念,本质变换能够实现并导致对于这种概念的本质或本质直观的揭示。因此,在本质变换得以实现的场合,我们甚至不应该说是本质变换**给出**了概念的本质直观,既然这种变换恰恰是因为这些概念的直观本质而成为可能的。相反,由于经验性概念作为类概念并不具有这样的直观本质,即使对其外延施以这样的变换也无法得到这些概念的本质直观,所以在这种情况下并不真存在着本质变换,所得到的仅仅是作为具体经验(例如各种具体的"红色的知觉"印象)的类的名称的类概念。③因此,像

---

① 在超绝还原(悬置)的意义上,胡塞尔那里的"纯粹自我"与"超绝自我"可以不加区分地看待。例如在《笛卡尔沉思》中胡塞尔在一些地方也用"纯粹自我"来意指对意识的超绝还原所得到的剩余物(见《笛卡尔沉思与巴黎讲演》,第 58 页和第 108—109 页)。在《观念Ⅱ》中,我们还看到胡塞尔不止一次地使用这样的表达:"纯粹的(超绝的)自我之统一体"(《现象学的构成研究——纯粹现象学和现象学哲学的观念》第 2 卷,第 77 页,"纯粹自我或超绝自我"(同上书,第 101 页)等等。在《观念Ⅰ》中,他也曾将纯粹自我理解为通过还原得到的"一种**在内在性中的超越性**"(《纯粹现象学通论》,第 152 页),即一种超绝自我。

② 事实上,也正因为在这里变换必须达成自然数的本质,所以并非仅仅如胡塞尔描述的在想象中不断排除那些非本质的性状或性质,而是需要有非常深刻的洞见,例如皮亚诺对于自然数公理的发现。当然,这些洞见说到底都与数学的对称性本质有关。这种对称性对于经验性概念来说仍然是外在的。正因如此,需要在不断的溯因过程中最终以**整个经验系统**来达成它。数学概念与经验概念的这种差别,已经蕴含在康德对于"构造"与"构成"的区分之中,并且在康德那里作为这种区分的根据的,恰恰是直观与理念的区分。

③ 在第十四章中我们仅仅指出了数学性概念与经验性概念的这种差别,但没有进一步揭示这一差别的根据。在本章第三节的第二小节中,我们表明了,尽管作为数学性概念的基础的数学直观和时空直观与作为经验性概念的基础的感觉直观都被理解为直观,但它们之间还是存在着一些重要的差别的。导致了上述数学性概念与经验性概念的差别的,正是感觉直观的那种根源于形式与质料的相互作用的"验前的不完备性"。这种不完备性使得任何基于感觉直观的经验性概念的本质都只能经验地,也就是溯因地到物质直观中去寻找(参见本书第 129—130 页)。对于超绝意识自我显现的"自我"环节中诸直观的这种差异从而数学性概念与经验性概念的差异在认知系统中的种种表现,我们将在《超绝发生学原理》的第五部分中展开论述。

第十五章 超绝发生：从超绝意识到自我与世界

胡塞尔在《笛卡尔沉思》中所以为的那样通过对于"作为事实的自我"——我们将指出其实是体现于经验的体验流中的"我思"——加以所谓的本质变换，所得到的只能的一种类概念（各种事实的自我，也就是经验的"我思"的集合的一个名称）而非"一个本质的自我"。[①]

正是由于缺乏一个达成明见的自我，一个如胡塞尔自己所称呼的"纯粹自我"或"超绝自我"的方法，在他对于自我或体验流的现象学分析中，这样一个纯粹自我或超绝自我常常在机制上与本质上是经验性的自我相混淆。这就是为什么在《笛卡尔沉思》中，胡塞尔虽然谈到了超绝自我、"作为习惯性基底的那个我"（人格）和"那个单子般具体的自我"并且特别地提到了后两者之间的区分，但我们却很难从他的表述中看清这些概念的区别究竟何在的道理。这一点在其更早的《纯粹现象学和现象学哲学的观念》中表现得甚至更加明显。在这部书的第二卷（《观念Ⅱ》）中，当胡塞尔开始提到"自我极"并将它与"作为相对极的客体"并置的时候，这样一个自我极显然已经超出了《观念Ⅰ》中对比于作为超越物的"实在的存在"的，作为体验流的"实显的意识"本身。这一超出看来是不可避免的，既然自我极与客体极处于一种明显的对应关系之中。这时候，与客体极是被构成的意向对象相平行地，自我极也必定是被构成的——我们可以说，是作为意向主体而被构成的。胡塞尔的确在十分具体的描述中将后者的构成与前者的构成做了类比：

> 从自我中心外射的行为之结构即自我本身是一种形式，此形式在相关于躯体的一切感觉现象之中心化内具有一种相似物。在绝对意识中，我们永远有一意向性"领域"，而且注意的精神"目光"有时"朝向""这个"，有时朝向"那个"。问题在于，了解这些形象是否具有一种本源性意义并表达着一种本源的相似性。这就是说，在此注意行为中，除该形象由其产生的空间物外，是否存在某种从一个出发点发出的方向性之类的东西？当然存在一种诸相关体验的复多体和意向性的所与物，因此存在一个"领域"，与此领域相联系的是变化的诸注意性变样。每一注意系列都似乎是一射线类型的东西，而且在每

[①] 见《笛卡尔沉思与巴黎讲演》，第108页。在那里胡塞尔设想通过自由变换，"我们就确实不再作为事实的自我，而是作为一个本质的自我而出现"。

一注意系列都有"同一物"被意向地把握着。这是对一种同一物的把握系列，它不断地更为丰富和更为完全：其方式类似于，我在接近一客体时，也就是在相应的定位系列中，不断获得关于客体的越来越丰富的知识，并且对此客体的把握也越来越深、越完善。因此就有这样的比喻：我更靠近了事物。（即使事物不是空间性的。）如果我们抽掉此类比，那么所与的就是一种渐增系列以及一种对充分把握的客体的理想性的渐近化；它们发生于对客体的每一注意性把握的过程中。而且所有这些射线都在体验中发自单一起始点，即同一的自我。①

唯恐上述表述还不够清晰，胡塞尔在注释中进一步明确：

> 如果我们看显现于感官的物对象领域，此领域是在定位中给与的，那么可以理解这里存在着与"自我定位"的相符性：适应过程（我的运动）属于物的构成，并且与此平行地，我将因此永远更多地把握物，而且此把握本源地是一注意行为过程。于是在此似乎出现一种方法，以便将自我的中心化作为一个与其平行的定位化以及与其相联结者的一个比喻加以理解。②

这个自我极究竟指的是什么呢？从上面引文所出的那一节（§25）开头的一句话——"就每一我思需要有一我思对象（cogitatum），而且后者在行为过程中存在于与纯粹自我的关系中而言……"——可知它所意指的就是纯粹自我。③换言之，在这个著名的"三重体"（"自我—行为—对象"）④中的"自我"实际上就是纯粹自我。这个纯粹自我显然与相对于它的客体一道对应着同一个体验流（"我思"或"我思活动"的系列）的两个侧面。如果说作为意向对象的客体是在这个系列或体验流中被构成的，那么难道说意向主体，这个纯粹自我也一样地，或至少是类似地被构

---

① 胡塞尔：《现象学的构成研究——纯粹现象学和现象学哲学的观念》第2卷，第89页。
② 同上书，第89页，注释1。
③ 实际上《观念Ⅱ》的§22的标题就是："作为'自我极'的纯粹自我"。
④ 同上书，第88、90页，并参见《笛卡尔沉思与巴黎讲演》，第102页。

成的吗？这个问题立即将我们引向一个困难：如果回答是肯定的——从上面那两段引文来看似乎也只能是这样——那么这个纯粹自我又是被什么样的主体所构成的呢？后一问题显然可以一再地追问下去，从而使我们陷于一种无限倒退之中。胡塞尔虽然没有明确地承认这样一种困难的存在，但在他的论述中，围绕着这里所涉及的问题，我们还是可以看到他的处境的尴尬。一方面，他因此的确将纯粹自我理解为被构成的："自我作为此同一的、枚举上单一的自我，属于'其'体验流，此体验流是作为一种无限内在时间统一体而被构成的。一个纯粹自我是相对于此流动统一体而作为统一体被构成的……"①另一方面，他又强调这个纯粹自我在构成性上与所谓"实在自我"的本质区别："**实在自我，以及一般的实在性，只是意向性统一体**。而纯粹自我应当以本源的和绝对自在的方式从在其中起作用的每一我思的本源所与性中被获得，而且因此，正像内在现象学时间领域内纯粹意识本身的材料一样，它们**不可能和不需要通过'杂多'来构成**"②。然而问题依然是，他无法从机制上明确这两种显然应该是截然不同的构成的区别究竟何在。不错，胡塞尔在《观念Ⅱ》的§29的一个注释中确曾说道："这些统一体[指纯粹自我——引者注]也是被构成的，因为它们是建立在更原初的层面上的较高层面的对象，但这并不意味着它们是像超越性客体一样被构成的。"③ 按照胡塞尔，这个说法的详细说明出现在《观念Ⅱ》的§23中，但正是在这里，问题被更加明显地暴露出来：

> ……不管相关于我思的现象学的变化因此在何种程度上被表达——此我思有时是非反思的我思，即本源地实行的纯粹自我之我思，而有时是反思的我思，因此本质上是一新行为的已变化了的意向性对象或介质，通过此新行为，实行中的自我把握着旧行为的实行。但是很明显，由于在较高层面上的进一步反思，**这一或另一纯粹自我**

---

① 《现象学的构成研究——纯粹现象学和现象学哲学的观念》第2卷，第94页。
② 同上书，第93页。这个实在自我，胡塞尔也称其为"心灵"、"心灵主体"或"心灵自我"："心灵在一种类似于物质性身体物的意义上，是一种实实在在的统一体，它对立于纯粹自我"。"'心灵自我'或者心灵，是一种非常不同于纯粹自我的统一体，虽然此统一体原则上同样相关于一种单子的存在关联域。"（同上书，第101页）
③ 同上。

实际上是同一的，只是有时被给与，有时不被给与；或者是，在较高的反思中有时直接被给与，有时在下一中介层次上被给与。同样地，本源的我思本身和反思中被把握的我思是同一的，而且可以在一较高的层次的反思中以中介方式无可怀疑地被把握为绝对同一的。①

问题在于，既然已经意识到这里涉及两种"我思"，或不如说自我的两种状态，即非反思的和反思的自我，②那就必须现象学地说明这两种自我或这两种状态中的自我如何才能够是同一个自我。也就是说，给出它们的同一性的现象学根据。然而，我们所看到的仅仅是对于它们"实际上是同一的"这样一类断言。

如果回想一下前面所指出的笛卡尔对于"我思"或"我思故我在"的直观的表述是如何地因为受到亚里士多德式的实体—属性模式的影响而表现出对于非反思的和反思的自我的混淆的，同时回想一下我们刚刚所指出的经验性概念，也就是本身缺乏一种纯粹直观作为本质的类概念不可能借助本质变换而得到其本质直观这一事实，我们就不难意识到，胡塞尔之所以无法证明处于非反思与反思状态中的自我属于同一个自我，也就是纯粹自我，恰恰是因为他在概念上以及方法上说到底与笛卡尔一样地混淆了非反思的自我与反思的自我，或者说，混淆了自我的非反思状态与反思状态。因为这两种状态正分别对应于"直观的"与"经验的"两种情况，从而也就存在着直观的与经验的两种自我，要想证明这两种自我是同一的，那就只能揭示它们有着同一个来源，并且仅仅是在这个意义上它们才是"同一的"。我们看到，就在前面最后一段引文之后，胡塞尔写道：

> 我们到处考察的那些统一体，作为例如同一的我思，其本身正是已经在意识中作为一种绵延的统一体而被构成的统一体，它们在此绵延中以这样或那样的方式变化着。换言之，这些统一体在一种更深

---

① 《现象学的构成研究——纯粹现象学和现象学哲学的观念》第二卷，第85页。
② "反思"这个术语在胡塞尔的使用中远非精确。他有时会用它来意指其实是非反思的情形，例如前面引文中"较高的反思"，又如他在别处还说道"自我知觉就是一种反思（纯粹自我的自我反思），而且按其本质假定着一种**非反思的意识**"，以及"当我在反思领域内……，在活生生的、非反思的反思行为中如此活动时"等等（同上书，第207页）。这种情况显然与他在对于自我的理解上的混淆有着直接的联系。

第十五章 超绝发生：从超绝意识到自我与世界

的、具有相应的多样性的、另一种意义上的"意识"中被构成，在其中一切我们迄今称作"意识"或体验的东西并未真正地发生，而是仅仅作为（意识之构成的）"内在时间"的一个统一体。这个至深之处，这个内在的时间以及一切融入其中的体验的诸统一体，包括每一构成我思的意识，我们在目前讨论中均有意放在一边，我们的研究完全保持在内在时间性内部。在此范围也包含着同一的纯粹自我。后者正是此内在时间的同一的自我。①

可见胡塞尔多少也意识到了作为非反思的和反思的，或者直观的和经验的自我背后的那个同一的自我是一种更为深刻的东西，只有将它揭示出来，才能够证明或明示前面两种自我的同一性。另外，不无重要地，尽管我们完全无法弄清楚这一段话中所说的"另一种意义上的'意识'"是否就是前一引文中所说的"较高的层次的反思"（既然它们所给出的都是绝对同一的纯粹自我），但在其中却透露了一个重要的信息，即要想对这种"意识"有所了解，就必须进行一种内在时间意识的现象学分析。在澄清这一分析将会给我们带来怎样的对于本源的纯粹自我以及它与体验流之间的关系的认识之前，我们需要先将上述问题放入上一章和本章前面几节中已经建立起来的超绝发生学的逻辑或原理系统中，看看我们应该如何超绝发生学地理解它，因为只有这样，我们才能看清胡塞尔的内在时间意识分析与这一问题究竟有着何种关联。

事实上，虽然前面我们对胡塞尔的"自我—行为—对象"三重体的理解是依据他自己的表述的，但这却并不是一个准确的理解，因为他的确并不认为这个三重体中的自我或自我极是与客体或对象一样地被构成的，相反，当他说"在枚举上同一的自我中心内一切行为的相互符合，存在于意向活动一侧"②时，他心目中的自我恰恰是能构成的而非被构成的。他在《观念Ⅰ》中甚至更明确地表达了他对于这样一个纯粹自我之区别于经验性自我的看法：

当我实行现象学悬置时，如在自然设定中的整个世界一样，

---

① 《现象学的构成研究——纯粹现象学和现象学哲学的观念》第二卷，第86页。
② 同上书，第88页。

"我，这个人"也经受了排除；留下的是具有其自己本质的纯粹行为体验。……没有一种排除作用可取消'我思'和消除行为的"纯粹"主体："指向于"，"关注于"，"对……采取态度"，"受苦于"，本质上**必然**包含着：它正是一种"发自我"，或在反方向上，"朝向自我"的东西——而且这个自我是**纯粹的**自我，没有任何还原可对其施加影响。

除了其"关系方式"或"行为方式"以外，自我完全不具有本质成分，不具有可说明的内容，不可能从自在和自为方面加以描述：它是纯粹自我，如此而已。[①]

当然，造成我们的理解的这种"不准确"的毕竟是胡塞尔自己。因为如我们刚刚指出的，他无法清晰地阐明这个纯粹自我的本质，在他对于它的阐述中，总是无法避免将它混淆于经验性自我，即将非反思的自我混淆于反思的自我。即便是在上面的引文中，当他以"指向于"、"关注于"、"对……采取态度"和"受苦于"等来描述纯粹自我的时候，就已经面临着将之混淆于经验自我的危险了，因为所有这些带有意向性的精神活动其实也都是属于"我这个人"的。然而，要想避免这种混淆，唯一的办法是明示出那个纯粹自我本身并彻底地澄清它与经验性自我的关系，这一点恰恰是胡塞尔未能而只有超绝发生学才能够做到的。

在超绝发生学中，涉及到并分别对应于被笛卡尔和胡塞尔所混淆的非反思的（纯粹的）自我与反思的（经验的）自我的是自我直观或作为运作中的自我直观的灵魂和作为灵魂的运作结果之一的、认知层面上的人格或不如说心灵。在上一节的第三小节中，我们曾指出这两种不同的自我都表象为体验流，一种是纯粹的体验流，另一种则是经验的体验流。这两种体验流，也就是灵魂与心灵，并非处于一种时间意义上的先后关系之中。相反，它们之间的先后顺序是一种奠基与被奠基的关系，即一种非时间性的超绝逻辑关系。运作着的灵魂在这种意义上在自我直观所处的直观层面"产生出"了认知层面，而伴随着认知，反思的功能便被"激活"。这一系列的情况导致了经验体验流的产生。在经验体验流产生的过程中，运作着的灵魂中存在着与反思相关程度不同的，即从所谓无意识到有意识的诸

[①] 《观念I》，第202页。

种运作。它们分别接近于胡塞尔所说的"被动综合"与"主动综合"。知觉心理学家们所谓的格式塔一般都属于前一种情况。这就使得从**一开始**，纯粹体验流就伴随着它所产生的经验体验流。①正是这种情况，使得塞拉斯对于"所与"的质疑能够成立。也就是说，他所谓的"所与"从一开始指的就是经验的体验流中的、我们说成是知觉片断的东西。因此，灵魂与心灵或人格也不是因果地相关地存在于那儿的两种平行的体验流，它们分别作为纯粹的和经验的体验流，毋宁说处于一种超绝发生而非因果发生地相关的**嵌套结构**之中，也就是说，在经验的体验流的深层结构中，存在着作为它的超绝发生学根据的纯粹的体验流，或者说，在心灵或人格之中存在着作为它的超绝本质的灵魂从而自我直观。根据上一节第小三节中所述，可知无论是灵魂还是心灵或人格，它们之为"我的"，它们之所以具有所谓第一人称的特性，其根据完全在于那个自我直观。这也就是为什么我们后来常常以"自我—人格"代替"人格"的原因。因此，当胡塞尔以"指向于"、"关注于"、"对……采取态度"和"受苦于"等来描述自我的时候，除非能够将这种描述置于这样一种超绝发生学的逻辑之中，才有可能断定这种"射线"最终来源于一个纯粹的自我而不至于有将此自我混淆于本质上是经验性的心灵或人格的危险。这些"射线"在这里可以称为"纯粹的意向性结构"或"直观意向性结构"。这种结构不是别的，正是运作着的灵魂的，也就是纯粹体验流的内部结构，即**在运作中**由主动—被动感伴随着的诸直观性意向对象。它们**在认知的意义上**是（能）构成的或构成着的而非被构成的。例如灵魂中与主动—被动感结合的数学（量）的直观，当其与空间—时间直观结合时，便有了数学表象的可能性。这种可能性直接地根源于将体现于数学对象的构成之中的纯粹想象力的作用，甚至就是这种作用本身。在这种想象力中，便包含了体现为"指向于"、"关注于"的结构，以及与此相关的那个"发自自我"或

---

① 与笛卡尔所描述的"在怀疑，在领会，在肯定，在否定，在愿意，在不愿意，也在想象，在感觉"相应的体验流无疑就是经验的体验流。纯粹的体验流中的表象是纯粹的，如纯粹的空间与时间直观，纯粹的感觉直观、因果性直观等等。这里需要强调的是，就像我们指出过的那样，这些直观直接地来源于更为本源的诸动体元素（它们也是直观性的）而非来源于对于经验直观的本质变换。例如感觉直观，作为感觉的一般差异性的具体实现的可能性，虽然它们与胡塞尔所谓的"红"的直观等十分接近，但根本不同地是，它们不可能通过对于个别的、经验的、像任何具体的红颜色那样的知觉加以本质变换而获得，除非接受那个"奇异的两间统一性"。

"朝向自我"中的"自我"。这并不奇怪。当量的直观与空间—时间直观结合时，必定产生立即与被动感结合的内时间意识。后者将在进一步的（灵魂的）认知运作中被构成为（运作化的）时间，而这种量的直观与空间—时间直观的结合，也就随之体现为"在思想中画一条线"这样的表象。数学对象就是构成于这些表象之上的。与内在时间意识产生的同时，既然灵魂必定进一步[①]有刚才所说的构成性作用，而这种作用的实质又不过是对称性的体现，那么作为对称中心的自我也就自然呈现了出来。这就是在灵魂中所呈现的自我，显然，它作为能构成者而非被构成者，依然是一种直观而非认知对象。这个自我不过是自我直观在其运作之中，即灵魂之中呈现罢了。于是，在从自我直观到运作着的灵魂再到由此运作而构成的有着周围世界与之相对的人格这样一个嵌套关系中，所涉及到的两个层面，即直观层面和认知层面上分别存在着的作为灵魂的具有非反思的（直观的）同一性的自我和作为人格的反思的同一性的自我，最终都是根源于那个自我直观的。这个自我直观就是胡塞尔在我们前面所引的《观念Ⅱ》（中译本第86页）中所说的那段话中的"本源的我思"和"反思中被把握的我思"的统一的根据。

这样，我们便在超绝发生学的逻辑中将胡塞尔的纯粹自我从它在后者的体系中难以避免的与经验的自我（实在自我）相混淆的困境中摆脱了出来。一经做出这样的澄清，便不难发现，胡塞尔的"自我—行为—对象"三重体的歧义性在于，其中的"自我"如果是指纯粹自我，它就不可能像这个三重体在排列上所体现出来的那样与对象或客体处于一种对称的关系之中。换言之，如果它们处于这种关系之中，那么这个"自我"就只能是作为被构成者的经验性自我。因此，当我们在超绝发生学的逻辑中澄清了纯粹自我与经验自我（纯粹体验流与经验体验流）的关系时，有必要对胡塞尔的这个三重体的表述乃至书写加以改造。在胡塞尔的三重体中，"行为"（Akt）就是"我思活动"（cogitatio）从而也就是作名词使用的"我思"（cogito）。在超绝发生学的逻辑中，它的最为恰当的对应物——正如我们已经指出的——是作为运作着的自我直观的灵魂。灵魂通过其运作而产生了经验体验流并在其中认知地构成了人格和世界，对后两

[①] 如前面已经指出的，这里所说的"进一步"等并无时间意义，它只具有逻辑（机制）的意义，即此前与此后仅仅是一种逻辑顺序。

第十五章 超绝发生：从超绝意识到自我与世界　　187

者也可做出另外一种区分，即主体与客体，这是一方面。另一方面，灵魂自身的同一性所意味的自我，也就是胡塞尔的纯粹自我，则不过是自我直观在其运作中的呈现。显然，这个自我与前面所说的"客体"处于完全不同的层面，即一个处于直观层面而另一个则处于认知层面。因此，一个正确的、可用来取代胡塞尔的那个三重体的图式应该表达如下：

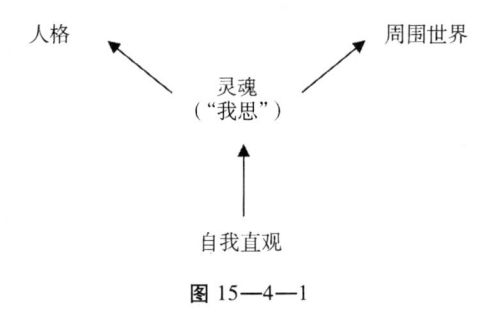

```
人格 ←         → 周围世界
        灵魂
       （"我思"）
         ↑
        自我直观
```

图 15—4—1

在这个图示中，纯粹自我（自我直观）显然并非与客体（周围世界）处于相对的位置上，处于这个位置上的是作为经验自我的人格（"我，这个人"）。因此这样一个图示才能够准确而无歧义地表达出胡塞尔"在枚举上同一的自我中心内一切行为的相互符合，存在于意向活动一侧"的意思，既然只有纯粹自我（自我直观）才真正"存在于意向活动一侧"，也就是说，作为能构成者而非被构成者。

然而有趣的是，这个图示却与胡塞尔在内在时间意识分析中所给出过的那个"时间图式"（见图 15—4—2）有着内在的一致性。[①] 如果说对于内在时间意识的分析是胡塞尔的现象学分析中进行得最为彻底的，这应该

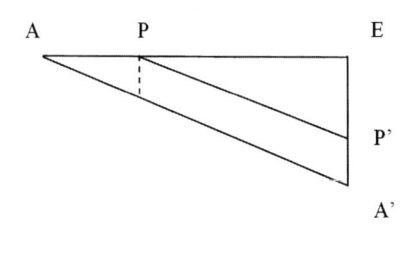

```
A     P           E
             P'
                A'
```

图 15—4—2

[①] 这个图示是在"1905年内在时间意识现象学讲座"中给出的，见胡塞尔的《内时间意识现象学》（倪梁康译，北京：商务印书馆2009年版）的第60页。

不会有误。在这一分析中，胡塞尔真正触及了他在对"我思"的分析中未能从经验的体验流中清理出来的纯粹体验流，此即在他的《内在时间意识的现象学讲座》以及那些相关的手稿中被称为"流动"（Fluß）甚至"绝对的流动"①的东西。为此，他区分了客体的时间与流动（虽然可能是因为前者的派生性与后者的本源性，他在一处也曾将此两者说成是一个"唯一的流动中"的"**两个**不可分离地统一的，就像一个事物的两面一样……彼此交织在一起"的方面）②。客体的时间是被构成的，它是那些知觉对象——超绝发生学中所说的构成性意向对象——实存于其中的时间③，流动则是使得前一种时间成为可能的构成着的时间。这就要求后一种时间，或者说，时间意识的发生的后一个方面，具有一种自我构成的能力，否则，关于时间意识的分析就不可避免地陷入无限倒退之中。胡塞尔在其时间图示（Das Diagramm der Zeit）中分别以横轴与纵轴代表了时间意识的这样两个方面。在"1905—1910年间对时间意识分析的续加和补充"中，胡塞尔借助声音现象给出了对于时间意识构成的现象学描述，他说道：

> 我刚刚听到一个长长的哨声。它就像是一个拉长的线条。在每个瞬间我都停住，并且这线条由此出发而拉长。对这瞬间的观看包含了一根完整的线条，而这线条意识被理解为与这个哨声的现在点是同时的。④

在这个描述中就已经包含了那个时间图示。那一声"长长的哨声"当然是处于客体的时间中的客体，它直接地显现出了它处于其中的客体的时间。但描述的重点却在于对于流动的揭示，也就是说，给出时间图示中纵轴的意义。当我们停在这哨声的某个瞬间时，可以发现这个瞬间"包含

---

① 胡塞尔：《内时间意识现象学》，第147页及其后的几页。

② 同上书，第117页。

③ 胡塞尔说道："明见无疑的是，对一个时间客体的知觉本身具有时间性，绵延的知觉是以知觉的绵延为前提的，对一个随意的时间形态的知觉本身也具有其时间形态。而如果撇开所有的超越性不论，那么对于知觉及其所有现象学构成成分而言所留存下来的就是它的时间性，这个时间性属于它的不可扬弃的本质。"（同上书，第54页）

④ 同上书，第149页。

了一根完整的线条",即那个"长长的哨声"本身。也就是说,在这个"现在点"中包含着完整的过去。可以将这个意义的形式概括为"持延—原印象—预延":

> 一个现在通过一个印象构成自身,而与这印象相联接的是一个由诸持延组成的尾巴和一个由诸预延组成的视域。但这个恒久的形式却承载着一个持续转变的意识,这个意识是一个原事实:印象向持延的转变的意识,同时始终一再地有一个印象在此。①

原来,对于哨声的一个瞬间的印象之所以能够包含着整个哨声那"长长的"时间,确切地说,那"长长的"时间的可能性本身,就是基于存在着这样的形式的"原事实"。黑尔德(K. Held)解释说:

> 当下意识决不是关于一个在过去和未来之间点状的截面的无广延的"现在",而是它本身具有某种……广延……。在这个广延的当下之内有一个现实性的高潮,胡塞尔将它称之为"原印象",但在这个高潮周围有一圈"晕",它是刚刚过去之物和即刻到来之物的晕。……因此,这两个非课题性地发挥着作用的被给予方式:持延和预延使得当下意义似乎有可能自身有广延,具有一定的宽度。②

可见,这个"当下"或"现在点"之所以能有那种看似奇特的性质,是因为它们由于持延与预延而是有广延的。这也就是说,它是一个**连续统**。当然,这不是一种空间性的连续统,因为持延和预延都体现了一种不可逆性,也就是说,它是一种时间的连续统。③既然这样一个时间连续统是可

---

① 胡塞尔:《内时间意识现象学》,第149页。

② 黑尔德(编):《生活世界现象学》,倪梁康、张廷国译,上海:上海译文出版社2002年版,第21页。

③ 胡塞尔的时间图示的纵轴正显示了时间直观的这种连续性的本质:客观的、被构成的时间上的每一个"现在点"都包含着一个由纵轴代表的完整的过去。这就像是将纵轴上所有的点(这些点与纵轴上的点一一对应)投射到了横轴上的一个相应的点("现在点",即图15—4—2中的那个E)上了。在《内时间意识现象学》的第383—384页上,我们可以看到针对时间图示所做的比较细致的说明。另外,在这本书中,胡塞尔提到了与一般回忆不同的本原的回忆(primäre Erinnerung)并提示说它就是持延(见该书的第147页、第385页等)。

以"观看"到的，那么它就是一个时间的直观。这个直观是纯粹的，所以胡塞尔说："显现在这里即是内在的声音或内在的声音运动，撇开它的'含义'不论"。①

胡塞尔的时间图示中对于横轴和纵轴意义的区分，其实也就是他在《观念Ⅰ》中所谈到的"客观的"、"宇宙的"时间与"现象学的时间"的区分②，而这正对应了超绝发生学中经验的体验流和纯粹的体验流的区分。一方面，前面的论述已经告诉我们，胡塞尔的时间图示中的纵轴所意指的意识流或体验流必定是纯粹的；另一方面，关于该图示中横轴所意指的客体的时间是如何可能的这个问题，胡塞尔的回答是："是通过这样的方式，即相对于时间回移的流动、意识变异的流动，这个显现为被回移的客体恰恰始终以统摄的方式保持在绝对的同一性中，而且是这个客体连同在现在点被经验到的作为'这个'（dies）的设定。"③也就是说，客体的时间与纯粹的体验流一样是同质的，但它却是在一种**经验的**体验流中**被构成**为同质的。这种时间的构成与这个客体作为意向对象的构成是平行地发生的。这样，两种时间，即客体的时间和现象学的时间——在内在时间意识的分析中，胡塞尔称后者为"拟—时间的"——便分别对应于经验的体验流和纯粹的体验流了。超绝发生学对此的解释是，前一种时间是一种运作化的时间，后一种时间则是灵魂作为运作着的自我直观所体现于其中的时间直观。④正是灵魂的运作将产生出运作化的时间，并且它产生出的知觉片断也必将处于这种时间之中。既然知觉到的事物正是由这种知觉片断所构成的，那么它们之处于运作化的时间之中便也是理所当然的了。上一节的第三小节告诉我们，这种由知觉片断所构成的事物首先就是人格，其次才是（在人格构成的逻辑前提下构成的）诸客体（质料的和形式的世界）。所有这些构成形成了一整个认知层面。与此同时，在更为基础的直观层面上，运作着的灵魂也将在所处的纯粹体验流中呈现为自身同一的。如我们在上一节的第一小节"自我从直观层面到认知层面的转换"中所说，在纯粹的体验流中的或自身体现为纯粹的体验流的灵魂的同一性

---

① 《内时间意识现象学》，第149页。
② 《纯粹现象学通论》，第203页。
③ 《内时间意识现象学》，第99页。
④ 见前面第127页。

第十五章 超绝发生：从超绝意识到自我与世界　　191

与数学直观和时空直观一样地是动觉中某种连续性的结果。正是这种连续性使得时空直观和数学直观成为可能，同时也使得处于纯粹体验流中的灵魂是同一的（存在着一种类似于数学归纳法的形式作为纯粹体验流中诸"我思"之间的同质性的直观）。①

　　由此可见在胡塞尔的时间图式中横轴与纵轴的区分所表明的实际上是在"我思"中存在着的两个不同的层面，一个是构成着的，另一个是被构成的。这两个层面上分别存在着纯粹体验流和经验体验流，它们各自之中都包含着一种自我，即直观的自我与经验的自我，或者说，灵魂与人格。但这两种自我之间的超绝发生学关系决定了它们将以嵌套的关系共同以自我直观为本质。这样，以"我思"为起点向表层与向深层的两个方向的推演将给出的就不可能是一个胡塞尔所说的"自我—行为—对象"的三重体，而必定是一种如图 15—4—1 所显示的"**自我直观—灵魂—人格"的 Y 型的超绝发生学结构**。只有后一种结构才提供了一种恰当和有效的构成性机制，以便基于自我直观乃至作为本源明见性的超绝意识最终说明一个实存的世界如何是可能的。也就是说，给出一个康德曾经努力实现但毕竟未能成功地构建起来的完备的超绝演绎。

　　在超绝发生学诠释下的胡塞尔的时间图示表明了客观时间，或者说科学的时间是如何奠基于纯粹体验流（"绝对的流动"）之上的。这个纯粹体验流就是灵魂，即运作着的自我直观。再追溯下去，便可看到自我直观乃是奠基于超绝意识之上的、超绝意识自我显现的第五环节。正如我们刚刚指出的，与胡塞尔的三重体不同，"我思"的超绝发生学的 Y 型结构是一种嵌套式的结构：人格，也许更确切地，人格中与身体相对的心灵，其活动是一个经验性的"我思"。这个"我思"是运作着的"我思"，即灵魂从而自我直观的产物，自我直观则又是根源于超绝意识，即潜在的"我思"的（见图 15—4—3）。康德的超绝演绎中所论及的"我思"，仅仅相当于这个嵌套结构中上层的两个，即心灵和灵魂或自我直观。《超绝

---

① 作为认知的基础的体验流，无论是纯粹的还是经验的，它们的形式都必定是时空—数学性的，即纯粹体验流体现出时空直观的性质而经验体验流则体现出运作化时空的性质。这是因为处于嵌套关系中的纯粹体验流和经验体验流不过是构成了认知或溯因的场所罢了，它最终必须与认知或溯因的结果——数学和运作化的时空——相匹配，从而在开始时，也就是在纯粹体验流中，与数学直观和时空直观相匹配。关于认知或溯因的结果之为分别以数学直观和时空直观为基础的数学图景与时空图景，见上一节第二小节中的相关论述（本书第 134—135 页）。

发生学原理》(第一卷)的第十二章揭示了在超绝演绎中,康德对于"我思"的论述陷入了一种"自我的二重性困难"。这种困难为我们带来了两个难题,其一是作为同一个"我"的"'我思'之我"与"现象之我"之间究竟是什么关系?① 其二是"'我思'之我"要想能够在超绝演绎中真正起到奠基者的作用,那么它就十分接近于一种自在之物了,但这个情况在康德的系统,在超绝演绎中,是不能允许的。② 我们将看到,在"我思"的超绝发生学阐述中,康德的超绝演绎中的这两个难题是不难得到解决的。

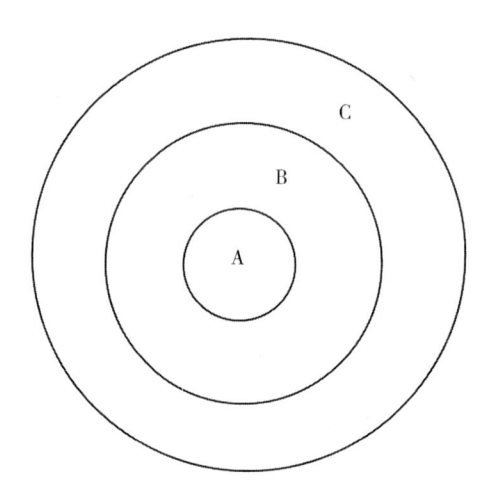

A—超绝意识(潜在的"我思")
B—自我直观或灵魂(运作着的"我思")
C—人格(经验的"我思")

图 15—4—3

在康德的第二版超绝演绎中,"'我思'之我"与超绝统觉以及纯粹的知性运作应当属于同一个层面。这一点可从其 §24 中那两段重要的话中看出:

> 规定内感官的,是知性及其对直观杂多加以联结,即将之纳入一

---

① 见《超绝发生学原理》第一卷,第 330 页及其后的几页。
② 同上书,第 376 页。

个统觉之下……的本源的能力。……当知性单独地就自身被考察时，它的综合无非就是这种运作的统一性，知性即使没有感性也意识到这种运作本身了，但知性本身通过这种运作就有能力从内部，就按照感性直观所可能给予它的杂多而言来规定感性。所以知性在**想象力的超绝综合**这个名称下，对于**被动的**主体——其**能力**就是知性——实行着这样一种运作，对此我们有权说，内感官由此受到了激动。统觉及其综合统一与内感官根本不是同一回事，乃至于统觉毋宁说是作为一切联结的根源而关涉于**一般直观**的杂多的，是以范畴的名义先于一切感性直观而关涉于一般客体的；相反，内感官所包含的只是直观的**形式**，但没有对直观中杂多的联结，因而还根本不包含任何规定了的直观，后面这种直观只有通过由想象力的超绝运作而对杂多进行规定的意识（知性对内感官的综合性影响）才是可能的，这种超绝运作我曾称之为形象的综合。①

以及

但是那个"我思"之我如何与直观到自身的我相区别……，却又与后者作为同一个主体而是等同的，因而我如何能够说：**我**，作为理智和**思维着**的主体，把**我**自己当作**被思维**的客体来认识，只要我还被通过这客体在直观中给予了我，不过与其他现象一样，并不如同我在知性面前所是的，而是如同我对自己所显现的那样：这个问题所带来的困难不多不少正是如下问题的困难，即我一般说来如何能够对我自己是一个客体，而且是一个直观的和内知觉的客体？……如果我们承认外感官的诸规定是我们用来仅仅在我们受到外部激动的情况下认识客体的，那我们也必须承认，内感官是我们用来仅仅如同我们**受到我们自己**的内部激动那样直观我们自己的，也就是说，对于内直观而言，我们只是把我们自己的主体当作现象来认识，但却不是按照它自在地本身所是的东西来认识。②

---

① 《纯粹理性批判》，第 102 页（B153—154）。
② 同上书，第 103—104 页（B154—155）。

第一段话告诉我们（超绝）统觉就是在想象力的超绝综合的名称下所实施的纯粹知性对于内感官的运作所产生的综合统一的效应。第二段话则表明这样一种运作的主体就是"'我思'之我"，它的这种对于内感官的运作给出了作为一种现象的它（这个主体）自身。尽管并不难以意识到这里作为超绝统觉的主体与它对于内感官的运作所产生的"现象之我"应当属于不同的层面，但康德却没有明确地，也就是构成性地区分出这两个层面。换言之，在康德的论述中，"'我思'之我"与"现象之我"是未能明确地加以区分的，这说到底又是未能明示"'我思'之我"究竟是如何像康德自己所说的给出与之乃是同一个主体的"现象之我"的。这就是我们刚刚提到的第一个难题，即：如何区分"'我思'之我"与"现象之我"？①除了"'我思'之我"与"现象之我"外，康德在《纯粹理性批判》中还提到了"我的存有"，即"我思维着地实存"，并将后面这个命题等同于"我思"。可是"我思"在超绝演绎中却又被等同于超绝统觉："我思""这个表象是一个自发性的运作，……我把它称之为**纯粹统觉**"②。这种混乱可以看作是前面那个关于"'我思'之我"与"现象之我"的区分难题（"自我的二重性困难"）的派生物。然而，从"思维着地实存"的我被理解为经验性的来看，它与"现象之我"的关系便在于前者是对于后者的认识之结果。这一点从康德下面的表述中可以清楚地看到：

> 但"我思"这个命题就其所表述的相当于"**我思维着地实存**"而言，就不是单纯的逻辑机能，而是在实存方面规定了主体（这主体于是同时又是客体），并且这命题没有内感官就不可能发生，而内感官的直观所提供出来的客体任何时候都不是作为自在之物本身，而只是作为现象。所以在这个命题中就已经不再只有思维的自发性，而且也有直观的接受性，就是说，对我自己的思维被应用于对同一个主体的**经验性直观**之上了。③

这样一来，显然，这个"'思维着地实存'之我"就成了我——显然只能

---

① 关于这个难题的详尽探讨，见《超绝发生学原理》（第一卷）第十二章的第四节。
② 《纯粹理性批判》，第89页（B132）。
③ 同上书，第308页（B429—430）。

第十五章 超绝发生：从超绝意识到自我与世界

是"'我思'之我"——对于自身，或确切地说，对于在内感官的条件下表现为"现象之我"的我自身的一种认识。对此，康德在超绝演绎中曾明确地说过，"我关于自己并不拥有我**如何在的知识**，而只拥有我如何对我自己显现的知识"①。这就是说，我所能够认识的只是作为对我自己显现的"现象之我"，却不能有对于我的自在的存在的认知。什么是我的自在存在呢？就是作为自在之物的我自己。像对待一般自在之物一样，康德对于这个自在的我也因此是——至少是在超绝演绎中——存而不论的。然而问题在于，正是在超绝演绎中，那个"'我思'之我"便因为它之激动内感官而被放在了与一般地激动感官以产生现象的自在之物同等的地位上了。这一点我们在《超绝发生学原理》（第一卷）第十二章第四节中就已经指出过。这就意味着，作为超绝演绎的核心的"'我思'之我"，从而那个超绝统觉的 raison d'être（存在的理由）是不可知的。但是，在这种情况下一个完备的超绝演绎又如何是可能的呢？事实上，我们将看到，如果不能探明这样一个超绝的自我并且因此以它为根据，超绝演绎所必须的那些概念，如范畴、超绝图型等，就会是无源之水。而这正是我们说康德的超绝演绎是"从中途开始的"的道理。这就是我们所说的第二个难题。这两个难题的存在，反映了康德尽管意识到了"我思"的多重形态或它在多种层面上的体现，但却无法对这些形态或体现有一个构成性的阐明，从而也就无法给出一个完备的超绝演绎。

前面给出的"我思"的 Y 型超绝发生学结构恰好可以解决上述两个康德的难题。首先，既然康德通过对于外感官之被（自在之物）的激动而有现象这一点的类比，将"现象之我"视为知性对于内感官的运作——也就是激动——的结果，那么显然，这个机制便大致相当于超绝发生学所说的运作着的灵魂的时间效应，即与纯粹体验流相应的时间直观在此体验流因为灵魂的运作而产生出经验体验流时亦相应地转变为运作化了的时间。②所谓"现象之我"因此也就是与后一种时间相对应的经验体验流。由此进一步可知，在康德那里造成这个"现象之我"的纯粹知性的运作或作为超绝统觉的"我思"的主体，也就是"'我思'之我"，正是自我直观。既然自我直观与作为灵魂运作之结果的经验体验流在"我思"

---

① 《纯粹理性批判》，第 105 页（B158）。
② 见上一节的第三小节开头的部分。

的 Y 型超绝发生学结构中已被明确地区分，则康德关于"我思"的学说中的第一个难题在这里也就不复存在了。其次，作为灵魂运作之结果的经验体验流并不会停留在单纯的体验流的状态上，换言之，这个体验流总是立即作为某种自我的体验流，而这个自我在超绝发生学中就是人格。我们已经知道，人格是在与灵魂运作的认知作用——即产生出经验的体验流——同时出现的反思（认知的认知）中被构成的，它的同一性本质上就是心灵的同一性，因此这个自我也是心灵的自我。既然它是对于经验体验流的认知结果，而经验体验流则对应于康德那里的"现象之我"，那么这个人格或不如说心灵的自我若在康德那里也就是对于"现象之我"的认知结果了。这个结果不是别的，正是康德所说的"思维着地实存"的我，既然这正符合了前面所引的最后一段康德的文本中对"我思维着地实存"所给出的种种刻画，例如"在实存方面规定了主体（这主体于是同时又是客体）"，"对我自己的思维被应用于对同一个主体的经验性直观之上"等等。① 于是我们便认识到，正如"我思"的 Y 型超绝发生学结构所显示的，"思维着地实存"的我，也就是我们所说的人格或心灵之我是在基于自我直观的灵魂的运作之中被认知的，而自我直观则又是根源于作为绝对对称性的自身区分的超绝意识的。这样，前面提到的康德"我思"学说的第二个难题也就在超绝发生学之中迎刃而解了。

总之，康德从未在其超绝演绎中达到对于"我思"的诸多层面的清晰认识，也就是说，在他那里，这些层面——现在我们知道，它们至少分别对应于"'我思'之我"、"现象之我"和"思维着地实存"的我——是混淆在一起的，或者说，是无法在构成上加以明确地区分的。《纯粹理性批判》的第二版超绝演绎的§25 中的那个注释在表述上的混乱其实正是这种混淆的体现。② 这样，我们便不仅在康德这里再一次看到了我们在

---

① 这显然是将康德所说的"我思维着地实存"与"经验的统觉"或"意识的经验的统一性"（作为人格而）等同起来了，尽管康德似乎没有在其论述中直接地指出过这两者的同一性。关于这一点，可参见前面第 147—148 页。

② 见《纯粹理性批判》，第 105 页（B158）。这个注释表明，康德仅仅意识到"我思"是一种自发性的运作，但却因为他的知性与感性二分法的教条而无法看到这种运作与时间意识之间的必然关系，而这种关系在我们这里是十分自然的，即运作着的灵魂的时间效应。这就使得康德最终无法将"我思"也就是知性的运作与时间中的杂多表象统一起来形成一种其实正是"思维着地实存"的我的认识。

笛卡尔和胡塞尔那里也一样地看到的反思的与非反思的自我的混淆，而且看到了，只有超绝发生学才事实上第一次以明确的构成性表述避免了这种混淆的发生。在这里，正如我们已经看到的，"构成性"无疑是十分关键的：如果无法在系统中从而在表述上充分地满足这种构成性，前面提到的种种混淆将是不可避免的。不仅如此，一个纯粹的、本质的构成性描述将会使一种成功的超绝演绎得以可能。我们知道，在康德的超绝演绎中，作为"超绝的时间规定"的超绝图型是一个十分关键的概念。尽管康德并没有在《纯粹理性批判》中对应于狭义的超绝演绎的部分提出这个概念，但它无疑是这个演绎——也就是明示那些自身是验前的知性范畴如何可能运用于感性的杂多（现象）上从而构成任何可能的经验的系统——是否成功的关键所在。在此意义上，超绝演绎的第二版比之于它的第一版优越的地方，就在于它已经涉及到了这个"超绝的时间规定"，因为在那里，正如我们在前面看到的，知性运作对于内感官的激动所导致的正是这种"超绝的时间规定"："知性决不是在内感官中已经发现了对杂多的这样一类联结，而是通过它**激动**内感官而**产生出这种联结**"[①]。因此，正是由于知性对于内感官的运作从而激动产生了作为纯粹的知性概念，也就是范畴与现象之间的中介的超绝图型。然而康德那深刻的洞察力到此也就打住了，他没有对这样一种运作或激动做出任何更进一步的说明或描述，相反，恰恰是在这里，康德由于缺乏一条构成性的线索而迷失于关于"我思"的种种困难之中。现在，既然如我们已经看到的，超绝发生学正掌握着这样一条线索，因此它也就能够澄清康德体系中围绕着"范畴"或它们的"超绝图型"（"超绝的时间规定"）概念所体现出的种种困难。在《超绝发生学原理》的第一卷中我们就曾指出，康德的超绝演绎的不完备性的一个标志是那些验前的形式，特别是诸范畴的起源一直未进入考察的视野。"我思"的Y型超绝发生学结构中处于基础地位的自我直观作为超绝意识自我显现的一个环节，其中便已经包含了与康德的范畴乃至直观形式相应的内容，即规律直观（对象性与因果性）、数学直观（量）和时空直观。更可贵的是，除了这些内容之外，它还包含了康德所谓"普通逻辑"的根据，即逻辑直观，包含了对应于康德根本无法将之纳入超绝演绎之中的感觉杂多和作为系统的范导性的自然理念的感觉直观

[①] 见《纯粹理性批判》，第103页（B155）。

和物质直观。这就不仅具有了内容上的从感性、知性到理性的全面性，而且具有了形式上的从认识的判断的形式方面到判断的认知方面的全面性。一个成功的超绝演绎必定具有这种完备性，特别是，超绝发生学的这种完备性并非出自于一种偶然的拼凑而是出自于超绝发生的系统必然性：自我直观中所包含的完备内容根源于此前超绝意识自我显现的环节上形式与质料的相互作用。这种相互作用能够清晰地追溯到作为本源明见性的超绝意识，即追溯到作为开端的绝对对称性的自身区分。这样一种纯粹的、本质的系统发生给出了包括康德意图在其超绝演绎中加以证明的范畴与感性杂多即现象之间的关系在内的、最终导致世界图景的构成的诸多关系，或者不如说，证明了这些关系的必然性。例如，范畴之所以对于感性杂多是客观有效的，仅仅因为在它们的根据中都具有形式与质料的成分，它们的结合（作为认知性运作直观的、形式方面的直观性意向对象之作用于质料方面的直观性意向对象）说到底乃是对同一个东西，即动觉的分解结果（超绝意识自我显现的第二到第三环节的进展）的再综合（超绝意识自我显现的第五到第六环节的进展），这在宏观上体现了超绝发生的辩证法，即体现了从本源明见的正题经由分化了的反题再到合题的逻辑。这里并没有也无需赋予时间结构那种在康德的超绝演绎中并不能解释的特殊意义（超绝图型）。康德在对"超绝图型法"的论述中罗列的时间规定与范畴之间的那种对应在超绝发生学逻辑中完全是一种派生的现象，是灵魂的运作所导致的从直观层面到认知层面的过渡的一种附加现象。

就这样，超绝发生学克服了超绝哲学史上诸重要的"我思"学说所引起的种种困难，以一个基于本源明见性的，即基于超绝意识的超绝发生学逻辑取代了这些学说，从而将它们永远地作为伟大的历史陈迹而——当然是怀着无比崇敬的心情——供奉到了超绝哲学的先贤祠之中。

二 从"瓮中之脑"到"超绝之目"

超绝发生学因为其对于多个环节和层面上的"我思"或自我及其相互关系的构成性阐明不仅克服了以往诸超绝哲学中涉及"我思"时所产生的种种困难，更使得有可能给出一个具有完备的内在性的超绝原理体系。我们曾扼要地指出这样一种超绝的内在性并不会导致唯我论的结果，并且事实上对他者乃至它者（即相对于一个自我，确切地说，一个经验

第十五章 超绝发生：从超绝意识到自我与世界　　199

性自我的**外在世界**）存在的必然性做出了论证。①在这一小节中，我们将在当代若干相关的争论的背景下，对超绝发生学的这样一种"内在的超越性"的深层根据加以探讨。

普特南（H. Putnam）曾在《理性、真理与历史》中设计了一个关于"瓮中之脑"（the brain in a vat）的思想实验，其大意为：假设有一个"邪恶的科学家"对某人施行了某种手术——为了便于想象，你可以设想这个人就是你，因此，我们可以说，——使你完全不能知晓他在这个手术中已经将你的大脑取出并放入了一个能够维持你的大脑活性的盛有营养液的瓮中，同时在你的大脑的神经末梢上联上了一台超级计算机，它的作用在于使你——这时是指你那个"瓮中之脑"——完全意识不到你的生活与过去有任何的不同。这个设计算不上是普特南的首创，但他在这本书中如此集中深入地探讨了由此引出的哲学问题，实际上是将当年笛卡尔在《第一哲学沉思集》中所提出的问题，例如我们如何知晓在（作为精神实体的）我们之外的世界的问题，以一种当代的形式更加尖锐地重新提了出来。针对这个思想实验，普特南在当代心灵哲学和语言哲学（意义理论）的语径中做了思考并得出了一些重要的结论。现在让我们对普特南的这些思考和他的结论做一些分析。首先，为了能够利用上述思想实验更为自然地引出哲学问题，普特南进一步设想，如果我们所有的人，甚至"所有具有知觉的生物"都是些"瓮中之脑"，我们是否能够知道我们是"瓮中之脑"？普特南对此的回答是否定的，他说："如果我们以这种方式成了一个'瓮中之脑'，我们能不能**说**或**想到**我们是'瓮中之脑'？我将要论证，对这的回答是'不，我们不能'。"②普特南的这个回答是正确的，但却于我们推进对笛卡尔问题的思考没有实质性的帮助，这是因为，他的这个答案其实已经包含在他的预设之中了，既然他在预设中已经确定除了与意识活动相关的对于大脑神经末梢的那些刺激的来源与"常人"不同之外，这个大脑不会与后者有**任何**不同的意识活动。幸而普特南也并不很在意对于这个问题的回答，他更为在意的是他紧接着得到了这样一个结论：我们**不是**"瓮中之脑"！使得普特南得出这个结论的关键步骤在于，他确信当一个"瓮中之

---

① 分别见上一节的第一小节的最后部分和上一节的第四小节。
② 普特南：《理性、真理与历史》，童世骏、李光程译，上海：上海译文出版社1997年版，第12页。

脑"说自己是"瓮中之脑"时，他所说的这句话是没有意指的。这里有必要提醒读者注意，普特南之所以说这句话没有意指，是指这时这个瓮中之脑所意指的至多是基于最终来源于那台超级计算机的刺激所造成的"心像"（image）而想象出的瓮中之脑，即并非意指着一个现实的瓮中之脑，但问题所设的情境中的却是现实的瓮中之脑。因此如果我们真如所设想的那样是（真实的）瓮中之脑，则我们这种瓮中之脑说"我是瓮中之脑"时，所说的就只能是假话，因为这时的语句"我是瓮中之脑"的意指至多是一种心像或想象而非现实。这显然将使我们陷于一种矛盾的状态（即从"我是瓮中之脑"这个前提推出了"我是瓮中之脑"是假的）。因此结论是，我们不是瓮中之脑。[①]然而，普特南的这一论证是成问题的。因为当他断定他在表述他的这个思想实验时说出的词语"瓮中之脑"的意指不是心像中的瓮中之脑时，就已经预设了**他自己不是**瓮中之脑。但问题在于，如果他真的是瓮中之脑，则他的这个断定便没有任何根据。换言之，他只能先证明了**他说的**"瓮中之脑"是**有**现实的意指的，才能证明他不是瓮中之脑。一句话，他只能先证明了他不是瓮中之脑，他才能（证明他）不是瓮中之脑。因此，他的那个证明实际上犯了窃取论题的错误。这同时表明，在普特南的这个思想实验所给出的境况中，要想证明自己不是瓮中之脑，这将立即使自己的论证陷于一种无限倒退之中。让我们先将这个问题放一放，来看看普特南在《理性、真理与历史》这本书中与这个"瓮中之脑"的思想实验相关地希望得到的另一个更为重要的结果，即拒斥所谓形而上学的实在论而主张一种"内在的实在论"。

普特南在自以为否定了关于"瓮中之脑"的假设的合理性之后，将这样一种不合理的假设所以能够让人感到是合理的原因，归结为我们在不知不觉中陷入了一种"上帝眼光的真理观"[②]，或者说，一种形而上学的

[①] 普特南是这样论证的："如果……我们实际上是瓮中之脑，那么我们现在说'我们是瓮中之脑'这句话的意思便是**我们是心像中的瓮中之脑**或诸如此类的东西（如果我们毕竟表达了什么意思的话）。但是，说我们是瓮中之脑，这个假说的部分内容是说我们不是心像中的瓮中之脑（也就是说，我们所'幻觉到'的并非我们是瓮中之脑）。所以，如果我们是瓮中之脑，那么'我们是瓮中之脑'就是一句假话（如果它说了什么的话）。简言之，如果我们是瓮中之脑，那么'我们是瓮中之脑'就是假的，因此该假设（必定）是假的。"（《理性、真理与历史》，第20页）也就是说，如果我们是瓮中之脑，"我们是瓮中之脑"这句话是假的，而如果我们不是瓮中之脑，这句话也同样是假的；因此，无论如何，我们不是瓮中之脑。

[②] 同上书，第56页。

实在论。从表面上看的确如此，既然在这个思想实验中已经将"所有具有知觉的生物"都假设为瓮中之脑了，那么，这一设想的情境唯一可能的见证者就只能是上帝了。然而，这种形而上学的实在论是无法为自己奠基的——至少普特南这样认为：它不能证明这样一个超然物外的上帝的存在，从而也就不能证明我们都是瓮中之脑。所以这种实在论的困境在于，要么在论证中陷于一种无限倒退，要么特设一个这样的上帝来终止这一倒退。但后一种选择显然不适合于哲学。其实，在这一点上，普特南关于我们不是瓮中之脑的证明与他所拒斥的形而上学实在论者的命运是相似的。也就是说，无论是证明还是否证我们是瓮中之脑，都不得不借助"上帝的眼光"，否则一样地会陷于无限倒退。所以普特南想到以所谓内在实在论来克服困难，这是可以理解的，但确立这样一种理论对于他来说，从根本上就是一件很不容易办到的事情。就刚才我们讨论了的那个关于"瓮中之脑"的思想实验来说，如果他为了否定我们成为瓮中之脑的可能性而一味地否认内在的表象（例如心像）能够作为（概念的和命题的）意指①，那么他在否证我们是瓮中之脑时所提到的"**现实**"这个概念本身意味着什么，这一点如果不能加以阐明，他的内在实在论就不能得到有效的证成。普特南的"现实"当然不是形而上学实在论借助"上帝的眼光"看到的现实，而是在一个理论的内部所规定了的现实。他说，"构成世界的对象是什么这个问题，只有在某个理论或某种描述之内部提出，才有意义"②。但是如此地将现实托付给任何一种理论，这难道不会即刻陷于相对主义吗？普特南当然不会看不到这种危险，不过他提出一规避相对主义的办法，那就是让这种担负着规定什么是现实的理论不仅必定是"融贯的"（无矛盾的）而且是**无限地收敛于**那些可以算作这个理论所要规定的基本现实之上的。对于这样地理解的内在实在论来说，现实就是这个理论所告诉我们的真理，而它所告诉我们的真理则是这个理论的各个部分以及它们之间的关系的"合理的可接受性的理想化"③。这样一种合理性，"设定了一个极限观念，一个理想真理的极限观念"④。于是，普特南的内在

---

① 他说："我们总是以为，**我们头脑中发生的事件**必然决定了我们想表达的意思以及我们的语词所指。但是不难看出，这种看法是错的。"（《理性、真理与历史》，第27页）
② 同上书，第55页。
③ 同上书，第61页。
④ 《理性、真理与历史》，第228页。

实在论——它的一个功用就是确认我们不是瓮中之脑——不过是他开给我们的一张支票,这张支票要等到无限长久的未来才能够兑现。当然,哲学家的头脑不会庸俗地现实到完全拒斥无限,但前提是必须在**当下**给出一个极限存在的,也就是关于收敛性的理由。普特南显然做不到这一点,从而他的内在实在论是缺乏说服力的,它在解决哲学上的困难方面的运气也不会比他所蔑视的形而上学的实在论更好。①

---

① 关于普特南的内在实在论的困难,我在四分之一世纪之前发表的一篇文章("皮尔士与内在实在论",载《华南师范大学学报(哲学社会科学版)》1989 年第 3 期)中有过分析,这些分析至今仍然具有参考价值,因此部分地摘录如下:

[普特南的]内在实在论的第一个基本特点就是:它并不认为存在着一个超越人类认识的可能性之外的实体。因此,它也不可能借助符合论的真理观来建立它的真理概念。它认为,如果说语词具有意义的话,那么,语词的意义并不在于它意指着什么超越的实体。相反,语词的意义是在语言系统内部构成的。普特南说道:"被某一特定的记号使用者共同体按特定方式实际运用的一个符号,是能够**在这些使用者的概念框架之内**符合特定对象的。'对象'并不独立于概念框架而存在。我们在引入这个或那个描述框架时,就把世界划分为诸多对象。既然对象**和**记号同样是**内在**于此描述框架,就有可能说什么和什么相符了。"(《理性、真理与历史》,第 58 页)这样,一个语词的意义尽管还可以说是它所意指的对象,但这个对象绝不是外在于语言系统的,而是语言系统内部的。也就是说,语词的意义或它意指的对象,是由某一特定的语言系统规定的。在这种情况下,实际上发生了什么呢?一个语词,比如"兔子",它意指兔子,而什么是兔子,能够并且仅仅能够在这个语词所属的系统中关于兔子的部分来理解。这样一来,正如普特南自己所承认的,"说实在的,如果在某个语词所属的语言之内,用这个语词本身来说明它意指什么,意义并不大。'兔子'意指什么?噢,当然是意指兔子!那么'外星人'意指什么呢?意指外星人(如果真有外星人的话)。"(同上)因此,在他看来,"关于一个概念系统中意指是什么,除了上述重言式命题之外,没有什么可说的。"(同上)显然,内在实在论的这个特点就在于从根本上否定外在的超越实体是否存在的问题。在内在的实在论体系中语词的意义因而语句的意义根本无需借助那种实体来说明。在内在实在论体系中,说语词有所意指,就像说语词是语词一样,在任何场合下都是真的。思维和认识的真理性,如果有的话,在于认识体系的内部规定而不是外部的超越实体,这就是内在实在论何以为"内在"的原因。然而,人类所可能具有的思想体系或表示这些思想体系所使用的语言系统是多种多样的。如果语言的意指是体系内部规定的,那么这种体系中命题的真理性难道还有什么实在的客观的根据吗?如果不能妥善地回答这个问题,内在实在论无疑将退回到相对主义的反实在论立场上去。针对这一点,普特南提出了"收敛"的概念。他说道,善的理论,也就是真的理论"不单单是带有纲领性的理论,它本身还得依赖关于人性、社会和宇宙的种种假定(包括视觉和形而上学的假定)。随着我们知识的增长,世界观的变化,我们事实上不得不一再修改我们的善的理论。"(同上书,第 227 页)这个进程不是任意的和发散的,事实上,它趋向"一个极限……,即一个理想真理的极限……"(同上书,第 228 页)。"真理将是稳定的,或'收敛的'"(同上书,第 62 页)。因此;真理尽管不(转下页注)

第十五章 超绝发生：从超绝意识到自我与世界

普特南的困难因此是，他不承认内在的表象（例如感觉印象或心像）可以是语词或语句的意指[①]，但又找不到一种不带有形而上学实在论色彩的"现实的"东西来充当这种意指。我们能否说，这个困难的实质在于如果否认内在表象的意指资格，我们就不得不接受一种形而上学实在论的"上帝之眼"的观念，因此普特南在这个问题上的态度本身存在着自相矛盾？然而这会让人感到奇怪——就算普特南未能意识到自己的这种自相矛盾，他既然拒斥形而上学的实在论，主张所谓内在的实在论，怎么会想不

（接上页注）是外在的，也不存在一个作为真理标准的外在的超越物，但真理却是实在的。它存在着，它作为人类思想的收敛进程的最终焦点（极限）而存在于这个无限进展着的思想系统自身之中。这样，内在的实在论便以其收敛概念避开了陷于相对主义困境的危险而保留了它的实在论性质。

然而，普特南并没有真正摆脱实在论与反实在论的困境，尽管他自己也许并不这样认为。问题是明摆着的：除了因为要避免陷入相对主义而保住真理的实在性外，普特南没有给出关于"收敛性"的任何有力的证据和论证。事实上，在《理性、真理与历史》这部系统阐发他的内在实在论的著作中，我们找不到关于"收敛"和作为真理的"极限概念"的任何有说服力的论证。这使得相对主义者罗蒂不无嘲讽地指出"普特南……说：'我们在谈到我们的不同理解，就是对**合理性**的不同理解时，就等于提出了一个**极限概念**，一个关于理想真理的极限概念。'但是这种提法究竟目的何在呢？难道不是说，在上帝看来人类正朝着正确方向迈进吗？当然，普特南的'内在论'会禁止他说出这类意思。说**我们**以为我们在朝着正确方向迈进，就等于附和库恩说，我们能根据事后的认识把过去的故事讲成一个在进步中发展的故事。说我们还有漫长道路要走，说我们目前的观点不应当永世不变，对于需要提出极限概念来进行支持来说，是过于平庸无力了。"（罗蒂：《哲学与自然之镜》，李幼蒸译，北京：三联出版社1987年版，第415页）

但是，要说普特南在任何地方都没有对他的收敛概念加以辩护，那是冤枉他的。普特南的辩护涉及了他在科学哲学方面的工作。这时，一般意义上的认识的收敛性命题被限制在"属于成熟科学的理论定律典型地近似为真理"的形式上。普特南这时后退到把这一命题视为经验假说的立场上。他认为，作为一个假说，这个命题很好地解释了在科学发展的历史中同一学科的后续理论常常以它所取代的前一种理论作为其极限情况这一现象（例如狭义相对论在低速情况下的极限就是经典电动力学状态）（参见普特南："什么是逼真实在论"，汉译文载《自然科学哲学问题》1988年第2期）。但是，遗憾的是，普特南的辩护很快就受到了劳丹的强有力的反驳，以致我们没有理由不认为普特南的辩护是无效的。（劳丹："反驳逼真实在论"，汉译文载《自然科学哲学问题》1988年第2期）（以上摘录中对《理性、真理与历史》汉译本的引用由辽宁教育出版社的译本改为上海译文出版社的译本，以便与本书正文相统一。出于同样理由，我们将此摘录中的"指称"改为"意指"，"超验"改为"超越"。）

① 我们在这里不想区分语句与命题，因为即使是像说谎者悖论中"我说的这句话是谎话"这个句子或"圆的方"这个语词，都是有其意指的，否则我们如何能够理解它们？显然，我们这样做其实是不再将弗雷格在"含义"和"意指"之间所做的那种区分看作是根本性的了。只有这样，才与一种真正的内在主义相符合。关于这一点，我们在本卷的下册（即第五部分）中还将做进一步的论述。

到如果内在的表象不能是语词或语句的意指，则如何能够使实在论内在化？这是因为普特南在内心里以为在以内在的表象充当意指和形而上学的意指之间还存在着第三种可能，那就是找到一种并非内在的表象却又不失为内在的东西来充当语词或语句的真实意指。显然，分析哲学之区分含义（Sinn）与意指（Bedeutung）的标准做法为他的这个思路提供了依据，但也正因为如此，在构成他的内在实在论的时候，普特南既然不能将与含义有着直接关系的内在表象看作语词或语句的可能意指，那么他就不得不以所谓"理想真理的极限"来充当这种意指。可惜我们已经看到，他无法通过证明收敛性来证明这种极限的存在。因此，普特南的困难的要害在于回答语言系统的意指如何可能是内在的这个问题。而他之所以无法摆脱这一困难，也恰恰在于他实际上并没有理解这样一种内在的意指的真正意义。尽管如此，普特南针对瓮中之脑所做出的讨论毕竟是深刻的。正如我们已经看到的，普特南认为，那些可能主张我们是瓮中之脑的人，或者更确切地说，以为我们无法证明我们不是瓮中之脑的人的问题在于相信一种持有"上帝的眼光"的形而上学实在论，他同样认为，这些人的问题在于将我们内在的表象误当作语词或语句的意指。这样，外在的"上帝的眼光"便与将内在的表象作为意指的主张奇特地殊途同归了。但这其实正是哲学与哲学史上的一个事实。我们在《超绝发生学原理》第一卷中曾说到过康德以为认识论上存在并仅仅存在三种路线的看法。这三种路线分别是自然发生论、预成论和后成论或种系的预成论。[①]第一种路线主要存在于哲学史上的经验主义中，而属于这一类的哲学当其做到彻底之时恰恰主张将内在的表象，如感觉印象，当作语词或语句的意指；第二种路线则以不同的方式存在于康德之前的理性主义哲学之中，这一类哲学家在某种意义上都是"上帝的眼光"的信奉者。但这两条路线都会将哲学导向失败，只有第三条路线，也就是康德本人首倡的超绝哲学的路线，才代表着哲学的正确方向。我们知道，超绝哲学的基本特征之一，便是其系统的内在性。因此可以说，我们在普特南关于瓮中之脑的论述中看到了哲学史上这一"重大的路线斗争"现象的重演，而普特南似乎是站在了康德的路线上的。的确，在《理性、真理与历史》一书中，普特南对康德的超绝哲学表示了某种认同。尽管普特南并不想接受"超绝的"标签而用了

---

① 见《超绝发生学原理》第一卷，第56—61页。

"验前推理"(reasoning a priori)来代替康德的"超绝演绎"①,并且其理论体系——如果我们可以说"普特南的体系"的话——与康德的超绝体系是完全不可同日而语的,但这至少向我们暗示,超绝哲学才是真正可能实现的、使我们得以克服暴露在普特南关于瓮中之脑的论述中的困难的那种内在实在论。既然我们已经在对康德的批判哲学以及其后的后康德主义的超绝辩证法和胡塞尔的超绝现象学这样一些最为重要的超绝哲学的基础上给出了唯一可能的完备的超绝哲学形式——超绝发生学,——那么就让我们来看一看它是否以及如何能够克服上述困难。

首先我们要问,站在超绝发生学的立场上看,我是一个"瓮中之脑",这是否可能?进而我们(人类)是否可能都是"瓮中之脑"?如果有理由相信制作一个"瓮中之脑"在原则上是可能的,那么,我就可能是一个"瓮中之脑",从而人类也就可能是些"瓮中之脑"。在后一种情况下,也许充当那个科学家的是上帝——这并不是说上帝是"邪恶的",因为他可以一开始就将人做成瓮中之脑,而不必如在普特南所设想的实验中那样去肢解人类。这时候,人类在外部形态上大概就像是生活在远古的海洋中的水母。尽管这在生物学和进化论上看有些古怪,但并没有什么哲学上的令人惊异之处。换言之,如果"瓮中之脑"仅仅作此理解,就丧失了它的形而上学价值,从而这个我或我们是否瓮中之脑的问题也就应该用"奥卡姆剃刀"将之"剃掉"。一个在形而上学上有意义的瓮中之脑,只能是一个没有身体的心灵②——这才是笛卡尔"第六沉思"的价值之所在:身体乃至自然物体是真实(作为与心灵不同的实体)存在着的吗?然而对于这个问题,超绝发生学却必定给出肯定的回答,也就是说,并不存在没有身体的心灵。因为超绝发生学告诉我们,作为动体的自觉的产物的自我,从而作为这个自我通过其灵魂形态对于自身的认知的产物的人格或自我—人格必然是心灵与身体的**统一体**。不仅如此,在超绝发生学中,除了身体是不可还原到心灵的,诸他者与自然界(诸它者)也是不可还原到心灵的。换言之,对于(任何一个)心灵来说,一个"外在的"世

---

① 见《理性、真理与历史》,第21页。
② 普特南所设想的"瓮中之脑"这个"脑"仍然属于身体的范畴。因此我们可以设想尽管没有通常意义上的肢体,在那台超级计算机的帮助下,这个瓮中之脑依然能够算作一个作为心灵与身体的统一体的自我或自我—人格。这也是这个思想实验平庸的地方,因为它不仅没有能够取消身体(将身体还原为心灵),也没有能够将包括身体在内的所有的物体虚拟化。

界是真实地、必然地存在着的，尽管将它们理解为笛卡尔所说的"实体"已经不那么恰当了。①

但是，超绝发生学同时又告诉我们，身体与整个"外在的"世界，乃至于心灵，又都是超绝意识自我显现的产物。这个超绝意识恰恰是一个我们可以通过内省而获得的本源的直观。既然所谓"外在的"世界终究不过是这样的一个直观超绝地发生的产物，那么它如果不是对于心灵来说而是在绝对的意义上，即对于超绝意识本身来说，就与心灵一样不是外在的而是内在的了。换言之，一切的实存者（作为心灵与身体统一体的人格以及对他而言的诸他者，还有他们所具有的一切可能的周围世界等等）都作为超绝意识的自我显现而内在于超绝意识。这个自我显现的，也就是超绝发生的逻辑，特别是其中所包含的那个"'我思'的Y型超绝发生学结构"表明，心灵与身体，乃至与周围世界的**区分**只是在那自身统一的灵魂的运作中才真正发生的。不过，这却不会致使我们陷于唯我论和相对主义，因为作为本源的直观，超绝意识本身就具有一种绝对性和一种对于自我或自我—人格，或不如说，对于**一切的**自我—人格来说的必然性。这样，超绝发生学便以超绝意识这个本源的明见性"轻而易举地"达到了普特南企图通过他的那个作为内在论系统的极限的真理概念所希望达到却——如我们刚刚指出的——不可能达到的目的。这样一个结果是不奇怪的，普特南拒绝"上帝的眼光"，他所拒绝的是一种主张超越物的形而上学。但他却未能跳出另一种形而上学，即经验主义的形而上学，这种形而上学预设了我们只有感觉印象作为认识的唯一可能的来源。这乃是普特南无法为他的内在实在论提供一个能够充当基础的真理概念而不陷于无限倒退的困境之中去的真正原因。然而超绝发生学却是在没有所谓"上帝的眼光"的前提下走出的不同于经验主义的另一条形而上学道路。于是我们再一次地看到了康德所概括的三种可能的哲学路线，即自然发生论、预成论和种系的预成论，以及其中唯有最后一种路线才能够引导哲学走向她的"应许地"这个事实。

这样，由于超绝发生学，我们便能够不借助于任何超越物的设定而超

---

① 我们将看到，就对于实体的理解来说，超绝发生学更接近莱布尼茨。超绝发生学的实体就是像莱布尼茨的单子一样的灵魂，或者不如反过来说，莱布尼茨的单子其实就是超绝发生学所说的灵魂，既然超绝发生学阐明了这些单子本身的根据，而这却是莱布尼茨未能做到的，他仅仅表示它们都是上帝——最高的单子——的创造物。

出心灵的——其实是"感觉印象"的——"牢笼",这就意味着,超绝发生学给出的乃是一个真正的内在实在论的图景。在这个图景中,传统的哲学中认识主体与认识对象或意向主体与意向对象的二分法,心灵与身体、人与自然的二分法,都是超绝意识自我显现的结果。因此由于超绝意识的自我显现而产生的心灵绝不可能是瓮中之脑,既然在超绝发生之中,身体和自然界与心灵一样地实在。对于这样一个结论,也许人们会问道:普特南与你一样地给出了关于"我们不可能是瓮中之脑"的论证,为什么你的论证能够摆脱像他的论证那样的失败命运呢?原因很简单,正如我们在前面已经指出的,普特南在其论证中犯了窃取论题的错误。也就是说,他在论证我们(包括他自己在内)不是瓮中之脑的时候,已经预设了至少他自己不是"瓮中之脑"。他之所以要这样做,是为了得到一个"现实"从而能够断定"瓮中之脑"的表象因其不现实而是假的。但就是这个"现实",我们知道,是普特南如果不想——他的确不想——借助"上帝的眼光"就无法得到的。于是我们的论证之能够成立的原因就清楚了,那是因为我们已经通过超绝意识自我显现的原理表明了作为这一显现的必然结果的心灵之表象外物这件事必定不是虚假的。因此,我们之胜于普特南,归根到底还是因为我们成功地给出了一个真正的内在实在论——超绝发生学——的系统。至此,为了使我们的论述表现得更有说服力,有必要进一步地说明我们为什么认为超绝发生学是,以及它为何能够实现为一种内在论体系的道理,尤其是当存在着普特南正是失败在未能如其所愿地给出一个内在实在论这样一个反面的例子的时候。

既然这里"内在的"本质上依然是与"超越的"相对立的,也就是说,这样一个体系无需为自己预设一个超越的根据(例如康德的自在之物,普特南的"上帝的眼光"的说法中的上帝等等),那么显然,正如我们在整个《超绝发生学原理》(第一卷)中都在努力说明的,我们的超绝发生学作为一种超绝哲学,它成功与否的关键在于是否能够预先给出了一个本源的明见性,因为唯有它才能够保证**整个体系**的无前提性从而根本上说是内在的。而我们在整个前一章中所做的工作,正是阐明了这样一个本源的明见性,即超绝意识。从前一章到这一章的上一节,我们已经基于这样一个本源明见性揭示了超绝发生学的,也就是作为本源明见性的超绝意识的自我显现的基本逻辑。一种完备的从而也就是真正实在的内在性就这样地实现了。显然,超绝发生学的这种内在性是通过绝对对称性的自身区分这个本源的直观达到的，这也是为什么我们会称这个直观为"超绝意识"的原因。但是必须明确的是，超绝意识虽然是一个直观，但它却并非属于（我的或我们的）心灵，更不可能归结于（我的或我们的）心灵。它的超出于我的或我们的心灵乃至于任何一个心灵的实在性最终在于，正如我们在第十四章第二节的第二小节中指出的，它是一个超出了有与无的对立的绝对的"无"，这样一个"无"只能是一个绝对的开端，既然在它之前不可能有任何东西了，然而心灵却无论如何已经是一个"有"了。这也就是我们要将这样一个直观称为"本源的"的原因。超绝意识的这种本源性体现于其自我显现的逻辑之中，就是它绝非那本身是其自我显现的产物的、具有反思或认知能力的自我—人格的意向性表象（对象），尽管它以本源直观的方式蕴藏在这个自我—人格的最深处（我们说过，作为超绝发生的产物，自我—人格蕴含了这种发生在他之前的所有环节，直至那个本源明见的超绝意识）。正因为如此，自我—人格在获得这个直观的时候其实是"无我"的，既然那里既没有意向对象也没有意向主体。①这也是为什么我们要说它以及在意向性产生的超绝发生的第五环节之前的那些统一体为"潜在的"非反思性的"我思"的原因。②以超绝意识为初始前提，这个非反思性自我以同样的直观的方式从非自觉到自觉地渐次获得了我们在前面三节中所描述的它的自我显现的前面五个环节中后四个环节上的那些形态，即动觉、形式与质料、动体和自我，以及超绝意识和它的产物所包含着的直观内容，即广延/绵延与倾向/质素（属于超绝意识）、本源的时空与混沌（属于动觉）、运作元或对称变换与感觉元或分割（分别属于形式与质料）、逻辑元素/规律元素/数学元素与感觉元素/物质元素/时空元素（与主动—被动感一道属于动体）、形式的与质料的直观性意向对象（与主动—被动感一道属于自我）。自从在超绝意识自我显现的第五环节上产生了本身是非反思的但却具有反思或认知能力的自我或不如说灵魂之后，这个灵魂便通过其认知活动（即其中诸直观性意向对象的相互作用）构成了诸人格（实存的自我与他者）以及自然对象（质料世界）和数理对象（形式世界），从而认知地形成了"世界"的概念。于是，这样地被描述出来的超绝逻辑，也就是超

---

① 庄子曾道以"坐忘"的方式达到这种直观（的状态），诚可谓高明。见《庄子集解》之"大宗师第六"（载《诸子集成》第四卷，第47页）。

② 显然，在这个意义上，超绝意识类似于黑格尔的"绝对精神"。

绝发生学，自身成为一个完备的内在性的系统，它体现了一种堪称完美的内在实在论立场。这里奇特的是，当我们将超绝意识的这种自我显现描述出来的时候，这一自我显现的逻辑，它的诸环节及整个如图15—3—6所显示的进程，似乎也都成了只能是作为具有意向性和认知从而反思能力的自我的我的认知对象。这看起来多少有些悖谬，然而其实并非如此，原因在于这些环节中的那些（包括超绝意识在内的）非反思性的直观本质上是不可对象化的，因此它们也不可能成为反思性的自我的认知对象。换言之，反思性自我所认知的只能是其自身，以及其自身所由以直接构成的那些因为灵魂的运作而产生的知觉片断。[①]自我要想达到其自身的根据，达到其所由以发生的超绝意识，就必须通过内省将自身"反向"地提升到反思性或意向性产生之前的诸环节，也就是说，获得非反思性的诸直观，特别是作为绝对对称性的自身区分的本源明见的超绝意识。在这个提升或回溯的过程中，人格或自我—人格也将相应地从认知（层面）回归于直观（层面），在那里，各种分化（人格与世界、主体与客体、心灵与身体，乃至自我的形式方面与质料方面……）渐趋弥合。于是，我们再一次看到了辩证法的"圆圈"：作为"正题"的超绝意识由于自我显现而在反思性自我的认知活动及其成果那里达到了它的"反题"，再经过内省的回溯，它在超绝发生学中达到了"合题"，即对于超绝意识的自我显现的本质描述（这也就是我们所说的理性的自我证成）。这种内省，从而整个"圆圈"之所以可能，乃是因为在那个反思性的自我中，已经深刻地蕴含了他自身的起源中的诸环节，一直到本源的超绝意识。自我的这样一种回溯地"看"，就好像是一只看到了自己的起源的眼睛，我们可以十分恰当地称它为**超绝之目**（见图15—4—4）。

这里还要特别地提及，与这个超绝的"看"形成了康德意义上的验前的构成论的超绝哲学相对应地，当自我纯粹以反思性的，也就是认知的眼光将其自身、诸他者和自然认知为对象时，所形成的则是经验科学（物理学、心理学和人类学等等）的系统。这其中所发生的也正是康德在其超绝演绎和超绝原理论中所力图揭示的所谓可能经验的构成过程。图15—4—5显示了这个过程，并且从中还能够看到这个过程与超绝的"看"之间的关联。这个图中菱形的左边示意了超绝发生的，也就是超绝

[①] 这就是为什么我们在**认知的**开端处找不到塞拉斯的"所与的神话"中的所与的道理。

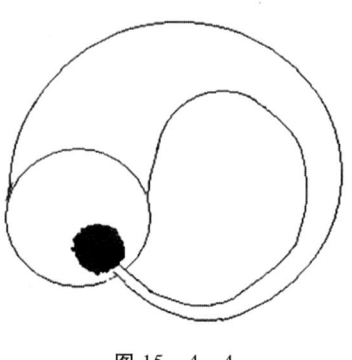

图 15—4—4

意识自我显现的过程，右边则是反思性的自我对于其自身、诸他者和自然的认知过程，其结果是构成了可能的经验，即经验的世界。这个认知过程在前面示意超绝发生学逻辑的图 15—3—6 中对应于由自我作用于自身及其中的诸直观性意向对象，也就是由灵魂的运作而产生作为这个自我的认知体现的人格、与此人格构成交互主体的诸他者以及自然界和数理世界，即第六环节。但是在图 15—4—5 中我们仅仅标出了涉及到自然界的产生的内容，即源于动体的自觉的感觉直观、物质直观与时空直观（左边）和经过自我的认知作用后的对象化了的知觉及经验的对象（右边）。这一

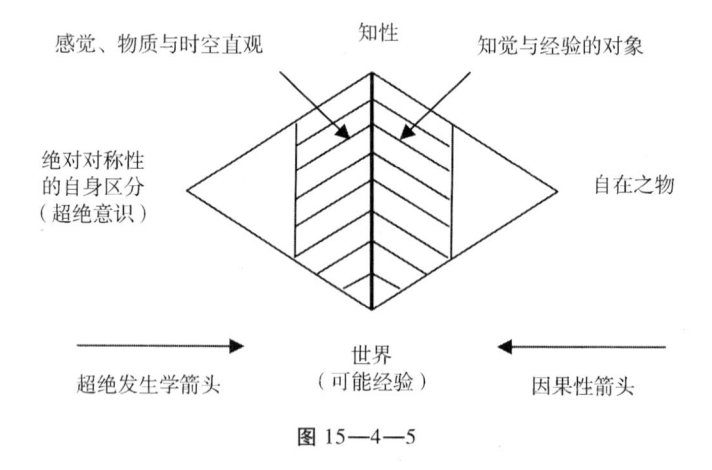

图 15—4—5

认知所以可能，当然是由于超绝发生的过程中产生了认知性运作直观从而具有认知能力的自我或灵魂的缘故。这种能力大致相当于康德所说的"知性"。我们在图 15—4—5 中以"知性"表示它，也是为了更容易从中

看出超绝发生学与康德哲学的联系。①从这个图中可以看到，菱形右边的可能经验构成的过程形成了超绝发生过程的一个"镜像"，这在某种意义上表明了经验的构成，也就是现实中的科学，特别是自然科学的研究，其实也是回溯超绝本源的一个部分。正如我们在本章的第三节中曾指出过的，它将是通过知性（例如那些范畴）的运用从对象化的知觉朝向基本物质的回溯。但是，这一回溯永远无法超过基本物质而指向超绝意识。因为，正如我们已经知道的，从基本物质回溯到超绝意识，只能通过直观和本源直观而不能通过知性，所以这不是科学而是（超绝）哲学的工作。这一机制显然很好地诠释了康德关于知性范畴使用的限度的观点。因此，图中菱形右边的终端上标明的是"自在之物"，它其实是超绝意识的镜像，即**站在知性的角度**所看到的、为知性本身所无法理解的超绝意识。②

---

① 康德的超绝演绎乃至《纯粹理性批判》中的整个"超绝逻辑"与超绝发生学的逻辑之间的关系，本身就是一个重要而有趣的课题。除了前面不断地有所涉及外，我们在接下来的一小节中还将进一步地论及这个课题。

② 当代自然科学，特别是宇宙学的进展为这一图示提供了生动的佐证。当代自然科学的发展不可不谓丰富多彩，但其用以解释物质世界的最为基本的理论框架却在近100年间未有实质的变化，那就是上个世纪初以不同的方式革了在那之前支配了人类对于物质世界的探索200多年的牛顿物理学范式的命的量子力学和相对论。更让人感到不可思议的，是这两个理论几乎从它们诞生的时候起，彼此就在基本观念上存在着不可调和的冲突。如果不想在它们近百年来在解决科学技术的具体问题上的有效性面前无视理论本身的问题，这个现象就实在是应该认真地加以思考的。当然，许多年来物理学家中一直有人在试图将量子力学与（广义）相对论统一起来，但他们的工作很少是从这两个理论的哲学基础（概念基础）开始的。现在那些处于物理学前沿的人们中大概很少有人会像当年创立这两个理论的人们那样认真地去对待它们所涉及到的哲学问题和与这些问题直接相关的概念基础了。针对统一这两个理论的企图，立刻就有一个典型的哲学问题：它们的统一是可能的吗？或者，统一如果是可能的话，那将是一种什么意义上的统一呢？在当代的宇宙学中，人们已经同时运用量子力学和广义相对论，其中最有代表性的，应该是通过引入量子现象来解决宇宙学奇点的问题。通过这种方式，不仅可以克服理论中出现奇点的困难，还提供了宇宙如何产生于大爆炸的具体刻画。但这显然不能算是量子力学与广义相对论的统一。物理学家所希望的统一，是指能够在一个一致性的理论系统中包容这两者。但这看起来是十分困难的一件事。作为在这方面的最新结果的弦理论本身是那么地牵强，让人感到距离成功还十分遥远。但会不会是这两个理论根本就不可能有一个上述意义的统一呢？物理学本身不能，也许是永远也不能回答这个问题。但如果从超绝发生学的角度来看这个问题，答案应该是肯定的。因为，作为基础性的物理学理论的量子力学和广义相对论，通过它们最终要回答的，必定是量化的时空中基本物质的根据问题。而对于这种基本物质，量子力学所做出的描述本质上是粒子性的，从而体现的是区分性，广义相对论的描述则是一种时空连续性，体现的是绝对对称性。我们知道绝对对称性与区分性是一对本源的对立面，这两者可以（作为潜在性）统一在一种直观（转下页注）

三　作为超绝哲学理想之实现的超绝发生学

从第十四章借助对于胡塞尔本质还原和本质变换概念的批判性分析得到了绝对对称性的自身区分即超绝意识这样的本源明见性，到第十五章一步步地揭示了它的自我显现的六个环节，我们便初步构建起了超绝发生学的概念基础，由此达到了真正的本质还原，统一了在胡塞尔那里相互纠缠不清的几种还原的道路，实现了胡塞尔曾经苦苦追求的超绝体系的初始概念的无前提性。从我们已经阐明的超绝发生学逻辑，也就是超绝意识自我显现的过程可以看到，这样一种基于本源明见性进行的推演，所构成的正是康德当年所设想的一门验前的科学——作为科学的形而上学。这种推演体现了基于本源明见的超绝意识的概念发生的辩证性质，但却没有重蹈后康德主义的超绝辩证法的无构成性的老路。在《超绝发生学原理》第一卷中，我们曾指出过，就体系整体的品质来看，在此前哲学历史上所出现过的诸种超绝哲学中，依旧数康德的体系品质最为优秀，因为它不仅是能够将超绝哲学的三个基本特征，即奠基性、构成性和内在性集于一身的哲学系统——另一个这样的系统是胡塞尔的超绝现象学——而且给出了能够

（接上页注）（例如作为本源直观的超绝意识）之中，或是以一种辩证法的形式通过（遵守类逻辑的）语言加以描述（例如在超绝发生学中），但唯独无法被当作部分同时容纳于类逻辑的、知性的理论之中。必须注意这里说的是"当作部分"而不是"作为来源或根据"，因为那些可说是知性的系统的理论，其本源或根据应该是对称性和区分性或不如说绝对对称性的自身区分，例如形式逻辑系统就是这样。其实，从超绝发生学的角度看，无论是量子力学还是相对论，或者是它们两者合起来，都无法给出基本物质的根据，否则就意味着矛盾：它们要探究的这个根据同时也是诸范畴的根据，但诸范畴却是它们的根据。换言之，要想通过结果来为原因奠基（即充当原因的原因）是不可能的。所以量子力学与广义相对论的结合能够给出宇宙起源于大爆炸的图景，但对于这个图景的，也就是大爆炸的根据，它们是无法彻底追究的，仅仅一个普朗克长度便已经限制了它们。因此，借助科学理论，我们的知性在从现象向着它们的起源回溯的时候，所能够到达的极限，只能是基本物质，真正的本源像康德所说的自在之物一样将永远隐匿在其背后。当代自然科学在其**基本问题**的领域与超绝发生学的关联还远不止于这些，比如，图15—4—4 其实就为在今天的宇宙学中作为宇宙学自身无法给出其理由的一种十分有用的特设原理的"人择原理"提供了依据。我们人的存在与宇宙存在的样式在人择原理中成为互为因果的，这看起来之所以很牵强，是因为它没有给出这两者中任何一个的原因。这个原因，超绝发生学给出了。在超绝意识的自我显现中，人与自然"本是同根生"。与此相关地，我们还看到，人与自然的从而整个世界的这种发生学的关联也为康德的作为知性范畴与现象之间的中介的超绝图型本身的可能性，从而最终为认识的可能性提供了依据，如此等等。总之，在超绝发生学中，世界的最初原因与认识的最后根据得到了统一的阐明。

第十五章 超绝发生：从超绝意识到自我与世界

普遍地关联到人类意识活动的科学探索、道德行为和鉴赏判断这三个基本方面的分有感性、知性和理性三个层面的概念框架。读者已经并且还将继续看到，在超绝发生学原理的构想中，康德的这种框架一直是指导我们判别前进方向的重要参照。值得深思的是，康德和胡塞尔在他们为探索超绝世界而跋山涉水的过程中，都曾有过发生学的尝试，只是"生活世界"这个概念使得胡塞尔的这种尝试最终陷入无法避免的含糊性之中，而康德虽然看上去并没有像胡塞尔那样真正走上过这条道路，但事实上超绝发生学一直是康德毕生超绝哲学探索中的一条隐密而重要的线索，并且这条线索一旦能够与他的看上去是静态的概念框架连结起来，便有希望得到更好的结果。现在，我们所构建的超绝发生学，在一定的意义上，正是这样的一个结果。

我们说超绝发生学是康德毕生探索的一条隐密线索，其部分的理由其实已经在《超绝发生学原理》（第一卷）的第四章中给出。在那里，我们曾针对康德《纯粹理性批判》中的"范畴的形而上学演绎"指出过，虽然看上去康德的范畴（纯粹知性概念）是通过对于他加以改造后的亚里士多德逻辑的判断分类的类比而得到的，但实际上康德所想的要比我们在其中所看到的更为深刻，因为他已经意识到在范畴与普通逻辑的一般形式的背后，存在着某种同样属于知性的共同的东西，只可惜他未能就此深究下去，结果使得他的超绝哲学系统缺少了至关重要的起点，成了我们称之为"中途"起家的事业。康德之所以至少在《纯粹理性批判》中如此在起点的追寻上"半途而废"是有其苦衷的，因为他的这种不彻底与他的整个体系在内在性上的不完备是一致的。我们曾在《超绝发生学原理》第一卷中指出过他的系统中存在着的诸多问题都与这一点有着关系：超绝统觉与自在之物之间关系的不明确、超绝演绎中存在着的诸多二重性（时间的二重性、自我意识的二重性等等）、"超绝感性论"中演绎的缺失……，这一切都与他将我们的认识所能够达到的东西限制在那本源所藏匿的领域*之外*有关。我们看到他意识到感性与知性来自于某种共同的根基，却认为这根基不可能为我们所知，[1] 看到他将那本是充当感性与知性的中介的"超绝图型法"说成是"在人类心灵深处隐藏着的一种技艺，

---

[1] 《纯粹理性批判》，第21—22页（A15/B29）。

它的真实操作方式我们任何时候都是很难从大自然那里猜测到，并将其毫无遮蔽地展示在眼前的"①。但是，与此同时，确切地说甚至是在更长的时间跨度中，他却也对与这里提到的根基直接相关的起源问题念念不忘。早在其批判哲学的起点上，康德就曾将那些使我们的认识成为可能的验前概念理解为"从精神的活动自身中得来的"②。在许多年后，也就是《纯粹理性批判》完成之后不久，他又进一步将这些概念明确为"本源地获得的"表象③。而在三大批判的最后一部，即《判断力批判》中，他更将他在《纯粹理性批判》的第二版中认为是唯一正确的超绝哲学道路，即所谓"后成论"道路，进一步明确为一种明显具有发生学意义的"种系的预成论"道路④。

因此可以说，超绝发生学一直是康德隐秘的憧憬，但康德终其一生从未将它变为现实，这成为他在其所开创的超绝哲学事业上留下的最大遗憾。康德未完成的《最后的著作》⑤的构思与内容充分地证实了我们的这个看法。康德将其生命的最后几年用在了这部著作的写作上，他认为这部著作将是整个批判哲学的"拱顶石"，因此将是他的代表作（他曾专门用法文 chef-d'oeuvre 来强调这一点）。⑥这是因为，正如他在这部著作的手稿中标有"导言"字样的一个段落⑦中告诉我们的，在"自然科学的形而上学原理"和物理学这两个领域之间还存在着一条"鸿沟"，而架设一座跨越其上的"桥梁"以便实现一种"过渡"（Übergang）本就是超绝哲学

---

① 《纯粹理性批判》，第 141 页（A141/B181）。
② 《就职论文》，《康德著作全集》第 2 卷，第 415 页。
③ 《论一个发现》，《康德著作全集》第 8 卷，第 224—225 页。
④ 《纯粹理性批判》，第 110—111 页（B167—168），《判断力批判》，第 279 页。
⑤ *Opus postumum*，通常译作"遗著"。但在《康德全集》中有大量未完成的手稿被编入冠以 *Nachlaß* 的数卷之中，Nachlaß 亦可译为"遗著"。同时，Opus postumum 也可译作"最后的著作"，且康德的这个由后人冠以 Opus postumum 的未完成著作与其他诸多的 Nachlässe 的不同恰在于它的确是康德在其最后的日子里所撰写的，所以我们采用"最后的著作"而不是"遗著"为其译名，以便从名称上将这部手稿与众多的其他手稿区别开来。
⑥ 参见这部著作的法译本的"译者介绍"（Kant, *Opus postumum*, tra. F. Marty, Paris: PUF, 1986, p. ⅵ）。
⑦ *Kants gesammelte Schriften*, Herausgegeben von der Preußischen Akademie der Wissenschaften, Band XXI, Berlin und Leipzig: Walter de Gruyter & Co., 1936, SS. 360—361.

的任务。①因此可以说，康德是将这部著作作为其超绝哲学系统的最后完成来构想的。然而十分遗憾的是，年事已高使得他无力完成这样一个重要而艰难无比的工作。这部手稿中语句的零乱和论述的不完整让人几乎无法理解康德的思路，同时也让人直接地感受到当年康德写起它来是多么的吃力！即使不考虑手稿在康德去世后几经易手所造成的编排上的混乱，它实际上也是连半成品都算不上的。不过，经过认真仔细的推敲，我们还是能够看到在这最后的超绝哲学探究中，康德的思路是如何必然地引向一种超绝发生学的。

在前面提到的《最后的著作》"导言"的片断中，关于上面所说的两个领域之间的"过渡"，康德写道：

> 这将不是没有困难的，因为物理学必须是一个系统性的科学。在属于自然探究的被组合起来的经验元素的基础上，我们所能够以零碎的方式做成的只是一个混合体，而不是一个系统，……为了做成一个系统，必须有一个形式的蓝图，在其中我们所获得的（作为科学的材料的）各种各样的物理认识的位置业已（按照某种验前的原理）**预先**指定好了。②

可见所谓"过渡"的一个重要指标，就是是否能够验前地确定作为可能经验的自然科学（物理学③）为一个**系统**。然而我们知道，在康德的批判哲学，具体来说是在《纯粹理性批判》和《判断力批判》中，可能经验或自然科学的系统性并不是由纯粹的知性概念或范畴规定的，它的规定涉及到的是理念。理念在使可能经验成为系统方面的作用在《纯粹理性批判》中被认为是范导性的，从而不具有构成性并因此并不在超绝演绎的覆盖范围之内；④在《判断力批判》中，康德首次将范畴与理念的这种区分表达为范畴的作用之作为规定的判断力和理念的作用之作为反思的判断

---

① 我们在 *Kants gesammelte Schriften*, Herausgegeben von der Preußischen Akademie der Wissenschaften, Band XXII, Berlin und Leipzig: Walter de Gruyter & Co., 1938, S. 27, S. 414 上都可以看到康德对于这个工作与超绝哲学的关系的看法。
② *Kants gesammelte Schriften*, Band XXI, S. 360.
③ 在康德那个时代，物理学常常指代自然科学，因为其他自然科学的学科还远未成熟。
④ 见《纯粹理性批判》，第 506—507 页（A643—644/B671—672）。

力,并且将"引导"对于自然的探究走向自然系统的整体的这种反思判断力称之为"超绝的合目的性"。①由此可以想到,所谓跨越自然科学的形而上学原理和物理学之间的鸿沟,就是要将构成性的论证从自然科学的形而上学原理中的那些验前综合判断或命题——它们在《自然科学的形而上学的初始根据》中有系统的论述——包容进一个能够作为这些验前命题必定导致自然科学成为一个系统的根据的验前原理中去。这也就意味着在这样一个意义上突破规定的判断力和反思的判断力,甚至于突破知性的范畴和理性的理念之间的界限:将构成性从而将超绝演绎从范畴推进到理念上去。因此我们便的确在《最后的著作》中看到了这样一些表述,例如这个从自然科学的形而上学原理向物理学的过渡的根据"并非仅仅是一个范导性的原理,而且也是一个关于系统的自然科学的验前的、形式的和构成性的原理"②,或者说,实现这个过渡的是"同时是构成性的诸范导性原理"③。

那么,康德在《最后的著作》中是如何构想这样一个过渡的呢?在康德的手稿中我们看到,属于这一构想的有两个重要的基本组成,其中一个涉及"自我设定"(Selbstsetzung),另一个是所谓"以太证明"。下面是《最后的著作》手稿第 7 束第 2 张第 4 页④的边页上康德写下的几段文字,其中蕴含了对自我设定的构想的基本线索:

> 自在之物与现象中的事物的概念的区别并非客观的而仅仅是主观的。
> 自在之物(*ens per se*)并非另一个客体,而是对同一客体的表象的另一种关系(*respectus*),以便不是分析地而是综合地将这客体思想为作为现象的直观表象的综合体(*complexus*),也就是说这样的表象的综合体,它们包含着在直观的统一性中表象的纯粹主观的规定性的根据。这就是一个思想的存在 = x⑤——依照同一性的原则的自我设

---

① 见《判断力批判》,第 19—20 页。
② *Kants gesammelte Schriften*, Band XXII, S. 240.
③ Ibid. , S. 241.
④ 康德的手稿在辗转中被分为若干束,每束包含多少不等的纸张,这些纸张对开折叠,每张正反面共 4 页。
⑤ 原文是拉丁文: *ens rationis = x*。

第十五章　超绝发生：从超绝意识到自我与世界　　217

定，在其中主体被思想为自我激动者，因此依照形式仅仅被思想为现象。

诸验前综合命题是**有效的**并分别是**必然的**，因为若无它们，甚至经验的感性表象（知觉）都将是单纯的混合体而非一个依照其综合统一性的原理的系统，也就是说，将不会有我们为之假设了一种从自然科学的形而上学原理向物理学的进展的**经验**；并且，诸验前综合命题为此是绝对必然的，因为它们包含了经验的可能性的条件，而它们自身却并非来源于经验；它们验前地包含的不是基于经验的原理而是**为了**经验（为了它的益处）的原理。

空间与时间因此是非经验的纯粹直观，它们包含了一些确定的公理：例如，空间包含作为在三个维度中可规定者的直观杂多，时间则只在一个维度中如此。前者在递归中，也就是在其元素的分解中一直进展到点，后者则如此一直到瞬间。——存在着一个空间和一个时间，它们并非仅仅否定性地表象为无止境的，而且也肯定性地（在验前综合的进展中）表象为一种无限的量，因此表象为被给予的，但不是在表象的客体中（作为 *dabile*①）而是在起协调作用的主体中（作为 *cogitabile*②）被给予的。

自在之物是一种思想存在（*en rationis*）。——超绝哲学的最高命题存在于构成了它的本质的问题之中：验前综合命题（例如，扩展知识过程中的数学命题）如何是可能的？

形而上学和超绝哲学的区别在于后者是前者的一个种类。③

对于这几段话，我们可以先看其头（前面两段）尾（最后一段）。它们在开始时表明了康德的超绝哲学的，确切地说是其思辨部分的一个基本观点，那就是我们所认识的世界只是自在的世界（自在之物）在我们中的表象。但马上就表现出了一些微妙的变化，即与《纯粹理性批判》中强调自在之物（本体）与现象的区别不同，这里强调的是它们的同一性。这样做其实是为了引出接下来的一个关键的概念：主体的自我设定。康德

---

① 拉丁语：可给予的。
② 拉丁语：可思想的。
③ *Kants gesammelte Schriften*, Band XXII, SS. 26—27.

告诉我们，这个自我设定给出了一个"思想存在"（ens rationis）。这个思想存在分析地看就是自在之物，而综合地看，它是基于主体的自我激动所得到的现象。然后我们再将中间两段与最后一段联系起来看，可知提出这个自我设定的概念依然是为了回答超绝演绎或超绝哲学的根本问题：验前综合判断或命题如何是可能的？也就是说，弄清楚这样纯粹验前的命题为什么虽然不来自经验却能够对于经验是有效并且必然的。我们看到，为此康德特别地提到了作为直观形式的空间与时间。这些没有构成完整论证的、常常语焉不详的表述——全部《最后的著作》的手稿可说就是由这样的表述组成的——对于我们的理解力显然是一个巨大的考验，但只要我们将它们与三大批判，特别是《纯粹理性批判》联系起来，便不难看清这个艰难的文本的"庐山真面目"。[①]首先，我们在《纯粹理性批判》第二版的超绝演绎中已经看到过康德对于这里自我设定中主体的自我激动的描述。特别是在§24中，我们不仅可以看到这种自我激动导致的是"现象之我"，而且看到这种自我激动的实质是主体中知性运作对于内感官（其形式正是时间）的作用，以及这种运作本身又与作为直观形式的空间有着直接的联系（康德因为这种与时间和空间的联系而将知性运作的作用称为"形象的综合"）。这样我们就不难明白康德为什么会在上面那大段引文中将自我设定综合地理解为主体自我激动的结果并将之与空间、时间联系起来了。其次，在§24中，知性运作的这样一种作用（形象的综合）事实上是被当作范畴所以能够对现象加以综合的机制而提出来的。如果我们再联系《纯粹理性批判》中的"超绝图型法"，就不难知道，这种机制乃是回答验前综合命题是如何可能的这个问题的关键。于是上面的引文中由此将主体的自我设定与超绝哲学对于自己的这个根本问题的回答联系起来就是十分自然的事了。再次，既然正如《超绝发生学原理》（第一卷）第十二章第五节的第三小节中已经表明的，尽管在《纯粹理性批判》中康德从未承认过自在之物与作为超绝统觉的"'我思'之我"或"对象=X"之间存在着某种对等性，但我们还是在那里看到前者是如何以后者的名义而被偷运进超绝演绎，仿佛这背后有一种看不见的力量在促使这种情况的发生似的，那么当我们在上面的引文中看到自在之物被等同

[①] 下面谈到的对于《纯粹理性批判》中相关内容的理解，可参见《超绝发生学原理》第一卷的最后一章。

第十五章　超绝发生：从超绝意识到自我与世界　　219

于作为在其中主体自我激动的自我设定的时候，就一点儿也不应该感到诧异了。相反，我们会设想，从《纯粹理性批判》中（对那种对等性的）不由自主的触及到《最后的著作》中多少是主动的认定，这正是超绝哲学内在性的逻辑要求的进一步体现。最后，与此进展相应地，在《纯粹理性批判》第二版超绝演绎的§24中以及"纯粹理性的谬误推理"中纠缠不清的"'我思'之我"与"现象之我"之间的关系，不仅在上面引文中通过与自在之物等同的自我设定和这种自我设定之作为现象之间的关系再次体现出来，而且在《最后的著作》的其他部分中得到了进一步的说明，其中最具代表性的是如下段落：

> 认识的初始活动是言词：我在①，即自我意识，因为我作为主体是我自己的客体。——在这里有一个先于一切主体的规定性的关系，即直观与概念的关系，在其中"我"具有二重性，即具有双重的意义：我设定我自身，也就是一方面作为自在之物（*ens per se*），其次作为直观的对象，那就是说，或者客观地作为现象，或者验前地自我构成为某物，即作为自在之物。
>
> 自我意识（*apperceptio*）乃是主体由之以普遍方式使自己成为客体的运作。这还不是一种知觉（*apprehensio simplex*），即不是一种感性表象——为此需要主体被某个对象所激动，并且直观由此而成为经验的——而是一种纯粹直观，它以空间与时间之名仅仅包含了直观杂多的组合的形式方面（*coordinatio et subordinatio*）并由此包含了对于

---

① Ich bin，或译"我是"。2000年以后，在中国大陆汉语哲学界曾有过一场对于古希腊哲学中eimi乃至整个西方语言中的be、sein和être等如何翻译为汉语的讨论。对于这个尚未并且很可能根本没有定论的问题，若是从超绝发生学的角度，是可以有这样的看法的：eimi的两个可能的基本的含义，即分别对应于汉译名"存在"和"是"的意义，它们之间存在着一种从超绝意识自我显现的直观层面到认知层面的超绝发生学的关系。这种关系体现在西方哲学史中，便是从古希腊以来，特别是从亚里士多德开始，这个词的存在意义便越来越由存在者的或不如说是实存者的意义所取代。这个实存者的意义在语言中的体现，就是主谓句式的建立，而"是"，便是这种句式的标志。因此，eimi或者be、sein和être的"是"的含义是十分自然的。但这毕竟不是它的终极含义，并且哲学究其本性来说，不能不涉及这种终极含义，那就是"存在"的含义，尽管由于这种发生学的关系，这个"存在"的含义注定要与它的"是"的含义纠缠在一起。因此，当我们将包含着eimi或者be、sein和être的西方哲学文献翻译为汉语时，只有力图在深刻理解这些文献的内容的前提下，尽量准确地按照这些内容所传递的思想，将这种术语翻译为"存在"或者"是"，以及它的衍生义，如"（存）有"等等。

这杂多的综合知识的验前原理，而它因此便在现象中表象了对象。①

在《纯粹理性批判》第二版超绝演绎的§24中康德曾将主体的知性运作对于内感官的激动类比于某物对于外感官的激动，如果说这多少有将"现象之我""降低"到经验层面之嫌，则这里却将主体的这种运作明确为验前层面上的纯粹直观。这样固然弱化了存在于超绝演绎中作为超绝统觉的"'我思'之我"与"现象之我"的冲突，但却由于这里的"现象之我"被诠释为纯粹直观而与自在之物分别为"我在"或自我意识的两面，便在使得自在之物内在化的同时有丧失经验（现象）的外在来源的危险。当然，这也许并非什么危险，而是超绝哲学的内在性的固有要求。但显然，要满足这一要求，也就是实现一个完备的内在性超绝体系，就必须内在地说明作为现象的无论是内感官还是外感官的杂多的来源。这大概就是为什么康德在《最后的著作》中有一个明显的倾向，那就是将主体的自我设定问题与空间、时间（它们是与感性杂多直接相关的验前的东西）联系起来的缘故。然而在刚刚引用的文本中，我们看到，恰恰在此联系的关键处，康德十分地含糊其辞：自我意识"以空间与时间之名仅仅包含了直观杂多的组合的形式方面……并由此包含了对于这杂多的综合知识的验前原理，而它因此便在现象中表象了对象"，但这个在现象中被表象的对象的杂多方面的根据却始终难以阐明。我们曾在《超绝发生学原理》第一卷的最后指出超绝演绎的不完备性与《纯粹理性批判》的"超绝感性论"中超绝演绎的缺失有着深刻的关联，看来这一缺失不得不在《最后的著作》中有所弥补。康德对从自然科学的形而上学原理向物理学过渡的构想中的两个组成的另一个，即"以太证明"便是为此而做出的。

我们在《最后的著作》中获得的第一个印象就是康德在此提出了一个相当于《纯粹理性批判》的"超绝感性论"中的"质料"的"以太"。所不同的是，在"超绝感性论"中，质料仅仅是为了在空间与时间之为形式的前提下引出现象的一个借口②，康德压根儿就没有想对它加以澄

---

① Kants gesammelte Schriften, Band XXII, S.413.
② "当我们被一个对象所激动时，它在表象能力上所产生的结果就是**感觉**。那种经过感觉与对象相关的直观就叫做**经验性的**直观。一个经验性的直观的未被规定的对象叫做**现象**。在现象中，我把那与感觉相应的东西称之为现象的**质料**，而把那种使得现象的杂多能在某种关系中得到整理的东西称之为现象的**形式**。"（《纯粹理性批判》，第25—26页，A20/B34）

清。正是这种情况直接地导致了我们所说的"超绝感性论"中演绎的缺失。而现在，在《最后的著作》中，以太则成为最重要的两个概念之一（另一个自然是"自我设定"或"我在"）。康德在此说道：

> 在整个宇宙空间中弥漫着一种连续的质料，以均匀的方式穿透一切物体而充满了空间（它因此而不遭受任何场所的变动）。我们用以太或热质等等称呼的这种质料并非一种**假设的元素**（用来说明某些现象和以多少似真的方式为一些给予的结果寻找原因），相反，它能够被当作从自然科学的形而上学原理到物理学的过渡中必然的部分而被认识和设定。①

以太本身并非经验的对象，因此它不可能像我们在自然科学研究中针对需要解释的现象提出意指某种原因的假设那样被提出来。它之所以能够充当从自然科学的形而上学原理向物理学过渡的组成概念，是因为对它的设定完全是验前的：

> 关于这样一种没有形式的，穿透一切空间的，由单纯的理性保证的，由之我们所能想到的只是在空间中弥漫并穿透一切的运动力的原初的元素，我们甚至能够先于经验地从而验前地就经验的可能性而设定其实在性。②

这种从经验的可能性出发对于以太的设定可以看作是一种论证，此即所谓"以太证明"。康德在《最后的著作》中不断重复地述说这样一种论证，它的逻辑是：（1）如果没有那充满整个空间的以太，就不可能有（空间性的）经验对象，既然空的空间本身不可能是经验对象；（2）有（空间性的）经验对象；（3）因此，存在着以太。显而易见，这是一个间接论证，这一点甚至康德本人也不怀疑，他在这部手稿的另一处提到以太的概念"是为了奠定经验自身的可能性而直接由理性给出的"时，就曾称此

---

① *Kants gesammelte Schriften*, Band XXI, S. 218.
② Ibid., S. 219.

为"这类间接证明"。① 我们在《超绝发生学原理》(第一卷) 的第三章第一节中曾指出，在《纯粹理性批判》中，康德并不以为对于像超绝演绎这样的论证，是能够通过间接证明的方式来实现的，其根本原因在于所要证明的由于涉及到像"一切可能的经验"这样本身超越于可能经验的东西而有陷于"辩证幻象"由以发生的领域的危险。《最后的著作》中对于以太存在的证明显然正属于康德曾否定其作为超绝证明的合法性的那类证明。事实上，只需稍稍深入一些地分析一下这个证明，我们就能够认识到它为什么是不能成立的。这个证明的关键也就是它的大前提，它本身又可分为两个命题，即"空的空间不是经验的对象"和"以太能够使空间不空从而成为经验的对象"。但这两个命题都不是明见的，因此在它们自身未被证明的情况下将其用作大前提，这样所构成的论证也将是不可靠的。我们说前一个命题不是明见的，是因为相反的，例如原子论所主张的命题并不比它更不明见。实际上，就感官经验来说，原子或物体在空的空间中运动的图景倒是更多一些明见性。当然，这里的问题根本就不是经验性的。任何从经验或自然科学的角度出发对这个命题或其相反的命题的辩护都将是无效的。因此看起来，笛卡尔对于不存在虚空的论证要更有力一些，因为他似乎没有依赖感官经验。但即使如此，他的内省方法也未能提供充分的明见性来证明验前地就不可能有空的空间，既然他的证明是基于广延的直观，而这个直观本身并不具有充分的明见性——我们很难说与之相反的间断性（离散性）的直观比它更不明见。至于"以太能够使空间不空从而成为经验的对象"这个命题，那就更加缺乏明见性了。实际上，我们根本就不知道那个本身不是经验对象的以太如何当其充满空间就使得我们有了空间性的经验对象。回顾哲学史和科学史上的那些以太概念，实在看不出有哪一个是超出了假说或猜想的水平的，并且如前所述，作为假说，它并不比原子（与虚空）的假说更让人信服。

因此，《最后的著作》中的这个以太证明并不成立。不过，康德对以太的构思却有助于我们更加清楚地看到问题的实质。我们指出过，康德在这里提出的以太概念十分接近他在《纯粹理性批判》的"超绝感性论"中提到的质料概念。在那里，质料与两样东西有关，一是自在之物，另一是作为感性直观形式的空间和时间。尽管康德含糊其词，但可以肯定质料

---

① 见 *Kants gesammelte Schriften*, Band XXII, S. 554, 及该页上的注释 2。

在那里应是自在之物对于我们感官的激动的直接产物。但是在《最后的著作》中,以太并没有被类似地理解为自在之物的产物,相反,康德甚至写道,"我们能够相对地而非绝对地将这些元素(res mobiles)想象为自在之物,想象为对象的现象的现象"①。这样一来,很显然,标志着"超绝感性论"中演绎的缺失的自在之物与质料的关系之未经阐明这个困难现在便以这样一种方式被转移到了以太这个概念上了,因为这时以太必须集双重角色于一身:作为现象的内容而存在于空间和时间中的质料**和**作为使现象从而经验成为可能但自身却并非经验性对象的自在之物。但是,既然我们已经看到,康德对于以太的存在或其自身的可能性并没有给出一个成功的论证,则借助于以太概念的这种对于困难的解决便不过是画饼充饥。换言之,以太不过是一种针对"超绝感性论"中的那个困难所给出的一个特设性概念。因此,以太证明是不可能使康德实现从自然科学的形而上学原理向物理学的过渡的。尽管如此,我们却看到,在康德将以太"想象为"自在之物或"现象的现象"的同时,就已经将这个"现象的现象"理解为主体自我激动的结果了:"于是产生了现象的现象,也就是主体自我激动的方式……"②。如果说康德的这段话语不够完整从而缺乏说服力,那么在同一束手稿中接下来的部分康德的另一些话则更加清楚地表明他的确将作为以太的自在之物换成了主体的自我激动的,也就是自我设定的意义上的自在之物:

> 空间(与时间)中事物的现象是双重的:1)一是我们自己(验前地)置于空间中的对象,这是形而上学的现象;2)一是我们被经验地(验后地)给予的,这是物理学的现象。后者是直接的现象,前者是间接的现象,也就是现象之现象。
>
> 间接现象的对象乃是物本身,也就是这样一种对象,只是在我们自己将它置入直观中的范围内,也就是说在它是我们自身的认识产物的范围内,才从直观中获取它。③

---

① 见 *Kants gesammelte Schriften*,Band XXII,S. 336.
② Ibid.,这句话康德未能写完整。
③ Ibid.,SS. 340—341.

尽管不可思议，但康德这样做的目的却是显而易见的，因为这样一来，在《纯粹理性批判》的"超绝感性论"那里就已经是一个困难的自在之物如何通过激动感官而产生质料从而感官对象的问题，就可以转变为主体对于（内）感官的激动而产生对象的问题，也就是自我设定的问题了。但是，我们已经知道，自我设定这个概念自身也存在着可说是难以解决的困难，并且这个困难恰恰就是自我设定无法给出感性杂多，也就是感官的质料。于是我们看到，康德不过是在以太证明和自我设定之间兜圈子，从而给出的仅仅是一种问题被解决了的假象。

然而就是在这种以太证明与自我设定两者"相互依赖"的关系中，隐约地显现出某种似乎是真正基础性的东西，那就是空间与时间，因为就在我们刚才引用的段落中，康德正是借助空间与时间来赋予自我设定以一般地产生质料的以太功能的（"空间与时间中事物的现象是双重的……"）。在《最后的著作》的另一些地方，康德甚至更加坚定地表明了这一点，例如：

> 空间与时间是一些直观，它具有将直观的杂多做成现象（*dabile*）的动力学功能，因此也是一种作为现象的可见者①。它先于任何（作为伴随着意识的经验表象的知觉的）领会的表象并且验前地依照某种原理被综合地思想为完全地起规定作用的（*intuitus quem sequitur concptus*），在其中主体将自身设定在直观杂多的集合性的统一体中。②

这就仿佛造成了一种对于《纯粹理性批判》中感性与知性的地位的"翻转"。在那里，空间与时间属于感性的接受性，"我思"（即这里的自我设定）则属于知性的自发性，它作为"对象 = X"将感性的杂多综合于其规定性之中。而现在，空间与时间似乎成了更为源初的东西，主体在其中设定自身。如果有人对于"主体在其中设定自身"是否就意味着"主体以它为根据"持有疑问的话，那么这个表达应该会打消他的疑虑："主体借

---

① 原文是拉丁语：*aspectabile*。
② *Kants gesammelte Schriften*, Band XXII, S. 44.

第十五章　超绝发生：从超绝意识到自我与世界　　225

以自我设定的纯粹直观的对象是无限的，即空间与时间"①。这一翻转所以可能，或者说这一翻转的实质，在于《纯粹理性批判》中空间与时间作为纯粹的直观形式，其自身是没有知性的规定性的。后者是在综合（例如领会的综合）中加之于直观之上的，而在这里，空间与时间作为直观自身就已经有了这种规定性（"验前地……完全起规定作用的"）。不过，如果我们回想一下我们在《超绝发生学原理》（第一卷）的第四章第三节中曾作为存疑指出的第二版超绝演绎的§26的那个注释中"形式的直观"的空间概念，就不难意识到这样一个翻转在那里已经埋下了伏笔。这就是说，它作为超绝演绎中的一个困难概念，恰恰暗示了超绝系统的内在需求，这个需求在康德为克服超绝哲学的困难所做的最后的努力中必然更加充分地显现出来。这个需求笼统地说，就是若要内化自在之物，以便构建一个真正内在性的超绝系统，而从我们在《最后的著作》中所看到的情况来说，则是为了以完全内在的方式回答超绝哲学的根本问题（验前综合命题如何是可能的？），就应该以自我设定的学说追溯"我思"或"我在"所具有的体现为诸范畴的知性功能与作为经验的对象的内容（那些范畴是这个对象的形式）的**共同起源**。《最后的著作》中的这样一段话表明这正是康德之所想：

最初的东西是，空间和时间以及在它们之中的对象在未规定的但却可规定的直观中被给予（dabile）并因此被思想为一个可能的整体（cogitabile）。但这两者②一起为诸验前综合命题奠定了基本原理，它被称为超绝哲学，并且它构建了从自然科学的形而上学原理到物理学的过渡，借此主体将自身构成为物理学的经验对象。这物理学不是由经验而是为经验引入了作为一个知觉系统的完全的规定性。直观的主观方面，作为形式的方面，乃是现象中的对象，如同它验前地依照这个原理从综合的表象中产生。自在之物就是这杂多全体之联结为一个（主体为之自我构成的）统一体的思想存在（ens rationis）。自在之物＝X就是感性客体**在其自身之中**，但不是作为一个另外的对象，而

---

① *Kants gesammelte Schriften*, Band XXII, S. 96.
② 指空间与时间。

是表象的另外一种样式。①

于是，通过自我设定和以太证明，最终借助空间与时间，回到了我们一开始所引的《最后的著作》中的那一大段话所表明的境界："自在之物与现象中的事物的区别并非客观的而仅仅是主观的"。由此，被推到了前台而不是像在《纯粹理性批判》中那样躲在后台的自在之物被认定为一种思想存在。它是杂多的全体联结而成的统一体。显然，它因此可以被理解为可能经验的全体。在这个全体中，主体首先作为"'我思'之我"，也就是"对象 = X"而存在着（即上面引文中第二次出现的主体之自我构成）。这是仅就形式方面来说的，因而涉及到的只是那些作为验前综合命题的范畴。然而，我们还是**不能明了**为什么这些范畴的基本原理是奠立于空间与时间之上的，既然按照《纯粹理性批判》，空间与时间只是感性的形式而非思维的形式（范畴）。不管怎样，这个由空间与时间奠定的范畴的基本原理实在是重要，因为它意味着超绝哲学的完成，并且构成了从自然科学的形而上学原理到物理学的过渡！但它究竟是什么呢？我们**不知道**，因为康德没有告诉我们。另外，主体还能通过这个基本原理将自身构成为物理学的对象，也就是经验的对象。这又是如何可能的？我们依然**不知道**。这里第一个不知道（不明了）涉及以太的证明，因为范畴之奠立于空间与时间之上意味着以太或它的运动力服从于范畴（"质料的运动力的基本概念是……这些运动力是服从于范畴的"②）。第三个不知道涉及主体的自我设定，正如我们在前面论及这个自我设定时所指出的，它包含着范畴自身构成的机制，而在这段引文中则进一步表现出将这一构成的根据指派给空间与时间的倾向（此即引文中"借此"一语所意味的）。这两个不知道便导致了第二个不知道，它意味着，康德最终未能实现从自然科学的形而上学原理到物理学的过渡，从而即便在原则上，《最后的著作》都未能够成功地构建一个完备的超绝哲学系统。不过这就已经给了我们以启发：这样一个过渡或者说一个超绝哲学系统的最终完成，需要的是同时发现质料与形式（也就是包括范畴在内

---

① *Kants gesammelte Schriften*, Band XXII, S. 414.
② Ibid., S. 342.

第十五章 超绝发生：从超绝意识到自我与世界　　227

的验前综合命题）的**起源**。①

因此，《最后的著作》表明康德在超绝哲学上所做的最后努力，本质上就是要实现从未展示出来的，但却可以说对它的憧憬贯穿其一生的超绝发生学。康德的这一事业的轨迹其实正是他所首创的超绝哲学的内在逻辑的必然体现。我们在《超绝发生学原理》（第一卷）中曾经指出，《纯粹理性批判》中超绝演绎的方略在于通过构成性地说明验前综合判断是如何使经验成为可能的来证明前者对于后者的必要性与有效性，也就是说，证明前者自身的可能性。我们说过，这是从中途开始的一个不完整的论证。其实质在于，按照康德对于超绝演绎必须是一种"明示性"的（也就是构成性的）证明来说，仅仅证明验前综合判断能使经验成为可能并非对于这些验前知识自身可能性的一个**完全的**明示性证明，因为即使构成性地说明了它们是如何使经验成为可能，那也还需要经验的确是如此这般地存在的，或者不仅构成性地说明验前综合判断如何使经验成为可能，而

---

① 其实，在《纯粹理性批判》中康德就已经意识到感性与知性"也许来自于某种共同的，但不为我们所知的根基"。他所说的感性与知性的关系虽然不完全等同于这里说的质料与形式的关系，但两者肯定是密切相关的。写著《纯粹理性批判》时的康德显然相信可以在不知道那个"共同的根基"的情况下证明范畴对于现象的有效性和必然性，但《最后的著作》表明他的这种信心已经动摇。他在《最后的著作》中表现出将范畴溯源至空间与时间的倾向便多少说明了这一点。然而，他并未能够使这种追溯共同根基的努力获得成功，事实上他陷入了一种进退维谷的境地。他说道："我们不泛指任何经验，而是说这样的经验，并且很容易看到，既然知性在这里只涉及关系，则必须在其基础上存在某种不可知觉的东西，但它却是纯粹的直观，在其中这些验前的关系能被给予。这就是空间与时间，它们不是自在之物，而仅仅是直观形式，其内容本身不是**现象**而是**现象中的**对象，是直观的绝对的综合统一性（殊相性）。"（Band XXII, S. 98）我们在此同样看到了上述倾向（知性所涉及的关系在此被指认为空间与时间的直观，即一种纯粹的殊相中被验前地给予者），但我们还看到，空间与时间仍然被断言为"仅仅是直观形式"而"不是自在之物"。显然，这后一断言使得康德并没有比《纯粹理性批判》有更多实质性的进展——除非能够澄清空间、时间、质料与（作为形式的）范畴等之间的构成论关系，否则这种进展是不可指望的。对此，康德最终表示："在这里，我们必须记住我们所拥有的是**有限**而非无限的精神。……只是在得到了质料的情况下它才起作用。这样的精神因而总是将**对于质料**或界限的**倾向**与**对于**形式或绝对的**倾向**连接起来，没有前者作为条件将不会有后者也不会使后者满足。**在什么意义上这两个如此对立的倾向能够一并存在于一个本体之中，这定是能够使形而上学家但却不会使超绝哲学家陷于困境的问题——后者在此全然不自称能够说明事物的可能性**，而只满足于建立基于它**经验的可能性的可能性**得到理解的知识。"（Band XXI, S. 76）显然，康德所以始终没有真正按照费希特以为应该的那样扬弃那个超越的自在之物，正是因为他无法同时揭示形式与质料两者的起源。而且他看到，即便是费希特的"知识学"充其量也只给出了形式，却无法说明质料（的起源）。（参见《彼岸星空——康德书信选》，第345—346页。）

且说明经验**只有**这样才是可能的。换言之，康德的证明的形式只不过是：有如此这般的验前综合判断则有经验，有经验，因此有如此这般的验前综合判断。然而，这却是一个并不具有证明意义的肯定后件式。[①]一个完全明示的、构成性的对于诸验前综合判断自身可能性的证明，因此不能像康德在《纯粹理性批判》中至少是对于范畴所做的那样，仅仅通过对于判断逻辑的类比找出范畴的种类却不能明示这些范畴是如何形成的。也就是说，对于诸验前综合判断的可能性的证明，必须通过揭示它们的纯粹的，也就是验前的发生学机制才能够实现。耐人寻味的是，在缺乏这样一个发生学论证的情况之下，实际上，正如我们在《超绝发生学原理》（第一卷）的最后一章中充分地表明的，**即使**想成功地证明这些验前综合判断使经验成为可能这一点最终也是做不到的。这种将对于超绝哲学的根本问题——验前综合判断如何是可能的？——的回答建立在关于这些判断的纯粹起源的研究之上的要求，正如我们已经看到的，注定要与给出可能经验的系统性的根据这一要求统一起来。这时候，并且仅仅是在这时候，经验的系统性或系统的经验便意味着所谓"可能的经验"其实只能是**唯一**的。这一点恰恰是康德在这部《最后的著作》中才意识到了的："外部感性表象的所有经验的材料必定只能思想为必然地在一个系统中联结在一起的，这样才能将它们思想为属于这经验。因此，关于这些对象只有一种经验，正如[这里]语言中不说经验而只说这经验所表达的意思"[②]。我们在这一小节的一开始就曾指出过，经验的这种系统性在《纯粹理性批判》和《判断力批判》中是作为非构成、非规定性的理念或更确切地，作为自然的合目的性的理念的作用来理解的。在《最后的著作》中，康德已经向我们表明，如果想通过对于这种系统性的阐明而从自然科学的形而上学原理过渡到物理学，从而真正完成超绝演绎乃至超绝哲学的任务，就必须将这种理念构成性化。以太证明与自我设定显然就是为此而开展的工作。我

---

① 在《纯粹理性批判》中，康德自己就曾否定了超绝演绎的形式可能是这样一种肯定后件式，他同时还否定了它可能是一种相应的否定后件式："若没有如此这般的验前综合判断则没有经验，有经验，因此有如此这般的验前综合判断"。因为事实上，这个演绎**所应**证明的，恰恰是这个否定后件式中的大前提。参见《超绝发生学原理》（第一卷）第三章的第一节。

② *Kants gesammelte Schriften*, Band XXII, S. 344. 在另一处，康德说道："空间中的运动力构成了这种质料（而不是诸多种质料），因为它与这经验（而不是诸经验）一样，只是一种"。(Ibid., S. 475)

第十五章 超绝发生：从超绝意识到自我与世界

们已经看到，这些工作通过超绝哲学的根本问题——验前综合命题如何是可能的？——最终遭遇到了范畴与质料的起源问题，并在此难以继续前行。范畴与质料的起源问题正对应了《纯粹理性批判》中的"超绝逻辑"与"超绝感性论"。"超绝逻辑"的核心内容超绝演绎却是未能成功地实现的，而这一未完成的性质又可以追溯到"超绝感性论"中演绎的缺失，这一点我们在《超绝发生学原理》第一卷中已有详尽的论述。现在则可以进一步说，超绝演绎的不成功最终是因为没有揭示范畴的起源，而要想揭示这一起源则必须将超绝演绎推进到"超绝感性论"中去。一旦达到这一步，便必定能够在横亘于感性与知性之间及知性与理性（范畴与理念）之间的鸿沟上架起联通的桥梁。但范畴与质料的起源问题的彻底解决以及跨越感性与知性、知性与理性的桥梁的架设只能意味着一种超绝发生学的建立。康德的超绝哲学沉思仅仅终止于这样一种超绝发生学憧憬之中，这就是它的宿命。[①]

我们在前面已经分别对《最后的著作》中自我设定学说和以太证明加以分析并指出了它们所存在的困难。正如自我设定学说与以太证明的最终目的是一致的，它们的困难也是相关联着的。这些困难以相似的方式体现为在《纯粹理性批判》中诸重要的成对概念之间的界限在这里变得模糊或更加模糊了。这些概念主要有："'我思'之我"与"现象之我"、作为纯粹直观和作为运作化的直观的空间与时间（即直观的形式与形式的直观）以及范畴的构成性与理念的范导性（即规定的判断力与反思的判断力）。这些成对的概念在《纯粹理性批判》中是在感性、知性和理性三者区分的前提下被区分了的。但即使是在那里，特别是在涉及到构成性关系时，它们的区分有时也会变得困难起来。例如在超绝演绎中，"'我思'之我"与"现象之我"的区分以及直观的形式与形式的直观的区分都在不同程度上存在着含糊之处。但是这种情况在《最后的著作》中非但未能解决，反而变得更加严重了。这一点我们在前面对于自我设定学说和以太证明的分析中已经具体地指出过。出现这种情况的原因，说到底是

[①] 这里所说的康德超绝哲学的目的的实现——回答"验前综合命题如何是可能的？"——所必需的条件，即在感性与知性、知性与理性之间架起桥梁，与《最后的著作》所设定的目标，即在自然科学的形而上学原理与物理学之间架起桥梁，这两座桥梁说到底乃是同一个。因为前一座桥梁的建成意味着一个超绝哲学的彻底实现，而这种实现则意味着作为自然科学的形而上学的超绝哲学这样一种元认识之成功地内化到作为对象认识的物理学（自然科学）中去。

因为这些对子的两端实际上分别代表了自在之物的内在的替代物，或者说内化了的自在之物，与构成可能经验的内在结构。对于一个完备的超绝系统来说，这种内化了的自在之物的必要性在于构成可能经验的那些结构性因素——例如范畴——的自身合法性，也就是它们对于可能经验的有效性和必然性的根据并不在其自身之中，换言之，它们是无法自我奠基的。但是，实现自在之物的内化并使之能够充当那些构成可能经验的因素的根据的先决条件是，拥有本源的明见性并以之作为（自身无前提的）前提而推演出那些构成可能经验的因素进而给出一切可能经验的构成性原理。显然，这正意味着构建一种超绝发生学。康德未能进展到这一步，那么那些对子的两端之间关系的含糊不清对于他来说就是无法避免的了。因为例如就代表内化了的自在之物的"'我思'之我"和直观的形式来说，它们不得不经常分别体现为"现象之我"和形式的直观，以保证对于可能经验的构成性。反之，"现象之我"和形式的直观又不得不分别混淆于"'我思'之我"和直观的形式，以保证，确切地说，貌似保证它们自身是有根据的——这时它们充当的是那个内化的自在之物。所有这一切都表明，走出困境的唯一途径是实现一种超绝发生学。现在，我们已经获得了这样一种超绝发生学，并且它以其自身证明了它的唯一性，也就是说，它并不是任何一种超绝发生学，而是这唯一可能的超绝发生学。事实上，只有这种唯一性才能保证康德所意识到的经验系统的那种唯一性。

我们的超绝发生学立即消解了康德的系统中的那些困难，澄清了这个系统中那些成对概念之间的关系。首先，我们在本节的第二小节中已经指出，康德的"'我思'之我"大致可以相当于超绝意识自我显现过程中第五个环节以及由此上溯到超绝意识本身所经的诸环节，即动体中的非意向性内容、形式—质料、动觉乃至超绝意识，我们称这样的在其中"我"与"思"尚未分化的自我意识为"非反思性自我"，而"现象之我"则是作为动体自觉的产物的自我运作（灵魂）的产物。这样康德的这两个概念就在超绝意识自我显现的逻辑程序中被清楚地予以定位。尤其是，这个过程以完备的构成性机制说明了经验是如何因为诸范畴而成为可能的，以及诸范畴自身的根据又是什么。其次，这种说明中便包含了对于康德的作为纯粹直观的空间与时间和运作化了的空间与时间的解释从而定位。空间与时间作为纯粹的直观，在其中严格说来还没有量的规定性，它们因此对应于超绝发生过程第五环节上质料方面的诸直观性意向对象中的空间直

第十五章 超绝发生：从超绝意识到自我与世界

观与时间直观，或者说，它们的意指实际上涵盖了从动觉中的本源性空间与时间一直到自我直观中的空间直观与时间直观的发生形态；而运作化的，首先是量化了的空间与时间，则是在属于认知层面的第六环节上所获得的物理的空间与时间，以及几何学空间。[①] 显然，这一定位能够使我们对空间与时间形态及其发生获得更为准确与明晰的认识，并因此看清康德的所谓直观的形式与形式的直观的实质。作为直观形式的空间与时间仅仅具有拓扑结构，它们的本质属性分别就是连续性与不可逆性，也就是说，广延与绵延。只有在经过动觉分化出运作元与感觉元，构成了形式与质料并由于后面这两者的相互作用产生了动体，这个动体的自觉产生了包含有诸直观性意向对象，特别是那些认知性运作直观的自我之后，才有可能通过自我的认知活动而产生具有量的规定性的物理空间与时间以及数学（算术与几何）。自我的这种认知活动，也就是康德超绝演绎中所说的范畴的运用，其所以可能的根据也正在于这个自我中已经包含着康德的范畴以及空间与时间的直观形式，并且前者对于后者的有效性更可追溯到它们在动觉中的来源的相关性。这在上一节的第二小节中已经有所阐明。在那里，我们根据包含着康德的范畴的规律直观、数学直观和相当于康德的直观形式的时空直观等，依据它们在形式与质料的相互作用中的来源，说明了它们在物理学（自然科学）和数学的构成中的关系（即图15—3—2所显示的关系），而康德那里以范畴对于空间与时间的直观形式以及对于通过此形式得到的现象的作用所确认的关系不过是这种关系的一种既不全面也不准确的对应罢了。另外，我们也因此更清楚地看到了康德在《最后的著作》中所表现出的将空间和时间理解为自我设定与以太证明的共同基础的倾向如何是徒劳无益的：空间与时间，更不用说量化的空间与时间完全不是源初的而是发生或派生的。康德所说的以太应当是对于超绝发生的第二环节中混沌与第四环节中属于动体的物质元素或不如说由后者通过

---

① 在超绝意识自我显现的第六环节之前还没有形成认知关系，所涉及的诸环节都是直观性的。认知关系或认知活动发生在第六环节上，因此我们也将这一环节称为认知层面。从超绝意识自我显现的第五环节这种直观层面到第六环节的认识层面之间还存在着一个过渡，那就是运作着的自我即灵魂。事实上，康德的范畴运用便发生在这一过渡中，我们说它是自我对于自身及其所包含的诸直观性意向对象的认知。这种认知是反思性的、意向性的，它所构成的是构成性意向对象。因此，自然科学（的对象）、本质上可运用于自然科学的数学（对象）以及经验性自我（人格）都出现在这一层面，也就是出现在被称为"世界"的超绝意识自我显现的第六环节上。

自觉而产生的物质直观的一种混合。相反，超绝发生学告诉我们的是，即使是尚没有量的规定性的空间与时间也对应于超绝发生学逻辑的第二环节到第五环节，而量化的空间与时间则仅仅属于第六环节，因此它们不可能衍生出以太。充其量只能说，本源的时空与那个以太，也就是混沌同样处于超绝发生学逻辑的第二个环节。至于康德的自我设定中所涉及的自我意识，即使是将它作为"现象之我"理解，也不可能出自于空间与时间，无论这种空间与时间是否量化的。不过，如果我们将空间与时间上溯到广延与绵延——与康德的直观形式接近的时空直观的确与广延及绵延有着更为直接的发生学亲缘——则它们较之相当于"现象之我"的灵魂运作效应的确更为源初。因此可以这样说，康德仅仅是模糊地感到了被我们的超绝发生学所揭示的某些关系，但完全不知道作为超绝发生学的起点的超绝意识，更不知道它的自我显现的种种环节，从而他的体系就像是超绝发生学逻辑的一种含混的、常常是越分析越显出其中错误的退化形态。第三，这样，康德的超绝哲学便不可能成为一个成功地满足了超绝哲学的三个基本性质，即奠基性、内在性与构成性的体系。在其中仅有片断的构成性，例如范畴对于经验的构成性，而无整体的构成性，例如范畴自身并不能由某种更为本源的东西所构成从而是自身缺乏根据的。在这种情况下，康德在《最后的著作》中所希望获得的那个"同时是构成性的诸范导性原理"终究是可望而不可及的。超绝发生学找到了这样一些原理，那就是诸超绝意识的原理（它的存在性原理、直观性原理、构成性原理）。因此，这些原理也正是康德的合目的性概念的真正意指。在超绝发生学的系统中，它们作为整个构成论关系的基本法则，成为构成可能经验的诸验前综合命题（但并非仅仅这样的命题，还应包括使逻辑和数学成为可能的验前综合命题）的最终根据，从而实现了康德所设想的体系的构成性与范导性的统一。这其实是通过将范导性转变为构成性所达到的统一，也就是说，通过超绝发生学逻辑所达到的完备的构成性的统一。

于是，超绝发生学首次使超绝哲学具有了一种完备的形态。它因为以作为绝对对称性的自身区分的超绝意识这个本源明见的直观取代了康德超绝哲学中始终未能内化的自在之物而实现了超绝哲学的内在性，并以超绝意识的自我显现的逻辑而使整个体系具有了构成性，从而完成了为包括其自身在内的一切可能认识奠基的任务。这样，作为一种必然的结果，在超绝发生学中，康德体系中自在之物以超绝理念的名义所意指的三种东西，即上帝、自由和灵魂不朽就不再是超越性的了，相反，它们成为超绝意识在其自我显现中所表现出来的三种性质。

在康德那里，上帝、自由和灵魂不朽三者作为纯粹理念这种"超感官"的东西而密切相关。它们的这种超感官的性质使得它们同处于自在之物的领域。虽然在康德的体系中，我们无法确知它们作为自在之物是如何地相关的，但康德还是——实际上是不得不——这样来表述它们之间的关系：

> 在三个纯粹理性理念**上帝**、**自由**和**不朽**中，自由的理念是惟一通过自由在自然中可能的效果而在自然身上（凭借在此概念中被想到的原因性）证明其客观的实在性的超感官东西的概念，并且它正是由于这一点而使另外两个概念与自然界以及所有这三个概念相互之间联结为一个宗教成为可能。①

使"一个宗教成为可能"，康德的这种表述包含着这样一个基本的看法，即这三者作为超感官的东西，不可能成为认识的对象而最终只能是信仰的对象。然而，如果它们因此完全是超越之物，则如我们已经在康德的思辨理性学说中所看到的自在之物那样，会因为其超越性而使得整个超绝体系的基础不能真正地落实。不过康德只是在实践理性的领域才意识到了这一点，因为他在《纯粹理性批判》中坚信能够在无法内化自在之物的情况下为认识奠基或回答"验前综合判断如何是可能的？"这个问题，甚至到了《最后的著作》中，虽然他已经表现出了内化自在之物的意图，仍未能明确否定这一信念。但是在实践理性的领域就不同了，因为在这里必须阐明的不是自然的因果性而是具有终极意义的道德的原因性。而事实上，康德看起来也确实找到了摆脱困境的办法——他看到了"自由"概念在那三个纯粹理念中的特殊性以及它与二者中另两个之间的这样一种关系：

> 自由的概念，一旦其实在性通过实践理性的一条无可置疑的规律而被证明了，它现在就构成了纯粹理性的、甚至思辨理性的体系的整

---

① 《判断力批判》，第336页。

个大厦的**拱顶石**，而一切其他的、作为一些单纯理念在思辨理性中始终没有支撑的概念（上帝和不朽的概念），现在就与这个概念相联结，同它一起并通过它而得到了持存及客观实在性，就是说，它们的**可能性**由于自由是现实的而得到了**证明**；因为这个理念通过道德律而启示出来了。①

康德的意思是，尽管这些涉及超绝哲学的基础的纯粹理念是超感官的，因而我们并没有对于它们的纯粹直观②，但其中自由可以通过作为一个"理性的事实"的道德律而被我们认识到，并且由此而得出对于另外两个理念，即上帝和灵魂不朽的"公设"。康德之所以说道德律是一种理性的事实，是因为它的存在是理性的一个基本的，即关于普遍必然性的要求。在实践领域中，理性的这一要求是通过所谓"实践理性的基本法则"表达出来的："要这样行动，使得你的意志的准则任何时候都能同时被看作一个普遍立法的原则"③。这个事实与自由之间的关系，按照康德的说法，就是前者是后者的认识根据而后者则是前者的存在根据。④如此确立自由的实在性的逻辑在于，理性的普遍必然性的要求固然不能体现在每一知性范畴的（经验）使用，因此无法在认识活动中成为一个事实，但它却可以体现在实践活动的基本法则之中，而所以如此，却又是因为人具有自由意志。同时，道德律的存在这个事实要求我们公设上帝与灵魂不朽，因为后者使我们明白一个有道德的人必有一个完美的道德境界，即至善；前者则告诉我们"善良的人有福了"，因为只有一个能够按着道德律去行动的人才是幸福的，但这其中德性与他行动的自然方式之间的一致若没有一个全能的上帝便无法得到保证。⑤至少上面的引文表明，康德相信这样一个自由的概念以及它与上帝、灵魂不朽的关系为超绝哲学本身提供了一个基础，这个基础能够与这种哲学相联接从而成为其基础的关键就是这个以道

---

① 《实践理性批判》，第2—3页。
② 在康德看来，人类的直观只能是感性的，因此那些超感官的纯粹理念必定不会是纯粹的直观。
③ 同上书，第39页。
④ 同上书，第2页，注①。
⑤ 见同上书，第二卷，第二章之四"作为纯粹实践理性的一个公设的灵魂不朽"和之五"作为纯粹实践理性的一个公设的上帝存有"。

德律的事实为认识根据的自由概念。因此他称这个概念为超绝哲学"整个大厦的拱顶石"。然而我们知道，在康德最后的日子里，他却将自己正努力完成的《最后的著作》称之为超绝哲学的拱顶石，而从这部手稿来看，这个拱顶石的真正意指却并不在"自由"，例如他写道：

> 并非自由的概念是权利的概念和义务的概念能够由以奠立于其上的基础，而是相反，义务的概念包含了自由概念的可能性的根据，它由于定言命令而被公设。——将世界之中的因果关系与自由统一起来的原理是绝对不可能的：因为那将是一个无原因的结果。①

自由在这里成为与上帝、灵魂不朽一样的公设。事情是注定要发展到这一步的，因为正是在《实践理性批判》中，康德通过纯粹实践理性的基本法则表达出来的那个理性的事实仅仅是——正如康德在那部著作中通过"不作伪证"的例子向我们所表明的那样②——一个关于形式方面的，即无矛盾性的要求。它并没有给出道德律作为定言命令在其实在的内容方面的普遍必然性，也就是说，没有揭示出定言命令的内在的根据。正因为如此，康德在这个例子中对于不作伪证之符合于道德律的论证是无效的："承认陈述具有证明作用却又故意不说真话"并不构成一个逻辑矛盾，它不过是表明这个当事人在说谎（或不遵守关于证言的约定）。因此要证明其行为是错误的或违背道德律的，就必须先证明说谎是违背道德律的，然而不幸的是，这时我们显然不能再次使用康德在例子中所用的方法了。③这就是为什么康德的道德哲学就其提倡一种义务论来说是很了不起的，但它却从来未能令人信服地说明什么是人的义务。义务的概念不能落实，则如上面引文所言，自由也就没有意义了。不仅如此，至善也因此成为空洞的从而失去公设灵魂不朽的理由，同时因为如此导致了幸福没有定义（合乎道德的行为概念缺乏意指）而会使上帝也失去实在性。这也许就是康德在《最后的著作》中要另寻超绝哲学的拱顶石来取代"自由"概念

---

① *Kants gesammelte Schriften*, Band XXI, S.16.
② 见《实践理性批判》，第58页。
③ 由此可见，仅仅根据普遍必然性本身而无对于理性的内容的揭示是不可能明确道德律的含义的。换言之，仅仅依据理性的普遍必然的形式（定言命令的形式）其实是无法使那个"实践理性的基本法则"具有验前的内涵的。

的真正原因。这时他想到了上帝：

> 对于它来说一切人类义务都同时是它的命令的存在，是上帝。……唯一的上帝，如同从属于它的能力的对象就是世界。
> ……超绝哲学的问题一直未曾解决：上帝存在吗？
> 宇宙神学。依照斯宾诺莎，关于直观与概念的联系之统一体的理念。①

这些不那么连贯的句子表明曾经发生在实践理性的领域中的奠基行为是一种冒进，现在要重新在思辨理性的领域中寻找最终的根据，也就是说，回答超绝哲学一直悬而未决的问题：上帝是什么？而这将首先导致一种宇宙论——如果无法给出证明而只有公设，那么就只能说是"宇宙神学"——它将给出一个斯宾诺莎式的上帝，质料与形式（这是引文中的"直观与概念"的实际含义）是它的二重属性。然而，正如我们已经指出的，由于根本无法揭示质料（以太）与形式（范畴，甚至空间与时间）的起源，康德未能完成对斯宾诺莎的这一再诠释。

康德在《最后的著作》中不止一次地提到斯宾诺莎。在他如下的判断中包含了超绝哲学的玄机："斯宾诺莎的超绝观念论，它从字面上说是超越的，即是说某种非概念的对象：被表象为客体的东西的主观的东西"②，尽管除此之外他没有给出任何更进一步的论证。然而，超绝发生学却给出了一个完整的论证系统，它可说是一个经过了康德批判哲学洗礼的斯宾诺莎主义。在这个理论中，显然，那个"非概念的对象"（斯宾诺莎的上帝）就是绝对对称性或必定自身区分的绝对对称性。在这里，最后日子里的康德作出的最勇敢的设想（"上帝存在吗？我们不可能将这样一个思想的对象证明为外在于主体的实体：它是思想"③）得到了确认，这个主体作为思想就是作为绝对对称性的自身区分的超绝意识。由此，康德认定为超绝哲学的最高境界——"将上帝与世界综合地统一到一个原

---

① *Kants gesammelte Schriften*, Band XXI, S. 17.
② Ibid., S. 22.
③ Ibid., S. 23.

则上"① ——才得以达成,这个原则必定将体现出我们对于上帝的存在、自由的意义和灵魂不朽的超绝的理解。

我们已经表述了超绝意识自我显现的逻辑,而这种自我显现乃是超绝意识的必然。通过若干阶段——它们本身并没有时间意义——超绝意识自我显现为人类与自然所构成的世界(形式的与质料的世界)。由此可知,我们,这个世界中的人,看到的是一个无限多样的世界以及我们自己,但我们所看到的不过是绝对对称性的自身区分的结果,也就是超绝意识在其第六环节上的自我显现。这是现象与本体的关系:世界是现象而绝对对称性是本体。这个本体在康德那里是不可知的自在之物,我们不仅不可能通过运用知性(范畴)的方式认识它,也没有对于它的直观。这使康德不得不使用所谓"反思性判断力"或合目的性来公设这样一个本来应该被当作世界的本源的东西。这给康德的超绝哲学造成了很大的,甚至可说是无法克服的困难。但是在超绝发生学中,超绝意识本来就是一个直观,一种自身无前提的从而是本源的明见性。不仅如此,它的这种直观性使得我们能够揭示它自我显现的逻辑。在这个意义上,十分关键的是,虽然康德也曾试图以"理性的事实"为他的自在之物(自由)提供"认识根据",但却因为这个事实是完全空洞的、没有内容的,从而根本不可能产生任何有助于超绝证明的作用。相反地,超绝发生学中的超绝意识这个本源直观作为直观本身便是实在的,也就是说,"超绝意识"这个语词是有其意指的。②正因为如此,我们才能够以它为出发点,演绎出那些超绝发生的诸环节乃至整个世界的诸构成性原理,而康德的完全没有构成性的合目的性概念,也就必定为构成性的超绝发生学逻辑所取代,从而完成康德在《最后的著作》中真正想做并且应做的事情。超绝发生学构成性地表明,所谓合目的性,不过是关于在超绝意识自我显现中所实现的绝对对称性这个本体之表达为作为可能经验的对象的世界以及认识着这个世界的人类的超绝原理罢了。在超绝意识自我显现的这个结果中,世界的多样性根源于绝对对称性的自身区分中的区分性,而这样一个无限多样的世界作为可能

---

① *Kants gesammelte Schriften*, Band XXI, S. 23.
② 当我们这样说时,应该注意到与一般语词与其意指的关系不同,"超绝意识"这个语词是不能够出于其意指之外并与之相对的。因此命题"超绝意识有其意指"确切地说所意味的不是一般能指与所指的关系而是超绝意识的自我显现本身。

经验的系统性，则是绝对对称性的自身区分中对称性的体现。于是我们看到，康德所说的反思性判断就这样具有了规定性。康德在《最后的著作》中称为超绝哲学的最高境界的**上帝**与世界的统一性原理因此不是别的，正是超绝意识自我显现的基本法则（即超绝发生学的诸原理，特别是其中第三条原理）。在其中蕴含了后康德主义者们所发现的超绝辩证法，它的"正、反、合"三段式的逻辑正由于是蕴含在超绝意识这个本源直观中的，便使得这个无限多样的世界中每一个个体都像莱布尼茨的单子那样彼此全息地相关联（"每一殊相实体都以其方式表达了整个宇宙"①）。不仅如此，由于这个本源直观，这个多样的世界还必定像莱布尼茨所认为的那样是连续的，而所谓无限多样，不过是这种连续性的另一种表达，正如无限可分不过是空间的连续性的另一种表达一样。这样一个世界由于它与本源直观的那种现象与本体的关系，还体现为一种"回归"，即它在人类的精神中找到了自身的本源。所谓本源明见性，在这个意义上就是本源（本体）在人类意识中的明见性。②

这种"回归"其实已经由上一小节中的图15—4—4显示出来。它告诉我们，"绝对对称性的自身区分"也可以理解为"绝对对称性通过自身区分而演化出能够认识自己的起源的人类来达到它的自我证成"。因此，作为个体，人或人格的确如莱布尼茨说的，与他的本源（上帝）之间的关系并非机器与它的制作者的关系，而是子女与父亲的关系。③人格作为心灵与身体的统一体，可以追溯到超绝意识本身。更确切地说，在人格之中，作为"基因型"而潜存着超绝意识自我显现的一切环节（这一点特别由前面图15—4—3表示出来）。心灵与身体固然密不可分，但它们之作为心灵与身体而彼此区分，则是因为与作为它们的来源的形式与质料一样，区分的双方前者更多地体现了对称性而后者则更多地体现了区分性。正因为如此，人的心灵深处便优先地存在着一种对于对称性的直观，它通过它所引起的"倾向"而体现为心灵中作为动机的情绪，这种情绪表现出心灵为其认知体现的运作着的灵魂的主动—被动感中占优势的主动性。

---

① *Discours de métaphysique*, Paris: Gallimard, 1995, p. 44.
② 这种明见性就是所谓"智性直观"。康德的超绝哲学始终未能在其体系中认可这样一种直观，因为康德从未明确地意识到它。这其实正是我们在正文中以不同方式指出的康德哲学的困难的根源。
③ 前面已经提到过莱布尼茨的这个说法。

第十五章 超绝发生：从超绝意识到自我与世界

这种直观，正如萨特向我们表明的，本质上不具有意向性，因此不同于存在于自我直观中的那些直观性意向对象，例如感觉直观，更不同于经验自我（人格）所具有的各种知觉。正是在这个情绪之中，便包含着所谓的**"道德感"**。因此，道德律并非如康德所以为的那种空洞的"纯粹理性的事实"，而是一种直观，一种在其中体现了绝对对称性的直观。人的**自由意志**不是基于康德的事实而是基于这个直观的。这种直观虽然深深地根植于超绝发生的第一环节中的倾向之中，但由于它毕竟**现实地**（在超绝意识的自我显现中）属于与身体一道存在于统一体中的心灵，也就是说，属于在认知上从而实践上有限的人格，所以不能保证个体的人格在其实践中总是道德上正确的。人格或人的这种有限性，这种实践上的不完美性，正可以看作是在实践中本质地体现了绝对对称性的自由意志的对立面，即人格（心灵与身体）中区分性的体现。因此可以说，人在道德判断上错误的可能性源于对于区分性的执着，也就是说，源于沉溺在五花八门的景象之中。这就解释了为什么要想提高自己的道德境界，需要对区分性的欲求加以克制，即主动地排除那些无益于对称性的增进的区分性——例如身体上的、感官上的单纯享乐——的道理。然而人之为有限的实存者这一点已经决定了他无论如何如努力地争取这种提高，也不可能完全消除道德上不正确的可能性。因此正如康德所说的，这就要求**灵魂是不朽的**。但对于康德来说，灵魂的这种不朽乃是为了赋予完美的道德境界以实在性而做出的**公设**。对于我们来说，相反，完美的道德境界已经真实地**存在于**超绝意识这个根源之中，而人本身也出自于这同一个，也是唯一的根源，因此与某一具体身体处于统一体之中的心灵虽然会因为身体而一并消亡，但它由以产生的灵魂（并且由此可追溯到的动体乃至超绝意识本身）却依然存在。换言之，灵魂不朽在超绝发生学中不是一个间接推论，而是基于超绝意识的必然。[1]图15—3—6所示意的超绝发生学逻辑告诉我们，人格担负着一种超绝的使命，那就是通过他自身的存在来证成那本源的明见性，即超绝意识。这同一个超绝意识又是在作为人格与世界的本源的意义上成为人格的本质的。所以人格的本质在其实践中的表现必定是证成作为绝对对称性的自身区分的超绝意识，而我们已经指出，这仅仅意味着人格在实践

---

[1] 对于这种必然性的理由以及它的具体体现的深入讨论见后面第十六章第三节的第二小节。

中必定要努力践行根源于绝对对称性的道德原则，努力追求**至善**。这里的"必定"显然不是自然因果性中的必然而是一种绝对的应然，即**定言命令**。处于交互主体中的每一人格，作为心灵与身体的统一体，死亡对于他来说是不可避免的，但他作为人格的本质，那本源明见的超绝意识却是绝对永恒的。这个永恒的超绝意识既蕴含于人的心灵的本源动机之中，它也就是关于灵魂不朽的命题的真正意指。这个本源的动机因此将有限的人生与这不朽的灵魂生动地连接在一起，这种生动性的具体存在方式便是那使人格——每一个活着的人——感到生命的意义的**美**。

第十六章 存在的辩证法：存在经由实存者朝向自身的返回

第一节 皮亚杰的发生认识论与超绝发生学

在第十三章中我们提到了皮亚杰的工作。尽管被公认为一种"发展心理学"乃至"儿童心理学"，皮亚杰却坚称自己的这种工作是一种认识论，即发生认识论。然而，作为认识论，皮亚杰的工作确实存在着严重的不足，正是由于这些不足的存在，它很难与"认识论"这个标签相符合。关于自己的工作的意义，皮亚杰曾这样说道："对于哲学的认识论，它［指发生认识论——引者注］并不在绝对的意义上探问'认识是如何可能的？'，它仅仅提出以下形式的问题：'认识如何使自身成为可能的？'或者'它们是如何实现的？'"①他并且因此认为自己所采取的是这样一种认识论的立场，即一种既非经验主义亦非验前主义（apriorisme）的发生学立场。他说道：

> 是否所有的认识信息都来源于客体，以致如传统经验主义所假定的那样，主体是受教于在他以外之物的；或者相反，是否如各式各样的验前主义或天赋论所坚持的那样，主体一开始就具有一些内部的生成的结构，并把这些结构强加于客体。但是，即使我们承认在这样两个极端之间有各种不同的看法……，似乎还是存在着一个为大家承认的一些认识论理论所共有的公设，即假定：在所有认识水平上，都存在着一个在不同程度上知道自己的能力（即使这些能力被归结为只是对客体的知觉）的主体；存在着对主体而言是作为客体而存在的

---

① J. Piaget, *Introduction à l'Epistémologie Génétique*, tom. I, Paris：PUF, 1972, p. 9.

客体（即使这些客体被归结为"现象"）；而首先是存在着在主体到客体、客体到主体之间起着中介作用的一些中介物（知觉或概念）。然而心理发生学分析的初步结果，似乎是与上述这些假定相矛盾的。一方面，认识既不是起因于一个有自我意识的主体，也不是起因于（从主体的角度来看）业已形成的、会把自己烙印在主体之上的客体；认识起因于主客体之间的相互作用，这种作用发生在主体和客体之间的中途，因而同时既包含着主体又包含着客体，但这是由于主客体之间的完全没有分化，而不是由于不同种类事物之间的相互作用。另一方面，如果从一开始就既不存在一个认识论意义上的主体，也不存在作为客体而存在的客体，又不存在固定不变的中介物，那么，关于认识的头一个问题就将是关于这些中介物的构造①问题：这些中介物从作为身体本身和外界事物之间的接触点开始，循着由外部和内部所给予的两个互相补充的方向发展，主体与客体的相互设计所依赖的正是中介物的这种双重的逐步构造。一开始起中介作用的不是知觉，有如理性主义者太轻率地向经验主义所作的让步那样，而是可塑性要大得多的活动本身。②

显然，皮亚杰并不是从心理学而是从认识论的角度说出这番话的。在其表述中，皮亚杰主张了一个与经验主义、验前主义都不相同的认识论观点，这个观点成了他的发生认识论的出发点，即认识的主体与客体，或"认识论意义上的"主体与客体是从一种原初的中介，即活动（actions）开始，并随着这种中介物自身的构成而构成的。然而，这个从认识论的角度来看显然十分关键的"活动"究竟是什么？对此皮亚杰似乎从未有过明确的界定。在上面的引文所出自的《发生认识论原理》（这个小册子可以看作是皮亚杰在漫长的研究生涯的后期对其发生认识论研究的一个总结）中，"活动"这个术语在两种相关但又不同的情况下被使用。在一种情况中，它意指（主要是一岁多以前的）儿童个体的身体运动，如"吮吸"、

---

① 需要再次提醒的是，皮亚杰的"构造"（construction）可以为我们所用的术语"构成"（constitution）涵盖，但不同于康德专门用来指数学概念的构成的那种构造。不过，在直接引用的皮亚杰的文本中我们仍然沿用"构造"而不将其改为"构成"。参见第4页上的注释②。

② 皮亚杰：《发生认识论原理》，王宪鈿等译，北京：商务印书馆1981年版，第21—22页。

"抓握"等等，在另一种情况中，它则意指思维的运作。这两种情况的相关性是皮亚杰所强调的，并且在他的理论中具有十分重要的意义。那就是，思维的运作图式是从儿童早期在身体的活动中所形成的感知—运动图式中通过所谓"反思抽象"而得到并发展起来的。因此，对于认识论来说，前一种意义上的活动更为基础。这种活动，如果不对其做出特别地说明，显然容易被直接地理解为主体与客体之间的一种（最基本的）相互作用的方式。这时候，主体就是儿童个体而客体就是他所面对的现实（环境）。例如我们在这样的表述中所了解到的就是如此："儿童所组成的活动必须被视为与外部刺激中所固有的联系同等重要，因为只有当儿童能凭现有的结构同化这些联系时，儿童才能觉察这些联系。……刺激输入的过滤或改变叫作**同化**；内部图式的改变，以适应现实，叫作**顺应**。"①然而，一旦我们带着这种理解回过头来再看刚刚引自《发生认识论原理》的那一大段文本，就会发现事情并非这么简单。不错，对于活动的这种理解能够吻合于这段文本中这样的说法——"认识起因于主客体之间的相互作用，……关于认识的头一个问题就将是关于这些中介物的构造问题：这些中介物从作为身体本身和外界事物之间的接触点开始"——这里的"中介物"显然首先就是指前一种意义上的活动。然而在这个文本中，皮亚杰同样还表达出这样的意思，即这样地相互作用的双方至少在开始时还不能说是主体与客体，因为主体与客体恰恰是在作为中介的活动中并随着这个中介自身的构成而被构成的。这就陷入了一种严重的含混之中：我们现在有了两种不同含义的主体与客体，一种是在认识发展的最初阶段作为主体的儿童个体与他的外部环境；另一种是在认识的这种发展过程中逐渐地，先是在感知—运动水平上，然后是在符号性水平上被构成的主体与客体。问题是，在这个过程中始终起着关键作用的"中介物的构造"自身的根据何在？如果我们按照第一种含义来理解主体与客体，那么作为中介物的活动既然是这种主客体之间的相互作用，则它自身的构成或发展的根据显然将在于这种主体与客体之中。更何况，既然第二种含义上的主体与客体本身就是这种构成的产物，当然也就不可能成为这一构成的根据。于是接下来的问题是，说活动自身的构成，也就是它的图式（首先是感知

---

① 皮亚杰、B·英海尔德：《儿童心理学》，吴福元译，北京：商务印书馆1980年版，第6—7页。

—运动图式,既然思维的图式是由感知—运动图式反思抽象而得到的)的根据在于(第一种含义的)主体与客体之中,这样说的确切含义是什么?换言之,这个根据是同样地,还是有区别地分别存在于这种主体与客体之中的?皮亚杰曾告诉我们,儿童个体在刚出生时便带有某些(遗传的)结构,如吮吸反射。感知—运动图式的构成在于儿童个体在与环境的相互作用中逐渐产生的、这些结构彼此之间的协调关系。这种协调关系的不断发展正是所谓"双重构造"的基础。皮亚杰这样描述双重构造在感知—运动水平上的体现:

> 从感知—运动水平往后发展,主客体的与日俱增的分化包含有两个方面,即协调的形成和在协调之间区分出两个类别:一方面是把主体的活动彼此联系在一起的协调;另一方面是与客体之间的相互作用有关的协调。第一类协调在于:把主体的某些活动或这些活动的图式联合起来或分解开来;对它们进行归类、排列顺序、使它们发生相互关系,如此等等。换言之,它们成为逻辑—数理结构所依据的一般协调的最初形式——而这些逻辑—数理结构的往后发展是极为重要的。第二类协调则是从运动学或动力学的角度把客体在时空上组织起来,其方式跟使活动具有结构的方式相似;同时,这第二类的协调合在一起就形成下述那些因果性结构的一个起点,这些因果性结构是已经有了明显的感知—运动上的表现的,其往后的发展也是与第一类型结构的发展同样重要的。①

我们可以猜想——既然皮亚杰对此未置一言——上述第二类协调或结构的根据应当在于(第一种含义上的)客体,也就是儿童个体活动于其间的外部环境。但第一类协调或结构呢?它的根据在作为主体的儿童个体的内部吗?可是皮亚杰只承认这种主体预先只有一些完全缺乏这种协调的遗传结构,同时他否定主体有超出这些内容的验前的认知结构。那么,我们似乎只能说上述第一类协调或结构的根据最终也在于客体了。然而在其发生认识论原理中,皮亚杰始终不愿意接受这样的结论,这显然因为如果真是这样的话,主体与客体**都是**在双重构造中被构成的这种说法就会失去理

---

① 《发生认识论原理》,第26—27页。

由。所以我们在皮亚杰的著作中是看不到类似于我们前面所做的那种讨论或追问的。但是一种认识论又如何能够完全回避得了那样的追问呢？因此我们能够看到，在谈到"数学认识论"时，皮亚杰便不得不承认"客体本身就隐含着一种几何学"[①]，尽管我们知道，皮亚杰在其早期的研究中，就曾写过很大部头的著作来说明儿童个体的空间结构的构成机制。这个问题的严重性在于，如果皮亚杰最终不得不承认那些他以为是双重构造的产物的结构都在客体本身中已经存在着，那么他就无法将他在我们前面引用的那一段文本的一开头（其实也正是《发生认识论原理》这本书的一开头）表达的对于主张"所有的认识信息都来源于客体，……主体是受教于在他以外之物的"经验主义的反对坚持到底，从而也就无法使其自己的观点属于独立于经验主义和验前主义之外的、与它们构成三足鼎立的第三种立场了。此外，皮亚杰的理论还存在着的另一个与此深刻地相关的弱点更加剧了这种困境。

我们要说的这个弱点是，既然皮亚杰不能明确那些在认识中具有基础性作用的图式的，无论是符号性水平上的图式还是感知—运动水平上的图式的根据，则这些图式，首先是感知—运动水平上的图式的必然性也就成问题了。如果发生认识论不是一种认识论而只是一种本质上经验性的心理学，那么这个问题也许不会对这种理论本身造成困难。相反，作为这样一种心理学，皮亚杰不仅提供了儿童心理发展的丰富事实，而且利用我们时代的科学知识，特别是逻辑学和数学的知识指出了决定这些发展的深层因素正是上述图式的构成，就此它已经算是一个成功（当然并非完美）的科学理论了。然而如果要将它认作是一种认识论，那么，既然这样一来就不得不以这些图式，或者说以关于这些图式的学说，来为人类认识奠基，则这些图式如此这般地被构成的必然性就必须在这个理论试图为认识奠基的同时在自身中得到有效的辩护。这却是皮亚杰所未能做到的。正如前面已经指出，儿童个体的认识能力发展的关键在于图式的构成，而图式的构成的关键又在于儿童个体在其身体活动中对于外在环境的同化与顺应之间的平衡，也就是说，每一新的平衡的达到都意味着新的、更有效的图式的产生。这种新的图式总是通过对旧图式重新加以组合而产生的，它们可以一直回溯到那些完全缺乏组合关系的通过遗传而预先存在的简单反射

---

① 《发生认识论原理》，第84页。

（如"吮乳反射"和"手掌反射"）。但问题在于，如果没有一种对于在这些简单的、彼此缺乏协调（组合）的反射的基础上产生对于它们的组合的根据的揭示，这种组合充其量不过就是一种试错和习得的结果。而且由于皮亚杰并没有在其理论中明确承认这些随着发展越来越复杂的图式在客体或主体中有其根据，这些试错活动的收敛性也将是可疑的。不难看到，这里所指出的图式构成的必然性问题与前面指出的图式构成的根据问题从根本上说，都在于这样一个事实，即皮亚杰想要将之区别于经验主义和验前主义的发生认识论立场不得不主张主体与客体是在活动中被构成的，但恰恰这个活动概念本身又必定预设了一种主体与客体。换言之，这些问题都根源于作为发生认识论的基本概念的"活动"含有内在的矛盾，即如果主体与客体是被构成的，那么它们就不可能是这种构成的根据，而如果它们是构成的根据，那么它们自身就不可能是被构成出来的。我们因此可称此为发生认识论的"双重主客体困难"。显然，发生认识论之在哲学或认识论上不能彻底，就在于这个困难是它所无法避免的。

因此，在认识论的层面上，皮亚杰拒绝了验前主义，但并没有走出一条与他所同样反对的经验主义确实不一样的道路。更进一步说，如果考虑到皮亚杰的同化概念中多少包含了认知能力对于客体的构成作用并将此理解为对于康德式的验前主义的某种程度的接受，那么皮亚杰的理论其实不过是经验主义和验前主义的一个折中。我们在《超绝发生学原理》的第一卷（第四章的第二节）中提到过康德也曾将他以前的认识论学说区分为自然发生论和预成论两种，并将自己的学说看作是这两种学说之外的第三种、并且是唯一正确的学说，即种系的预成论。从康德在《纯粹理性批判》第二版超绝演绎部分的§27中对这三种学说的描述来看，他所说的预成论指的是莱布尼茨式的天赋观念学说。由于在做这种区分时，康德心目中认识论的基本问题是就一般意义上说，认识与其对象之间的一致性如何是可能的，莱布尼茨的这种天赋观念学说所以能成为所举出的三种学说之一，便在于作为这种学说的真正内核的前定和谐概念。因此就有了与这种预成论一样是验前主义但却与之不同的种系的预成论（康德在§27中称其为"后成论"）。后者可以说是一种**验前的发生学**。当验前主义受到皮亚杰的反对时，康德的认识论事实上被归入这一类并且成为了主要的批判对象，这显然与皮亚杰未能对（哲学中）预成论的这两种情况加以区分，或者说与他将康德的认识论简单地看成是**非发生的**预成论有关。当然，造成这种情况的责任并不都在于，甚至主要不在于皮亚杰，而在于康德本人。因为正如我们已经指出的，他的超绝哲学直至最后也未能给出一个哪怕仅有一个框架的种系预成论。这也就是我们在上一章的最后要将超绝发生学说成是康德的一个"隐密的憧憬"的原因。换言之，实际上我们能够在《纯粹理性批判》等著作（《最后的著作》除外）中看到的，仅仅是一个由于是从"中途"开始的从而显现不出其发生学意义的关于验前范畴的学说。然而正因为如此，倘若我们按照康德所憧憬的验前发生学的样子来看待他的超绝哲学与皮亚杰的发生认识论，就不难发现它们之间所存在着的十分微妙的关系：一方面，刚才所指出的皮亚杰的理论在认识论上的不彻底性已经使得它完全不足以充当康德的验前主义的对立面；另一方面，它对于人的认识能力的深层结构的发生学探索却与康德已经有所意识但却未能也不可能真正了解的他的那些在"中途"给出的，也就是在没有说明其来源的情况下通过对于亚里士多德的判断逻辑的一种批判性类比得到的范畴的起源之谜有着直接的关系。事实上，正如基金纳（R. F. Kitchener）所言，作为一种历史批判的理论，发生认识论所研究的仅仅是康德以为对于思想，特别是对于科学思想来说是必需的那些范畴，如逻辑、空间、时间、因果性、量、分类，等等。[1]更何况如我们在前面已经指出的，皮亚杰的立场其实是对于经验主义和验前主义的一种折中，其中已经包含了与康德一致的关于客体是借助于主体内部的认识结构的作用而被构成的观念。这样一种联系毫无疑问使得皮亚杰的理论对于我们的超绝发生学有了不容忽视的意义，既然后者已经被确认为康德的超绝哲学理想得以实现的唯一可能的方式。

因此，现在必须弄清的是，超绝发生学是否并且如何在本质上能够将皮亚杰的研究成果有效地纳入其自身之中，从而让这些成果获得在皮亚杰的理论中所无法具有的真正的**认识论**价值。

在《超绝发生学原理》（第一卷）第五章中，我们曾指出作为一种哲学语义学，从而一种元—知识的超绝哲学所具有的语义的封闭性决定了它能够并且只能够将自身"内化"到对象语言，也就是关于一般知识的语

---

[1] R. F. Kitchener, "The Nature and Scope of Genetic Epistemology", *Philosophy of Science*, Vol. 48, No. 3 (9, 1981) pp. 400—415.

言中加以表述。①这就引出了同书第八章的最后一节中的结论，即历史上超绝哲学与心理学的纠缠并非如很久以来所以为的那样仅仅是一种消极的东西，相反，只要超绝哲学能够预先给出作为第一原理的本源明见性，这种纠缠就可能成为实现超绝哲学自身的构建的一种必要的特征。换言之，在第一原理的保障之下，必然存在着超绝哲学与心理学乃至与一般知识之间的"无缝接驳"，而这恰恰是克服所谓心理主义困难的唯一可能的途径。刚才所指出的发生认识论与康德的超绝哲学之间的那种关系提示我们，假如存在着某种能够与超绝发生学相"接驳"的现成的心理学理论，那么发生认识论显然最有可能是已经存在着的这样一种心理学。倘若果真如此，在超绝发生学与发生认识论之间存在着的区别便不是语义层次上的，而是同一种语言在**彻底性上的**差异了。超绝发生学与发生认识论之间的这种关系正是古希腊哲学——特别是亚里士多德之前的古希腊哲学——的境界的一种再现。在那里，哲学与科学乃至一般的知识浑然一体。它们的分化是后来逐渐形成的。超绝哲学的确定形态的出现恰恰与哲学和科学的明确区分同时出现，那便是我们在康德的哲学中所看到的。然而，正如我们在本卷《超绝发生学原理》第十三章的第二节中所指出的，超绝哲学走向其完备形态之时，也就是它与科学及一般知识重新（在新的意义上）汇合之时。在贯穿整个哲学发展历史的这一超绝哲学从其潜在形态到完备形态的进程中，哲学的，从而也就是超绝发生学的不变本质，就是它的彻底性。认识到这一点，便可认识到现在我们要做的将发生认识论纳入到超绝发生学中这件事是有其内在的必然性的。而一旦我们有了这样的认识，便不难看到，皮亚杰的这个理论中最为重要的双重构造过程所对应的，正是超绝发生学所揭示的超绝意识自我显现过程中的第四环节到第五环节，即从动体到自我这一过程。

在前面第十三章的第一节中，我们已经简单地陈述过皮亚杰的发生认识论中关于双重构造的原理。从刚才我们所引用的两段皮亚杰的话也可以

---

① 如果将"一般知识"仅仅理解为"认知性的"，则这样的说法就不准确了。事实是，并不必须对知识做这样一种理解，换言之，可取的做法是，承认有反思性的知识，但也有（纯粹）直观性的知识。唯有前者才是认知性的。在这两种知识之间并不存在一个绝对的、清晰的界限。例如数学知识，它虽然是在认知层面上才构成的，但在它里面，或者说它的基础性部分，乃是直观性的。这就是为什么不仅在心理学与超绝哲学之间不应存在那样一条鸿沟，在物理学和数学与超绝哲学之间也不应存在这样的鸿沟。

第十六章　存在的辩证法：存在经由实存者朝向自身的返回　　249

看到，双重构造中的"双重"，也就是儿童个体智力发展的两个平行的方面，它们分别是主体活动自身的图式的构成和客体的图式的构成。前者是逻辑和数学知识所依赖的、体现在人类精神活动中的一些纯粹的运作结构，后者则是物理知识从而一切可能的经验性知识所依赖的、虽然同样是纯粹地存在于人类精神之中的但却与构成客体的世界所必需的感性材料不可分割地结合着的结构。这些结构的发展因此也就意味着作为主体的人类精神能力的发展和作为客体的（在康德意义上的）可能经验世界的形成。皮亚杰发现，双重构造的发展涉及到两个不同的水平，或者说，整个的发展是由先后两个不同水平上的双重构造组成的。这两个水平分别是感知—运动水平和符号性水平。[①]在感知—运动水平上的发展虽然也包含有上述涉及主体和客体的两个方面，但那仅仅体现在儿童个体的身体活动之中，并没有自觉的意识与之相伴随。或者说，这时候的那些结构（可以称为感知—运动图式或动作图式）仍然是不自觉的。儿童个体在这一水平上的发展所经历的时间很短，只有大概1年半左右，随后便进入符号性水平上的发展。在这个水平上，儿童个体对于被构成的图式获得了自觉意识。这也正是为什么这种图式能够在个体的意识中再现并主动地通过象征性符号或语言表达出来的原因。正因为如此我们说这是一种在其上个体具有了符号性功能的水平。在这个水平上被构成的，是"内化了的或概念化了的"[②]图式。这些图式可以清楚地区分为逻辑—数理图式和物理图式。它们分别对应于前面说到的主体的纯粹运作结构和经验世界的结构。所以只是在符号性水平上，双重构造才能够得到清楚的描述。尽管如此，它却是以感知—运动水平上的发展为基础的，更确切地说，符号性水平上的这种双重构造在某种意义上是对感知—运动水平上的发展的**重演**。而这种重演关系之所以可能，则是因为存在着一种实现它的重要机制，即反思抽象。皮亚杰通过儿童心理学的实验证明，符号性水平上的双重构造用去了比感知—运动水平上的发展多得多的时间，大概要到12岁左右，个体在符号性水平上的发展才到达其完善的程度。在对皮亚杰的双重构造理论有了这样一个概括的了解之后，就不难理解为什么我们确认它是以如下这种方式与超绝发生学所揭示的超绝意识自我显现中的动体环节到自我环节的进展

[①]　关于在这两个水平上的双重构造，我们在第十三章的第一节便有过十分扼要的论述。
[②]　《发生认识论原理》，第29页。

过程相对应的了：发生认识论中的感知—运动水平及其中所构成的动作图式因为是不自觉的从而是非意向性的，所以正对应于超绝发生学中超绝意识自我显现的动体环节。由动作图式跃升到符号性水平上的逻辑—数理图式和物理图式，也就是在后一水平上对前一水平上已经取得的图式的重建，这对应着动体的自觉。作为上述重建或动体的自觉的结果的，是超绝意识自我显现中第五环节上包含着诸直观性意向对象的自我（直观）的构成。由此可知动体的自觉中核心的机制正是皮亚杰所说的反思抽象。只是反思抽象并非自觉的全部内容，因为反思抽象所得到的仅仅是自我直观中作为直观性意向对象的逻辑直观和数学直观。我们知道，除了这些，自觉的结果还应该有同样作为直观性意向对象的规律直观和时空直观，以及感觉直观和物质直观。在皮亚杰的发生认识论中，规律直观和时空直观属于符号性水平上双重构造中与基于反思抽象的逻辑—数理图式（它们对应于逻辑形式和数学形式）相平行的物理图式；而感觉直观与物质直观在皮亚杰那里并不属于被构成的内容，相反，它们是在完全没有说明的情况下作为给定的条件被预设的，因为正如我们在前面已经能够意识到的，皮亚杰的理论需要一个预先存在着的活动主体和他的环境，这个主体具有感觉或知觉的能力这一点与一个一开始对他来说就预先存在着的环境一样是不言而喻的。我们知道，正是这种情况使得皮亚杰的理论在哲学或认识论上表现出了它的自身无法克服的不彻底性从而极大地削弱了它的认识论意义。不过，尽管这表明皮亚杰的发生认识论与超绝发生学中超绝意识自我显现的第四、五两个环节上的对应并非完全的，但两者之间存在着对应这一点毕竟是毫无疑问的。

　　正是这种对应才使得皮亚杰的双重构造理论在超绝发生学中可能获得它的真正根据，因为一旦将这种双重构造映射到超绝意识自我显现的环节之中，它便不再需要以一个无法说明的主体与客体以及它们之间的相互作用作为起点。感知—运动水平上图式的构成无非是超绝发生学所揭示的超绝意识自我显现中因为形式与质料的相互作用而产生动体的过程。形式与质料在超绝发生学中有其自身的根据，即动觉。它们是动觉分化出运作元和感觉元后的产物。至于动觉本身，则可以一直追溯到作为绝对对称性自身区分的超绝意识这个本源明见性上去。特别地，皮亚杰的双重构造理论的最深刻之处，是将图式在符号性水平上的发展的决定性因素锁定在类的结构（群集）与群的结构上。但当发生认识论将这两种结构本身的根据归结到活动上去的时候，如我们知道的，它必定将陷于双重主客体的困难之中。相反，超绝发生学在将图式构成的根据归结到动觉乃至于超绝意识上的时候，恰恰揭示了这个构成中类的因素与群的因素的这种决定性作用的本质，即这两种因素正好分别主要地体现了区分性与对称性，从而是作为绝对对称性自身区分的超绝意识自我显现中所必然存在的，更进一步说，是超绝发生学的诸基本原理，特别是第三原理的具体体现。[1]这种从发生认识论到超绝发生学的映射提供了一个绝妙的实例，让我们看到超绝发生学作为一种（其实是唯一）完备的超绝哲学是如何能够以其毫无疑问的彻底性而将自己的元理论性质通过作为对象理论的一般认识学说（例如心理学）而表述出来的。这种将元理论内化到对象理论中的做法不仅是超绝发生学的语义封闭特性的必须，而且超绝发生学也因此在具体内容上获得了必不可少的**丰富性**。例如，如果我们从符号性水平上的双重构造来看待自我由于动体的自觉而被构成以及由此成为可能的那种通过认知对于包括交互主体、形式的和质料的世界在内的整个世界的构成，就不难发现，认知与自觉并非于时间上先后实现的两个环节，相反，它们几乎可说是**同步地**开始的。这种情况与超绝发生学赋予自觉和认知的不同意义并无冲突，因为自觉所得者正是认知的能力。现在发生认识论告诉我们自觉是一个发展过程，那么认知本身也就必定涉及到一个与自觉的发展相平行的发展了，至少是在通过自觉使（体现为那些直观性意向对象，特别是认知性运作直观的构成的）认知能力达到了成熟的形式之前会是如此。换言之，在动体获得自觉，也就是自我（直观）的构成完成之前，与之相伴随的必然是作为诸认知对象（诸构成性意向对象）的集合而被构成的世界的类型从低水平到高水平的**演化**。

这样，本质上依然是一种心理学的发生认识论就在超绝发生学那里获得了它的彻底性，从而成为后者的一个组成部分。当超绝发生学以其超绝哲学的身份因此而实现其作为一个必定是语义地封闭的系统所必要的将其自身表达[2]于一般认识之中的步骤时，显然必须使自身的逻辑——在这里就是超绝发生学中超绝意识的自我显现——不致与一般认识系统产生矛

---

[1] 下一节的第一小节中我们还将对这里所涉及的复杂联系做出进一步的说明。

[2] 这里说的"表达"可以理解为"建模"，即在一般认识或其一部分中体现超绝哲学的原理。

盾，也就是说，要能够做到这种逻辑即使是从常识的角度也必定是可理解的。皮亚杰的心理学实验及其解释本身便提供了这样一个常识的角度，即一方面儿童个体经过从出生到 12 岁左右这样一段时间才真正构成了一个其实是**成人的**、以现代科学为其规范的外在世界，并且与此同时也构成了作为这个世界中的、具有交互主体性的自身；另一方面，儿童个体的这种意识或智力的发展却是基于他在一个既成的环境中的活动，首先是基于其身体对此环境的动作的。这个环境以及这个个体的身体在这个常识的角度中都被设定为属于那个成人的、可以为现代科学所描述的世界。显然，这种常识的角度总是隐含着某种认识论的困难：哲学史上的那些认识论问题都是源出于这类常识的，是对这类常识的非常识的考问。皮亚杰创立发生认识论的初始动机也正是想解决这种困难，回答这些考问，所以他认为自己的这种理论是与认识论中的经验主义、验前主义相对立的第三种立场。然而正如我们所表明的，他没有也不可能成功。而他的这种不成功，也可以表述为他无法为这样一种常识的角度提供一个基于他的发生认识论立场的说明。实际上，他在这里陷入了一种两难的境地：或者放弃为常识奠基的认识论冲动，这样包括科学在内的常识，也就是一般认识系统就被留在了未得到辩护的情境之中；或者（在经验主义和验前主义都存在着他看来是无法克服的困难之时）坚持自己的发生认识论立场，但却注定陷入其自身无法克服的困难之中。如前所述，皮亚杰所遇到的困难的实质，在于如果他的发生认识论关于主体与客体是被构成的基本原则是正确的，那么在对这个原则的阐述中就必定会遇到双重主客体的困难。前面关于皮亚杰理论的困难的分析已经告诉我们，皮亚杰无法在不预设主体与客体本质上已经存在的前提下来说明主体与客体是如何可能被构成的。这就使他的困境进一步表现为，或者主体与客体根本就不是被构成的，或者存在着双重主体与客体，即被构成的主体与客体，以及作为这种构成的根据的主体与客体。前一种选择等于自我否定，后一种选择则造成它自身作为一种认识论的不彻底性。现在，超绝发生学通过与发生认识论的对应关系，以超绝意识自我显现的原理，确切地说，**以由动觉分化所得到的形式与质料的相互作用取代了皮亚杰那里造成困难的作为主客体之间相互作用的活动，从而克服了发生认识论中双重主客体的困难**。但是，在皮亚杰那里，作为构成的起点的儿童个体与其环境作为那个双重主客体中的一种主客体并不仅仅是一个理论的设定，同时也是一种心理学实验的现象。因此，超绝发

第十六章 存在的辩证法：存在经由实存者朝向自身的返回

生学在通过"接收"皮亚杰的双重构造理论而"解救"发生认识论于困境之中的同时，还必须使自己与这样的（作为常识的）心理学现象相容。我们在前面说到超绝发生学当其通过一般认识系统得以表述时必须与后者不相矛盾，所指的便包括这一情况。这也就是说，既然超绝发生学以超绝意识的自我显现为皮亚杰的"双重构造"提供了一种形而上学的根据从而无需设定儿童个体与其环境的预先存在，但这样一种存在却又是心理学的事实（现象），则要想使得超绝发生学对于双重构造理论的奠基不与这样一种现象相矛盾，就必须能够在超绝发生学逻辑中对此现象加以说明。下面就是我们所给出的这样一种说明：

显然，儿童从一出生就处于一个既成的可以为科学所描述的世界之中，处于成熟主体意义上的交互主体性之中，这所以成为一种常识，是因为如此地看问题的乃是由成人组成的集体，例如作为心理学家的皮亚杰及其助手们。这本是发生认识论的题中应有之义，因为它所告诉我们的正是儿童的世界与成年人的世界之间存在着根本的差异。但是，由于其哲学上的那种不彻底性，发生认识论并未能将这一认识贯彻到底，反而使这种本来是心理学的或一般认识的常识成为了自己的一个无法证明的预设。超绝发生学所要做的，就是在不违背这个常识的条件下，使这个常识不再是一个（即便是不得不接受的）预设，换言之，就是使这个常识成为超绝发生学逻辑的一个必然的结果。情况确实如此。在超绝发生学中，已经是超绝意识自我显现的动体环节向自我乃至世界过渡的双重构造的根据并不在于作为主体与客体的相互作用的（主体的）活动，而在于由最终可以追溯到超绝意识的动觉的分化所产生的形式与质料之间的相互作用。这就是说，这里并不需要预设主体与客体，相反，主体与客体，也就是自我或不如说人格与世界是超绝意识自我显现的单纯验前的**产物**。[①]由此必然导致的从一开始并没有一个既成的主体与客体存在的情况事实上正是在本身作为这一超绝发生（超绝意识自我显现）的产物的自我，也就是儿童个体那里所发生的**真实**情况，既然按照皮亚杰的发现，**更**按照超绝发生学，儿童个体作为由动体的自觉（或皮亚杰所说的"双重构造"）所产生的自我，在开始阶段，也就是当他仍然是动体时，对于他来说的确**不存在**一个

[①] 这一说法包含了这样的意思，即在认知层面上构成可能经验（例如自然界）的那些元素，甚至是那些感性材料，其自身恰恰不是经验性的而是验前的产物。

要通过自觉和认知才能被构成的作为客体的世界以及作为这样一个世界中的一员但却与这个世界相对的主体的他。这个时候的个体（刚出生的婴儿）就其自身而非从一个已经完成了主体、交互主体和客体的构成的观察者（一个成熟的他者）来看甚至还仅仅处于超绝意识自我显现的动觉环节，他只是在不久之后（1岁左右）逐渐成为了——同样是对其自身来说的——动体。按照超绝发生学，这个环节开始时的个体还没有意向性意识，而按照皮亚杰的说法，则是处于**没有自我的**自我中心状态[①]，他充其量只有主动—被动感所构成的原始的意志（尽管我们会将这种意志解释为"要喝奶"等等）[②]，从而就其自身来说还不能说是一个"人"。但他很快就具有了感知—运动图式。然后，在接下来更长得多的发展中他最终成为了面对着一个客体世界的、在这个世界中具有交互主体性的诸主体中的一员，即一个成熟了的人（人格）。一旦达到这一步，过去的存在状态便永远地从他当下的意识中失去了。他将一劳永逸地、彻底地遗忘那个曾经的，事实上在他那个早期成长的不同阶段也是互不相同的世界。不错，他多少会有一些对于那个过去的回忆。但这种回忆已经带有太多他在成熟之后，特别是在成熟的世界的共同体的意识束缚下的自发修正，以至于很有理由怀疑这种回忆的真实性。甚至可以说，回忆也不过是在既成的认知规范下将自己的个体意识发生的不同质过程修改成均匀流逝的时间中同质的历史事件的序列而已。与此同时，这个成熟个体将在同样的规范之下理解他的周围世界，特别是这个世界中的诸他者——交互主体性便由此构成——并像任何一个成熟的他者当初站在自己的角度将这个世界还没有在其意识中构成的、还是初生的婴儿的他看作是一个有着外在世界（作为与之对应的客体的）的主体一样地来看待处于初生状态的另一些他者。概言之，儿童个体作为超绝发生学逻辑中的构成着的人格全然无需一种预先存在的本质上是超越的客体（环境）与之相对。作为一种心理学现象，他从一开始就有一个这样的环境，这乃是自身亦以同样的超绝发生学逻辑构成的他者当其已经在双重构造的意义上达到一定的成熟（至少是进入符号性水平）之后，在其认知的视野中逐渐呈现出来的现象。因此，这

---

① 见《发生认识论原理》，第23页。
② 这里有必要提醒注意的是，我们在上一章第二节的第二小节中已经说明，这种主动—被动感是在从动体到自我的发展中唯一没有发生从非意向性到意向性的转变的东西。

第十六章 存在的辩证法：存在经由实存者朝向自身的返回

种现象——即前面所说的（心理学的）常识——与包括观察到这种现象的人（例如皮亚杰和他的助手们）在内的人格的基于超绝发生学原理的构成之间并无任何矛盾。①

在这样的（超绝发生学的）诠释之下，我们虽然保留了皮亚杰发生认识论的双重构造原理，但却从根本上克服了它的困难，从而对于如何将作为元知识的超绝发生学在作为对象知识的一般认识系统，首先是心理学中表达出来有所实践。我们看到，将皮亚杰的理论纳入超绝发生学，或者说在前者中表达后者，这不仅意味着对于前者的一种彻底改造，同时也使后者的"面目"更加丰富同时又更加清晰地显现出来。在上一章的最后，我们曾指出不朽的灵魂本质上乃是心灵深处作为一切的根据的超绝意识。现在，借助于皮亚杰理论的纳入可以更加清楚地看到这一点。刚才说到，个体的人格一旦完成了意识或智力上的双重构造，实现了人格的自我、交互主体以及世界的构成，这个处于交互主体和世界之中的个体，这个人格的自我，便同时有了一个空间与时间上的定位。我们将这一定位称为该人格的"人生"。②这种人生因此无疑是有限的。③但如何看待人生的这种有限性呢？现在，当双重构造被奠基于超绝意识的自我显现之中，它便意味着任何一个个体的人**在本体论上**都是他的世界的一个绝对的，从而是唯一的开端，既然整个的世界都是从这个开端经由双重构造而产生的。**同时**也正是这个双重构造，使得这个个体**被构成为**这个世界中交互主体的一分子。在这里，康德看到了一条本体与现象的鸿沟，胡塞尔看到了"自我的二重性困难"④，而我们却说，超绝发生学中的"双重构造"通过那个自我直观（其实是上一章第三节的第三小节中谈到的那种莱布尼茨式的单子）连接了作为本体的超绝意识与那个被构成了的人格和与之相对的世界。由于这个包含了他自身的世界乃是被构成了的他的眼中的世界，我们可以按

---

① 这种情境无疑是交互主体性的一种典型的表现。这种交互主体所以可能的进一步论证，也就是对于个体人格的复多性的超绝发生学原理的揭示，将在本章的第三节看到。在那里，我们将看到，像这里所说的"常识"不过是诸人格在一个成熟的人格的世界中的"投影"。并且，由于这是一个自身具有量化的时间的世界，因此本身并无时间意义的动体的自觉亦表现为一个（儿童）个体心理发展的过程。

② 在第十六章第三节的第二小节中，我们将指出这时的人格其实是一种"认知性个体"。

③ 关于实存于其世界中的个体在时间上的有限性，我们下面接着将给出一个理由，并且在第十六章第三节的第二小节后半部分还会对之做出进一步的论证。

④ 参见《超绝发生学原理》第一卷，第283页。

照与上一章第四节的第二小节对应的方式称他的这种对于世界的看为"**认知之目**"。康德看到的鸿沟和胡塞尔看到的那个困难显然便是超绝意识与这个认知之目之间的分离。超绝发生学既然告诉了我们这样一种分离是如何产生的,便也就指明了回归之路,而这回归便意味着使这个认知之目与上一章第四节第二小节中所说的超绝之目相重合。图16—1—1可以看作是对于图15—4—4的改进,它示意了这样一种重合的途径。所谓认知之目与超绝之目的重合,并非是说两者简单地成为了同一个东西,而是说超绝发生学的逻辑已经以一种本质描述的方式揭示了本源明见的直观即

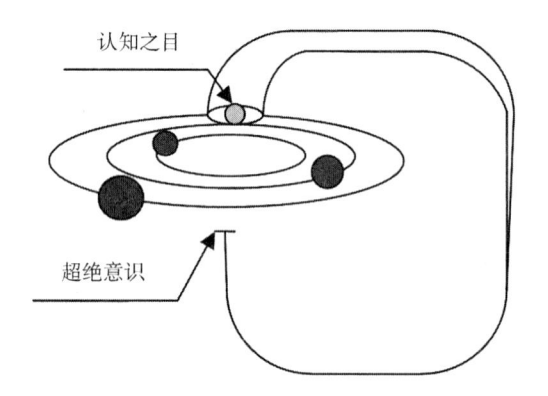

其中的同心圆表示认知之目所"看到"的它自身亦在其中的世界。认知之目(当然也就是那个世界)一旦与超绝意识重合,便成为图15—4—4所示的超绝之目。

图 16—1—1

超绝意识是如何演绎出认知之目的,换言之,这种逻辑揭示了这个认知之目超绝的"黄斑"。不难发现,这个重合其实也**就意味着**超绝发生学在一般知识系统中的表达的实现。但这个表达已经不仅仅是文字或语言上的,而是任何一个意识到自身的超绝本质的有生命的人格的实践了。这个实践首先意味着人使自己在心灵中回归超绝意识,而从自我(直观)反溯到动体就是到达并开启这扇故园之门的"通道",因为在那里便从构成性的意向对象经由直观性意向对象返回了无意向性的、被萨特说成是前反思的自我意识,并能够通过这种意识进一步达到超绝意识。我们早已指出这是一个超绝意识自我显现的否定之否定的辩证过程。当认知之目由于双重构

造而构成时，必定从"看山是山，看水是水"变得"看山不是山，看水不是水"（这比喻着认知地就现象而溯因的过程）。在经历过一番的精神磨砺之后，将由于达到了将这个认知之目奠基于超绝意识而与超绝之目相重合，从而"看山还是山，看水还是水"。但这时似乎是永恒地变化着的山山水水已经有了不变的永恒无限的本质。这样的一个人格也就达到了所谓"等生死"的境界：生命的有限既然是超绝意识自我显现所带来的，那么就让这意识还将她带去，复归于无限。这也就是我们对于前面关于人生的有限性问题的回答。这个回答是不能只停留在语言文字之上的。我们说过这一复归无限的门径乃是自我（直观）—动体，而自我（直观）—动体中与其自身的根源动觉直接关联的则是那体现为动机的主动—被动感这个一切实践活动的直接根据。所以要想踏入这一门径，只能借助自身的实践活动。当一个人的一举一动都体现了动体乃至动觉中超绝意识的存在，也就是说，体现了区分条件下的绝对对称性本质的时候，他的生命中便具有了一种永恒的意义。显然，这样的一个实践着的人，其行为将体现出真、善、美的统一。因此，当一个有限的生命在其实践中达到这样的境界时，他的心灵便因为朝向超绝意识的回归而得到提升。这样一个道理亦适合于复多的人格：在作为认知对象的世界之中，任何一个人都将成为交互主体中的一员。这种交互主体性的根据在于超绝意识中的绝对对称性，这是我们在上一章第三节的第四小节中已经指出了的。而为了使交互主体，也就是诸互为他者的个人得以实存，他们中的任何一个的生命都必定是有限的。因为倘若不然，则某一个体便可以以其无限的生命遍历认知之目一切可能的视角，从而以认知之目取代而非通过对自身的扬弃以重合于超绝之目。这样，超绝意识就将自我放逐在其自我证成的反题中而永远无法回归合题，也就是说，无法实现其自我证成。因此，在作为认知性意向对象的世界中必定存在着无限可能地复多的、其生命总是有限的个体人格，即人。他们应该如前面所指出的那样努力使自己在实践中回归超绝意识，而这种在人的复多性（也就是每一个可能的人的生命是有限的）前提之下对于超绝意识的回归，就意味着所有可能的个体人格都需要在自己的实践中努力达到那种真、善、美统一的境界。这意味着，无数个他们将成为心灵上的"孪生子"，而这正是交互主体性的最高境界！

第二节　从动体经由自我到世界的超绝发生学机制

顺着上一节最后的话题，论述的焦点自然就集中到了皮亚杰的"双重构造"的普遍结果，也就是超绝发生学逻辑中的自我与世界（即第五、六）这两个环节，或者不如说，认知条件的产生与其一般结果上来。从这一节的标题就可以看到，下面所要论述的完全可以理解为对上一章第三节，特别是其中涉及超绝发生的第五、六两个环节的内容的深化与展开，而这却是借助皮亚杰的一些概念来实现的。

一　从群集到群：直观性意向对象的形成

上一节指出，将皮亚杰的双重构造理论纳入超绝发生学（或者说将后者内化到前者之中，亦即以后者为前者成功地奠基）的可能性在于双重构造与超绝发生学的超绝意识自我显现原理中自我由动体而构成的环节之间的对应关系的存在。显然，为了实现这样一种纳入或奠基，我们必须对在上一节已经概括地描述过的这种对应关系做出更为细致与确切的分析。存在于双重构造和自我的构成之间的这种对应关系仅仅通过表面的比较便可以看到：构成自我的诸直观性意向对象中属于形式方面的三个中有两个，即逻辑直观与数学直观可以说是直接地对应于双重构造中的逻辑—数理图式，[①]而另一个，即规律直观，则与属于质料方面的、同样是直观性意向对象的时空直观一道，对应于双重构造中的物理概念或图式。当然，我们同时也看到，这样一种对应既非完全的，亦非精确的，既然在双重构造中与空间、时间概念一道于与逻辑—数理图式相对的概念——主要是对象性与因果性——在超绝意识自我显现的自我环节中却与逻辑结构、

[①]　按照皮亚杰，逻辑—数理图式的基本成分是群集和群的一般结构。这样它们就不应该直接地等同于逻辑和数学自身的那些基本结构。但皮亚杰的确没有对这两个种情况做出过严格而明确的区分（"逻辑—数理图式"这个名称就多少表明了这一点）。我们在本书第十三章的一开始就指出了群集和群这两个基本图式的特殊性，在接下来的分析中，我们还会看到，它们是如何地作为更为基本的性质不仅存在于具体的逻辑和数学结构中，而且存在于同样是验前的、对应于质料方面的直观性意向对象的物理概念结构之中的。正是由于群集和群的这种基础性，我们认为它们在动体之自觉的机制中分别代表的是区分性与对称性，是这两种基本性质在诸直观性意向对象中的确定的体现。

数学结构同属于形式方面而不同于属于质料方面的时空直观。这种仅仅从表面上就能够看出来的双重构造与超绝意识自我显现中自我的构成之间的对应的不完全性表达了皮亚杰的理论与我们的超绝发生学之间深刻的差异。这个差异的实质，如我们已经指出的，在于皮亚杰并不能给出儿童个体在符号性水平上通过所谓双重构造所达到的认知图式的真正根据，或者说，皮亚杰对于这样一种深刻的心理或意识发生现象的理解是不充分的，并且是蕴含着种种疑惑与困难的。这些疑惑与困难只有在超绝发生学对这些图式的构成所做出的充分解释中才能够得到澄清与解决。

我们已经指出过，皮亚杰的发生认识论的主要困难之一是主客体的二重性困难。这个困难在双重构造中的一个表现是，感性材料乃至知觉在质料方面的根据完全没有被纳入思考的范围，这就导致了物理概念或图式的根据究竟存在于本身起源于主体活动的反思抽象的逻辑—数理图式之中还是存在于这种活动所处的环境之中，或者是存在于这两者之中的问题。按照皮亚杰的双重构造概念以及他所进行的那些实验的结果，物理图式，无论是空间、时间还是对象性（守恒）、因果性等，它们的形成都与逻辑—数理图式的发展有着直接的关系，确切地说，是逻辑—数理图式的水平决定了物理图式是这样而非那样的。例如，在所谓群集的运作图式出现之前，儿童个体在符号性水平上并不存在度量的空间与时间概念，也不存在物体方面的守恒概念（这是对象性的内涵）和物理因果性概念（相反，具有的是所谓"前因果性"意识）。然而站在认识论的角度，问题必然是，这种意识的发展中，比之于较早的水平，后来的概念是否具有更大的客观性？如果回答是肯定的，那么其根据何在？换言之，客观的世界为什么应该是双重构造的结果所赋予的样子的？在《发生认识论原理》中，皮亚杰意识到了这类问题，他肯定地说，"没有物理经验能够曲解运作结构，因为它们是依存于活动或运作的特性而不是依存于客体的特性的"[①]。如果这是仅就逻辑—数理图式而言的，也许能够说得通，但对于物理图式，以及对于逻辑—数理图式的那样一种对物理图式的构成的决定性作用，这种说法就难以成立了，因为后两种情况都必然地牵涉到物理经验或所谓"客体的特性"。也许正因为如此，紧接着上面所引的话，皮亚杰补充道："这里需要特别提一提的是空间运作，这种运作是从主体的结构通

[①] 《发生认识论原理》，第84页。

过反思抽象而产生的，也是从经验和物质的抽象产生的，因为客体本身就隐含着一种几何学"①。如此言语之含糊是显而易见的，它根本就经不住进一步的追问：空间概念（以及其他物理概念）作为反思抽象的产物与其作为"经验和物质的抽象"的产物两者的同一性或一致性的根据何在？看来，为了回答这个问题，皮亚杰除了回到一种朴素的经验主义立场别无其他选择。但这样一来，就要违背他在经验主义与验前主义之外开辟第三条道路的初衷了。

然而，一旦我们将双重构造理论引入超绝发生学，或者不如说，以超绝发生学改造了双重构造理论，我们就真正开启了这样一条道路。我们已经看到，一方面，双重构造与超绝发生学中超绝意识自我显现原理中的自我的构成之间的对应关系的不完全性体现在诸如对象性和因果性这样一些概念于两者之中在归属上的非对应性；另一方面，发生认识论的主要困难在双重构造理论中的体现在于在其中没有发生学地思考感性材料本身。我们将看到，这两个方面其实只是一物之两面，因为正是由于超绝发生学中超绝意识的自我显现原理必然地包含了感性材料的根据，它所给出的自我构成的机制中诸因素（诸直观性意向对象）的归属关系才会与皮亚杰的理论中双重构造的诸因素（诸图式）的归属关系有所不同。并且也正因为如此，超绝发生学才能够克服皮亚杰的双重构造理论的困难。于是，感性材料是否能够得到一种发生学的思考成了问题的一个关键。这让我们想起在《超绝发生学原理》（第一卷）最后一章的最后一节中对于"质料之谜"②的揭示。这意味着，超绝发生学在这里所要并且能够拯救的不仅是皮亚杰的理论，而且是康德的理论，以及以往哲学中一切为人类认识奠基的努力。③

在超绝发生学中，感性材料的发生学根据存在于超绝意识自我显现的逻辑之中，确切地说，它是作为基于动觉的形式与质料之间的相互作用的产物，作为感觉直观而出现在基于动体的自我的构成机制之中的。按照我们在第十五章第二节中所描述的超绝意识的自我显现，当动觉分化出运作元和感觉元并因此由动觉分别与运作元和感觉元构成形式与质料之后，形

---

① 《发生认识论原理》，第84页。
② 《超绝发生学原理》第一卷，第376页及其后的几页。
③ 事实上，"质料之谜"不仅是超绝哲学必定要加以解答的难题，它也出现在一些本身并无超绝哲学旨趣的哲学思考之中，例如塞拉斯对于"所与的神话"的批判性思考。它甚至可以追溯到柏拉图的宇宙论和亚里士多德关于形式与质料二分法的形而上学理论。

式与质料便通过如下4组方式的相互作用而产生了动体中的诸元素：

第一组 形式中的运作元对于质料中的感觉元发生作用而有逻辑元素；质料中的感觉元对于形式中的运作元发生作用而有感觉元素；

第二组 形式中的运作元对于质料中的动觉发生作用而有数学元素；质料中的动觉对于形式中的运作元发生作用而有时空元素；

第三组 形式中的动觉对于质料中的感觉元发生作用而有规律元素；质料中的感觉元对于形式中的动觉发生作用而有物质元素；

第四组 形式中的动觉对于质料中的动觉发生作用而有主动感；质料中的动觉对于形式中的动觉发生作用而有被动感。

动体中的主动—被动感必然地造成了的最初的意向性，使得动体能够有所自觉，这种自觉的结果是一种直观，即直观的自我或**自我直观**。因此，在构成自我的诸直观性意向对象与动体的诸元素之间存在着完全的对应关系，前者与后者的区别仅仅在于在前者之中，诸直观已经成为某种意向对象，即所谓直观性意向对象。与动体中的诸元素之分为形式方面的与质料方面的相应地，自我中的诸直观亦分别属于形式方面与质料方面。我们说过，皮亚杰的"双重构造"正对应于超绝发生学的这种超绝意识自我显现中从动体到自我的，也就是动体自觉的过程。但是这种对应并不是完全的，除了刚刚提到的双重构造与自觉各自所涉及的元素或不如说直观在归属上的差异之外，还有一个重要的差异是，在皮亚杰的双重构造理论中，支撑全部构成过程的真正机制唯有所谓"反思抽象"，而这个反思抽象**仅仅**意指逻辑—数理图式的构成。我们说双重构造理论完全**没有**关于感性材料的发生学思考，指的也正是这一情况。与之相比，超绝发生学中关于超绝意识自我显现的描述却包含了感性材料的发生。这种发生在这里就是由形式与质料的相互作用而产生的动体中的感觉元素经由动体的自觉而得到感觉直观。由此可见，超绝发生学中超绝意识自我显现的自觉机制要比皮亚杰的双重构造理论中的反思抽象机制更为丰富，所覆盖的面更大。反思抽象仅仅是自觉的部分内容。既然自觉，如我们在第十五章的第二节和第三节可以看到的，虽然带有某种意向性，却并不具有反思性，那么即使它与皮亚杰的"反思抽象"有着某种对应，后面这一名称对它也不是恰当的了。并且，既然这个"反思抽象"是属于自觉的，则它这个称呼对自身也不是恰当的。基于此，我们将自觉及皮亚杰"双重构造"的机制统一地称之为**"直观性抽象"**。这样，皮亚杰关于儿童个体意识在感知—运动水平和符号性水平上的发展，就成了对于作为这一发展的更为本质和全面的刻画的超绝意识自我显现中从动体环节到自我环节乃至到世界环节进展的经验性体现的一种尽管丰富的但本质上只是局部的概括。

这就是我们说将皮亚杰的双重构造理论引入超绝发生学之中之所指。在这样做了之后，超绝发生学所揭示的深刻机制便立刻使我们能够更加准确与清楚地认识双重构造的，或不如说分属于自我的形式方面与质料方面的诸元素各自的根据并由此而更深刻地理解这些元素的性质。首先，我们看到，在这些因为超绝意识自我显现中的形式与质料的相互作用而产生的动体自觉（直观性抽象）的结果中，除了主动感与被动感之外，在其他三个对子，即逻辑直观与感觉直观、数学直观与时空直观以及规律直观与物质直观中，属于形式方面的三个，即逻辑直观、数学直观和规律直观，在其所由以产生的形式与质料的相互作用中，形式是起着主导作用的。这大致与皮亚杰的"双重构造"中的逻辑—数理方面的内容相一致。因此在这里自觉或直观性抽象的作用本质上是**将作为根据的形式中所包含的运作元突出出来**。相应地，属于质料方面的三个，即感觉直观、时空直观和物质直观，在其所由以产生的形式与质料的相互作用中，质料是起着主导作用的。这大致地与双重构造中的物理认识方面的内容相一致，并且这里自觉或直观性抽象的作用本质上是**将质料中所包含的感觉元突出出来**。其次，更为细致地看，在属于形式方面的三种元素中规律直观与另外两个（逻辑直观与数学直观）又有所不同，因为说到底，后两者本身就是形式中的运作元发生作用的结果，而前者则是形式中的动觉（并非其中的运作元本身）发生作用的结果。[1] 显然，皮亚杰将其双重构造中的逻辑—数

---

[1] 严格地说，形式中的运作元（对于质料中的感觉元或动觉）发生作用的结果乃是逻辑元素与数学元素，逻辑直观与数学直观则是（动体）对于前两者的自觉的结果。由于自我中作为直观性意向对象的逻辑直观与数学直观与动体中的逻辑元素与数学元素的直接的对应关系，我们在这里便直接将逻辑直观与数学直观说成是形式中运作元发生作用的结果而不再总是提及它们的发生中自觉或直观性抽象作用的环节。以下遇到类似的情况，我们也将采取这种简化了的表达方式。

理图式归于形式方面而称为"运作图式"多少是与这一情况相一致的。与此相应地，在属于质料方面的三种元素中，时空直观与另外两个（感觉直观与物质直观）也有所不同，因为后两者本身就是质料中感觉元发生作用的结果，而前者则是质料中的动觉（并非其中的感觉元本身）发生作用的结果。然而如果说当皮亚杰将逻辑—数理图式的来源理解为儿童个体的动作图式是多少对逻辑直观和数学直观之以运作元为根据有所意识的话，那么，他却完全没有认识到感觉直观（以及物质直观）的，也就是我们前面所说的感性材料的根据，没有意识到那个感觉元的存在。第三，与此相关地，规律直观与时空直观便同样地处在了一个不同于逻辑直观和数学直观的位置上，也就是说，它们没有后两种直观那么纯粹，既然它们分别是形式中和质料中的动觉为一方而与相应的另一方（质料中的感觉元和形式中的运作元）发生作用的结果，而动觉本身并不是纯粹的运作。这也就解释了为什么皮亚杰会将属于规律直观的对象性与因果性概念与空间、时间概念一道归属于物理概念或图式。这样一种机制还有另一个也许更为重要的意义，那就是它使我们看到了康德没有将别的东西而仅仅是将范畴与空间、时间分别作为认识或可能经验所可能有的**全部**两种验前条件，即知性的和感性的条件的真正原因。范畴之所以可作为可能经验的知性条件，是因为在形式方面的诸直观中，唯有规律直观（它包含着康德的实体范畴与因果性范畴）因造成它的形式与质料的相互作用中的主动者是动觉，而动觉本身就是运作元与感觉元的原初统一体，同时规律直观所能够作用于其上的、作为在认知层面上构成经验性认识的感性材料的感觉直观的根据正是感觉元。相似地，时空直观之能作为可能经验的，确切地说是现象的纯粹直观条件，则是因为它本身就是质料中动觉的主动作用的结果，在这动觉中包含着感觉元。特别地，时空直观之产生于质料中的动觉对于形式中的运作元的作用这一点，决定了空间与时间作为自觉或直观性抽象的结果必定是可运作化的（而在动体中的时空元素则还没有获得这种可运作化的自觉）。①这样，我们就消除了本书第一卷的第四章第三节中所指出的康德在"直观的形式"与"形式的直观"这两个概念

---

① 这种可运作化的时空随着双重构造（也就是动体的自觉过程）中诸图式的完善，最终导致了认知层面上量化时空（物理学时空以及，可以说，几何学空间）的构成。

上所存在的含糊性。[①]也就是说，空间与时间作为直观的形式只是就其作为自我中质料方面的元素或直观来说的，而形式的直观，也就是运作化的空间与时间，则是自我的认知活动的产物。更具体地说，空间与时间的这种运作化不过是数学直观运用于时空直观的具体结果。事实上，对应于康德的作为可能经验的知性条件的诸范畴的规律直观和数学直观对于感性材料即感觉直观的运用并非直接的，而是通过它们对于时空直观的运作来实现的。这一实现也就是康德所说的规定的判断力的体现，特别地（用康德的方式说）是知性对于以时空为形式的现象加以溯因的过程。知性的这种规定的判断力的作用显然不是规律直观单独的效果，而是规律直观与逻辑直观、数学直观**共同的**效果。这可以说是这三种直观所由以产生的形式与质料的相互作用中形式的主导作用的结果。相应地，前面所指出的属于质料方面的三个直观性意向对象——感觉直观、时空直观与物质直观——的产生中质料的主导作用则起到了康德所谓反思的判断力的作用，即使得上述知性对于现象的溯因能够基于它对时空直观的运作从而通过（量化的）时空关系而持续不断地由知觉朝向基本物质进展。[②]

　　对于双重构造理论的超绝发生学改造能够使我们更清楚地看到的还远不止于这些。我们注意到，尽管皮亚杰并没有明确地将逻辑—数理图式区分于逻辑运作和数学运作，但从他在论及逻辑—数理图式的时候着重地指出了这样两种运作图式，即**群集**与**群**来看，群集与群和逻辑运作与数学运作在皮亚杰的"双重构造"中毕竟应该属于**不同的**层次。这种区分意味着，尽管群集所表达的是类概念之间的关系，或者说，是亚里士多德的分类系谱的结构，但群集并不能因此而等同于类逻辑。同样地，尽管数学系统在许多情况下具有群的特征，但群并不就是数学系统。作为结构的群集与群要比逻辑、数学，以及其他任何能够形式化的系统更为基础。皮亚杰的儿童心理学实验表明了群集与群的结构作为运作图式或逻辑—数理图式在双重构造中的发展决定着这种构成中其他一切图式的发展，这一事实正是群集与群的结构的基础性的具体体现。以超绝发生学为双重构造理论奠

[①] 见《超绝发生学原理》第一卷，第73—75页。

[②] 见前面第130—131页。不过这里将自我直观中的诸直观性意向对象之间的作用与康德的两种判断力相联系显然不可能是严格意义上的，确切地说，在超绝发生学的逻辑中，仅仅诸直观性意向对象之间的作用就能够并且更为有效地说明认知效应（其中包括了康德所谓可能经验的构成），也就是说，在这里，两种判断力的概念的区分是纯粹多余的。

第十六章 存在的辩证法：存在经由实存者朝向自身的返回

基的一个重要结果，便是揭示了群集与群的这种基础性的真实意义。皮亚杰将群集与群和逻辑运作、数学运作一同归为双重构造的逻辑—数理方面或形式方面，这种做法虽然容易造成前后两种结构在层次上的混淆，但却正确地体现了群集与群的结构和逻辑直观、数学直观的同源性。这种同源性的根据在于，逻辑直观与数学直观都是形式中的运作元主动作用的结果（在规律直观的构成中运作元的作用则要间接一些，因为在这里直接发生作用的是形式中的动觉而非运作元）。换言之，**群集与群的结构的根源就是形式中的运作元**。它们与逻辑直观和数学直观在层次上的差异在于后者是形式中运作元作用于质料中的动觉或感觉元的结果，而前者则是我们在前面说到过的在包括逻辑直观和数学直观在内的属于自我中形式方面的诸元素的产生中运作元由于自觉或直观性抽象而被突出出来的具体体现。换言之，就这些元素或直观来说，所谓自觉或直观性抽象，就是针对形式与质料的相互作用的产物中动体的形式方面的内容**重新抽绎出**（即所谓"突出"）这种作用中的运作元。这就是为什么群集与群在双重构造中自身的形成对于双重构造的其他图式或结构，确切地说，对于那些作为直观性意向对象的、本身亦是运作性的认知性运作直观的形成有着决定性的作用的真正原因。

作为运作元在自觉中的这种被抽绎出的结果，群集和群分别体现着运作元的两个因素，即**区分性（分割）和对称性**。这是群集与群在认知图式或结构的构成中的基础性作用的根据。在对儿童个体心理发生的考查中，皮亚杰发现在双重构造过程中，群的结构是在群集的结构的基础上发展出来的。这最典型地体现在数（自然数）概念的形成之中。皮亚杰认为，在双重构造的前运作阶段的后期，儿童已经形成了类的概念和顺序（关系）的概念，但还没有数的概念。一个完整的数的概念的形成需要一种对于类和关系的综合。对此皮亚杰的表述是："分类和序列化的综合产生了数，但只是在 7 岁到 8 岁时才产生数的集合体的守恒"[①]。皮亚杰在分类和序列化（关系）的运作中看到了被他称为"群集"的结构，而在数的运作中则看到了群的结构。这导致皮亚杰将分类和序列化所造成的类称为"弱结构化的类"而将数的类称

[①] 《发生认识论原理》，第 81 页。

为"结构化的类"。①那么，在分类和序列化或顺序关系中皮亚杰所看到的群集的特性究竟是什么呢？我们可以用亚里士多德的分类系谱为例来说明群集的这种特性。为此我们可以参照在《超绝发生学原理》（第一卷）第十章的第二节曾举出过的那个（关于"动物"分类的）分类系谱的例子。为方便起见，我们将那里的图10—2—1中的（A）重新复制在这里（见图16—2—1）。如果我们将这种分类所得到的那些类（概念）当作一个集

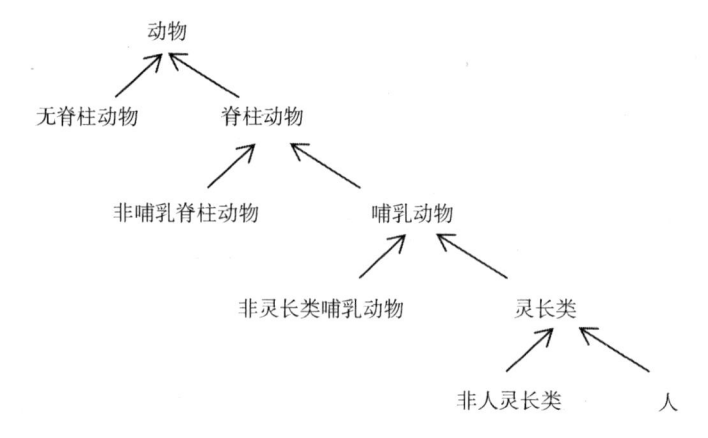

```
                    动物
                   ↗   ↖
            无脊柱动物   脊柱动物
                       ↗   ↖
              非哺乳脊柱动物   哺乳动物
                              ↗   ↖
                  非灵长类哺乳动物   灵长类
                                  ↗   ↖
                              非人灵长类   人
```

图16—2—1　亚里士多德式的动物分类系谱

合中的元素，并使空类也是这个集合的元素，我们就会看到，这个集合中的元素之间存在着这样的一些运作关系：（1）这个集合中的两个元素的**结合**所得仍是此集合的一个元素，例如"灵长类哺乳动物"加上"非灵长类哺乳动物"所得到的"哺乳动物"仍属于这个集合。（2）这种结合总是可逆的，例如在"哺乳动物"中除去"非灵长类哺乳动物"可以得到"灵长类哺乳动物"，或者在"哺乳动物"中除去"灵长类哺乳动物"可以得到"非灵长类哺乳动物"。（3）这种结合的运作是满足"结合律"的，例如"灵长类哺乳动物"加上"非灵长类哺乳动物"再加上"非哺乳脊柱动物"与"非灵长类哺乳动物"加上"非哺乳脊柱动物"再加上"灵长类哺乳动物"所得到的都是"脊柱动物"。（4）如果对这个集合中

---

① 参见《发生认识论原理》，第82页。更为详细的论述可参见 J. Piaget, *Essai de Logique Opératoire*, Paris：Dunod, 1972, p.67, 在那里皮亚杰将分类与序列化（关系）进一步细分为"弱结构化的类"和"半结构化的类"。尽管如此，两者在结构上都具有群集的特征。

第十六章 存在的辩证法：存在经由实存者朝向自身的返回

的一个元素施以结合的逆反则得到一个空类，例如从"哺乳动物"中除去"哺乳动物"，或是从"脊柱动物"中除去"脊柱动物"。(5) 将这个集合中的任一元素结合于其自身，所得的仍然是其自身，如"哺乳动物"加上"哺乳动物"还是"哺乳动物"。这里还有一个情形，那就是任一元素结合于在分类系谱中它的上层元素或是下层元素，所得到的将是两者中属于上层的那个元素，例如"哺乳动物"加上"脊柱动物"所得到的是"脊柱动物"。具有上述性质的由类（概念）组成的集合便是群集。皮亚杰由此概括出群集的一般特性：

  i. 组合：$x + x' = y$，$y + y' = z$，…；
  ii. 可逆：$y - x = x'$ 或 $y - x' = x$；
  iii. 普遍的同一性：$x - x = 0$，$y - y = 0$，…；
  iv. 特异的同一性（重言和吸收）：$x + x = x$，$y + y = y$ 和 $x + y = y$，$y + z = z$；
  v. 结合：$(x + x') + y' = x + (x' + y') = z$。①

皮亚杰还指出，序列化关系（例如 A＜B、B＜C、A＜C 等等）的集合也具有群集的上述特性。在皮亚杰看来，群集是一种在心理发生上早于从而在运作图式的双重构造上弱于群的结构。这一点最明显地体现在具有群的特征的自然数概念在心理发生上要晚于类概念和序列概念并以后面两种概念为基础这个事实上。关于自然数的群的特征，一个最简单的例子是，它作为幺半群嵌入其中的整数对于加法成群。我们知道，这是一个交换群，因为整数对于加法满足如下的关系：(1) 整数加上整数还是整数；(2) 整数的加法满足结合律；(3) 整数的加法满足交换律；(4) 任何整数加上零还是其自身；(5) 对于任何整数，总有另一个整数，使两者相加为零。一般来说，任何一个集合中的元素对于某种运作只要能够满足上面的"(1)"、"(2)"、"(4)"和"(5)"这几个条件便可说这个集合对于该运作构成一个群。用比较形式的语言来表述，就是

---

 ① 参见《发生认识论原理》，第 93—95 页，或见 J. Piaget, *La Psychologie de l'Intélligence*, Paris：Armand Colin, 1967, pp. 47—49。

设有一不空集合 G（其元素为 a、b、c 等等）对于运作"∘"满足下列条件：

1. G 对于该运作是封闭的，即由 a∈G，b∈G，总有 a∘b∈G；

2. G 中任何三个元素对于该运作满足结合律，即由 a∈G，b∈G，c∈G，总有 (a∘b)∘c=a∘(b∘c)；

3. G 对于该运作有一个单位元 e，即对任何 x∈G，总有 e∘x = x∘e = x；

4. G 的任何元素对于该运作都有一个逆元，即对任何 x∈G，总有相应的 x^{-1}∈G，使得 x^{-1}∘x = x∘x^{-1} = e；

则 G 对于该运作成群。

那么，群集运作图式的形成以及从群集到群的运作图式的发展意味着什么呢？这种发展为什么会对通过动体的自觉所产生的那些认知性运作直观的构成有着如此这般的决定性作用？这是皮亚杰未能深究而我们必须加以回答的问题。

皮亚杰首先是在亚里士多德式的分类系谱和序列化关系的类中发现群集的结构的，这就是类的群集与关系的群集。前面提到过类的群集，至于关系的群集，一个最简单的例子就是体现为线性的序列的元素（O、A、B、C……）之间的关系，例如"→"关系构成的集合。这个集合中的元素是"O→A"、"A→B"、"O→B"、"B→C"、"A→C"……。这个集合满足群集的条件，例如，若以 a、a′、b、b′、a′b′……分别代表上面的元素，则有 a + a′=b，b + b′=c，……，这符合了群集的组合性特点；b － a′= a，此即可逆性①；以及普遍的同一性 a′－ a′= o 和 o + a′= a′；特异的同一性 a′+ a′= a′和 a′+ a′b′= a′b′；最后，结合律在此显然也是被满足的。②

显然，这样一个序列化的关系结构在亚里士多德的分类系谱中已经可以看到，如"人"属于"灵长类"，"灵长类"属于"哺乳动物"，……

---

① 逆运作"－"在此可以理解为"←"。因此 b － a′= a 意味着，在"O→B"（b）的情况下，若针对"A→B"同时又有"A←B"，即 a′－ a′= o（o 即 A = A，这正是接下来的"普遍的同一性"），则"O→B"在这一运作后也就相当于"O→A"（a）了。

② 对关系的群集的更多的分析可参见 *Essai de Logique Opératoire*，p. 133 及其后的几页。

第十六章　存在的辩证法：存在经由实存者朝向自身的返回　　269

更为一般地，在这种作为概念化活动的根据的分类中，任何类都表达了其内涵可归结为一个或多个关系的概念的外延。而事实上，任何关系也都表达了其外延为一个类的概念的内涵。[①]例如，x 是 a 的子女（xZa），这个关系可以看作是规定了一个类（概念），这个类（概念）的外延是所有的 x。[②]这时，我们当然也可以说这个类（概念）的内涵是一个关系。但由"x 是红的"构成的类（概念）呢？它的内涵可说是一个或多个关系吗？看来回答没有理由不是肯定的，既然这个内涵即是说，所有的 x，尽管它们可以有诸多的不同，但在具有属性"红"这一点上是等同的，也就是处于相等的关系之中的。[③]因此，就分类本身来说，类与关系和概念的外延与内涵一样是同一件事情——概念化运作——的两个仅有的侧面。换言之，分类就是实现一种关系，反之亦然。这就是为什么在考察作为**认知活动**的基础（做出判断是它的重要体现）的分类或类概念时，我们只须考察类与关系两种情况的道理。这种说法本身还意味着类与关系又是不可相互归并的两种因素。这一点有着重要的意义：分类运作中的类因为本质地体现了一种对称变换的存在（这正是胡塞尔所主张的）而与本源的空间性发生关联，既然对称性直接来源于广延的本质（正如我们在本书第十五章的第一节中曾指出的，广延本质地是一种对称变换的倾向）而广延则直接成为这种空间性的根据；相应地，分类运作中的关系因为其与感性质料的必然的相关性而能够溯源于本源的不确定性，而后者不是别的，正

---

① 见 Essai de Logique Opératoire, p. 121。

② 必须注意的是，类的外延不同于集合的元素，康德曾以 distributiv（分配的）和 kollektiv（集合的）分别称谓这两者（见《纯粹理性批判》，第 465、506 页，A582/B610, A644/B672 以及 Kants gesammelte Schriften, Band XXII, S. 553）。这个区别的实质，在于外延内部不具有可区分性，更确切地说，在类中并没有**仅仅**根据（该）类属性而自身可相互区分的元素。这就是康德为什么要说个体在概念"之下"而非"之中"的道理。

③ 参见 Essai de Logique Opératoire, p. 121。这种看法包含了这样一个规定，即**个体不为类**。因此如正文中说到由 a 的所有子女允当外延的类，这并非指这个类出这些子女个体所组成，而是指这些子女通过"a 的子女"这个性质而被涵盖到一个类概念之下。事实上，一般人们错误地称之为柏拉图主义的、仅仅是柏拉图前期从苏格拉底那里承袭下来的理型论所存在着的分有困难就是因未能明确地做出这种区分而导致的。这一点显然蕴含着深刻的道理。我们在《超绝发生学原理》（第一卷）第十章第二节的第一小节中就曾指出过亚里士多德的分类系谱中无法容纳个体（见该书第 204 页）。上一个注释中要求区分类的外延与集合的元素，其根据说到底也正在于此。这一点我们在后面还将涉及。

是作为时间性的根据的绵延。①由此可见，分类本就是（绝对对称性的自身区分或超绝意识中）**区分性**的体现，而分类中类与关系两个方面则分别是体现于广延与绵延之上的区分性。

然而，无论是类还是关系，它们各自所构成的集合，如我们在前面已经看到的，仅仅具有群集的结构从而是"弱结构化的"。它们因此而有别于我们在例如数学对象的集合中所能够看到的群的结构。皮亚杰根据自己的发现，相信存在着从群集到群的所谓逻辑—数理图式的进展。这一进展若从超绝发生学的角度来看，乃是理所当然的。这是因为，超绝发生学的一个基本原理（第二、第三原理，即超绝意识的直观性原理和它的构成性原理），就是在超绝意识的自我显现中的每一个进展中区分性总是与对称性相伴随着的。既然具有群集结构的两种基本的集合所由以构成的类与关系本质上是区分性的体现，则结构或图式的发生必定不会停留在这一阶段而会进展到包含了更完备地体现了对称性的结构或图式的形态上去。因此，尽管我们在群集中已经看到了某种程度上的对称性——例如群集运作中的可逆性——但是，在皮亚杰的"双重构造"中，也就是在超绝意识自我显现的自我直观的环节上还将进一步发展出充分地体现了对称性的群的运作图式。那么，群究竟在什么意义上比之于群集体现了更大的对称性呢？比较前面我们所展示的群集的诸运作特征与群的运作特征可见，群集的运作特征表明群集的元素中不存在所谓"逆元"，例如"哺乳动物"的逆元并非"非哺乳动物"而由关系"→"构成的集合中的任何元素，例如 A→B 也不可能有其逆元。②因此，对于一个群集中的元素虽然可以有运作和它们的**逆运作**，如"哺乳动物"加上"灵长类"与"哺乳动物"减去"灵长类"，但这些元素不可能对于某个运作有其逆元。换言之，在上述群集的诸特性中，与群的特性中第 4 个条件相应的是其第 2、3 两个条件，但它们之间的差别是明显的：群集中的那两个条件所表达的可逆性是运作的可逆性而非元素之间的互逆。可以断定，正是这种情况直接导致群集的元素之间缺乏群的元素之间的那种程度的对称性。换言之，**存在逆**

---

① 关于由广延与绵延分别导致本源的空间与时间的超绝发生学机制，见上一章第二节的第一小节。另外，这里所说的与感性材料具有本质的相关性的关系，乃是指作为经验性概念的内涵而言的关系的。数学性概念与此不同，这一点我们马上就会看到。

② 前面以"→"关系构成的集合为例时提到了相对于"A→B"的"A←B"，但因为后者表达的是不同于"→"关系的另一种属性，所以它不应该被理解为这个集合中的逆元，而应该——如我们在前面所做的那样——看作是对于上述集合中元素的组合运作的一种逆运作的结果。

元的事实，将使一个集合的对称性达到更为完善的水平。这其中的原因可以通过下面的分析得到揭示。

既然涉及到的是群集与群之间的比较，则我们可以举出类概念所构成的集合（作为群集的实例）与数所构成的集合（作为群的实例）。让我们还是以图16—2—1中的动物分类系谱为例，它可以看作一个由类概念所组成的集合。我们知道，在这个系谱中所可能列举出的作为这个集合的元素的类概念中不可能包含有**个体**。[①]同时，必须指出，每一个个体都像阿那克萨哥拉的"种子"一样，是一个无限性的统一体。亚里士多德分类系谱中的诸类概念正是以此而区别于个体（例如苏格拉底）的。相反，数——这里指实数——本质上就是个体。在数轴上，无限多的它们构成了整个数轴，而它们每一个自身又是一个无限的复合体。[②]可见，数不过是连续性的另一个称呼，或者说，数本身就意味着连续性。更确切地，它是连续性的区分表象。我们已经知道，这种连续性（广延）当其**体现为**个体的时候，**必定伴随着对称的关系**。[③]这就是为什么数具有群的特性的原因：既然数本质上是这样一种东西，则它之体现于我们称为数轴的空间连续统之中就不奇怪了。这就意味着，举例说，**任取**数轴上一点为一个数"零"，则这个数轴上的任何整数都必定有其"逆元"。相反，亚里士多德的分类系谱中的类所构成的集合却不具备群的结构，既然这些类不可能是个体。事实上，皮亚杰已经看到："一个分类系统……无法形成一个群，这是由于两个原因。首先，运作∪[④]无法将这种分类中的一个元素对应于**任一**对元素。其次，组合性运作的幂等特性阻碍了将任何元素考虑为它［一个元素］的逆元。"[⑤]这两个理由显然是密切相关的，并且其核心只是一个，即分类系统中的元素（类）缺乏个体性：第一次提到的运作指的是，一个分类系谱中不是任何两个类（例如"鳟鱼"与"灰狐"）而只

---

① 顺便说，这一点若是就由关系所组成的集合来说更是如此，既然关系只可能是个体之间的关系（关系的基本形态是所谓"序偶"）而非个体本身。

② 不仅阿那克萨哥拉的种子，莱布尼茨的单子更是这样一种东西。我们在这样说的时候，显然，精神实体与物质实体已经统一，或者说，存在的只是这种无限性—连续性的实体，精神与物质不过是其两种不同的体现罢了。

③ 这一点仅仅从广延的定义（"广延就是关于区分的绝对对称性，或者说是绝对对称性在区分性**中的体现**"）就可以看出了，既然这种区分将会导致点（个体）的产生。参见稍后的论述，以及本书的第95—96页。

④ 这里的∪代表集合运作中的"并"。

⑤ *Essai de Logique Opératoire*, p. 90.

有两个相邻的类（例如"哺乳动物"与"非哺乳脊柱动物"）才都能够组合为一个新的类（这里是"脊柱动物"）；第二次提到的运作，其幂等性指的是 $A \cup A = A$，这些运作所体现的就是前面给出的成为一个群集的条件中的"特异的同一性"，而它正意味着个体性的缺乏。①由此可见，群的结构只存在于真正具有个体性对象的集合之中。它们可以体现为数、空间（几何图形或空间中运动的质点或刚体）甚至于经验世界中的那些实存者（如苏格拉底或经验中任何一个实存的对象）。由此可以概括地说，具有群的结构的集合的元素必定是个体。类与关系均非个体，从而它们分别组成的集合只能构成群集而非群。群的结构之所以在对称性上胜于群集，也正在于个体之所以能够充当群结构之存在的必要条件，乃是因为唯个体方有可能实现充分的对称运作，也就是说，成为某一个群的元素。从这个意义上说，个体恰恰是绝对对称性的自身区分，也就是区分性与对称性的对立统一，达到充分发展或展开的体现。这里面的深刻道理在于，个体就是笛卡尔的广延中的那个"点"，这个点是区分性的极致，又是对称性的"载体"。这个"点"在笛卡尔那里同时具有数与基本的实存者或实存者的单元的含义。②因此，**个体乃是具有充分对称性的可能的区分性**。

---

① 相反，例如，如果将 0 除外，任何两个自然数的相加都可以得到一个新的自然数，而且对于任何这样的一个自然数来说，与它自身相加都不会等于它自身。

② 参见我的著作《头上的星空——康德〈纯粹理性批判〉与自然科学的哲学基础》（合肥：安徽文艺出版社 2013 年版）的第三部分第五章"笛卡尔'普遍数学'的方法论意义初探"。在这种情况下，就有了空间、数和实存者之间的某种等价性。这种等价性之存在于空间与数之间并不难于理解——"数轴"便直观地表明了这种等价性。问题在于如何理解数与实存者，或者更确切地说，个体的数与个体实存者之间的等价性。对于这个问题的解答可以是这样的：（组成）个体的任何属性——这种属性原则上有无限多个——都是可解释的，而最为基本的解释总是"物理性的"或（以康德的术语来说）"动力学性的"解释。其结果是将此个体朝向时空中的质点的还原（溯因推理）。我们知道，这种还原将受到（海森伯）不确定性原理限制。在一定意义上，可以将这种限制理解为这个还原中时间的不可消除性。这种理解与我们在上一章（第一节的第二小节）中提到的关于时间与物质的根据（绵延与质素）的看法是一致的，而这种一致性又反过来表明了这种理解的正确性。换言之，如若不是存在着这种不确定性，实存者个体就可以被还原到空间，并且作为空间中的"点"而存在，这时它将等同于数轴上的数。然而这种等同是不可能的，因为数本身作为一种个体（点）也是不可被完全地分割的。所以，实存者的个体与数学个体的对等性恰恰在于前者之属性，也就是可分析出的类（属性）的无限性与后者可通过分割得到的部分的无限性。因此作为认知对象，它们的这种对等只是两个无法合一的平行的个体的集合之间的一一对应。康德之强调区分"哲学的"与"数学的"，在某种意义上也可说是看到了经验的或物理的对象与数学的对象的这种无法合一。然而，它们的这种无法合一仅仅是对于反思意识，也就是认知来说的无法合一。本源地回溯到超绝意识自我显现的动觉乃至超绝意识本身时，它们本就是同一个东西。笛卡尔在《指导精神探求真理的原则》中所意识到的，显然正是这一点。然而这一点却永远不可能在反思或认知层面的溯因中达成（关于这些，在本卷书的第五部分还将论及）。

第十六章 存在的辩证法：存在经由实存者朝向自身的返回

由此看来，亚里士多德当初曾将个体推崇为"第一实体"，这并不是一个等闲之举；而后来笛卡尔在其未完成的《指导精神探求真理的原则》中对点的描述以及莱布尼茨在其《单子论》中关于单子的描述，都进一步将实体（个体）与某种连续性联系起来了，这其中显然都包含着深刻的洞见。

以上的分析告诉我们群集，或者说群集中的元素并不代表任何真正的对象（个体）。[①]皮亚杰所看到的儿童个体经由它们得到数的对象这一情况，仅仅表明类与关系的群集是我们（在超绝意识自我显现的自我环节上）获得数学直观以及其他直观性意向对象，或不如说那些认知性运作直观的途径。它们代表的是本源的区分性，当它们在绝对对称性的自身区分，或者不如说超绝意识自我显现的过程中从动体到自我的环节上出现的时候，必然导致包含在那些认知性运作直观中的群的性质的出现。这是区分性与对称性在超绝意识自我显现的诸环节中必然相伴随着出现的原理（超绝发生学的第二原理）的一个实例。只不过在这个具体的意识发生过程中，这一原理体现为双重构造中群集之作为群产生的先决条件而预先出现这一事实罢了。尽管如此，却不是如皮亚杰所以为的，是类与序列的结合产生了数。既然类与序列本身不具有个体性，它们就不可能产生个体。事实是，在动体中（即在感知—运动水平上）数就已经（潜在地）存在了，类与序列或群集结构出现的意义，只在于为这一潜在性转变为现实性提供了一种直观性抽象的条件。因此，概括地说，群集图式只是双重构造的一种过渡性环节，它的出现不过是群的图式出现的前兆。从整个发展来说，一如我们就数所说的，群的图式在这种双重构造或动体的自觉中作为结果的产生并非无中生有，它已经预先潜在于感知—运动图式或动体之中了。这就是为什么在感知—运动水平上儿童早已能够识别个体但却要到很晚才能够认识个体（性）的原因。这种对于个体性的认识将贯穿人类对于数学世界和经验世界的探索的整个过程，因为在数学个体与经验个体之间存在着本质的同一性：它们是在动体环节和自我环节中孕育而在世界环节中（也就是认知层面上）实现的超绝意识展开的两种完全形态（形式的

[①] 这显然表达了一个与前期柏拉图的理型论相反的立场，但它却与柏拉图在其《巴门尼德篇》的后半部分所阐述的他的真正思想是一致的。同时，这里所揭示的群集与群的，或者说类概念与经验性或数学性的个体之间的区别，深刻地蕴含着柏拉图从其前期的理型论转变到后期的发生学理型论的契机。

和质料的世界)。①这个说法的深层根据在于，它们分别是形式与质料相互作用的四种方式（形式中的运作元与质料中的感觉元之间的相互作用、形式中的运作元与质料中的动觉之间的相互作用、形式中的动觉与质料中的感觉元之间的相互作用、形式中的动觉与质料中的动觉之间的相互作用）中唯有的两种完全方式的结果。这两种完全方式指的是形式中的运作元与质料中的动觉之间以及形式中的动觉与质料中的感觉元之间的相互作用。之所以说它们是"完全的"，是因为比之于另两种相互作用，它们全面地涉及到了动觉以及动觉中分化或展开状态下的运作元或感觉元。我们在后面将会看到，这两种相互作用不仅是认知层面上数学世界与物理世界构成的根据，而且表明了这两个世界的构成之间必然的相关性。

上述数学世界与物理世界的相关性至少看起来正对应了皮亚杰"双重构造"中的逻辑—数理图式与物理图式之间的平行关系。但更仔细的考察却将会再一次地从另一个方面使我们看到皮亚杰的"双重构造"在其发生认识论中由于本身缺乏更为深刻的根据的支持而无法准确地概括或体现本质上是超绝意识的自我显现从动体环节到自我环节的发展的过程。前一次我们看到了"双重构造"在规律直观等的归属上的"错位"，现在我们要强调的是，在"双重构造"的逻辑—数理图式这个概念中，皮亚杰未能明确地将群集或群与逻辑或数学结构区分开来。其实，通过我们前面的分析可以认识到，"群集"与"群"，甚至更为一般的"集合"这些概念应当区别于自我中的，确切地说自我的形式方面的，同时也是双重构造中被称为图式的那些直观性意向对象。如果说这些我们称为认知性运作直观的意向对象本身已是一种运作，那么群集和群便是**关于运作的运作**。我们曾指出过，构成自我中形式方面的直观性意向对象的自觉其实是重新发现了形式与质料的相互作用中的运作元。而群集与群显然就是这样地重新发现了的运作元，或者说，它们在这种重新发现中分别对应于运作元中的分割与对称运作。因此，群集与群就蕴含在那些直观性意向对象由以形成的自觉之中，它们本身作为运作仿佛既是原因又是结果：它们是在自觉中导致那些直观性意向对象之构成的原因，同时又作为结果存在于这些意向对象之中。它们的存在使我们认识到，自觉或直观性抽象作为一种皮亚杰所说的"构造"过程，注定是一个使那些认知性运作直观经由群集到

---

① 参见第272页注释②。

第十六章 存在的辩证法：存在经由实存者朝向自身的返回

群的发展过程。既然这一发展过程的实质乃是已经存在于动体之中的运作元的重新发现，则整个基于动体而在自觉中达到自我的过程，便呈现出了一种辩证的三段式逻辑，即动体（相当于皮亚杰的感知—运动水平上的动作图式）之为正题而在自觉中通过群集的反题性的中间阶段达到了作为合题的、具有群的特征的认知性运作直观。这说到底是因为群集与群分别体现着纯粹运作或运作元的两个元素，即区分性（分割）和对称性（对称变换）。但这两个元素并非独立亦非对等的。在纯粹运作中，区分性本质上是从属性的、非根本的而对称性才是主导性的、根本的，这是超绝意识作为绝对对称性的自身区分所固有的本性使然。这种本性决定了在超绝意识自我显现的任何一个环节中，任何一个范围内，乃至其整体，都一再体现出三段式的辩证法。换言之，区分性的作用只在于构成反题，而对称性或不如说绝对对称性才是正题与合题乃至整个三段式的真正内核。因此，在双重构造中，群集的出现总是意味着整个发展中反题阶段的形成，而它最终将进展到合题，即群的图式或形式。因此，在被构成的自我中的认知性运作直观中，我们可以普遍地看到群的性质。下面我们将就超绝意识的自我显现中自我环节上所出现的诸认知性功能结构，即逻辑直观、数学直观和规律直观，分别考察它们所体现出的群的特征。

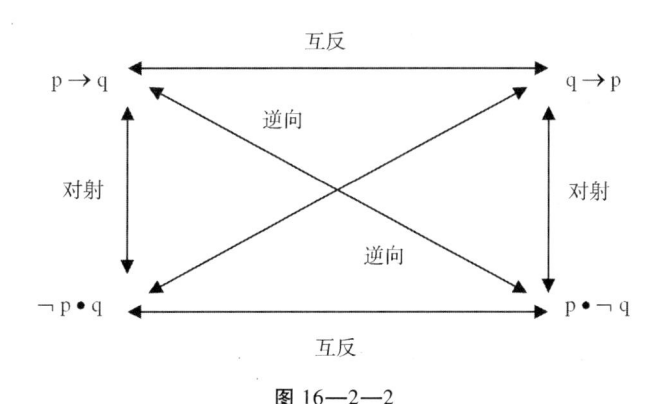

图 16—2—2

首先，逻辑结构便具有群的性质。在其《运作逻辑研究》中，皮亚杰发现在命题逻辑中两个命题之间的基本联结，即合取（p·q）、析取（p∨q）、蕴涵（p→q），再加上（对一个命题的）否定（¬q）——它们是命题逻辑所有基本的**真值**运作形式①——之间有如图 16—2—2 所示的那样的关系。如果我们在这些基本运作之间的变换形式，即"逆向"（N）、"互反"（R）和"对射"（C）之上再加一个"同一"（I，即同一变换）②，则这四者之间将具有这样一种关系：N = RC（N 是 C 的互反），R = NC（R 是 C 的逆向），C = NR（C 是 R 的逆向），I = NRC（I = NN，即 I 是 N 的逆向）。也就是说，它们构成了一个四元群③：

	I	N	R	C
I	I	N	R	C
N	N	I	C	R
R	R	C	I	N
C	C	R	N	I

十分类似的情况在谓词逻辑中也存在。关于这一点，只要我们回想一下这种逻辑的古典形式——我们说的是亚里士多德的逻辑——就可以看到。在那里，亚里士多德曾经给出过一个与上面皮亚杰就命题关系之间的变换所发现的结构几乎完全一样的结构（见图 16—2—3）④。显然，这里不同形式的直言命题之间的变换关系，即矛盾、反对（下反对）和差等这三种所谓"对当关系"，若再加上一个同一关系，也一样地构成了一个四元群。

针对这种情况，有一个问题必须予以回答。那就是，亚里士多德的分类系谱中的那些类概念彼此所能够构成的仅仅是群集，而本身是基于这些概念的命题之间的变换关系（谓词逻辑）或命题的联结之间的变换关系（命题逻辑）为什么能够构成群呢？在《运作逻辑研究》中皮亚杰将命题间的变换与命题联结之间的变换分别称为"命题内的运作"（opérations intrapropositionnelle）与"命题间的运作"（opérations interposition-

---

① 等值（p↔q）可以理解为 p→q 与 p→q 的结合。
② 例如针对 p→q，这四种变换分别是，I：从 p→q 到 p→q，N：从 p→q 到 p·¬q；R：从 p→q 到 q→p；C：从 p→q 到 ¬p·q。
③ 关于皮亚杰对命题逻辑的群结构的分析，见 *Essai de Logique Opératoire*, § 31。
④ 图 16—2—3 中的 SAP、SEP、SIP 和 SOP 分别代表直言命题中的全称肯定、全称否定、特称肯定和特称否定形式。

第十六章 存在的辩证法：存在经由实存者朝向自身的返回　　277

图 16—2—3

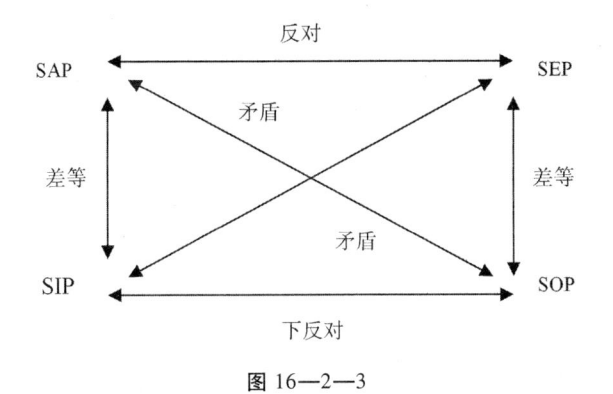

nelle)，并重点地讨论了后者。但要回答我们的问题，显然不能忽视了前者。事实上，只有前者，也就是谓词逻辑的对象，才直接地与类概念本身相关，既然我们在前面所看到的作为与谓词逻辑相对应的古典内容的直言命题之间的对当关系所涉及的变换直接地涉及了概念的外延。因此，我们的分析应从谓词逻辑开始。① 作为亚里士多德的逻辑的主要内容的现代形式，谓词逻辑区别于它的古典形式的最主要的地方就是通过量词实现了形式化。在新的形式下，前面提到的直言命题之间的变换（对当关系）被包含在了更为普遍的形式推理规则之中。在这些规则中，如何消除和添加量词的规则对于实现推理至关重要。就是在这种规则中，体现出了谓词逻辑的一个基本特性，即它将"所有"与"有些"这样的数量概念明确为是意指个体的。例如，按照《逻辑导论》一书，在涉及存在量词的所谓"存在限定规则"中，那个"歧义名称"（说是"不确定的名称"，其实正相反，它作为个体本质是确定的）就已经意味着预设了个体的存在。② 而在讨论"全称限定规则"时涉及到的那个"在前提中是自由的变项"，即"加标记的变项"，才真是不确定的。这种加标记的变项才真正意味着"有些"，所以不能对其加上全称量词。③ 在推演中去掉（全称）量词之后，加标记的变项与去掉存在量词之后的歧义名称之间存在着一种对等性。例如"我的某个学生"与"我的学生小李"，它们的对等性显然在于

---

① 严格地说，是狭谓词逻辑。
② 苏佩斯（P. Suppes）：《逻辑导论》，宋文淦等译，北京：中国社会科学出版社 1984 年版，第 101—102 页。
③ 同上书，第 73—74 页。

一种个体化的理解，也就是说，它们在"我的一个学生"这一点上等同了。这就意味着，在类的逻辑中，尽管类本身并非个体化（有量）的东西（类概念的外延不是量），但它在类逻辑（即这里讨论的谓词逻辑）中被设定为个体化的了。[①]显然，正是由于这种个体化，无论是古典形式的还是谓词逻辑形式的命题之间的推理关系才能够成立。因此我们有理由认为，也正是这种个体化，才使得本来是基于缺乏个体化的类概念的命题之间的变换关系能够具有群的特性。

在谓词逻辑的实际运用（推理）中，因为有了这种个体化，（全称的与存在的）量词就能够被消去，从而直接利用命题逻辑的那些重言关系，以便最终实现推理。然而命题逻辑的推理不进入命题的内部而只在命题的各种联结之间进行，因此并不直接涉及到类概念。那么，我们在前面看到的它们的这种基于联结词的推理关系的群的特性又如何解释？回答是：这是因为这种推理关系的实质在于真值演算，换言之，命题演算也就是真值演算；更具体地说，因为命题演算预设了二值性的真值，并且实际上是针对这种真值而非针对命题的演算。与谓词演算不同，命题演算中的关联词表达的不是类的关系，而是通过类的关系而体现出来的真值关系。例如，$p \vee q$ 并非是类 p 与类 q 的合并，而是指真值关系（在 p 真与 q 真相容的意义上）p 真或者 q 真。因此，若将命题演算表达为类的关系，则必须对之做出某种限制，以防出现"真假不分"的情况，也就是说，在这个演算的所有可能情况构成的集合中，加入一种"不相容的析取"的运作元素（w），以表明这个演算之为真值演算的特点。皮亚杰意识到，这样一来，便排除了群集的特征性条件，即那个特异的同一性。[②]其结果便是命题演算的关联词的演算（这大概就是皮亚杰说命题演算相当于演算的二次幂的道理[③]）的组合构成了前面图16—2—2所示的四元群。

[①] 那个著名的"存在就是约束变量的值"的断言中就包含着量词的这样一种个体化作用的意思，它的提出者蒯因（W. V. O. Quine）这样说道："曾经要求摹状短语承担的客观所指现在已由逻辑家叫做约束变项的一类词承担了，即量化变项，就是像'有个东西'、'无一东西'、'一切东西'之类的词。"（"论何物存在"，《从逻辑的观点看》，江天骥等译，上海：上海译文出版社1987年版，第6页）

[②] 关于运作 w 在命题演算的群特性的构成中的作用，见 *Essai de Logique Opératoire*, p. 347, 338—339, 88 以及 §38。

[③] 参见《儿童心理学》，第101页的注①。

这样看来，既然在谓词逻辑中直言命题的变换将利用到命题逻辑中命题的关联词所代表的运作之间的组合，前者之构成群便与后者存在着关联。但它们各自构成群的原因却看上去并不相干，因为前者的原因涉及到的是类的元素的个体化而后者涉及的则是真值的二值性。然而这两种原因在深刻处却有着同一性。首先，谓词逻辑中直言命题的变换成群是因为预设了类的元素的个体性。我们知道，就类之存在于亚里士多德的分类系谱中的情况来说，它们本质上并不具有个体性。更确切地说，个体性只是这个分类系谱的一种极限（无论再多的类属性也无法真正构成一个苏格拉底，只是无限地接近这样一个个体）。其次，命题逻辑中真值的二值性的预设实际上以这样的方式涉及到了类：例如，命题"苏格拉底是有死的"与命题"苏格拉底是不死的"都具有真值，只是必定一真一假，因此这时的两个类，即"有死的"与"不死的"被理解为具有同等的确定性。在亚里士多德的分类系谱中，这种确定性唯有当类（概念）的外延被理解为个体并且这些个体分别组成了"有死者"与"不死者"的完备的集合时才是可能的。但这显然也是一个无法达到的极限情况。这样我们就可以说，类逻辑所包含的两个部分——谓词逻辑与命题逻辑——包含了显然无法实现的预设。这种情况的深刻性恰恰在于，人们通常总是习惯于将类概念的外延理解为个体的集合，从而根本看不到这里已经引入了一种缺乏根据的实无限：不是说实无限本身缺乏根据，而是说在**这里**所设想实无限是缺乏根据的。但是，当年康德曾经指出超越纯粹知性概念的运用界限乃是人类理性固有的冲动，这一冲动早在知性在人类学的意义上出现于人类认知活动中的开初就已经显现，而这种在类概念上无根据地对于实无限的设想便是其中最为典型的事件。亚里士多德曾试图以基于类概念的形而上学实体学说取代前期柏拉图的理型概念并克服其中的困难（如"分有疑难"），但仿佛有一种看不见的力量的驱动，使得他总是并且越来越有一种将个体的实体地位转让给所谓的形式的倾向。而这形式若成为实体，则不过意味着朝向柏拉图前期的理型概念的同归罢了。这个概念的核心，便是将类概念实体化。重要的是，这种将一个类概念整个实体化的想法，与将一个类概念的外延做个体化的理解后将之设想为一个完成了的或原则上可完成的集合的想法，有一个共同的本质，那就是于其中构想了某种实无限。康德的一个其重要性绝不亚于那个广为人知的认识论上的"哥白尼革命"的贡献，就是指出了类概念与其外延的关系和空间（直观）与其部分之间的关系具有本质的区别。① 而这一限制性的要求常常为人们所遗忘的事实，正说明了我们意识中那种固有的冲动是如何地根深蒂固！

一个问题由此而产生：如果类逻辑说到底是基于这样一个关于类概念的、本身无根据的实无限的设想的，那么这种逻辑还会是有意义的吗？回答当然是肯定的。首先，类概念的产生本身是必然的，其根据正在于超绝意识的自我显现，并且是这个过程中区分性为主导时的一个结果。按照超绝发生学的第二条基本原理，这种区分性的结果总是将伴随着对称性的发生作用，而类逻辑的产生正是对称性的这种作用的一个结果。这就是为什么类逻辑中会存在着前面所指出的群的结构的原因。在构成这种群的结构的机制中存在着某种对于实无限的设想，尽管这个设想是无根据的，但它却是无害的并且有用的。这一点与数学分析中的无限小概念十分相像。后者也是无根据的，甚至可以说是悖论性的，但它却是构成微分的概念与方法所不可缺少的。这两者之间的相似并非偶然，其中有着真正的同一性，那便是试图在有限性中思索无限性。② 因为无论是个体的类属性还是对于

---

① 见《纯粹理性批判》中关于"空间概念的形而上学阐明"对空间性质的第 4 条陈述（第 29 页，A25/B40）。然而，在思考到普通逻辑的时候，康德仍然将概念的外延做了个体化的理解。只是这样一来，他便意识到了超绝逻辑与普通逻辑之间的区别，因为前者不打算像后者一样在其二值性的设定下对概念的这种个体化了的外延做出实无限的理解。这种意识使得康德否定了普通逻辑中对于直言命题的全称情况与单称情况，以及肯定情况与所谓无限情况不加区分的做法。（见《纯粹理性批判》，第 65—66 页，A71/B96—97，并参见《超绝发生学原理》第一卷，第 64—65 页）

② 这种思索因此是有效的但并非绝对有效的。这一性质的具体的、十分有意义的体现，在经验科学中是：自然科学定律是可能的而对它的确证却是不可能的；而在数学中则是：数学是可能的，但关于它的无矛盾性的绝对证明则是不可能的。前一种说法可以参见我的论文"判断力的功效——论康德对休谟问题的回答"，载《头上的星空——康德的〈纯粹理性批判〉与自然科学的哲学基础》，后一种说法直接就是对哥德尔不完备性定理 II 的转述。康德早已看到了这种"个体化"的实质："我们……把关于一切实在性的总和这个理念实体化了，这正是因为：我们把知性的经验运用的分配的统一性辩证地转变成了一个经验整体的集合的统一性"（见《纯粹理性批判》，第 465 页，A582/B610）。这个"分配的统一性"就是指类概念的外延之统一于一个类属性之下，而它之实体化（也就是我们所说的"个体化"）因此就是将这种外延设想为个体组成的集合（参见前面第 269 页的注释②）。然而康德却没有看到，这样一种作法并不仅仅意味着所谓引导范畴做系统的运用的范导性作用，它还是（如我们已经看到的）普通逻辑运算规则所以可能的根据，以及（如我们接下来马上会看到的）构成可能经验的（因果性等）诸范畴所以可能的根据。但它毕竟只是关于认知对象的一种预设，所预设的个体本身并非认知运作，无论是类逻辑规则还是范畴的运用，也无论所针对的是经验的对象（基本物质）还是——这是康德没有清楚地意识到的——数学的对象（连续的序列）所能够真正达到的。

第十六章　存在的辩证法：存在经由实存者朝向自身的返回

线段（一维空间）的分割，最终前者无法穷尽个体，后者则无法穷尽线段。其悖论性也正产生于这种情况之中。其次，无限小概念毕竟为数学分析奠定了基础。这个概念本身所蕴含的那种悖论性，仅仅表明这种奠基**绝非终极的**。同样地，类概念更是人类认知所不可缺少的基础（尽管它亦非终极的奠基者）。这不仅是因为我们例如在皮亚杰的心理学实验中可以清楚地看到类概念（以及它所具有的群集特性）是智力发展的一个必然结果，更在于它将使（语法性从而认知性）语言成为可能。而这种语言的可能性中便蕴含着（逻辑）思维的可能性，蕴含着认知的可能性（既然任何原则上可以表达的认识都将通过这种语言表达出来）。具体地说，在认知中，任何可能的对象都必须在思维和语言中被预先表示为一个概念，尽管个体——在其不存在于亚里士多德的分类系谱中的意义上——本质上是不可概念化的。这也就是为什么人们（甚至亚里士多德）往往意识不到后面这一点的原因。从这一点上说，个体乃是类逻辑和人类语言与认知的一个极限或目标。[1]我们曾指出过，在认知过程中，个体化的进展永远与群的结构的丰富相并行，因此，作为认知的一个必要前提的类概念总是——正如前面所说，作为"反题"——激发着人类认识的发展，并且这个发展的实质就是认识到更加丰富的关于对象的群的特征（对称性关系）。这是人类认知注定之命运，因为这种认识说到底乃是超绝意识自我显现之**一部**——由于反思性的出现而导致的对于绝对对称性的认知性回归。这就是说，认识的终极对象是绝对对称性，确切地说，是绝对对称性的认知性体现。因此，作为对象，那自身区分的绝对对称性必定要通过类概念加以认识。通过类概念加以认识的自身区分的绝对对称性便是个体。[2]这就是为什么个体总是充当着类概念地，或反思地认识的极限或理想的道理。这种认识是通过不断深入地（以群的形式）揭示个体间的对称关系而逐渐接近个体本身的。有必要针对这样一种动态的、发展的过程

---

[1] 当在下一节中看到"单子"（我们将这样称呼作为超绝意识自我显现的第五环节的自我）与其在认知层面上的对应——"个体"——是如何地因为它们的超绝的本源而具有的无限性时，我们将会对这一点有更深的领会。

[2] 这里所说的"个体"也就是后面一节的第二小节所说的作为实存者的个体。它是作为自我直观的单子的认知体现。因此，个体与单子都具有某种无限性，所不同的，单子的无限性乃是直观中的实无限（本原无限）而个体的无限性则只能以潜无限的方式显现，也就是如正文中接着所说的，它只能作为一种"理想"而引导着一个无限（进展）的系列。

对于作为对象的个体概念做一些区分。在认识的过程中,甚至一开始就在认知的意识中存在着某种个体性,例如感知—运动水平上的"永久客体"。但正如皮亚杰的研究所告诉我们的,这还根本不是认识的对象(客体)。作为认识的对象的个体只是作为在其意识出现了体现为类概念的形成的群集结构的认识主体的对应者出现的,这就是那个在类逻辑中被设想为个体的对象。我们知道,这个个体仅仅是被设想的。在这种被设想中,它还不是作为超绝意识自我显现的、真正的个体。这最后一种意义上的个体就是我们在后面将其称为"单子"的自我直观,它作为前一种个体的本质将永远是其极限。由此亦可以看到类概念或群集的结构是如何地作为意识的,说到底是超绝意识自我显现的,或者说理性的自我证成的反题阶段的。前面我们曾说过类逻辑对于类的个体化的实无限的理解是无根据的,但这显然是就那个作为极限的真正的无限性(作为超绝意识自我显现的自我直观)来说的,若是就类逻辑作为整个过程的反题自身存在的必然性来说,它的关于类的个体化的实无限的理解却又因为是必然的而是有根据的。因此我们甚至可以这样说:它的这个根据不是别的,正是它自身内在的悖论性。借用伽缪的句式,可以说:存在着,就是让背谬存在着。①但这终究是要被扬弃的一种存在,或者说是一种应被克服的背谬。这种克服并非在类概念中通过对于对象的群的结构的永无止境的发现来实现,而是在对于作为本源直观、自身区分着的绝对对称性的直观性回溯中,因此也就是通过自我直观而在超绝意识自身之中得到实现的。然而,由于那种西西弗式的永无止境的认知性探索本身就是超绝意识自我显现的一个环节,因此它与超绝意识的本源性以及自我直观的实在性并不矛盾。②

上面对于类概念或类逻辑,特别是它的群集特性的意义的探讨,使我们有了从超绝发生学的角度对皮亚杰的"双重构造"做出更加全面的重新诠释的可能。皮亚杰的"双重构造"中的"双重"指的是从主体的活动中通过所谓反思抽象获得逻辑—数理图式和从客体的关系中抽象出物理

---

① 伽缪的原话是"Vivre, c'est faire vivre l'absurde"(生活着,便是让背谬活着)。见 A. Camus, *Le Mythe de Sisyphe*, Paris: France Loisirs, 1989, p. 60。

② 只要我们意识到毕竟作为反题的无限探索是在时间性之中的,而超绝意识乃至自我直观并无任何时间性,就不难在理解上消除这个表达中看似存在的(时间上的)有限与无限的矛盾了。

图式的过程。他说，"从一开始我们就能区别出从客体做出抽象的物理经验，和从主体活动间的协调做出反思抽象的逻辑—数理经验"①。皮亚杰将逻辑和数学的结构——虽然不很明确地——归结到了逻辑—数理图式上。只是对于数学他多少还有些保留，例如他提到空间运作，并以为几何学因此既来自于反思抽象，亦有"从经验和物质的抽象"。②我们曾指出过，皮亚杰的这种含糊是由于他未能将感性材料的发生纳入其双重构造理论之中（这一点其实几乎可以说是至今一切哲学系统的共同缺憾）所致。

从超绝发生学来看，基于上面的讨论，一切应该是清楚的。群集与群是超乎于数学结构和物理结构之上的发生学标志。确切地说，它们是超绝意识中两个对立的因素——区分性与对称性——之间的对立统一体现在自我环节上诸直观性意向对象发展过程中的两个子环节。群集是这一发展并不充分的形态，群则是这一发展的充分形态。在群集中，区分性处于主导地位，在群中，则是对称性做主导。既然这是超绝意识中普遍存在的区分性与对称性的对立统一在意向性乃至反思性意识中的体现（这一对立的消解则是这种意识的终极理想），则在这种意识发生作用的一切领域，都将存在着经由群集到群的发展，也就是说，存在着通过区分性到对称性的发展。就超绝意识自我显现的进程来说，群集与群的这种"动态关系"首先呈现于那些直观性意向对象的形成之中。例如，在涉及逻辑直观的发展中，我们看到的是从群集性的类概念到诸如具有群的特性的命题演算这类结构的发展，并且这一发展在总体上以群集性的类结构所体现的区分性为主导。这是因为逻辑直观所由以产生的逻辑元素是形式中的运作元对于质料中的感觉元的作用的结果，换言之，它是作为统一体的动觉的两个片面之间的相互作用中运作性占主动一方的结果。与之相应地，在涉及数学直观的发展中，我们也一样地可以看到从群集到群的结构的发展，这一过程已经被皮亚杰所揭示（数的概念本身的形成便是如此）。只是在这里，群的特性所体现的对称性是主导的。这是因为数学直观所由以发生的数学元素源于形式中的运作元对于质料中的动觉的作用。由于这里有一方是动觉，所以本源地相关于源初的统一体，从而必定体现出以对称性为主导。

---

① 《发生认识论原理》，第74页。

② 同上书，第84页。

规律直观的情况与数学直观是相似的。以上的例子都是形式方面的，在另一方面，也就是质料方面，相似地，在感觉直观中区分性是占主导地位的，而时空直观中占主导地位的却是对称性。物质直观则与时空直观相似。这些特点的根据与我们分析属于形式方面的那些直观性意向对象时所看到的乃是相似的，即在于它们所由以产生的相应动体元素本身的来源上。

现在，我们进一步具体地考察一下除已经分析过的逻辑直观外另一些直观性意向对象构成的机制。首先看看数学直观的情况如何。当由皮亚诺公理生成的自然数被理解为整个数学的基础的时候，这个公理系统中的第五公理，即数学归纳法就成了数学本质的体现。那么，数学归纳法的本质又是什么呢？按照彭加勒看法，它是一种对于无限性的直观，因为"它包含了可说是被浓缩在一个单一的公式中的无限多的三段论式"。① 这显然属于对于某种同质性的无限性直观。如果我们站在一种确切地说是本原无限的——这样或许就不会与彭加勒的观点相冲突——实无限的立场上，那么就可以认为这种无限性与连续性之间存在着等价性。② 于是，这样一

---

① 见 H. Poincaré, *La Science et l'Hypothèse*, Editions de la Bohème, 1992, pp. 26—27。彭加勒这样认为，因为在他看来，数学归纳法就意味着如下无数个三段论式的叠加：

定理对数 1 为真。
而若它对 1 为真，则它对 2 亦为真。
故它对 2 为真。
而若它对 2 为真，则它对 3 亦为真。
故它对 3 为真，如此以至无穷。

(Ibid., p. 27)

② 虽然彭加勒说过"**不存在实无限**"（*Science et Méthode*, Paris: Flammarion, 1909, p. 212），但他却主张前面注释中的那种无限叠加的能力在于我们的精神具有一种"直接的直观"。这使得他的立场与康德的十分相像，即拒斥那种对于分析来说的实无限，但却承认一种其实是本原无限的直观。这种立场在康德的如下话语中表达出来："虽然所有的部分都被包含在整体的直观中了，然而**并不是全部分割都被包含于其中**"（《纯粹理性批判》，第 427，A524/B552；这句话的确切含义，可参见我的论文"彭加勒和康德的空间意识学说之比较"和"直观的意义——康德《纯粹理性批判》B160—161 注释辨微"）。由于康德的这句话所针对的体现了本原无限的例子恰恰是空间性的（其"整体的直观"作为本原无限与作为潜无限的"全部分割"相对），所以已经认可了直观的（实）无限性、无限可分性与连续性之间的等价："这个无限的分割只是表明现象是 quantum continuum［连续的量］"（同上书，第 429 页，A527/B555）。在这个意义上，本原无限的空间，即康德的"充满的"空间是不可分（尽）的，虽然它"包含了无限可分性的根据"（同上）。

种直观也就与空间直观有着内在的同一性了。如果考虑到皮亚诺公理中的另一条关于"后继"的公理（数学归纳法中也已经包含了这个"后继"概念），并且相信这条公理代表的是一个与时间性（不可逆性）相同的直观，那么自然数（的直观）便可被理解为空间直观和时间直观的一个综合性的结果。我们曾经说过，类概念是体现于广延的区分性的结果，序列关系则是区分性体现于绵延的结果，而皮亚杰恰恰发现了数乃是类与序列关系的一个综合。这一现象显然是与我们对于自然数之作为空间直观与时间直观的综合的想法相符合的。[①]当然，从超绝发生学的角度看，数的概念尽管看上去出自于类与序列关系的综合，但它（存在于数学元素中）的本质却是比类与序列更加本源的。就此来说，类与序列反倒是产生于它的这个本质的分化（或者说，片面化）。这样，我们在类与序列本身之中仅仅发现了群集的特性但在数学中却看到，无论是数的关系还是图形的关系中都存在着种种群的特性就不奇怪了，既然群的形成的本源动机就是（绝对）对称性对于区分性的克服。[②]由此我们便相信，数学归纳法最直接地体现了那个由数学元素通过自觉而产生的**数学直观**；相反，**逻辑直观**（类与序列）作为广延与绵延的区分性体现，则以离散的方式基于空间直观与时间直观的分割。另外，借助于连续性的本质，几何学可以对应于算术（或不如说代数），这种对应的直接根据已经包含在了数学直观与**时空直观**之同属于形式中的运作元与质料中的动觉的相互作用的结果这一事实之中了。

皮亚杰对他的儿童心理学实验所显示出的人类个体思维能力的发展过程所做的解释，肯定了在双重构造中，属于物理图式的守恒性、因果性等与逻辑—数理图式的发展之间的平行性。这个结论显然与我们的超绝意识自我显现的逻辑进程中自我环节上属于质料方面的直观性意向对象与前面已经讨论过的属于形式方面的诸直观性意向对象在形成上的对应关系相一致。在自我的质料方面，有三种直观性意向对象，即感觉直观、时空直观和物质直观。前面我们已经因为与数学直观之间在构成上的密切关系而涉及到时空直观。因此这里只讨论感觉直观和物质直观，同时，基于与将时空直观与逻辑直观两者和数学直观放在一起讨论同样

---

① 这种想法可以追溯到康德，同时可参见本书节 70 页注释③。
② 关于群乃是数学对象的基本结构，可参见本书第十四章中的有关论述。

的原因，我们还将在此讨论本身属于形式方面的规律直观。如果说数学直观与时空直观在构成上的那种密切关系使得自然或经验世界注定是一个可数学化的世界①，那么，规律直观作为一种认知性运作直观，则由于它与物质直观的类似的密切关系而将在质料方面的诸直观性意向对象成为认知性运作的对象的情况下，使得感觉直观、时空直观和物质直观通过对称性本质的显现而认知地关联起来。规律直观在种类上并非如康德的"范畴表"所宣称的那样多达十二种。真正的规律直观只有两个，即对象性②和因果性。这两种规律直观由于其本质，既体现了对于对称性的追求，又是这一追求的结果。在自我的质料方面，感觉直观必定与时空直观结合为现象并如康德所认为的那样分别充当现象的内容与形式。然而现象以及现象之间的联系却最终根据于物质直观，也就是说，在认知层面上，物质直观实际上充当了康德的自在之物与合目的性的角色。规律直观的作用，正在于实现现象与其相互联系的最终根据之间的关联。为此，规律直观将在认知过程或作为认知对象的自然的构成中成为从知觉（现象）到基本物质的溯因推理的概念基础。溯因推理在这种情况下的实施仅仅需要两种康德意义上的范畴，即对象性范畴和因果性范畴。前者确定溯因的对象，后者确定在溯因中对象之间的联系，即因果联系。皮亚杰曾看到了这种对象性范畴与因果性范畴在守恒概念的建立和从所谓前因果性到物理因果性概念的发展中是如何地与具有群集乃至群的特性的那些运作（例如可逆运作等）的形成有着直接的关系的，但他并未能发现这两种范畴自身分别蕴含着群的结构。然而我们却看到这种结构确实存在，并且它们的存在本身具有极为深刻的含义。

首先让我们来看因果性范畴。依照这个范畴的定义，即宇宙中任何事件均有其原因，设所有处于因果关系中的事件构成集合 E，则 E 对于因果

---

① 有趣的是，两位分别在国际数学和物理学界享有盛誉的华裔学者陈省身和杨振宁曾以规范场理论就是纤维丛理论的一种运用这个事实为例讨论过数学与物理学之间的这种关系的根据问题，他们给出了一个听起来很中国化的回答：本该如此。

② 这个概念大致相当于康德的实体范畴。但这里必须意识到，康德的这种实体概念与他以前的哲学家，例如亚里士多德、笛卡尔等等的实体概念是有所差别的。康德以前的实体概念强调的是实体的终极的原因性，而康德的实体概念则强调了实体的实在性或实存性。我们以"对象性"取代"实体性"作为相应范畴的名称，亦与此事实有关。关于本书中对于"实体"一词的使用等，参见本书的第 314 页的注释①。

关系（以→表示）成群：

1) 如果 $a \in E$，$b \in E$，则 $a \to b = c \in E$；
2) 如果 $a, b, c \in E$，则 $(a \to b) \to c = a \to (b \to c)$；
3) 存在 $D \in E$，使得对任意 $x \in E$，恒有 $D \to x = x \to D = x$；
4) 对任意 $x \in E$，总有 $-x \in E$，使 $x \to -x = -x \to x = D$。

"1)"中 c 作为一个因果关联的现象，其本身亦为一个处于因果关系中的事件，或者说，亦有其原因，这一性质恰恰规定了**溯因推理的合理性**，即因果性的层次性。[①]这种层次性构成了现象世界的解释关系的基础，即以深层的因果关系来解释表层的因果关系。"2)"表明了因果关系的传递性或连锁性，即"因果链"的存在。[②]"3)"所表达的性质极为重要：D 即"始基"，古希腊之后的那些古典哲学家则大都称其为"**上帝**"，也就是超绝发生学中的"超绝意识"。在 E 中，唯有 D 是一切事件的原因，同时又被**任一**事件证明其存在。显然，这个性质表达了莱布尼茨的单子论（有趣的是，D 被称作"单位元"）并体现了某种**全息性**。同时，D 作为 E 的元素，还将是自己的原因（因为有 $D \to D = D \to D = D$）。特别地，这些都表明，D 就是 E。这里显示出的特征说到底体现的是一种超绝性质，因为它们意味着本体与现象之间层次区分的取消，从而使本身具有不可穷尽的元素的 E 达到了最大的完备性！这作为一种超绝性质，无疑隐含着一种本原无限性的观念。最后，"4)"中的 $-x$ 意味着**反世界**的存在。在这里 x 与 $-x$ 并不是一对矛盾，但它们的因果关联对于适用于类逻辑的分析来说是不确定的。我们还不能够断

---

① 在《头上的星空：康德〈纯粹理性批判〉与自然科学的哲学基础》的第三部分第六章中，我曾将康德关于因果性范畴在判断中的作用的例子扩充为一个关于溯因推理的例子。这个例子能够很好地说明这个与因果性相关的群的第一条性质：a（阳光照射石头），b（石头发热），则 c（阳光使石头发热）；而 c 本身也是一个需要被因果地说明的事件。如此可以不断地追溯下去。（见该书第 293 页）

② 这一性质也可表述为，因果作用有时间性，但因果关联（因果解释）没有时间性。这种关系也许体现了某种更为深刻的东西：时间性与因果作用同源于区分性，而因果性范畴本身则意味着对于这种时间性的克服（设想一个由因果必然性规定了的宇宙的整体，它必将在本质上是无时间的），从而体现了对称性。

定像"波粒二象性"或海森伯的不确定性关系这样一类东西是否就是这种不确定性的表现,但可以明确的是,这种因果性的不确定即是一种"**两间性**"①,显然,具有这种两间性的正是 D 或作为整体的 E 本身。② E 因此就是组成为自然或康德所谓"可能经验的总体"的、由因果关系连接起来的"事件"集合。这个集合具有群的特性这一事实,首先当然表明了因果关系对于这个集合的不可穷尽的事件中任一事件的普遍有效性。然而这种普遍有效性的前提却是这个集合是一个完备的整体。这种完备性并不需要承认一种对于分析来说的实无限,但却必须承认超绝意义上的本原无限。这是 E 所以能够具有群的特性的原因,因此也是因果性范畴(在康德的意义上)的客观性的关键性条件——即存在作为 E 的元素(同时又是 E 本身)的 D——这一事实的固有含义。③

其次,我们再看对象性范畴。这个范畴所意指的对象一般可以理解为亚里士多德分类系谱所预设的个体。因此,系谱中的元素也都是它的属性。现在要考虑的则是这些(本质上无限多的)"属性"的集合关于组合运作(以"。"表示),即它们之间的两两结合——这种运作显然是"属性—个体"图式的基本关系——是否构成一个群。这样一个群确实存在:

1) 如果 $a \in E$, $b \in E$, 则 $a \circ b = c \in E$;
2) 如果 $a, b, c \in E$, 则 $(a \circ b) \circ c = a \circ (b \circ c)$;
3) 存在 $D \in E$, 使得对任意 $x \in E$, 恒有 $D \circ x = x \circ D = x$;

---

① "两间性"这个术语是我们对梅洛—庞蒂的 embiguïté 的翻译。它所意指的东西在我们看来与前面多次提到的胡塞尔的"奇特的两间统一性"的意指属同一类。正如正文中紧接着要指出的,这种两间性保证了 E 具有一种"本原无限性"。关于这一点,可参见《超绝发生学原理》第一卷,第 118 页。那里写道:"无限性存在本身——我们或许应该称它为'**本原的无限性**',以别于人类认识中的实无限与潜无限这一对矛盾的表象——对于有限性的人类知识来说,只是具有某种无法克服的不确定性。"

② 两间性的存在表明这样一个因果关联的整体(E)意味着其自身的本源性存在于动体乃至动觉那里,甚至因此追溯到超绝意识本身。D 就是这样的本源。可见这一特点同样表明了 E 作为整体的超绝性(超越物的内化之系统性)。

③ 这也就是为什么导致现象与本体的严格区分的康德的超绝演绎无法实现其对于像因果性范畴这样的验前综合判断自身如何是可能的,也就是它们对于现象的运用的如何可能是有效的证明的原因之所在,既然这一事实意味着对于现象与本体之间的鸿沟的跨越。

4）对任意 $x \in E$，总有 $-x \in E$，使 $x \circ -x = -x \circ x = D$。

其中前面两条不必再加说明，因为它们是显而易见的。"3)"中的 D 乃是个体。这一点十分关键：本来我们已经表明，仅仅亚里士多德分类系谱中的类（属性）是不构成群的，同时个体也不存在于这个系谱之内。这种说法的依据只在于这样一个个体必定是由无限多的属性通过实行运作"。"的结果，而这意味着一种不可能实现的实无限。但如果我们承认这样一种实无限，也就是承认这样一个个体之可由无限的属性结合而成，即承认这样一个（个体）对象的实在性，则按照"1)"，它也将是 E 中的一个元素，即 D。这时，如果我们对类概念做外延的理解，则一个个体不过是其任何一个属性所规定的概念的外延，由此有"3)"中的"对任意 $x \in E$，恒有 $D \circ x = x \circ D = x$"之说。①在这一思路中，存在着对于亚里士多德分类系谱的同时从内涵的角度与外延的角度的理解。这种做法其实不过是重复了费希特用以达到自我的"可有量性"的"最高的综合"罢了。②"4)"意味着这样一个个体 D 如果真可以实现的话，则它必定（在认知意义上）具有矛盾性。这其实正是康德的"超绝辩证论"思想的一个体现，即如果构想一种实无限，则其中必可引出二律背反。这一点的深刻性在于它揭示了：对于个体的任何类概念的理解都不可能达到其完备性，但正是这样一种个体当它被如此地理解的时候，将体现出某种本质的对称性（即与上面看到的群相关）。换言之，这种对称性正是对由类概念（的理解）所体现的区分性的代偿。由此比照前面关于因果性范畴的群特性中引入元素 D 的情况，可见在这里与那里 D 所代表的东西看起来虽然并不一样，但它们在超绝发生学或不如说超绝意识自我显现的逻辑进程中却有着同样的意义，即以其为分析所无法穷尽的本原无限性分别成为两种情况下超绝意识或自身区分着的绝对对称性的具

---

① 这里运用了类概念的群集特性，即"特异的同一性"。
② 参见《超绝发生学原理》第一卷，第 195—205 页。这种本质上是预设了一种实无限的做法固然是"不合法的"，但却如我们在前面分析类逻辑中群的性质的构成中针对类似的做法所表明的那样是"无害的"。更为重要的是，这种情况恰恰表明了一种认知性的区分结果（如类概念或亚里士多德的分类系谱）是如何在深刻处为本源的对称性所制约的。

体体现。①

　　通过以上的分析，我们最终看清了在超绝意识自我显现的第四至第五环节之间构成自我的那些分属于形式和质料方面的诸直观性意向对象的动体自觉的机制。这一机制根源于超绝意识中区分性与对称性的对立统一，起始于动体中形式与质料相互作用的产物（动体的诸元素），体现于群集结构朝向群的结构的转变，由此获得了自我直观中形式方面的逻辑直观、数学直观和规律直观，以及质料方面的感觉直观、时空直观和物质直观。在形式方面，逻辑直观主要地由区分性所主导，充当了基于诸直观性意向对象的认知性活动中区分性的直接根据。这一根据通过语法性语言而形成了普遍的认知进展的反题因素。数学直观则因为其中对称性的主导而成为正题因素。规律直观是实现此两者的关联，也就是从反题到正题的进展（确切地说是向正题的回归，即成为合题）的中介。这三种直观性意向对象一同构成了自我的认知性运作直观，它们比当年康德所揭示的知性结构更要精细和全面。它不仅包含了康德未能揭示的普通逻辑的根据，而且修正了康德仅仅通过与普通逻辑中判断类型的类比，从而在并不知其根据的情况下得到的"范畴表"。具体地说，尽管康德通过在所谓"判断的量"中加入了"单称判断"的类型，这意味着一种量的理解②，但普通逻辑既然建立在类概念的基础上，它就不可能有本来意义上的"量"（数量），也就是说，"全称"、"特称"并不是（数）量，而是类。（无论是广延的还是强度的）量的概念实际上来源于数学直观。因此它本身并不属于范畴或规律直观。同时，必然性等模态概念毕竟可以归化到对象性与因果性

---

① 我们在前面看到过命题联结关系所构成的四元群。其实，皮亚杰曾赋予了这个群更为广泛的意义。例如他曾试图说明在比例观念、双参照系、概率演算、对流体静力学平衡的理解中，以及在更一般的科学思维的假说—演绎模式中，都存在着这种群的结构。现在我们在对象性范畴和因果性范畴中看到的群的特性，甚至比那些群结构的存在更能反映出群结构的深藏在超绝意识中的根源。另外，正如我们在正文与注释中从不同角度所表明的，以上所讨论的涉及逻辑、数学和范畴的群的构成的一个共同特征，便是对于个体的预设。换言之，是类的个体化才使得类概念的构成物，也就是一般语言中的主词与谓词及其关系（类逻辑）以及使它们在经验中的运用成为可能的对象性、因果性范畴，能够成群。但个体恰恰是类概念所无法穷尽的，这说到底是表达了对于区分来说绝对对称性的无法穷尽性。

② 参见《超绝发生学原理》（第一卷），第64—65页。康德这种对古典逻辑的修正的理由在于他对一个概念相应的负概念采取了潜无限的态度，而这就蕴含了将外延个体化从而量化的意味。

第十六章　存在的辩证法：存在经由实存者朝向自身的返回

的概念中去。所以真正属于规律直观的，只有对象性与因果性两种。在质料方面，感觉直观为区分性所主导，而时空直观则为对称性所主导，因此从反题朝向正题的回归就是感性材料的时空化（这在物理学中常常被称为几何学化）。实现这种转化的中介便是物质直观。也就是说，通过对于物质本质的探求，感性材料终将还原到时空图景或结构上去。有趣的是，这种还原必定是以溯因推理的方式进行的。[①]而溯因推理的直接根据，正如刚才指出的，则在于规律直观，这是因为规律直观与物质直观两者在它们所由以产生的形式与质料的相互作用的内容上是相同的，即它们都是形式中的动觉与质料中的感觉元相互作用的结果。同样地，在前面说到的从逻辑直观到数学直观的进展中，虽有规律直观的中介作用，但也还是要借助时空直观（其实是连续性因素的作用）才能实现。这种情况的发生，是因为数学直观与时空直观两者所由以产生的是同样的相互作用着的形式与质料，即它们都是形式中的运作元与质料中的动觉之间相互作用的结果。显然，这不过是再一次确认了由图15—3—2所表示的诸直观性意向对象之间的那种关系罢了。这个关系源于诸直观性意向对象本身固有的性质，它们决定了超绝意识自我显现中接下来从自我环节到世界环节的进程中的认知活动。我们曾经说过，这种活动并非是在自我已经通过自觉完全构成之后接着开始的，相反，皮亚杰的研究告诉我们，它其实是从自我构成进程的一开始便存在了的。也就是说，在自我被构成的过程中，认知活动也就**相应地**展开了。对于构成了的（成熟的）自我来说，这种认知所构成的是整个可能的形式世界和质料世界。这两个世界的构成，乃是自我中的诸直观性意向对象相互作用的结果。例如数学对象，它是逻辑直观所规定的类概念形式（包括逻辑推理关系或类逻辑）对于数学直观所进行的认知性运作的结果。在这一结果中，我们可以看到从算术运算的构成到微分方程体系等一系列成就。特别地，由于这一认识领域定位于其上的数学直观的来源，即数学元素与时空元素，在发生学上是成对的，所以在数学知识中纳入了几何学这样的内容就不应是让人惊奇的事情了：伴随着时

---

① 参见《头上的星空——康德〈纯粹理性批判〉与自然科学的哲学基础》的第三部分，第五章"笛卡尔'普遍数学'的方法论意义初探"和第六章"溯因推理：笛卡尔、康德和皮尔士"。笛卡尔早年的未能实现的"普遍数学"本质上正是一个通过溯因推理将感性材料还原到时空几何上去的纲领。

空直观作为（类的思维的）认知对象而产生的量化空间，几何学便产生了。它与算术的统一性正在于它们的本源中的那个与形式中的运作元相互作用的质料中的动觉。再如自然界（物理学对象），它是规律直观作用于感觉直观，并在物质直观的中介之下达到时空化或几何学化的系统性结果。在这一结果形成的过程中，显然，认知地形成的逻辑与数学也会起到相应的作用。所有这些认知层面上的成就，我们将在下小一节进一步加以论述。

二　世界图景的起源、构成及其演化的辩证法

在动体通过自觉得到的自我直观中，属于形式方面的直观性意向对象（认知性运作直观）便与属于质料方面的直观性意向对象发生相互作用。这种作用被称为认知或认知活动。其结果是构成了世界图景，或称"世界"。正如前面已经指出的，这样一种构成几乎可说是与自我直观中那些直观性意向对象自身的构成同步的。因此，这个世界图景在其构成中必将显现出一种变化，也就是说，随着自我直观的构成，世界图景也在不断地改变着。皮亚杰的"双重构造"所刻画的进展涉及到了这种变化的几个平行的方面，其中最基础的是上一小节中所揭示的诸直观性意向对象自身的构成（它原则地而非具体地或确切地对应于皮亚杰所说的诸图式的"构造"）。这种构成呈现出一种分化，即属于形式方面的直观性意向对象和属于质料方面的直观性意向对象彼此的分化（这并不完全地相当于皮亚杰所说的逻辑—数理图式与物理图式的分化）。与此进展和分化相平行的，就是形式与内容、数学对象与物理对象、主体与客体等等的构成与分化。形式与内容的分化主要是指认知活动随着相关的直观性意向对象自身的发展而越来越能够摆脱具体的、形象的、知觉的内容，例如有了并不考虑命题的具体内容的纯粹的命题演算的能力，以及能够脱离当下知觉情境的假说—演绎的思维能力。显然，这一进展或分化与作为直观性意向对象的逻辑直观、数学直观和规律直观等自身的发展是平行的。这种发展自然也会导致数学对象与物理对象的构成与分化，实际上，这种分化本身就曾被皮亚杰看作是形式与内容的分化的一种基本的体现。然而，作为与直观性意向对象的构成相伴生的进展与分化的最为重要的结果，则是主体与客体的形成与分化。可以说，这种分化意味着在认知层面上，也就是在所构成的**世界**图景中，与**自我**直观之包含着形式与质料两个方面相对应，存在着主体与客体两个方面。

由此可见，皮亚杰所概括的获得了其心理学实验支持的从所谓感知—运动水平到符号化水平的四个阶段的个体心理发展所体现的，其实正是超绝意识自我显现从**尚未自觉的**动体到因其自觉而有自我直观从而由此直观中诸直观性意向对象的相互作用形成一个主客体对立的世界图景的过程。由于前面已经指出的皮亚杰理论自身的缺陷，这种理论虽然描述了主客体的这种形成过程并部分地揭示了它的机制，但却无法使皮亚杰在主客体的——按照他的说法——"构造"问题上指上备的认识论，因为他关于这主客体的形成的理论必须以主客体的**既在**为前提。与之相反，超绝发生学则能够给出一个关于主体与客体是如何由于那个本源的明见性，即自身区分着的绝对对称性，也就是超绝意识而产生的完备的说明。

上一小节揭示了自我直观中分别属于形式方面与质料方面的诸直观性意向对象构成的机制。既然世界图景就是由这些直观性意向对象之间的相互作用所构成的，则这些直观性意向对象之间由于其自身（在动体中）的来源，也就是由形式与质料的相互作用而规定了的相互关系无疑对于这一图景的构成有着决定性的意义。在上一小节的最后，我们曾根据诸直观性意向对象的这种来源指明了这些意向对象在世界图景的构成中的基本作用，现在，我们将以同样的方式对这些直观性意向对象的这种作用做出进一步的分析。

首先，在第 261 页上列出的超绝意识自我显现中形式与质料的相互作用的四组不同的情况中，第四组由于是形式中的动觉与质料中的动觉的相互作用，没有产生任何特异性的动体元素而仅仅表达了动体中诸元素，或者不如说由动体的自觉所得到的自我中属于形式方面和属于质料方面的诸直观性意向对象之间相互作用的动机。但这却有着特殊的意义，这是因为，在这种纯粹由形式中与质料中的动觉的相互作用所产生的主动感与被动感之间存在着一种此消彼长的关系，正如"主动—被动感"这个表达所暗示的那样。这看起来似乎违背了绝对对称性，但实际上，正如我们在下一节将会看到的，情况并非如此，因为这种看似对于绝对对称性的违背将由于自我的复多性的存在而消除。[1]其次，如果说第四组中形式与质料中相互作用者有着最大的相似，那么在第一组中，形式与质料中的相互作

---

[1] 见本书的第 305 页及其后的几页。

用者就有着最大的差异，这是"形式中的运作元对于质料中的感觉元发生作用"与"质料中的感觉元对于形式中的运作元发生作用"。因此这一相互作用的产物，逻辑元素从而逻辑直观和感觉元素从而感觉直观，最能代表超绝意识自我显现中区分性与对称性的对立统一中的区分性。它们以这种区分性的身份分别作为类概念和感性材料引出对称性的作用，并因此分别充当了遵守类逻辑法则的语法性语言的出发点和构成物理对象的诸种运作（即康德所谓的超绝综合）的初始材料或对象。接下来是第二组与第三组形式与质料的相互作用，即"形式中的运作元对于质料中的动觉发生作用"（产生数学元素从而数学直观）和"质料中的动觉对于形式中的运作元发生作用"（产生时空元素从而时空直观）；"形式中的动觉对于质料中的感觉元发生作用"（产生规律元素从而规律直观）和"质料中的感觉元对于形式中的动觉发生作用"（产生物质元素从而物质直观）。在这两组相互作用中，形式作用于质料和质料作用于形式这两种情况中的共同成分要多于第一组。因此在这里作为产物的数学直观与时空直观，以及规律直观与物质直观更多地代表着对称性并实际地在认知层面上作为对于类概念和感性材料的综合因素而在语言与物理对象、数学对象的构成中起作用。并且由于规律直观与物质直观，数学直观与时空直观分别是同一组相互作用的产物，在认知活动中，规律直观将为理解物质直观而起作用，数学直观则只有在时空直观中才能得到理解。

以上对于将在认知层面上构成世界图景的诸直观性意向对象的性质基于它们在形式与质料的相互作用中的产生所做的分析，是依照每一组中产物之由形式与质料中的两个成分（对于形式是动觉与运作元，对于质料则是动觉与感觉元）**分别**为相互作用的作用者时的情况加以罗列的，如第一组分别是形式中的成分为主动产生逻辑元素从而逻辑直观和质料中的成分为主动产生感觉元素从而感觉直观的情况。现在，如果我们将除第四组外的三组各组的形式与质料的相互作用中同是形式中的成分（动觉或运作元）为作用者或同是质料中的成分（动觉或感觉元）为作用者的情况分别两两地罗列在一起，则有：逻辑元素从而逻辑直观与规律元素从而规律直观（这是形式中的运作元与形式中的动觉分别为作用者的情况），规律元素从而规律直观与数学元素从而数学直观（这是形式中的动觉与形式中的运作元分别为作用者的情况），逻辑元素从而逻辑直观与数学元素从而数学直观（这是形式中运作元为作用者的情况）；以及，感觉元素从而感觉直观与物质元素从而物质直观（这是质料中感觉元为作用者的情况），物质元素从而物质直观与时空元素从而时空直观（这是质料中的动觉与质料中的感觉元分别为作用者的情况），感觉元素从而感觉直观与时空元素从而时空直观（这是质料中的感觉元与质料中的动觉分别为作用者的情况）。诸直观性意向对象的这些基于它们产生的根据的关联在认知活动中的意义分别是：逻辑与范畴（对象性与因果性）一起使判断成为可能，数学对于物理科学的可运用性，逻辑是数学的表达方式；以及，物质最终呈现为感觉或知觉片断（即物理科学本来就是就感觉或知觉片断而对于物质的溯因），空间与时间必然是物质的变化的基本方式，空间与时间也必然是感觉或知觉片断存在于其中的形式。至于第四组，其产物主动感与被动感由于在形式与质料相互作用中分别作为作用者与被作用者的均为动觉，因此在根源上必定比其他各组的产物更具本源性，并且由于这种主动感与被动感之间具有前面曾提到的那种特殊的相关性，因此它们与其他各组的产物分别以这样的方式直接地关联着，即这些产物在认知活动中（也就是在它们的相互作用中）总是伴随着主动—被动感的。

上面的分析使我们看到了自我直观中分别属于形式方面与质料方面的诸直观性意向对象在其认知活动中将表现出的种种性质的发生学根据。正是由于这些性质，它们将构成一个以主体和客体的存在及相互对立为主要特征的世界图景。这一构成论的关系无疑正是康德企图在其《纯粹理性批判》和胡塞尔企图在其《纯粹现象学和现象学哲学的观念》中以不同的，然而同样是超绝的策略加以阐明的。

我们对于属于形式方面的那些直观性意向对象的揭示，实际上就是对于康德的作为知性能力或功能的验前知识的本质的揭示。通过这一揭示，范畴不再是仅仅根据与改造了的亚里士多德判断逻辑的一个类比而得到确定的。正如当年康德指出亚里士多德的范畴是根据不足的一种拼凑的结果，与我们对范畴——不同于康德，我们视它们为一种直观——形成的根据之揭示相比，康德对于范畴的确定同样是根据不足的。按照上一小节的分析，范畴或规律直观的形成与类逻辑的形成的根据都在于那个本身体现了区分性与对称性的对立统一的群集与群的结构形成，而这正是范畴与类逻辑之间的类比关系所以存在的真正原因。这个原因显然是康德未能看到的。①进一步，如果说我们已经将康德所说的知性范畴归结为属于形式方面的诸直观性意向对象（认知性运作直观），那么就不难理解，康德所说的感性的现象便可归结于属于质料方面的诸直观性意向对象。康德在《纯粹理性批判》的"超绝感性论"中提出了这样的看法："某物"——我们知道它其实就是所谓"自在之物"——"激动"我们的感官而产生了感觉，这感觉与我们的感官所固有的直观形式，即空间与时间结合为现象。然而除了对于作为感官形式的时空直观的验前性之外，康德对于这里的"某物"以及它对于感官的"激动"，乃至感觉与时空直观的相互结合如何可能，都没有任何进一步的论述。我们曾在《超绝发生学原理》第一卷中将这种情况称为"康德的'超绝感性论'中超绝演绎的缺失"。现在我们知道，感觉（或感觉直观）与时空直观作为属于质料方面的直观性意向对象，其存在于形式与质料相互作用中的根源决定了它们在认知层面上必然有这样一种关联，即我们刚才所说的感觉或知觉片断必然存在于时空形式之中，以至于分别成为康德所谓现象的"质料"与"形式"；而现象之源于"某物"的"激动"，则是对物质直观的题中应有之义的一种粗俗的表述或比喻，既然现象之为以时空为形式的感性材料，它的最终根据必定通过对于物质的本质的溯因而得到揭示。②由此可见，《纯粹理性批判》中的"超绝感性论"所探求的，其实正应该是质料方面的直观性意向对象的认知意义。

超绝发生学之所以能够这样地揭示康德的纯粹知性概念或范畴和感性直观形式的实质，显然是由于超绝意识自我显现中的那个动体之由形式与质料的相互作用而构成的机制，更确切地说，在于这种相互作用正是被康德认为是为认识所不可缺少的验前的知性与感性能力的真正来源，而它作为来源本身的根据，则又在于那个本源明见的超绝意识之中。正因为如此，它对于康德诸验前认知能力的本质的揭示必定伴随着对于康德关于这些认知能力的合法性的论证——超绝演绎——的那些深刻的困难的克服，

---

① 关于康德如何在其范畴的"形而上学演绎"中借助类比确定范畴的种类以及这种做法的不足，见《超绝发生学原理》（第一卷）的第四章第三节"判断逻辑与康德的形而上学演绎"。

② 物质直观与自在之物（对于感官）的"激动"这一观念之间的对应，表明了《纯粹理性批判》中"超绝感性论"与"超绝辩证论"的某种康德自己并未觉察的关联。如果我们注意到物质直观在所说的溯因中必定具有康德所说"范导性"作用，也就是反思的判断力的功能，则这一点就更加明显了。

例如刚刚提到的对于"超绝感性论"中超绝演绎的缺失的弥补。这可以理解为超绝发生学较之于康德的"从中途开始的"超绝哲学的一种优越性,这种优越性的实质在于,自我显现着的超绝意识正是康德多少曾设想过但从未认清的那个感性与知性的"共同根基"[①]。

这一结果无疑具有十分重要的、根本性的意义。只要我们想到如下之点,就不难对此有所体会:康德在构建其批判哲学系统时所遇到的那些困难,说到底就在于本来属于他的一项成就的、早在《纯粹理性批判》诞生十年前的《就职论文》中就已经做出了的对于感性与知性的区分。这种区分为《纯粹理性批判》,特别是作为它的核心内容的超绝演绎指定了目标,即揭示纯粹的知性概念(范畴)是如何可能有效地运用于与之有着不同来源的感性的现象上,首先是运用于与之属于不同种类的认识功能的感性形式之上的。但这却成了康德在其体系中无法实现的任务,而其所以如此,就是因为这个体系无法对感性与知性的那个"共同根基"有所明示。作为这样一个"共同根基"的超绝意识,因为它在超绝发生学逻辑中的本源地位,也因为这一逻辑不是别的正是它的自身显现,而这一显现恰恰包含了包括康德所确认的感性与知性的区分在内的诸多二分法结果(除了感性与知性的二分法之外,还有心灵与身体、主体与客体等等二分法)在认知层面上的呈现,自然是克服这些二分状态的唯一可能之所在。换言之,对于这些二分状态的消解,使在些状态中对立着的双方得以统一,这都意味着回溯到它们由以产生的那个本源或本源的明见性,即回溯到超绝意识本身。超绝发生学对于超绝意识自身显现的逻辑的揭示已经清楚地表明了这一点,清楚地表明了那些对立的双方是如何因为它们的共同的根基或起源而必然地能够统一起来——例如前面指明过的蕴涵着康德意义上的感性与知性的对立的那些直观性意向对象如何因为它们在动体中的起源而必定能够相互作用、相互结合的——从而扬弃双方的对立的。

下面一个事实也许更能显示出超绝发生学因为它对于"共同根基"的揭示而具有的重要意义。这个事实就是,当代法国现象学家们,特别是梅洛—庞蒂和亨利(M. Henry),在承接了他们的德国老师(特别是胡塞尔、海德格尔,尽管这两个人的现象学可说是大相径庭的)的现象学的同时对于笛卡尔的心灵与身体的关系问题给予了特别的关注。为了克服心

[①] 见《纯粹理性批判》,第22页(A15/B29)。

灵与身体的对立——这一对立在他们那里可说是其他那些对立（例如主体与客体的对立）的基础，——使它们的统一得以论证，他们终于找到了这样一种东西：感体（la chair）。梅洛—庞蒂在他的《知觉现象学》中通过对于身体的现象学分析发现了身体的不同于被当作一般意向对象看待的它的本质。这个本质他后来称之为感体。在他最后的、未完成的著作《可见的与不可见的》中，我们看到这样的关于感体的论述：

> 不应以实体、身体和心灵为基础来思考感体，因为这样的话它就会是矛盾的统一体，而应该，我们说，将它理解为元素，一种普遍存在方式的具体标志。我们在开头曾简要地谈到过看视者与可见者，触摸者与被触摸者之间的可逆性。现在是时候强调它涉及到一种总是逼近着，但实际上从未实现的可逆性。我的左手一直触摸着我的正触摸着物品的右手，但从未达到［触摸与被触摸感的］重合；这种重合在产生的那个片刻即消遁了，结果总是一物两面：或者我的右手真正地处于被触摸的地位，但这样它对外界的触摸就中断了，或者它保持着对外界的触摸，但这样我就并未真正地触摸它，我未能用我的左手触到它而只是外在地围绕着它。……但是，我的被触摸的右手与触摸着的左手之间的间隙……并非一个本体论的空无，一个非存在：它被我的身体的整体存在与世界的整体存在所跨越，是两个实在事物之间的零压使它们相互附着。①
>
> 感体不是物质，不是精神，不是实体。为了指称它需要古老的术语"元素"——就我们使用这个术语谈论水、气、土和火，也就是一种处于时空个体和理念的中途的……**普遍事物**的意义上。感体在此意义上乃是存在（l'Etre）的"元素"。②

引文中关于手的触摸的例子是经典的，它在胡塞尔的著作中就曾出现过。在这里，触摸者与被触摸者的对立可以看作是主体与客体、心灵与身体的对立的一个特例。文中所描述的触摸者与被触摸者的知觉之不可兼容的情况，表明了在认知层面上，这种对立的存在。"但是"，梅洛—庞蒂强调

---

① M. Merleau‑Ponty, *Le Visible et l'invisible*, pp. 193—195.
② Ibid., p. 184.

说,"我的被触摸的右手与触摸着的左手之间的间隙……并非一个本体论的空无",恰恰相反,它是"身体的整体存在"乃至"世界的整体存在"。也就是说,作为整体的身体和世界是一种超出于认知性的二值的"非排中者"。按照《知觉现象学》中的说法,它具有"两间性"。不难看出,这个两间性的东西也就是胡塞尔所说的那种体现出"奇特的两间统一性"的东西,而这样一个东西正是事物的本质,并且这个本质不是别的,正是某种连续性。①在本书的第十四章中,我们正是按照这条线索达到了对于绝对对称性从而它的自身区分的本源直观的。像梅洛—庞蒂这样的法国现象学家们所力图探明的、作为"可见的"主体—客体和心灵—身体的对立的背后的不可见的统一的(大写的)存在(l'Etre),也就是所谓"感体",这样一来,就与超绝意识及其自我显现一致起来。并且十分显然地,超绝发生学原理在这一点上不仅是与感体的现象学相一致的,它更以后者所不具备的构成论方式明示了从这个本源的明见性,这个(大写的)存在达到它在认知层面上分裂为对立的双方的逻辑线索。通过这个线索,我们看到,这样一个(大写的)存在是如何可能"已然自给予的"。②但由于这些现象学家们通达"感体"概念的切入点乃是身体,并且并未离开身体朝向那本源的明见性走出多远(从而并未真正达至这种明见性),这个作为身体的本质的感体与其说与超绝发生学中的超绝意识相重合,不如说与作为超绝意识自我显现的从动觉到动体这一进程中的形态("动觉—动体")相重合。所不同的仅仅在于,"动觉—动体"提供了"感体"所不具有的关于认知层面上的那些对立面的构成性的信息。作为超绝意识

---

① 参见本书第65—67页。另外,本书前面(第110—111页)曾指出胡塞尔在对身体的现象学分析中已经意识到了我们称为"动觉"的超绝发生环节中的某些基本性质。

② s'étant donné("已然自给予的")是法国现象学家马里翁(J-L. Marion)关于现象学还原的一个洞见(见 J-L. Marion, *Etant donné*, Paris: PUF, 1997, p.6)。但他最终也只是以此揭示了一个本源的东西所必须具备的性质,却未能真正地明见它。另外,在最近的对于笛卡尔的重新解读(*Sur la pensée passive de Descartes*, Paris: PUF, 2013)中,他开始注意到以往所忽视了的"我的身体"的这样一种意义:"我的身体(meum corpus),以用'统一'来命名的原初概念的身份,通过翻转和跨越另两个原初概念的本义——灵魂在其位上变得有广延,身体在其位上变得不可分——标明了它的本源性,并且它在缺乏清楚明白的观念的情况下,借助在其中(对于对象的意向性的)'注意力'为了某种(非意向性的)放松,某种纯粹的自我体验而分散的纯粹感觉,能够更好地认识到自身。"(p.262)"思想着的自我"正是在这样的感觉之中,"根据我的身体,换言之,根据其感体(sa chair)"将自己认识和体验为存在者的。这样一种"我的身体"使我们看到了法国当代现象学的笛卡尔传统特征。

自我显现的比较初始的环节，动觉提供了动体产生的可能性，而动体自身的那些元素则在其自觉之中成为认知层面上的那些对立面产生的直接根据。所有这些构成性的关联，没有任何一个论及感体的法国现象学家们能够看到它们，尽管他们以不同的方式，从不同的角度对感体，从而也就是对动觉—动体的非二元对立性和非反思性做过许多的描述。

超绝发生学因此揭示了梅洛—庞蒂的"世界的感体"的秘密。世界作为超绝意识的认知层面上的自我显现，不仅包含着作为心灵与身体的统一——这种统一只有在动觉—动体乃至超绝意识中才能找到其根据——的人格，包含着人格的复多性和与作为主体的人格或诸人格（诸他者）相对着的客体（形式的和质料的世界），而且正是通过这一显现进入了一个相对于超绝意识的"反题"。由于这一反题，超绝意识的自我显现才同时也是一种自我意识和自我证成。这种自我意识和自我证成的可能性便落实在了人格身上，并由此构成一种朝向"正题"，也就是朝向超绝意识自身的回归。皮亚杰的"双重构造"具体地**提示了**超绝意识的这一自我意识和自我证成的辩证法。在那里，我们看到了动体的自觉（直观性抽象）是如何一步步地实现的。我们指出过，由此产生的自我，确切地说，那个运作着的自我即灵魂对于世界的认知性构成与这种自觉的过程是平行的。因此，不同程度的自觉决定了不同的世界图景的构成。这种区别在任何一个如此构成的世界图景中，体现为认知主体——人格——的认知能力的不同发展阶段。[①]这一发展被认为是取决于认知图式的发展的。然而，皮亚杰的研究仅仅揭示了这种认知图式从开始到群集和群的结构的出现为止的发展，即认知图式的双重构造。我们知道，皮亚杰曾以感知—运动水平和符号性水平两个水平上的四个阶段，确切地说，应该是符号性水平上的三个阶段，也就是前运作阶段、具体运作阶段和形式运作阶段来刻画这种发展。按照"双重构造"的说法，在这种发展的早期，人格主体所面对着的，也就是依据这个阶段主体所具有的图式而构成的是一个"前运作的"

[①] 这里要注意的是，动体的自觉本身是没有时间性的，但它在认知层面上的人格那里却体现为这样一种认知的发展，即如皮亚杰的研究所揭示的双重构造。认知着的人格的认知活动在任何时候都是以这种双重构造的成果为基础的。这就是为什么人格的认知水平从而其"眼中的"世界随着他的意识中双重构造的发展而改变的道理。关于作为动体的自觉的结果的自我与作为其认知体现的人格之间的对应关系，我们在下一节还要做进一步的讨论。

第十六章　存在的辩证法：存在经由实存者朝向自身的返回　　301

世界。在那里，前面所提到的诸多二分状态尚未产生，特别是主体与客体的分化尚未产生。主体与客体之间完全的分化，也就是前面所提到的、其实正是我们现代人类的世界图景，是在形式运作阶段才被建立起来的。在这个世界图景中，有着平行地发展起来的自然界（物理世界）与数学世界。①于是，一个问题产生了：在到达了所谓"形式运作"之后，也就是达到了现代的世界图景之后，这种发展是否便终止了的呢？这是一个皮亚杰从未向自己提出过，从而从未正面地回答过的问题，但他的研究却为我们提供了解答这一问题的线索。②

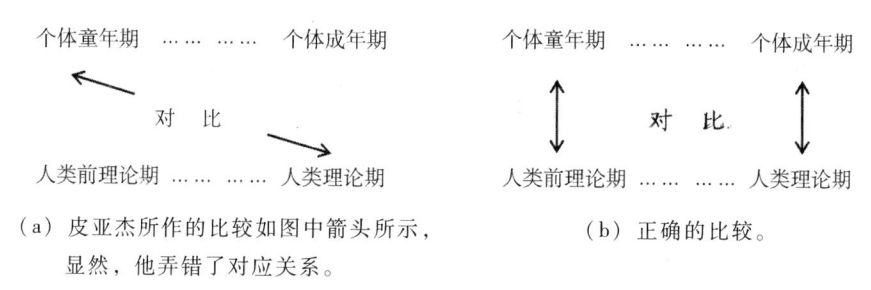

```
个体童年期 …………… 个体成年期        个体童年期 …………… 个体成年期
        ←    对  比    →                  ↕     对  比     ↕
人类前理论期 …………… 人类理论期        人类前理论期 …………… 人类理论期

（a）皮亚杰所作的比较如图中箭头所示，      （b）正确的比较。
    显然，他弄错了对应关系。
```

图 16—2—4

皮亚杰关于人格主体（儿童个体）的空间概念发展的研究表明，在主体的认知水平从前运作到形式运作的发展中，空间概念有一个从拓扑空间经由射影空间到欧几里得度量空间的演变。这曾使得皮亚杰错误地得出主体认知的这一发展与几何学理论的内在逻辑顺序相一致但却不同于几何学发展的历史顺序的判断。导致这个错误判断的真正原因在于皮亚杰在考虑个体主体空间意识的发生与人类空间意识的系统发生之间的对应关系时，一方面，忽视了个体在成熟时获得了欧几里得度量空间的认知后进一步发展（至拓扑空间的认知）的可能性；另一方面，遗漏了人类空间意识发展在欧几里得几何学出现之前曾经有过的拓扑形态的空间意识。一旦我们纠正了这一比较上的不完备，就不难发现在个体主体的空间意识发生与人类空间意识的系统发生之间的确存在着一种平行

---

① 对于这一发展的详细描述，可参阅皮亚杰与英海尔德合著的《儿童心理学》。
② 这个问题我们在前面第十三章第一节的第一小节中就曾经提出，并做出过原则性的回答。现在，当我们对皮亚杰的双重构造理论有了更深入的了解之后，便能够对这个问题的答案做出更为细致的说明了。

的关系（见图16—2—4），特别是，无论是就个体还是就人类系统来说，这种空间意识的发展最终都将符合于一种辩证的"正、反、合"三段式模式，即这一发展是从拓扑空间到欧几里得度量空间，再到拓扑空间的（见图16—2—5）。由于儿童个体空间意识的发生仅仅是皮亚杰所发现的儿童个体智力发展的原理支配下**平行**发展的诸多认知形式与内容中的一种，因此可以相信，这里从欧几里得度量空间再到拓扑空间的发展，正是世界图景的**一个部分**在"形式运作"之后，或"后形式运作"阶段的演变的结果。①

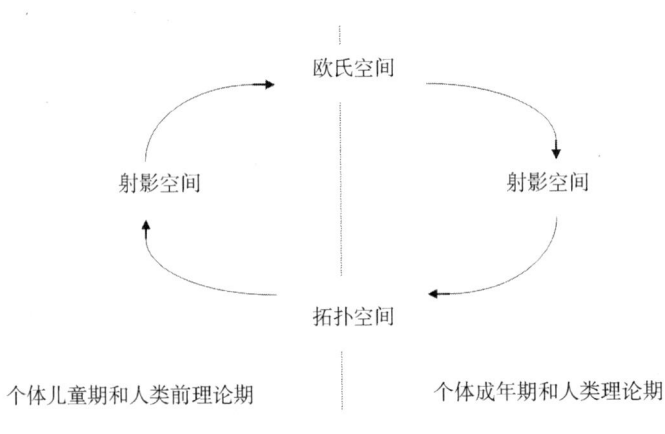

```
                     欧氏空间
         ↗                          ↘
   射影空间                        射影空间
         ↖                          ↙
                     拓扑空间

   个体儿童期和人类前理论期    个体成年期和人类理论期
```

空间意识的个体发生和系统发生所共有的规律：从拓扑空间开始经由射影空间到欧氏空间，在新的基础上，再由欧氏空间经过射影空间"回到"拓扑空间。

图 16—2—5

那么，为什么世界图景在认知层面上会有这样一种"圆圈式"的形成与演化的形态呢？这个问题必须根据超绝意识自我显现的超绝发生学原理加以回答。让我们仍以主体的空间意识发展形态为案例。空间意识从拓扑形式到欧几里得形式的发展正是皮亚杰的"双重构造"的一个直接的结果，而这种双重构造的核心，也就是决定着所有平行的（包括空间意识发展的）逻辑—数理图式本身的发展的，则是集群结构的构成继而群

---

① 有关这一发展的更为系统的分析，特别是存在于这种发展背后的"人类意识发生律"，可参见拙著《自我与他者：比较视野中的中西文化》的第一部分第一章第一节"人类意识的发展模式"和第二节"人类意识的发生律"。

的结构的构成过程。通过上一小节的探讨，我们已经知道这一进展起始于代表区分性的类概念（群集的运作关系）的形成而终于基于个体性设定的、代表了对称性的群的运作。欧几里得空间的度量性所必须的量的概念，就是这一进展的直接结果。我们知道，在超绝意识自我显现的特定环节上出现的空间意识根源于具有连续性本质的广延。对于源初地体现了绝对对称性的自身区分的、纯粹的广延来说，分类的运作等同于分割的运作，这时广延的连续性体现为对于分割的不可穷尽性。在这种情况下，便设定了分割的结果本身是一种一维连续统中的"点"，即数学性的个体。于是便有了构成欧几里得空间概念的基础的"点"、"线"（作为点的集合）、"面"（作为线的集合）和"体"（作为面的集合）。同时这里面也就包含了算术进而代数的基础——数轴便表达了这样一种由空间形式作为数量关系的载体的关系。正如我们在上一节中所指出的，群的结构就是连续性在代表区分性的"点"（从而"数"）乃至"线"、"面"等等的表象中的本质（即对称性）的体现。由此我们看到，皮亚杰的覆盖了个体主体从出生到12岁左右的发展的"双重构造"其实是描述了具有本源性的广延在区分性与对称性（它们本来潜在于广延之中）的对立中逐渐展开的机制。欧几里得几何学，进而整个数学系统，乃至与之平行地发展起来的类逻辑（语法性语言）和物理科学都是在这种对立面展开的条件下产生的。在某种意义上，这种结果导致的是对于连续性的背离，因为连续性终究是不可为"点"或"数"所穷尽的。这一点其实早已被人们所觉察到（但不是清楚地认识到），例如芝诺悖论就是对此认识的一个表达。那么，既然这一切起源于广延的连续性，并在区分性与对称性的对立展开之时获得了背离连续性的形态，则进一步的发展——如果这是可能的话——就必定是将探究的矛头指向连续性本身。这就是为什么我们会看到个体主体在空间意识发展到欧几里得度量几何之后会"返回"到拓扑形态（的认知）上去的原因。

无独有偶，与数学发展平行的物理学发展也体现了类似的规律。这是不奇怪的，况且所谓"空间意识"本就不仅意指纯粹的几何学空间（数学空间），也意指物理空间。今天物理学、宇宙学的研究有助于我们更加清楚地看到这一点。发展朝向拓扑结构，这不仅是当今数学的特点，也是当今物理学、宇宙学的特点，只要我们看到无论是在对基本粒子的研究中还是在宇宙的结构与起源的研究中，拓扑学与物理学的"联姻"都是一个主要的特征，对此就不会有任何的怀疑了。①然而，这个"圆圈式的"进展中"后形式运作"阶段的结果对于我们人类的智力来说毕竟是过于深奥甚至遥远。尽管如此，我们还是可以对它做出一种哲学的理解：整个的发展表明，皮亚杰所发现的"成熟"阶段图式的成就乃是一种其中区分性与对称性之间的张力达到最大的状态。因此随之而来的便是朝向双重构造的或不如说动体之自觉的开始时那种未分化的状态，也就是区分性与对称性的对立尚未在认知层面形成的阶段的"回复"。这个"回复"绝非"倒退"，而是对存在于人格主体之内的对立或矛盾的扬弃。②因此，这种回归无疑将是全方位的，其最终结果将是朝向绝对对称性的回归，这意味着超绝意识自我显现的完成，或者说，意味着理性的自我证成。

下一节，我们将更深入同时也更完整地论述超绝意识自我显现的这样一种辩证法。

第三节　存在经由实存者朝向自身的返回

一　超绝意识的自我显现与存在者的连续统

上一节的第一小节中对于从动体到自我的构成中自觉（即直观性抽象）的作用及其实质的分析使我们看到，自觉的能力——我们可以用"透明度"来刻画这种能力，既然自觉本身就意味着某种清晰——是与那些分别属于自我的形式方面与质料方面的直观性意向对象一同发展起来的。因此自觉就像是柏拉图所说的理性之光一样照亮了自我的固有内涵。

---

①　一个生动的事例就是在上个世纪70年代中叶，杨振宁发现物理学的规范场概念与数学中的纤维丛概念相同并立即告诉了数学家陈省身。虽然他们对于这种"巧合"的态度不同（杨振宁感到惊讶而陈省身泰然处之），但对于何以会如此，都未能给出答案。（参见杨振宁："磁单极、纤维丛和规范场"，载《自然杂志》1979年第1期）这个答案如果存在，显然就在于图15—3—2所示意的数学认识与物理认识之间的平行关系中，从而最终在于它们的超绝起源之中。尤其是，将它们，例如规范场和纤维丛统一起来的，正是对称性。（参见杨振宁："对称与物理"，载《自然杂志》1995年第5期）顺便说，杨振宁在后一篇文章中提供了大量的自然界与科学理论中的对称现象的实例，特别是对称性在理解基本物质（例如宇宙中的四种基本力）中的决定性作用，这其实是在一定意义上表明了超绝发生学所揭示的数学与物理学，或不如说形式世界与质料世界之同源于超绝意识或绝对对称性的自身区分这一根本事实。

②　这一点仅从拓扑学之为拓扑空间与度量空间之综合便可理解，并且这种发展也符合了后康德主义的，特别是黑格尔的辩证法。

第十六章　存在的辩证法：存在经由实存者朝向自身的返回　　　305

在这里，自觉与自我的这些内涵其实是不可分割地相关联着的。它在这种状态中体现为一种自我的直观能力，这种直观必定伴随着这个自我的一切直观性意向对象。我们在前面曾指出，当笛卡尔说 cogito, ergo sum 是"一个自明的事情"，是"用精神的一种单纯的审视看出它来的"时①，他说的正是这样的自我直观或直观的自我。但当他说这意味着"一个在思维的东西。……一个在怀疑，在领会，在肯定，在否定，在愿意，在不愿意，也在想象，在感觉的东西"时②，他所说的已经不再是这样的一个直观的自我了。因为他这时已经将自我纳入了亚里士多德的"实体—属性"关系之中，而这种关系只能在我们所揭示的超绝意识自我显现从自我环节到世界环节的进展中被构成，因此是属于**认知层面**的。换言之，作为一种自我直观的直观自我伴随着的是直观性意向对象，而不是（笛卡尔所说的）那些认知层面上的表象。笛卡尔在阐明 cogito, ergo sum 时所表现出的歧义，正是后来围绕着这个著名命题所发生的种种争论的真正根源。③

　　在自我的直观之中，除了分别属于形式方面与质料方面的那些直观性意向对象之外，还有主动感与被动感。这种主动感与被动感虽然分别对应于形式与质料两个方面，但它们彼此是**此消彼长地**密切关联着的，以至于我们应该更恰当地将它们表达为"主动—被动感"。我们在第十五章的第二节中已经看到，正是这个主动—被动感将自我中形式方面与质料方面的诸直观性意向对象紧密地连接起来。它所以能够做到这一点，在于它时刻伴随着这些直观性意向对象，甚至可以说，它本身作为直观的存在与自我直观的这些内涵的存在乃是同一个存在。④ 显然，这样理解的主

---

① 《第一哲学沉思集》，第 144 页。
② 同上书，第 27 页。
③ 见本书第十五章第四节的第一小节，以及《超绝发生学原理》（第一卷），第 323—325 页。
④ 主动—被动感与诸直观性意向对象的这种关系可以形象地比喻作它们是一个钱币的两面。它们之所以会有这样的关系，全在于主动—被动感作为形式与质料中动觉之间的相互作用，而（无论是在形式中还是在质料中的）动觉自身本源地是运作元与感觉元的整体。在这个意义上，形式与质料之间构成自我中诸直观性意向对象的相互作用与产生主动—被动感的相互作用是同一个相互作用，只不过前者是这种作用的分化形态而后者则是它的统一形态。在这一节的论述中将从不同的角度涉及主动—被动感与分别属于形式方面与质料方面的诸直观性意向对象的联系，这些联系的根据都在于此。

动—被动感不是别的，正是那个产生自我直观的自觉本身。①就此来说，照亮自我的理性之光乃是发自自我自身的，是自我的超绝发生学本质照亮了自身。

在第十五章第三节的第四小节中，我们还指出了自我的复多性并由此提出了"他者"概念。但是在那里，我们提出这种概念的理由仅仅在于如若无此复多性，则绝对对称性将会遭到违背。因此它看上去只是一个将他者存在（或将自我的复多性）作为一种状态而与作为一切的最终根据的绝对对称性相连接的特设性概念。也就是说，在那里我们并没有以，至少是没有以充分的构成性的方式阐明这个概念。现在，通过更加深入地理解了自我直观的内涵，我们便能够给出这样一种构成性的自我的复多性概念，也就是说，对其理由有一个真正的阐明。②

我们刚刚指出主动—被动感就是产生自我直观的自觉本身，而**自觉的强度**在自我的构成中是发展着的，这个发展其实正是主动—被动感作为自我内在的本质状态的变化。③这种变化是连续的，它意味着存在着无限多种自我直观。这些自我直观同样都是超绝意识的自我显现，但彼此却有着

---

① 在第十五章的第二节中，我们看到，主动—被动感在动体环节到自我环节的进展中贯穿于两个环节，动体因之有其自觉，从而使得其中的形式与质料两方面的元素转变为相应的直观性意向对象。

② 我们在本章第一节的最后也以稍微不同的方式针对人格简要地推及了这种复多性。

③ 尽管这里说到的自觉之为一个进展的过程是由皮亚杰的实验事实来支持并通过对这一事实的解释而得到确认的。但还是可以提出这样的问题：自觉为什么不能是瞬间的从而单一或单纯的而必定是有着无限种可能的程度上的差异的？在第十六章至此为止的部分中，自觉（直观性抽象）都在事实上或基于事实而被认作是有一个"发展过程"的，因此现在的问题是，能否对此有一个理论上的说明呢？回答：从动体到自我，也就是诸直观性意向对象的构成，如果是一蹴而就的，那就意味着一种无中生有（意向对象的对象性本身就意味着某种"有"，我们将指出，这就是"存在者"意义上的"有"）。莱布尼茨的连续律的作用之一，就是排除无中生有的可能性。当然，如果仅将连续地生长理解为诸直观性意向对象从无开始的一个连续统，这仍然无法摆脱无中生有，既然诸直观性意向对象的内涵必须要有一个来源。我们知道这个来源就是动体。总之，不仅动体因此是必须的，并且从它到自我的转变也需要一个本身是连续地增强的自觉之光的照耀。紧接着还有一个问题：为什么不将动体直接当作自我呢？答案是动体只有自觉的动机却没有运作的动机。从这里更可见超绝发生，也就是超绝意识自我显现本身并非一个时间过程而是一个逻辑程序——正文中紧接着指出的不同自觉强度的个体的连续统是一个非时间性的连续统。前面指出的对皮亚杰"双重构造"的事实的解释所提供的必然性，其实也正是一种（从群集到群的构造的）逻辑的必然性。然而，这里还需再一次强调，作为事实，确切地说，一种认知性事实或一种心理学事件，双重构造是从动体到自我的自觉"发展"在人格中的（心理学）体现，这样的体现却是在时间之中的。

第十六章　存在的辩证法：存在经由实存者朝向自身的返回

自觉强度上的差异。由于自觉直接地取决于所对应的直观自我中的主动—被动感的状态，我们可以用这种状态的域值来衡量自觉的强度。具体地说，自觉强度＝主动感/被动感。①因此，存在着一个体现了超绝意识的**诸自我直观的连续统**，其中每一个**截点**都是一个自我直观。这无限可能的自我直观中的每一个都**完整**地体现着超绝意识。换言之，**它们是超绝意识的彼此相互区别的自我显现**。这样的自我直观，我们称之为"**单子**"。②因此，单子是复多的。不错，也许有人会问，为什么自觉强度的变化会意味着无限多单子的连续总体而非一个单子自身的连续变化？回答是，如果是后一种情况，则这一单子或自我直观就将等价于超绝意识了；同时，由于**这个**单子是连续地**变化着**的，那么它便是处于时间之中的。但超绝意识不可能处于时间之中。因此后一种情况并非是真实的。这也就是说，作为超绝意识自我显现的单子不可能是单一的，相反，它们必定是复多的，确切地说，是无限多的，既然它们之间的差异构成了一个连续统。这无限多的单子**每一个**都是超绝意识的自我显现，并且是其**整个**的自我显现。所不同者，**唯有**它们的自觉强度。③这一点恰恰符合了超绝意识的这样一个性质，那就是它自身是不可能被分割为部分的。换言之，说某个单子体现了超绝意识的某个部分，这是荒谬的。但是，在上一节的第二小节中，我们确实看到了——正如我们在本节一开头便说道的——存在着一个自我中诸直观性意向对象与这个自我的自觉状态的平行发展。这难道不正是一个自我的，也就是一个单子的连续变化吗？我们在下一小节将会说明，这样一个参照了皮亚杰对于人类个体意识发生的研究的发生学阐述，所对应的并非作为自我直观的单子，而是这个**单子在认知层面的体现**，即**个体**。只有个

---

① 显然，这个自觉的强度也就是前面所说的自觉的"透明度"。

② 以"单子"来称呼自我直观的道理是显然的，既然在此之前我们已经不止一次地看到，并且在后面的论述中还可以看得更加清楚：莱布尼茨当年赋予其"单子"的那些性质，几乎都可以在自我直观中找到。

③ 自我的自觉水平（强度）有所不同，这是自我的复多性的基本标志。但这样一来，由于自我中主动感与被动感所可能有的不平衡，似乎就违背了绝对对称性。既然自我是超绝意识的完全体现，则这种违背当然是不允许的。这样一个看似的矛盾并不真正存在，这是因为对于任何一个自我来说，它的水平所以之为标志的那个自觉的状态只是所有可能的自觉状态的唯一一个实现者，而其他的状态则都以潜在的方式存在于这个自我之中。因此，自我的这种实现了的自觉状态的唯一性与其潜在自觉状态的无限性之间的对立，就成了自我与超绝意识之差别的真正所在。这个差别使得任何一个自我虽然都是超绝意识整个的显现，但却绝非等同于超绝意识。

体而非单子可能表现出一种在时间中的发展。因此，上一节中所描述的自觉状态的改变，其实是作为处于不同自觉状态上的复多的单子的认知体现的、同样是复多的个体在对应于"人"这种个体之中的表象（这种表象体现在一种变化之中）。我们实际上是凭借对这种表象的描述，间接地阐明了那本是复多的自我直观在自觉状态上的差异的。

在这种情况下，自我直观具有了一种二重性：它们一方面由于每一个都整个地体现了超绝意识，所以像超绝意识一样是唯一的；另一方面，它们由于彼此区分而是复多的。这样，它们就起到了一个中介的作用，通过它们，唯一的超绝意识最终在任一可能的自我或单子的认知层面上，即在认知层面的作为这种自我或单子的对应物的个体中，显现为无限的个体的复多性表象。

单子因为超绝意识而存在着，我们也称它们为**存在者**。这样的存在者有无限多，它们彼此凭借自觉强度而相互区别。我们说过，可以利用它们的直观，也就是自我直观中的主动感与被动感的比值来衡量它们各自的自觉强度。为方便起见，我们可以将在认知层面上体现为人类个体的单子的自觉强度的比值定为约等于1。由于这个强度的值是连续的而非间断的，因此可以有许多的单子属于这一类。可见，对于单子的分类严格说来只能是边界模糊的（非精确的）。一般地，自觉强度的变化与在一个单子，例如体现为人类的单子所构成的世界中从无机物到有机物而有机物中又从简单有机物到有生命特征的有机物进而在有生命特征的有机物中又从低等生物直到人类的演化顺序相一致。之所以如此，是因为如我们接下来很快就会（在下一小节中）指明的，每一个单子所对应的认知层面——尽管这个层面对于有些单子来说可能只是潜在的——上的个体的世界，与一切可能的单子，从而一切与这些单子所对应的个体之间存在着一种"投影"的关系，即这些单子或不如说个体在此世界中均有其表象。因此，我们现在所知的（其实也就是本身作为个体的人在自己的世界中所看到的）一切个体（其实是个体的表象）中除了上述属于人类的那些个体之外，其余的个体所对应的单子的自觉强度都将低于1，也就是说，其中的被动感要大于主动感，并且这些单子在人类的世界中所对应的个体表象越是远离人而接近无机物，则它们的这个强度就越低。再者，尽管在人类的世界中从未经被经验地证实过，还应该存在着这样一些个体的表象，它们所对应的单子的自觉强度高于1，也就是说，这些单子中主动感大于被动感，这种单子所对应的个体的表象因此只能潜在地体现于人类的世界之中，我们可称此表象为"**超人**"。①即使在我们的世界中，我们永远也不会与它们相遇，但它们存在于何处并且如何存在，这毕竟是**可能**知道的。②至于自觉中只有完全的主动感（相应地无被动感）或只有完全的被动感（相应地无主动感）这两种状态的自我直观，作为超绝意识的自我显现都是不可能的，这一点仅从主动—被动感之由形式与质料中的动觉相互作用而产生的机制便可以明了。③这样，一个以自觉强度等于1为中点的从无限小到无限大的自觉强度的单子（自我）的连续统便构成了，它在任何一个人类个体的世界中对应着以人为中点的从无机物到"超人"的个体或确切地说个体的表象的连续统。

然而这样一个连续统并非直线型的，这是因为决定了单子间区分的标志的自觉强度的主动感与被动感**同时**也表征了单子内部区分性与对称性的对立统一。这一点并不难以理解，既然单子内部的这种对立统一在超绝意识的自我显现中具体地体现为自我直观之区分为形式方面与质料方面，而它们分别意味着主动感与被动感占优势的状态。在分别属于形式方面与质料方面的那些直观性意向对象的构成中，也就是在皮亚杰所描述的双重构造中，区分性与对称性之间的张力逐渐最大化，而认知活动的**可能性**便存在于这个最大化之中。在这里，我们所看到的群集继而群的运作的形成，正是这种最大化的体现。毫无疑问，张力最大之时，也正是消解张力的动机最为强烈之刻。因此我们便在这时看到了将体现了区分性的类概念通过个体化设定而纳入群的结构之中的运作，这种运作的存在既体现了对称性与区分性的对立，同时也因此体现了消解这种对立的动机。然而处于这样最大张力之中当然永无可能消除对立——若是真如这里所言，消除张力的动机与张力本身成正比的话，那么这种最强的消除张力的动机之实现必定是张力的减弱。"盛极而衰"，这正是这个对立统一的辩证法所造就的一种非直线型的、以其自觉强度相互区分的无限多的单子的连续

---

① 奇怪的是，莱布尼茨竟然没有从他的连续律推出超人存在的可能性。

② 关于超人在人类世界中的潜在性的，以及在任何个体的世界中某些个体的表象的潜在性的更为具体的刻画，我们将在接下来的一小节中有所论述。

③ 因为完全的主动感与完全的被动感意味着形式与质料只有一方施行对另一方的作用而非相互作用，这不仅在动体之构成机制上是不可能的，而且从作为这一构成的直接根据的动觉的本性来说也是不可能的。

统的写照。

双重构造因此也可以说成是区分性与对称性这两个对立方面的展开，在皮亚杰所描述的这一"构造"的结果中，对立双方处于势均力敌的状态。而此前是区分性占据优势，此后则是对称性处于优势。换言之，在对立双方**充分展开**的前后，各自交换了主次地位。因此，无论是此前区分性处于优势还是此后对称性处于优势，这两种情况相对于对立双方充分展开的均势状态，双方之间的张力都有所减弱。但这并不意味着此后是向此前简单地退回。尽管就区分性与对称性之间的张力相对变小这一点来说，两个阶段确有相似之处，但毕竟有区分性与对称性分别占据优势这样一种状态上的根本差别。从另一个角度看，与其说双重构造是动体自觉的结果，毋宁说它就是对于上述对立面展开的自觉。如果一定要说这种展开的原因，那也只能是作为绝对对称性的自身区分的超绝意识本身。因此，这一对立面的展开就是自觉。相应地，这一展开之前的状态便是缺乏自觉的状态了。或者说，展开是从不自觉到自觉的过程。于是问题是，既然展开之后接着的是区分性与对称性之间对立的张力重新变小，那么展开之后，也就是上一节中最后所谈到的"后形式运作"阶段，是否可说是一种朝向不自觉的状态的回归呢？如果是，则在整个连续统与其说意味着超绝意识的自我显现，毋宁说意味着它显现后复又隐遁。这对于超绝意识这种绝对之物来说，终究还是无所谓显现。①因此超绝意识自我显现的连续统不可能是走向自觉而后又朝向不自觉的"回归"。在此连续统中从被动感占据优势到主动感占据优势之转变的同时，自觉的强度，或者说那个理性之光逐渐增强。在这个连续统中，自觉与对称性的优势成正相关，而自觉归根到底是对于绝对对称性的自觉。相应地，区分性则是通过背离绝对对称性而显现绝对对称性的方式。这并不难以理解，因为绝对对称性这种东西要想显现自身，就必须有一个对立面，确切地说，是生出一个对立面（异

---

① 也就是说，这不像对于任何非绝对之物，例如人那样，从出生到亡故终究还是一段人生。因为作为绝对之物的超绝意识本身并不在时间之中。这也再次提醒我们注意，在这一小节中我们一直谈论着的"连续统"并非超绝意识的连续统（事实上超绝意识本身并无所谓连续统），而是其自我显现所必定体现于其中的、作为它本身与它的自我显现的无限多个体的世界之间的中介环节的自我（单子）的连续统。进一步，超绝意识与这个自我或单子的连续统都不在（运作化）时间之中，一切在此时间之中的变化或进化都发生在每一个个体的世界之中。

化)。因此，绝对对称性必须自身区分与超绝意识必须自我显现本质上是同一回事。这种对立统一的辩证本质是整个发展——如果我们不得不将那个连续统想象为一种发展的话——的内在动力（动力因），而这一发展的内在目的（目的因）则是显示绝对对称性。就其为从区分性与对称性的对立未曾展开的统一（潜在的对立统一）到这种对立的展开（现实的对立）再到这种对立展开后的统一（现实的对立统一）来说，这个发展乃是一个辩证发展的"圆圈"。形象地说，区分性与对称性之间对立的展开是离心力，那目的因是向心力，而那动力因则是切线力，这三者的结合便构成了上述圆圈式的发展。然而就对绝对对称性的自觉乃是超绝意识的自我显现，从而是理性的自我证成来说，正是那个目的因决定了自觉（自我显现或自我证成）在这个过程中是直线地加强的，或者说它将在此过程中逐渐地达到透明——这无非是超绝意识自我显现之"显现"二字的意指所在；而这时，那个直接地导致了区分性与对称性之间张力的辩证演变的动力因则是达到这一海德格尔所说的"澄明之境"的手段。

上述辩证的"圆圈"与朝向"澄明之境"径直的进展作为同一个超绝意识自我显现的连续统的形象看起来似乎不那么一致，但它们其实都是这样一种关系的结果：区分性与对称性（或者主动感与被动感）只有当它们势均力敌时其对立才是最大的展开，而任何某一方占优势，都只意味着对立的缩小或统一。这就使得我们可以找到一种方法给出一个统一的形象以消除那个表面上的不一致，具体地说就是对这种关系定量地从而清楚地加以规定：使对立的双方的量值之和为一常数（这正是双方此消彼长的意思），例如1，而对立双方之间的张力（这正是双方充分展开的意思）由双方的量值的乘积表示。显然，当双方等值（均势）时张力最大，而只要有一方占优势，双方量值的乘积必小于双方均等时的乘积，从而双方的张力总是小于双方等值的时候，而且双方量值差别越大，张力越小。这样一来，前面所描述的从区分性或被动感占优势到对称性或主动感占优势的自我直观的或单子的连续统就获得了一个类似抛物线的形象。其先上后下意味着并非简单的而是辩证的回归（从对立面的统一到对立面的展开再到对立面的统一），同时，这一上下之间已经"时过境迁"则意味着在这个辩证发展的同时朝向既定的目的（彻底自觉的"澄明之境"）的前进。①这里极端的情况是张力为0，这对应着区分性与对称性（或主动感与被动感）的对立不复存在的情况。然而这却是不可能的情况，因为这两种极端情况的含义分别是，没有绝对对称性的区分和没有区分的绝对对称性，而这都是违背了超绝发生学的第一原理（超绝意识的存在性原理）的。②因此，以上所指出的基于主动—被动感的状态的自觉强度与对称性—区分性张力的差异的超绝发生学意义是，超绝意识自我显现与绝对对称性的等价性（这显然也就是绝对对称性必定自身区分这一本源明见的"事实"）就在于绝对对称性或超绝意识不可能是自我或单子的连续统中的任何一个部分——作为这样一种部分的自我直观或单子之能够**体现**整个超绝意识的前提恰恰是这样的连续统存在的必然性，——它是这个连续统的全体！

二 存在者在认知层面上的"投影"：实存者的系谱

以上关于超绝意识的自我显现从动体到世界的超绝发生便给出了三种不同的自我，即本源的自我、直观的自我（如果我们不进一步区分自我直观和作为运作着的自我直观的灵魂的话）和认知性自我。③本源的自我也称为"超绝自我"，它就是超绝意识本身，因而是绝对的唯一的。认知性自我即所谓个体。个体是复多的、无限的，每一个个体都有它的一个世界。这些世界说到底不过是超绝意识的无限多个彼此区别的显现罢了。直观的自我充当了从唯一的、绝对的自我或超绝意识到复多的、无限的个体及其世界的过渡或中介。这个自我，也就是单子，既是唯一的，也是复多的。它作为本真的乃是唯一的，但作为存在者却是复多的。这种存在者是那唯一的超绝自我的存在，因此，它们必定是不能

---

① 如果将主动感与被动感的比值为1，即各为0.5的状态定位于X轴的0点，并将被动感较大的状态对应于X轴上小于0的点，主动感较大的状态对应于X轴上大于0的点，则从被动感大到主动感大的状态的变化所引起的张力变化在数值上便构成一个类似开口朝下的抛物线，其顶点正对应于主动感与被动感比值为1，也就是相等的情况。

② 对此理由的另一种说法则是这意味着完全的主动感而无被动感或完全的被动感而无主动感，按照前面第309页上注释③的说明，这也将是不可能的。

③ 这也就是前面图15—4—3所示意的三种"我思"。

第十六章　存在的辩证法：存在经由实存者朝向自身的返回　　313

彼此具有相互作用的，否则将意味着超绝自我不再唯一。①单子通过各自所固有的、分属于它的形式和质料方面的诸直观性意向对象之间的相互作用而实施所谓认知活动，这种活动便造就了属于认知层面的个体以及它的世界。②单子之间虽然彼此不能沟通，但由于它们每一个都是超绝意识的一个完整的体现，所以当每一个单子在认知层面上构成了与之相应的个体时，在这个个体所拥有的世界中，便**实存着**所有其他单子或不如说其他个体的表象，这些表象与这个个体一道构成了**它的这个**世界的总体。因此，每一个单子所对应的个体及其世界也都是超绝意识在认知层面上的一个完整的显现。这样一种显现，我们称之为包括与此个体对应的单子在内的诸单子，从而也可说是与这些单子相应的诸个体，在此个体上的"**投影**"。

于是，我们从自我直观的或（无限多）单子的直观层面进展到了认知层面。这个层面上存在着无限多的个体及其世界，每一个世界都具有如下基本的构成：

首先，当我们说一个个体**及其**世界是包括它自身在内的一切可能的个体在认知上的一个投影，这必定包含有这样一层意思，即在这个（作为整个世界的）投影中，**这个**个体是独特的。那么它独特在哪儿呢？独特在它其实是一种**自我—个体**。在前面第十五章第三节的第四小节中，我们曾谈论过的"自我—人格"就是这里的自我—个体当其为人类个体时的特殊情况。因此，个体的这种独特性的实质在于，在这个个体，也就是自

---

① 由此可见我们将直观的自我称为单子是如何地恰当——它确实与莱布尼茨的单子十分相像。这种相似性根源于我们与莱布尼茨一样地面对着形而上学的根本问题，也就是说，是所探究的本源"迫使"我们达到了其实是同样的东西。只是由于对这种东西理解的深入程度的不同，使得我们各自所看到东西虽然相似，但却被不同的机制所规定着。这种差异性体现在许多方面，例如虽然莱布尼茨的单子的一些性质，如"彼此各不相同"和"没有窗户"，亦见之于作为直观的自我或灵魂的单子，但另一些性质，如"每一个都表达了整个宇宙"，却见之于个体。事实上，按照与莱布尼茨根本不同的原始出发点与规则所进行的推论竟然得到了许多与他的理论相似的结果，这种情况使我的内心在惊叹之余更有一种理智的愉悦油然而生。在《超绝发生学原理》的写作过程中，类似的情况可说是经常发生的。这特别地表现在我们的思考与康德的共鸣上。超绝发生学不仅使得康德始建的超绝哲学的形态更加完备，还在其中引出了对于笛卡尔、斯宾诺莎、莱布尼茨和黑格尔，及至柏拉图的哲学论点的深刻诠释或为之提供了更为普遍的根据。这种哲学上的"左右逢源"也是对超绝发生学本身的可靠性或可信度的一种支持。

② 对应于认知层面，此前的自我直观，也就是诸单子属于直观层面。

我—个体中，并且也只有在它之中而不会在**它的**世界中的其他任何哪怕是与它十分相像的个体表象（例如，对于自我—人格来说他的世界中其他的人或那些他者）中，才存在着那个它与它的世界与之对应的单子或自我，更确切地说，存在着那个灵魂。这种关系我们在本书的图15—4—1和图15—4—3中都可以看到。在那里，我们还曾将这样一种关系称为"嵌套结构"。这个灵魂如此地存在于自我—个体中，这当然不是认知的结果，既然实际上正相反，它是认知所以可能的根据。这也就意味着，认知地说，也就是仅从作为灵魂运作的结果的认知层面上看，存在着的，确切地说是实存着的，只可能是与这个认知的世界中其他部分并无根本不同的作为一个实存者的个体而非那个自我—个体。为区别起见，我们称这种实存着的个体为"**认知性个体**"。①"认知性"这个限定词表明这样一种个体将被认知地以为是可以并且仅仅可以分解为它的诸多属性的。换言之，认知性个体是完全符合于而非如我们以前所强调的个体那样不能包含于亚里士多德式的实体—属性模式之中。这时，自我—个体与那个单子的连续统中诸单子所对应的诸个体在属于这个个体或自我—个体的世界中的表象之间的差别便**认知**地被取消了，也就是说，它们都**一样地**成为认知性个体了。

然而，即使是仅仅就认知层面来说，当自我—个体被当作认知性

---

① 认知性个体因此显然是（在时空中的）实存者。这样的作为实存者的个体当然必须区别于作为存在者的单子。除了它们在超绝意识自我显现的程序中的地位不同，我们还可以通过它们与另一个相关的概念，即"实体"的关系来看待它们的区别。如果我们按照笛卡尔将实体理解为那种其存在不需要以别的东西为前提的东西（在本书中我们通常并没有严格地以此意义来使用"实体"这个词，事实上，"实体"这个词在本书中的使用是相当宽泛的），那么认知性个体，也就是实存者，显然不能算是实体。相反，作为自我的单子却可说是某种这样的实体，既然它具有一些曾被莱布尼茨提到过的特性，即"没有窗户"（这说明它与其他事物或单子之间没有因果关联）等等。但是，正如我们在正文中所看到的，由于"嵌套结构"的存在，个体还可以作"自我—个体"理解。这时候，说它是实存者倒不如说它是一种实体了。这种双重理解导致个体的实体地位的这种不确定性，我们在亚里士多德那里就已经可以看到。我们知道，亚里士多德曾将个体称为"第一实体"。作为实体，它当然不应该被还原为别的东西，但它既然处于亚里士多德的"实体—属性模式"之中，也就可以作为属性的集合来看待，这也就是说，它可以还原为属性。亚里士多德在"实体"的意指上曾表现出十分的犹豫不定，多少与此是有关联的。不过，这也正是超绝发生学的意义的一种体现，因为（严格意义上的）个体的实体地位的这种不确定性在亚里士多德那里乃是一件无可奈何的事，但在我们这里，由于已经指明了它是起因于对于个体的两种不同的理解，并且这两种理解不过是分别强调了个体的超绝发生的不同阶段罢了，从而并不构成任何内在的冲突，因此并非真正的不确定。

第十六章 存在的辩证法：存在经由实存者朝向自身的返回

个体看待时，它作为自己的世界之中的一个部分与其余的部分的区别并没有也不应该真正地被取消，既然它们本来就是超绝地（在超绝发生学逻辑中）不同的：在这个世界之中，唯有这一个才是本来意义上的个体。这时候，这种区分实际上是以主体与客体对立的方式体现出来的，即在这个世界中，唯有这个个体才可能成为认识的主体，尽管它也可以被（相对于它自身）当作认知的客体来看待。之所以会如此，是因为认知层面上恰恰存在着反思的可能性。我们在前一章第三节的第三小节中就曾指出，正是这种反思，使得灵魂的运作中的主动—被动感认知地成为了区分主体与客体的根据，而这又得益于同样由于反思之借助这种主动—被动感而认知地将作为主体的个体（人格）区分为心灵与身体这一事实。①

总之，这里体现了一个重要的性质：从直观层面到认知层面之后，个体亦体现为一种二重性。这是对于同一个体的两种本身不可兼容的看待，即从前认知（也就是直观）的角度与认知的角度的看待。前者中这一个体直接地继承了直观的自我或灵魂或单子，就它是单子的认知呈现来说，意味着整个世界（见图15—3—3）。后者中这同一个体不过是这整个世界中的一个部分，是诸实存者中的一个，也就是说，它与诸他者乃至诸它者一样地都只能是认知性个体。我们在第十五章第三节的第三小节中就已经将看待个体的后一种方式称为"认知性还原"②，相应地，我们可称前一种方式称为"嵌套性还原"（既然它体验到了个体的那种嵌套结构）。在这里，我们在上一节的第二小节中提到的梅洛—庞蒂所看到的那种两间性再次出现：或者是自我—个体，或者是认知性个体，但不可能同时是这两者。不过它们却是同一个东西，即运作着的灵魂的或单子的认知结果（虽然对对此结果分别可以有嵌套性还原与认知性还原）。特别地，这个一物之两面也正体现了《超绝发生学原理》（第一卷）中给出的那个超绝语义学的总体性质关系式（式VII—5）的内涵，即自我—个体与认知性

---

① 见本书第142页。由此亦可知，所谓"他心"是不可能验前地被认知的，既然它根本就没有一个基于超绝发生学逻辑的验前构成。换言之，在认知层面上，他心只能是一个类比，尽管这个类比——它作为交互主体性的构成方式当然具有重要的意义——的存在，就如他者乃至它者的存在一样，在超绝意识中有其根据。

② 见本书第144页。

个体分别对应着这个关系式的左边项与右边项。①这个关系可由图 15—3—3 的一个改造了的形式，即图 16—3—1 来表示。

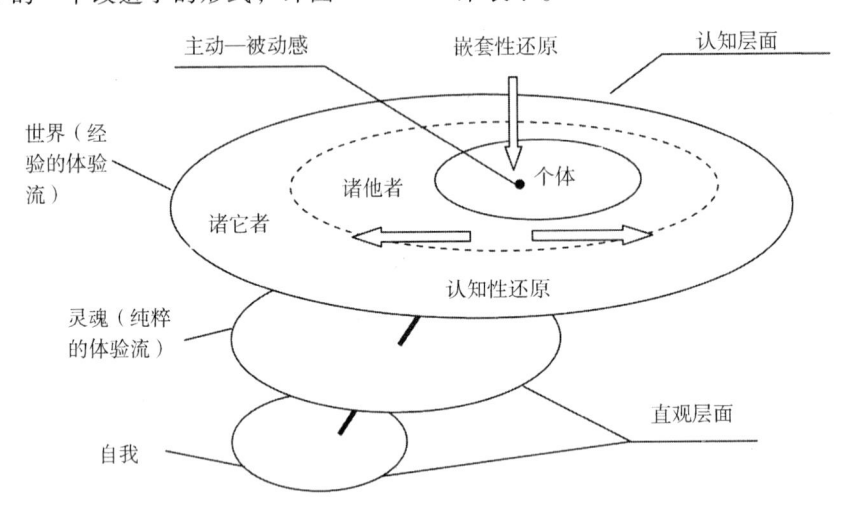

```
                主动—被动感    嵌套性还原    认知层面

世界（经
 验的体验              诸他者        个体
 流）
       诸它者
                        ←        →

                            认知性还原

灵魂（纯粹
 的体验流）

                                          直观层面
 自我
```

图中空心箭头分别表示"嵌套性还原"和"认知性还原"，贯通诸圆的黑实线表示贯穿始终的主动—被动感

图 16—3—1

---

① 另外，我们可以说自我作为直观是不在（量化的）时间之中的，认知性个体则肯定是处于这种时间之中的。那么自我一个体呢？也许应该说，作为一个过渡态，它本身无所谓在与不在这样的时间之中。换言之，当强调自我一个体中的自我时，就已经将它理解为一种纯粹的体验流（灵魂）而非经验的体验流了；相反，当从认知的角度来看它时，它就已经是认知性自我从而在时间之中了。这多少亦反映了我们已经看到的嵌套性还原与认知性还原这两个视角的不相容性。这种不相容性还意味着，认知性还原必定是一种潜无限性的还原，它不可能真正"抹平"那个自我一个体在其世界中的独特性，换句话说，正如我们在第十五章第三节的第三小节中指出的，人格——这里应该更一般地说是个体——不可还原为单纯的物体。于是这又引出一个问题，即这个自我一个体是否就是灵魂呢？看来回答必须是否定的。因为实际上这个自我一个体并非一个自在的状态，既非直观性的自在状态，亦非认知性的自在状态，它只是从认知性自我朝向直观性自我的一种回溯。换言之，它仅仅说明了自我的这种嵌套性结构，却不是这个结构中的任何一个确切的层面（正如图 5—3—3 和这里后面的图 16—3—1 所表明的）。也正因为如此，甚至谈论它的同一性也是没有意义的。谈到同一性，或者是自我（灵魂）的直观同一性，或者是认知性个体的经验同一性。当然，正如我们在前面所言，当提及个体时**意在强调**其内在的嵌套结构时，这个个体或自我一个体也就本质上**等同于**灵魂或者单子了。这也就是为什么我们在正文中当提到某个个体的世界中诸表象（认知性个体）与所有与复多的单子一一对应的复多的个体——对应的时候，有时会不说这个世界中诸表象与诸个体的这种对应而直接说它们与诸单子的这种对应的道理。

其次，任何一个单子在认知层面上的体现原则上就是上面所阐明的这样一种个体与其世界的整体。在上一小节中，我们看到，作为自我直观的无限多的单子构成了一个自觉强度线性递增同时其内部区分性与对称性之间的张力（以及由此导致的诸多二元对立的程度）变化呈类似抛物线的连续统。既然任何一个单子体现为其对应的个体（作为认知性个体而）处于其中的世界，并且除了这个个体之外，这个世界还表象着无限多的其他所有单子或不如说与这些单子对应的个体，即它们都在这个世界中作为认知性个体实存着，那么，这个世界中所有这些个体的表象，包括这个世界所属的个体自身的表象，总起来必定也将构成一种相似的变化。所不同的是，单子的连续统是非时间性的，任何一个世界中与此连续统相对应的无限可能的表象却是在时间之中呈现的，它们构成了这个世界在时间中的变化。这种时间显然是一种运作化的时间，而在其中变化的世界不过是基于灵魂的运作而认知地**规定了的**经验体验流。①这样一种在时间中的变化，实际上是一种从对应于自觉强度较弱的单子（从而个体）的表象到对应于自觉强度较强的单子（从而个体）的表象的**进化**。这个世界中表象的变化顺序之所以会对应于无限的单子连续统从自觉强度低到自觉强度高的顺序而不是任何其他可能的顺序，是因为超绝发生学的第二原理规定了区

---

① 参见上一条注释。这种经验体验流是纯粹体验流（灵魂的运作）的产物，心灵与身体是它的两种认知形象。经验体验流的时间性虽然是就其心灵形象来说的，但却与其身体形象所固有的时间——即一般物体的时空特性中的那个时间——相一致。这种一致性可以这样来理解：超绝发生学的第二条原理决定了在心灵与身体的构成中**分别**存在着区分性与对称性的作用。这使得心灵一方面在其认知的运作本质上体现对称性的主导，另一方面以伴随这种运作的时间性体现出区分性的效应。同时，这还使得身体一方面具有体现了区分性的不可消除的时间性，另一方面却以其空间性体现对称性，也就是说，身体乃至一般物体作为有空间大小者总是实存于时间之中的。然而，这并不意味着在认知层面上，身体的时间性能够还原为心灵（经验体验流）的时间性或者是相反，既然身体与心灵两者彼此不可还原为对方（这里说的是认知性的还原：在上一章第三节的第三小节中我们曾论证过心灵之不可还原为身体，而说到底，这两者的互不还原性，在于它们其实都只能还原为运作着的自我即灵魂，但这后一种还原已经是超绝的还原了）。因此，尽管与心灵在认知层面上的时间性相对应的是对称性运作，而与身体在此层面上的时间性相对应的则是一般物体的空间性，心灵或经验体验流的这种时间性与身体的时间性毕竟在如下意义上是同一的：它们都是超绝意识自我显现中与对称性相对的区分性的结果，或者说，它们都可以追溯到与广延相对的绵延上去。换一种说法，这两种时间的方向（时间箭头）是一致的，这就是熵增的方向（热力学时间箭头）。这种本源的同一性使得我们能够以范畴（量）来统一它们，这种统一就是时钟的根据。另外，这个与广延相对的绵延同时也是作为纯粹体验流的灵魂的非运作的时间性与其中非运作的时间直观之间的一致性的根据（参见前面第126页）。

分性引起对称性这一程序，而自觉强度较低的直观自我中区分性占据优势并且随着自觉强度的提升逐渐转变为对称性占据优势。另外，无限的单子所构成的连续统中区分性与对称性的对立统一呈现出的那种辩证的"圆圈"进程，决定了这个连续统在认知层面上的任何一个对应于它中间的单子的个体及其世界中，将体现出这样一种表象或认知性个体（注意这里"认知性个体"与前面"个体"的区别）间的关系，即后续的认知性个体（对应于自觉强度较高的单子从而个体）总是将前面的认知性个体（对应于自觉强度较低的单子从而个体）作为成分包容于自身，例如，有机物是由无机物构成的，乃至更为一般地，复杂分子总是由简单分子构成。这样，在认知层面上，任何一个世界中无限的认知性个体所形成的进化就必定是一个从对应于自觉强度较低的单子或个体的认知性个体到对应于自觉强度较高的单子或个体的认知性个体的进化，也就是从较低级的实存者到较高级的实存者的进化。显然，这一进化的路径与我们在经验世界，也就是在物理世界（自然）中所观察到的进化现象是完全一致的，换言之，这一基于超绝发生学的路径得到了经验的支持。这使得我们能够说，这个经验的世界以及一切可能的经验世界中的物质进化的图景最终是由超绝发生学原理所规定的。

与此相关的一个问题是，这样一个经验的世界本质上无疑应该是连续的，但在事实上（现象上）却为什么又只是间断的呢？这个问题可以这样来回答：正如存在着连续的光谱，但人的眼睛只能看到其中的很小一部分，并且这一部分中不同波长的光（它决定了人眼看到的光的颜色）虽然是连续变化的，但在人眼中它们却看上去间断地成为七种颜色。进化在个体（例如我们人）的"眼中"表现为非连续性，其道理也是一样。尽管存在着本源的连续性，但经过我们现在并不知道，并且很可能永远也无法完全地知道的复杂而多层次的因果关系，到了我们的眼中或为我们的其他感官所感知的，便仅仅是其中极小极小的一部分了，这样，连续性也就"退化"为间断性了。[①]然而这种连续与间断的矛盾其实在某种意义上比这种解答还要深刻得多，因为它应该必定与绝对对称性之无法为区分性所穷尽这一原理（它其实是超绝发生学的第一原理的，即超绝意识的存在性原理的一个引理）有关。具体到人及其面

---

① 当年莱布尼茨曾以"微知觉"的概念来解决与这里相似的（连续与间断的）问题。

对着的世界，这一限度直接地体现在海森伯的不确定性原理（普朗克限度）上。

然而，以上所言仅仅是对于一般世界进化图景的规定。我们知道，任何可能的世界彼此之间总是存在着某种差异的，这种差异在于每一个可能的世界的进化水平彼此不同——这并不难于理解，既然它们所对应的个体的自觉程度不同。因此，例如，人类的世界——这样说时我们忽略了人类个体（诸人格）之间的差异——就是这样一种世界，它经过了亿万年的演化，最终出现了人类自身，而这个世界，说到底也正是并且只能是人类眼中的世界。但这样一来，似乎就与任何一个世界作为某个单子在认知层面上的"投影"都必定完整地显现超绝意识这一点产生了矛盾，既然这些世界演化的终点是不同的。这个问题与我们在前面所遇到的自我或单子彼此的自觉强度不同但却都是那唯一的超绝意识的体现这一点如何可能的问题是相似的，因此回答它们的方式也可以是相似的：上面所描述的任何一个可能世界中的演化，仅仅是一种对此世界来说的**现实的**演化。而任何一个世界除了现实的演化，还包括**潜在的**演化。构成这个潜在的演化的诸表象不是现实地而是潜在地存在于这个世界之中的，例如，在所说到的人类世界之中，潜在地存在着的是超人的表象。潜在的演化与现实的演化合在一起，便构成了这个世界的完备形态。毫无疑问，这个形态必定对应了直观层面上的那个无限单子的连续统（即这个世界中现实的演化中的诸表象加上潜在的演化中的诸表象与那个连续统中无限的单子之间存在着一一对应）。因此，认知层面上的任何一个世界，它的完备形态都将与上一小节最后所刻画的那个单子连续统一样是一个辩证发展的"圆圈"。所不同的只是一个是在认知层面上，而另一个则是在直观层面上；一个处于时间之中从而是真正的发展或发生，而另一个并不在时间中从而"发展"对它来说只是一个借喻。图16—3—2示意了这样一个"圆圈"。这样一种一般的世界图景模式就既满足了每一个世界彼此之间差异的要求，同时也满足了它们本质上都是超绝意识的一个完整显现的要求，从而解决了上述矛盾。图16—3—2中表示进化的圆弧中实线与虚线的比例在不同的世界中是不同的。这个图示中所具体显示的是人类世界的情况。在这样一个世界中，存在着的是一个从无机物到人类的演化。在无机物中，区分性与对称性的对立乃是潜在的（它们未充分分化），其中区分性占优势但仍含有对称性的因素，因此作为认知性个体整个还处于（其

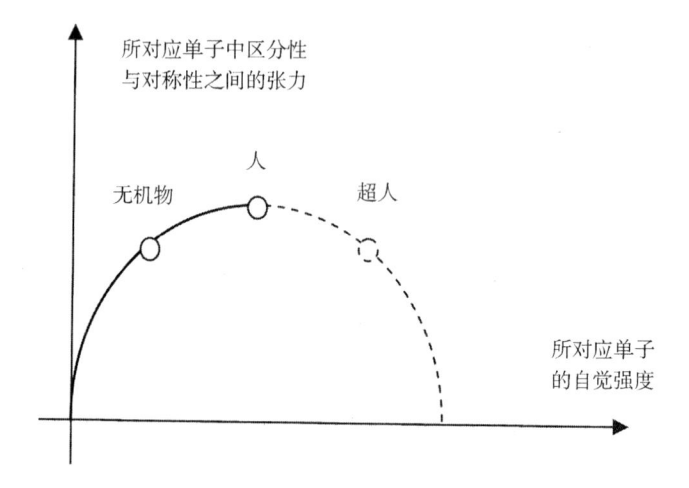

世界的进化图景（图中圆弧中实线部分为现实表象，虚线部分为潜在表象）

图 16—3—2

所对应的单子）缺乏自觉（或自觉的透明度低）的状态。例如一块石头并无主动的对称或区分意识，也就是说，它缺乏自觉。但它对于外部作用的选择性和诸如符合最小作用量原理的行为却分别表明它具有被动的（不自觉的）区分性与对称性，换言之，区分性与对称性的对立只是潜在于其中的。不自觉，也就是被动性表明这块石头中被动感是占优势的，与此相应地，在其中身体因素亦是较心灵因素占优势的。然而无论如何，这种占优势之说毕竟是以优势与劣势的双方并未充分分化为前提的。当这个世界进化到人类出现（更确切地说是现代人类）的时候，区分性与对称性的对立，也就是它们之间的张力达到最大。这种张力意味着心灵与身体、主体与客体、数学的与物理的等等的充分分化。[①]因此在人类这里，

[①] 这显然只是一种大概的说法，因为在所谓人类的阶段，就已经过去了很长的一段历史。这其中人类本身也经历过发展并仍将继续地发展，虽然后来的发展会与此前的有一些根本性的不同，既然发展不是直线的而是"回归的"。皮亚杰对于人类个体意识的研究所发现的规律其实也正是人类意识的系统发展的规律。在后一过程中与儿童早期相似的阶段上，这里所说的"张力"并没有在对应于成熟的人类个体的今天人类的意识中所看到的这样大。顺便说，皮亚杰所考察的人类个体恰恰处于我们的时代，这就决定了皮亚杰所看到的他们的成熟的性状只能以这个时代为标志。关于人类个体的意识发展与人类意识的系统发展之间的平行关系，可参见我的论文"人类意识发生律——兼论中西文化交流的精神现象学根据"，载《自我与他者——比较视野中的中西文化》。

第十六章　存在的辩证法：存在经由实存者朝向自身的返回　　321

石头中那种没有生机的状态转变为有生机的状态，进而产生了心灵与身体之间的逐渐显著的相互作用，认知活动开始有了其实现的方式，即形成了主体与客体的关系，如此等等。特别重要的是，在这种情况下，人类个体或人格由于主动感的增强而由潜在转变为现实，并在对体现了被动感的时间性的克服中使得与之相应的世界有了我们在上一章的第三节所描述的那种结构，即由心灵与身体组成的人格与形式的和质料的世界（见式XV—1或图15—3—3）。并且，身体这时不仅充当了以心灵为根本的主体认知活动的中介而且也充当了同样以心灵为根本的主体实践活动的中介。从无机物到人类的这种进化，便是人类世界的实现。在此之后进一步的演化只能以潜在的方式存在。在那里，个体内在的区分性与对称性的统一体中对称性是主导的，并且像是向人类之前的状态回归似的，对立的双方之间的张力逐渐减弱。这是一种人类所不可能现实地经历的情境。但我们在上一节的第二小节中已经看到，至少是在数学世界中，我们已经可以觉察到这样一种回归的现实性，并由此而想象，这将是比在数学上朝向比拓扑空间的进展更为一般地进展到那**直接源于动觉的连续性**。上一章第三节的第二小节中的图15—3—2所显示的朝向数学直观和时空直观的认知进程多少表明了这一点：在这一进程的终极处，数学直观与时空直观将在某种意义上成为一体，其核心将正是那个连续性。与之同时，那些分化了的对立双方将走向融合：身体与心灵、主体与客体，甚至于——当然只能在某种意义上说——区分性与对称性。例如那些单子中的形式与质料方面的分别将逐渐淡化，从而呈现出更多的主动感和自由（但这显然并不意味着心灵能够创造身体或物体——这样说便还是停留在心灵与身体二分法的阶段①），相应地，物理世界与数学世界，乃至于主体与客体当然也在融合，既然连续性本来就是区

---

① 处于二分法张力最大的状态中的人类总会有对于神仙魔力（呼风唤雨的超人）的想象，其原因盖在于此。这样，我们就澄清了康德在《纯粹理性批判》第二版的"对超绝感性论的总说明"中提到的"派生的直观"（intuitus derivativus）和"本源的直观"（intuitus originarius）的含义：人类的直观就是一种派生的直观。在这个意义上，超绝发生学作为人类的哲学产品，其中的本源的明见性无疑是在潜在的意义上的，或者说，它的现实性仅仅在于说明后来一切非本源的实现的合理性。本源的直观绝对地说不可能为任何存在者或实存者所现实地具有，即便所说的是某种超人，某种达到极致的超人（参见后面第326页上的注释①）。那个**完全**澄明的存在不可能是任何实存者，甚至任何存在者而只能是存在本身。

分性与对称性的融合。①

这样，我们就描述了一个（以人格为例的）个体的世界与直观层面上无限的单子的连续统之间的对应。这样的对应当然也存在于无限多可能的世界——说"可能的"仅仅是将人格（人类）的世界当作唯一现实的世界来说的，显然这并非一个合理的立场，因此更为合理的说法是无限多的世界——的连续的系谱与单子的连续统之间。为此，我们（人格的世界中的主体）不妨尽可能地发挥一下想象力，来描述一下**这些世界之间**可能的关系。我们知道，人格的世界包括主体（人格）、与主体构成交互主体的诸他者，以及作为客体的物理和数学世界（它们与他者一道统称为"它者"）。人格又由心灵与身体构成。那么，对于所对应的单子在自觉强度上弱于人格所对应的单子的个体来说，它的世界将会是什么样子的呢？如果其所对应的单子的自觉强度远弱于人格所对应的单子，那么这个个体（我们称之为"低级的个体"），例如前面已经谈到的一块石头②，

---

① 在这一小节中，我们讨论在与某个单子对应的个体的世界中包含这个个体在内的诸个体的表象，这时我们仅仅论及了这个世界的质料方面，也就是自然界。其实，它的形式方面，也就是数学世界与自然界有着同样的**实在性**。这种实在性同样地基于动体的自觉，基于动觉，最终基于超绝意识。在个体的连续统中处于更高级的位置的个体的世界中数学世界与自然界的融合，也就是图15—3—2中作为认知进路的终极结果的数学与运作化时空将以一种统一的形态，即数学化的时空连续统的形式出现（参见前面第134—136页）。当然，这种境界对于现实中的我们来说还只是一种憧憬，一种设想，然而却是有根据的设想。它让我们想到了毕达哥拉斯，的确，这种设想乃是毕达哥拉斯的"数本论"的一种"回响"。在本章的最后一小节中我们将会通过海德格尔的本体论思想体会到这种"回响"的深刻含义。

② 这里存在着实存者的**个别化尺度**的问题，即个别的实存者是一块石头，还是一大块石头，或是组成石头的分子……？我们以为，首先，实存者可以是这个世界中任何的认知对象，也就是说，只要它们不是所谓抽象物，即不是类概念。在这个意义上，数学对象并不是抽象物，而是以其纯粹对象的身份作为实存者。其次，一般地说，实存者具体的物理形态都是复合物，因为在认知层面上，并不存在不可分割的单子。正因为如此，这些复合物，也就是个体或确切地说，认知性个体，它们的个体性仅仅在于它们各自对应着在直观层面上不可分割的诸单子。因此，实存者的个别化在于它在某个尺度上作为心灵与身体的统一体是完整的。更确切地说，它不会因为这个尺度而丧失决定自身的特殊性的心灵。例如人，就是由其心灵和身体不可分割地结合在一起的统一体。相反，他的身体却能够被分割（身体由各种器官组织组成，而后者又是由各种细胞组成，如此等等）。在这个意义上他是一个复合物，这个复合物——与一切复合物一样——由更为低级的实存者组成。这时候他作为复合物之为一个整体单元（即一个个体）的标志，乃是他那与身体不可分割的心灵。这一点与我们在第十五章第三节的第三小节中说到的人格的同一性最终取决于其内在维度的，也就是灵魂的同一性这一论点是一致的。概言之，实存者的个别化并非任意的，因为一个实存者必须是一个由其灵魂决定的整体。第三，在这个意义上，（转下页注）

它的世界与人类的世界当然会是十分地不同的。①首先，作为这个世界中的主体，它的心灵因为极少有主动感而非常微弱，因此在它的世界中它作为表象与其他表象之间的，也就是它们作为认知性个体或实存者之间的交互主体性将仅限于物理的相互作用。其次，它也因此没有作为客体的数学世界可言（因为在它所对应的单子自我中几乎完全缺乏对于形式方面的直观性意向对象的自觉，也就是缺乏认知性运作直观）。最后，对于这块石头来说，作为客体的物理世界只有与它处于物理因果关系之中的实存者。也就是说，如若是在这个世界中，有着一些自身所对应的单子的自觉强度高于这石头所对应的单子的表象或实存者，则这些实存者的"高级"之处将完全不能被这石头所认知。在这个意义上，这石头的世界中其实**并没有**这些"高级的"实存者。换言之，这些实存者在这个世界中必定被**现实地**还原——尽管从更高级的，从而更完备的个体的角度看这种还原是不恰当的——为与这个世界所属于的个体（那块石头）相当的低级的实存者。这些"高级的"实存者的本质的不可如此的还原性，仅仅体现在它们将**潜在地**实存于这样一个世界之中。例如对于这块石头来说，人格或人充其量也就是一个可能对它有物理作用或者可能受到它的物理作用的对象，从而并不是一个如我们所看到、所理解的人。人的那些在我们看来为石头这样的无机物所不具有的性质，特别地如自由意志，对一块石头来说根本不存在。如果这个低级的个体所对应的单子的自觉强度与人所对应的单子十分地接近，例如黑猩猩这样的个体，那么这个个体的世界与人的世界就有着（比石头的世界与人的世界之间所具有的）更多得多的相似性。但它终究并非人的世界。如果不要求十分精准的话，我们还是可以设想这

（接上页注）一个个体从认知性角度看总是由某些种类的许多甚至于无数的更低级的个体组成的。这个个体的死亡，也就是它的个体化尺度不再能够得到保证了，例如一座房屋被拆成了一堆砖，或者一个细胞被分解为氨基酸等分子。但这时这些砖、这些氨基酸分子依然作为个体——虽然已经不再是原来的作为房屋或细胞的个体了——而实存着。最后，顺便指出，一直以来，有机体，特别是生命体的本质究竟是什么？它与无机物的区别究竟何在？这种区别究竟是如何造成的？这些看似难解之谜的秘密就在于那个与主动—被动感相关的心灵上。绝大部分的有机体的这种心灵都还是十分缺乏自觉意识的。但相对于无机物，它们的心灵已经不完全处于"沉睡"状态了。这是仅仅从前面图16—3—2中就能够了解到的。

① 当我们谈论一块石头的时候，所意指的当然是作为我们，确切地说是我的世界中的一个认知性个体或实存者的石头。但当我构想这块石头自己的世界时，我显然已经将它当作一个自身有其对应的单子的个体，一个自我—个体来看待了。这样一种视角的转换，对于我们或我的世界中的任何一个实存者都是可能的（移情）。

样一个黑猩猩的世界可能会如何地与人的世界不同。尽管黑猩猩的世界比石头的世界与人的世界更为相似，但有一点是它与石头所共同的，那就是在它的世界中，作为表象或实存者的人与它的相互作用通常不过如同样作为实存者的其他的黑猩猩与它的相互作用一样，也就是说，在它的世界中，人通常也就是黑猩猩，这并非由于人与它有着那样的相似，而是由于人是比它更高级的个体。但同样可能的是，与石头不同，由于这种非常高的相似性，黑猩猩也许不会像石头那样几乎完全地屏蔽掉了人的那些体现出比它高级的属性。虽然像石头一样，它并不理解人的那些它所不具有的更高级的个体属性，但它却因为与人的相近而能够**猜想**这些属性，在这种猜想中，这些属性将会是"**神秘的**"。形象地说，对于黑猩猩，人是一种具有特异功能的黑猩猩，一种"超黑猩猩"，一种"巫师黑猩猩"。由此可知，在我们人的世界中，远比人高级的个体的表象或"超人"其实是无法想象，从而并无其有意义的实存性。超人在人的世界中的实存充其量只在人能够猜想的范围内，就如人在黑猩猩的世界中的实存仅仅在黑猩猩能够对人做出的猜想的范围内一样。因此，在人的世界中作为实存者的超人就是那些有着某种神秘力量或特异功能的人（历史上的那些巫师很可能就是这种猜想被不恰当地附着其上的一些人），既然他们没有可能以另外的（人所无法猜想更无法理解的）方式作为对象存在于人的世界之中。然而这种与黑猩猩的类比毕竟是有局限的，因为人处于个体的连续系谱的一个**特殊位置**上：如我们所知，在人这里区分性与对称性之间的张力达到最大值，也就是说，在人这里是从对于绝对对称性的背离转为朝向它的回归**转折点**。人的这种特殊性决定了，人与超人的差距与黑猩猩与人的差距并不一样。黑猩猩所具有的作为认知的基础的诸直观性意向对象没有人所具有的完善，而人所具有的这种直观性意向对象却必定与超人是一样的。所不同者，是超人的心灵对身体占有比人的更大的优势，从而具有比人更大的自由。[①]就这一点来说，超人有超人的力量（理解力和直观的能力），但却并不神秘。像黑猩猩猜想人的神秘一样地猜想超人的神秘的人，只能说是没有达到人所应达到的在个体系谱中的那种特殊的位置，也

[①] 比说超人的"心灵与身体"更准确的，是说超人的自我直观中的形式方面与质料方面。只是由于这里的超人是作为人的世界中的实存者的，也就是说，是在认知层面而非直观层面上来谈论超人的，所以我们说超人的"心灵与身体"而不说他的自我直观中的形式方面与质料方面。

就是说，他多少还没有"脱毛"。①那么，一个超人的世界——就我们能够想象的来说——究竟会是什么样子的呢？很可能超人真正地实现了像孔夫子所说的"从心所欲，不逾矩"。这首先意味着，他的身体会更加地"听话"。对于人来说难以控制的许多与心理有关的身体反应，如恐惧，焦虑等，在超人那里就比较容易得到自主的控制，甚至像血压、心率、肠道的蠕动等也可能听从心灵的调节。因此人类已经猜想到的某种意念作用应该不会是虚幻的，它与对于神秘力量的迷信不同，因为它与人的心灵的（由此人格所对应的单子的那些成熟的或充分发展了的直观性意向对象所决定的）理解力是不冲突的。这很可能是由于在超人那里，心灵对于身体的更为强大的支配作用已经由于主动感占优势而达到了"亚肢体"的层面。由此可以设想超人的感知能力也将与人类有许多的不同，他们不仅对于物理世界有着更为透彻的理解，而且这个世界（那些在人类的眼中的山川河流、飞禽走兽等等）在他们的"眼"中也将是很不一样的。他们的数学世界的纯粹图景也应该要比人类的更加明澈而美丽。对应于人类的单子在超人个体的世界中当然也会有所表象。可以猜想，在超人的眼中，人类在身体上与他们似乎相似，但理解力与意志力却有着显著的不足。人类与他们的相似与差异，多少类似与黑猩猩与人类的相似与差异。显然，我们这样地猜想的超人毕竟是距离人类不远的，那么远比人类要高级的超人又会是怎样的呢？我们只能对他们有一个很笼统的想象：他们在心灵与身体几近同一（这其实是因为作为个体的他们的根据的，即他们的自我直观中的形式方面与质料方面亦几近同一）的同时，与他们的世界——在这些世界中，物理世界与数学世界亦几近同一——也是几近同一的，这乃是主客同一的境界。这样一个世界将变得几近透明，并且由于心

---

① 这种情况在人格或人的世界中可以说是普遍存在的。这一普遍性所依据的是如下事实：在人的世界——注意，当我们这样说的时候，严格地说，是指某个人的世界而非指诸人的世界，因为世界在本体的意义上只是某个个体的世界，这个个体在直观层面对应着一个单子——中这个人自身也呈现为一种发展，皮亚杰所看到的儿童个体智力的发展正是这一发展的一个方面。这种发展的存在表明了超绝意识与自我直观、心灵—身体等，也就是与它在不同层面上的体现之间的全息关系。**另外**，如果我们说人类的世界，那是就诸人格之间的相似性而言的。这种相似性导致了任何一个人的世界中的交互主体性，而这个交互主体性在一个人的世界中，乃是这个人与其他人的（确切地说，作为个体的其他人的）表象，也就是诸认知性个体之间的交互主体性。这种交互主体性的存在原则上对于其他的个体来说也是一样，例如正文中谈到的黑猩猩、石头等，都有其在同样意义上的交互主体性。

灵与身体之间对立的弱化和主动感的增强，其中动式和动感、意志与知觉越加一体化。不难意识到，这样一个境界将是一个虽然永远不会等同但却无限接近于本源直观的状态。这样的超人甚至因此是可以呼风唤雨的。但对于人类来说，依然**只能**通过物理规律来认识这种"现象"。正如我们在前面（第321页上的注释①中）所指出的，将我们人类的世界中的实存者想象为如此神秘的或超自然的，却只能是一种迷信，一种理智上不成熟的表现。进一步，在这一点上超人与我们人类仍然是一样的：一切可能程度的自由，其背后都是必然，即那源于超绝意识的必然，虽然超绝意识本身并无所谓自由与必然。①

再次，因此存在着无限多的世界，这些世界都有着如图16—3—2所示的结构或时序。这个所谓进化的热力学性质与热力学第二定律所描述的系统的热力学性质是相反的，这是因为作为超绝意识的自我显现的诸单子在认知层面上的投影，这些表象世界同时具有克服因区分性而本源地导致的热力学时间性的意义。这种意义具体体现在个体在这种世界的构成中在不同方面对于时间性（因果的时间、进化的时间等等）——这些时间箭头与热力学时间箭头是一致的——的克服。例如，在人格的世界中，进化与认知性的溯因推理的方向是一致的。这种一致可以从它们都意味着世界

---

① 正如人作为实存者（表象）在黑猩猩的世界中，甚至作为潜在的实存者在石头的世界中有其作用一样，超人在人的世界中也有其作用。这种作用如何被人所认知？黑猩猩将人的作用做了神秘化的理解，而人却不应将超人的作用做这样的理解。这是在正文中已经明确了的。倘若是在其对应的单子的自觉强度上远高于人的超人，如正文中所说，人是无法认知他们的——人可以认知与之相近的超人，是因为后者在心灵、身体或个体从而认知性个体上与人接近（例如有可感知的身体等等）——正如石头的世界中人的实存是潜在的（确切地说，是认知地潜在的）一样，这样的超人在人的世界中也是如此这般地潜在的。但人的作用既然实际地存在于石头的世界，则这种（在自觉强度上远高于人的）超人的作用也应存在于人的世界，只是如石头一样，人不能知道这种超人的作用的真实含义，而只是将之理解为"自然的"作用。例如，人推动石头，对于石头这仅仅是一种物理作用，同样地，超人的作用，也将被人理解为一种自然的作用。由此亦可见，"自然的"的确具有康德已经（在《判断力批判》中）意识到的所谓目的论的意义。对于这种意义，石头当然不可能有所意识，但人却能够通过与自身的自由意志的类比而意识到它。并且实际上，自然的这种合目的性必定与人的自由意志（最终也与任何物理关系或直接地说，因果关系）的本质一致：它们都源于绝对对称性。对于这种合目的性的意识，虽然程度不同，也正是超人与人具有同样种类的、并且是成熟的直观性意向对象（单子连续统的"圆圈"刻画了这一点）所决定了的。所以在人类心中远离人类的超人就像是一种憧憬，一种模糊但又确凿的远景，至少比人类在一块石头的心目中作为无机物的隐约的远景可能要生动得多。

第十六章 存在的辩证法：存在经由实存者朝向自身的返回

的有序程度的提高这一点看出来。然而，溯因的理想结果将是时间性的消解。① 所以，这个世界的进化从而时间因灵魂的运作从而个体的认知——它一般地体现为心灵的主动性——而起，又因认知而终结。但它的起点与终点本身，也就是世界或宇宙的开端与末日，却不是认知的对象。这并不奇怪，因为说到底起点与终点正是超绝意识自身。因此，这个本身意味着时间的产生与消亡的世界虽然具有时间性，但却（正如我们马上就会提到的）可以被**认知为**在时间上是无限的，既然它的起点与终点始终是"看不到的"。并且事实上，它的这种"有始有终"并不妨碍无限多单子组成的连续统能够投射于其中。无限多个单子中每一个都对应于这个世界中的一个实存者。当本身无时间性的单子连续统变换为具有时间性，并且被认知为在时间上是无限的的世界的时候，本身无时间的单子在这个世界中所对应的实存者却是在时间上有限的。因为除非实存者本质上都是"可有量的"②，否则它们将不可能成为认知的对象，然而说一个这样的实存者**是**"在时间上无限的"，这意味着它相当于一种连续统，从而也就对于分割是不可穷尽的，即不可能作为"可有量的"而**存在**了。就此来说，芝诺悖论与其说是表明了（运动的）连续性对于认知的不可穷尽性，不如说即便如此，认知也必须基于间断性。③ 有趣的是，恰恰是时空度量和因果追溯（溯因推理）上的不确定性原理保证了这种间断性不至于真

---

① 因为如果这个世界中的一切都被纳入必然的因果关系之中，那么这个世界中的每一个事件都将既是所有一切其他事件的结果，又是它们的原因。这也就是说，在这个世界中并不存在真正的处于因果关系中的时间箭头。这种情况不过是对称性（我们知道因果范畴中就包含着对称运作）对于区分性的克服的一种体现罢了。更有意味的是，这种对于时间性的最终克服当且仅当世界的因果链锁是完备的时候才是可能的，在其他任何情况下，因果关系本身就具有某种时间性，这种时间性与热力学的时间箭头是一致的。这并不奇怪，对于世界的因果联系的每一确认都意味着确定性的增进，而这正是溯因的，也就是与因果顺序相反的方向；既然热力学的时间箭头是朝向确定性减少的，它自然与因果性的时间箭头是一致的。

② "可有量性"是费希特用以界定认知对象（即他说的"某种东西"）的基本特征，他说道："**可分割性**的概念"即"一般的**可有量性**的概念"（见《全部知识学的基础》，载《费希特著作选集》第一卷，第520—521页）。

③ 因此，认知并不能赋予任何个体以实在性，正如它不能赋予运动以连续性一样。个体的实在性的真正根据在于自我直观或单子，从而在于超绝意识。也就是说，任何符合于亚里士多德的实体—属性模式的实存者，都不可能在这个模式（即类的关系）中获得对于其存在或实体性的刻画，或者说，获得其存在与实体性。在这个意义上，显然，"实体—属性"这个模式本身就蕴含着一种悖论。这个道理简单地说，就是**实存者不可能为自身奠基**。海德格尔的"本体论差异"提出的理由也正在于此。

正导致悖论性的结果。①在这个意义上，从直观层面上的单子的连续统到认知层面上的任一个世界中的诸实存者被**认知为**在时间上的无限系列的变换，是一个从连续性到无限的间断的点的变换。②更为重要的是，这个世界所属的、对应着单子的连续统中的一个单子的个体作为自我—个体虽然单独地并不在这个世界中作为认知对象的实存者之列，但他与身体统一而成为的个体却被（自身）认知为这样一个实存者，即成为一个认知性个体，从而也是在时间上有限的。这样一来，便产生了一个看似矛盾的结果，即一个个体是在时间上有限的，但它的世界作为无限多（可能的）实存者的总体，在时间上却是无限的。这个矛盾可以这样来解决：虽然一个个体的世界按理当这个个体结束时便不复实存，但这个个体却能够或不如说是必然将它的世界认知为在时间上无限的，即在自己死后将会是无限地实存下去的。也就是说，尽管作为一个认知性个体的这个世界所属的个体——与这个世界中的任何一个作为其他个体的表象的实存者（认知性个体）一样——乃是时间上的有限者，但这个个体却因为将世界认知为无限的实存者的集合而认为这个世界在时间上是无限的。然而，这种无限性也就因此显然是不可能在这个个体的认知中得到**确证**的。这里所阐述的直观层面上无时间性的单子的连续统与认知层面上无限的时间中有限的实存者的无限的时间系列之间的对应关系，可由图 16—3—3 表示。我们知道，单子本身并无时间性，从而单子之间也无时间的关联。时间产

---

① 前面提到的这样一个实存者的世界的起点与终点是认知地不可理解的，与这里实存者的有限性所意味着的"可有量性"以及因果地不确定性，都让人想起康德关于宇宙论理念中所包含着的二律背反的论述。

② 这仿佛是从那个超绝语义学的总体关系式的左边项转变为右边项。这里还有一个问题需要做一点说明：在《超绝发生学原理》中（例如在我们提到的这个超绝语义学的总体关系式中），无限性与连续性之间被认为存在着某种等价性。但数学上对于可数无限集与不可数无限集的区分似乎将对此造成困难，因为至今我们谈到无限性时，所意指的都应属于可数的无限。但这个困难是虚假的，这是因为上述区分已经蕴含了一种实无限的假设（如果那个无限的枚举矩阵是潜无限的，则那个"不在此枚举中的数"将永远不可能出现）。因此，这样的区分与其说是给我们关于无限性与连续性之间的等价性概念（其实"等价"十分不确切，因为那个总体性质关系式——我们关于无限性与连续性的关系的思想正是源于此关系式的——所意指的只是一种"二择一"的关系）造成了困难，不如说恰恰是支持了这个概念。因为这个关系式的右边项正是一种潜无限（而绝不能是实无限），相反，左边项才意味着某种实无限，而它恰恰是连续性。康托所提出的那种区分或那个对角线法因此不正是表明了当对无限给予实无限的理解时，它必定意味着某种连续性吗？

第十六章　存在的辩证法：存在经由实存者朝向自身的返回　　329

生于直观层面的单子（自我直观）到认知层面的（个体的）世界的转变。由于这个转变的实质在于自我直观或单子内部诸直观性意向对象之间的相互作用，也就是灵魂的运作，因此转变所得的世界的时间特性将与它所对应的单子的这种作用或运作的特性相关。单子的这种决定了它所转变为的世界的时间特性的运作特性就是这个单子内部区分性与对称性之间的张力。具体说，世界的时间度量——在此以快、中、慢为递增的三种标度来表示——与这种张力成正比，也就是说，单子内部的这种张力越大，它所对应的世界的时间过得越快。这样，按照单子连续统中诸单子内部区分性与对称性的张力分布规律（如前面的图16—3—2所示），这些单子所对应的世界的时间度量便有一个

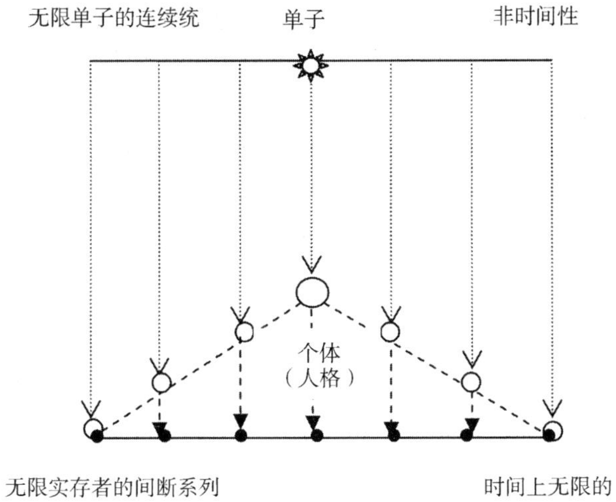

无限单子的连续统　　　　单子　　　　非时间性

个体
（人格）

无限实存者的间断系列　　　　　　时间上无限的

图中从中心处的个体引出的两条虚线与底边构成的三角形表示这个个体的世界，底边上的那些实心点代表诸个体在这个世界中的表象。

图 16—3—3

按照单子自觉强度递增方向的从较慢到较快再到较慢的分布（又是一个辩证法的"圆圈"："慢—快—慢"）。这种时间效应也必定在每一个世界中那无限多的、作为诸单子的表象的实存者身上以该实存者的"**寿命**"的方式反映出来。其具体规律是，以某个世界自身的时间度量特性为分母，这个世界中某个实存者作为其表象的单子所对应的世

界的时间度量特性为分子，所得的分数值便是这个世界中的这个实存者寿命的特征值（以短、中、长为递增的三种标度来表示）。例如，在人格的世界中，石头、人和超人的寿命的特征值分别为：长、中、长。①并且我们还可以知道，按照这种算法，在人格的世界中，没有比人的寿命特征值更短的了。这里还必须说明，所谓寿命特征值并不代表这个世界中的实存者实际的寿命。一个实存者的实际寿命由许许多多的因素共同决定，而寿命特征值只是它们的寿命的一种本质特征，并且没有具体精确的数值意义，特别是在进化系谱中相近的实存者寿命的比较上没有这种意义。

现在，既然谈到了某个世界中实存者的寿命，就有必要理解它的死亡的含义。既然一个世界中的实存者只是某个单子从而与之对应的个体在此世界中的表象，即这个单子在认知层面上有一个个体（自我—个体）从而一个世界（该个体作为认知性个体而成为这个世界中作为所有单子从而自我—个体的表象的诸实存者中的一个）与之对应，那么一个单子所对应的实存者的死亡是否就是它所对应的世界的消亡呢？例如，在某个人格的世界中，某个作为实存者的人，或者不如说被认知为一个实存者的这个世界所属的人格，他的死亡是否意味着这个世界**本身**的消亡呢？回答是否定的。因为作为单子在认知层面的对应，任何世界都不可能消亡，既然单子本身是不可能消亡的。因此，我们应该将所有对应于每一个单子的世界，不，应该说是这样的世界的可能性（我们可以称之为"**世界态**"），理解为永恒的。所消亡的或者说所死亡的，乃是曾经**充实**了这个态的个体，确切地说，是这个世界所对应的单子或灵魂的认知活动现实地体现为的个体，即那个自我—个体及其相应的认知性个体，例如人格。这个人格的死亡则又是通过他的作为实存者的表象体现出来的。我们知道，这个实

---

① 这三个特征值分别是这样得到的：例如，对于人来说，其寿命特征值为快/快，也就是说，在这个（他自己的）世界中，他作为实存者的时间度量不变。这种状态我们说他的寿命特征值为"中"。对于石头来说，其寿命为慢/快，这意味着在这个（人格的）世界中，石头作为实存者由比它本来的时间度量更快的度量来度量，从而寿命会变得更长了。因此我们说它的寿命特征值为"长"。与此类似，可知超人的寿命特征值也为"长"。按照同样的道理，可以知道，在某个超人的世界中，人的寿命特征值将是"短"，而这个超人自己的、比这个超人具有更高等级的超人的寿命特征值则将分别为"中"、"长"，如此等等。

第十六章　存在的辩证法：存在经由实存者朝向自身的返回　　331

存者的表象本质上仅仅是物理的或物质的①，换言之，在一个人格的世界中，这个人格作为这个世界中的一个实存者，他的死亡的表现方式仅仅是他的身体的消亡。至于他的心灵——确切地说应是灵魂，既然在认知层面上，心灵与身体是灵魂这"一物"之两面——作为与单子直接对应的自我—个体的本质却也因为他与单子的对应关系而不会**真正地**死亡：它只是离开了**这个**世界。我们说过，这时作为**一种现实**的这个世界也就不存在了，留下的仅仅是这个世界的世界态。由于这个个体所对应的单子在**其他的世界中**亦有其表象，当属于这个个体的那个世界不再现实地存在时，这些其他的世界中便会出现作为表象（实存者）的这个个体（这个作为认知性个体的人）的死亡的事件。同时，正如我们已经指出的，这个认知性个体（这个人）在活着的时候会**相信**自己死后（他的）世界还会继续存在。既然世界态是永恒的，或者说是守恒的（不增不减的），而认知性个体却会以其相应的身体的消亡而死亡，则这种个体背后的自我—个体的本质，即灵魂，在离开了此认知性个体曾经实存于其中的现实世界之后必定转往另一个世界的态，从而产生另一个现实的世界。这就是一些宗教学说中所说的"**灵魂转世**"。由于没有两个单子是同样的，从而也没有两个灵魂及其所构成的个体以及属于它们的现实世界是相同的，自我—个体的本质或灵魂的转世便不是上升就是下降，也就是说，或者转成对应于有着更高的自觉强度的单子的个体，或者转成对应于有着更低的自觉强度的单子的个体，并构成相应的世界。因此，转世也就是自我—个体的本质或灵魂从一个世界态转入另一个世界态。并且，由于单子从而世界态是守恒的，则有一个灵魂上升地转世便有另一个灵魂下降地转世。这就像是一个满员的剧场中有着固定的座位，有人要换位到前面，就必须有另一人换位到后面一样。当然，实际情况可以是更加复杂得多的，例如形成一种轮转（1替换2，2替换3，……，n替换1），等等，而非直接地相互的替换。②紧接着的一个问题是，是什么决定了灵魂的转世，并决定这个转世是上升的或是下降的呢？灵魂及其相应的个体与世界等级的高低，我们知道，取

---

①　前面已经多次涉及到这样的实存者，作为认知性个体或对象，总是被自然化地加以理解，即使这个认知性个体作为个体就是这个世界的所属者。

②　尤其是我们曾在前面（第257页）提到过处于交互主体关系之中的诸人格一道提升自己的境界的情况。这种情况与这里说到的个体或人格有上升也必有下降的情况并不冲突，既然与复多的单子对应的复多的个体乃是无限的，而任何现实的世界中现实的交互主体都将是有限的。

决于这个灵魂或作为他的直接根据的单子的自觉强度，也就是说，灵魂所实现的那种认知运作所伴随着的主动感越强，这种运作中的对称性越占据优势，它的等级就越高。这就使得任何一个灵魂在其所构成的现实的个体之中，也就是作为心灵与其身体的统一体的时候，在它的世界之中通过努力地认知与实践，努力地求真与行善，便能够实现一种上升的转世。因此，例如某个人格，如此地通过（在转世的意义上而非繁衍的意义的）"世代"的努力，不仅可能**脱胎**——即在原来的身体从而心灵与身体的统一体消亡后，灵魂实现了转世——为更高级的人格，甚至可以脱胎为超人格。不过需要指出的是，由于单子之间没有相互作用，转世前后的灵魂对应着的既然是不同的单子，它们之间便不可能存在任何像回忆那样的信息沟通。因此，也就更不会存在转世前后的灵魂之间的经验的同一性。换言之，**灵魂没有跨世界的历史**。①然而，既然在一个个体的世界之中存在着所有可能的单子的，从而所有可能的个体的表象作为这个世界中的实存者，那么，如我们在前面也曾谈到过的，这个作为心灵与身体的统一体的个体的心灵便多少能够想象、猜想某些与自己不同的（特别是与自己十分接近的）实存者的心灵，尽管这只能是想象或猜想，而不可能是真正的知道（即不可能亲知）。概言之，虽然一个个体的心灵并不能与自己的"前世"的心灵沟通，更不能知晓其"后世"，但却可以对它们有所推测或有所憧憬。对于一个更为高级的"后世"的憧憬，显然是这个个体在"现世"努力求知和行善的一种动力。这种憧憬与由之所做的求知和行善的努力，正如我们在下一小节将指出的，当然是有其内在的根据的，这个

---

① 否则某一个灵魂原则上就可能遍历一切可能的世界，而这就意味着单子的复多性是虚假的，或者说单子本质上就是超绝意识自身而非其显现。这反倒使得超绝意识自身成为了历史，从而是不可能的了。然而有一个问题是，这种遍历难道不正是那个超绝语义学的总体关系式的体现吗？如果回答是肯定的却又不承认这种可遍历性，所谓理性的自我证成，或者说超绝意识的自我显现也就不可能了！对这个问题的解答是：正如我们在前面不远处的一个注释中（第328页上的注释②）已经说过的，那个总体关系式并非等式而是一种二择一的选择式。这个式子的右边恰恰表明以一个灵魂遍历一切可能的世界是不可能达到真理——超绝意识——的。换言之，超绝意识不可能被还原为这样一种遍历。这种不可能性因此正表明了作为超绝意识自我显现的单子必须是复多的，非此不能体现超绝意识的这种不可还原为（某个）单子的本性。这同时表明，理性的自我证成绝不可能以这样一种潜无限的方式实现，而只能以总体关系式的左边所暗示的方式，即通过那个本源的明见性以及它的结果（即超绝意识的自我显现）来实现。关于以一个灵魂或单子之构成取代一切可能世界的，也就是无限灵魂或单子的连续统的不可能性，在前面的正文中也曾从另一角度论证过（见本书第307页）。

根据就是超绝意识在区分的条件的对称性要求（这不过是超绝发生学的第二条原理的另一种表达）。因此这种努力的结果必定是个体对于自己的心灵乃至灵魂的提升，而这种提升将使这个灵魂在更为高级的个体及其世界中得到转世。

让我们对一个个体及其世界的消亡，从而这个世界的有限性以及它所属的个体对于它的无限性的信念等再做一些说明：个体的实存在时间上是有限的。个体死亡后，它的世界也将不复存在。但个体并不知道自己死后的事情，因此也不可能知道它的世界将随着它的死亡而消亡这件事。相反，如果它已经属于那种具有认知能力乃至反思能力的个体——因此"它"最好换作"他"——的话，它会相信在他死后，这个世界将继续存在。他为什么会有这样的一种信念？这正是因为在他的世界中曾有过可说是无数的其他个体（它者）的表象。这些它者的表象（实存者）中一些消亡了，但他的世界依然实存着。这样，当他将自己认知为一个认知性个体或实存者的时候，他自然会做出某种归纳：他将像那些个体一样，死后会留下一个让他眷恋的（或者，让他厌恶的）世界。其实，不仅关于死后那个曾经伴随着他的世界将继续存在这个信念来源于他活着的时候这个世界中存在着复多的其他个体的表象，并且这些表象总是以不同的方式生生灭灭这个事实，而且在他"来到"这个世界之前这个世界就已经存在了许多个世代这个信念也一样地是他从这个世界中复多的其他个体的表象那里，也就是从他出生后的生活经验中得到的，尽管事实上他的世界必定只是与他的诞生一起诞生的。这后一种信念的获得我们在这一章的第一节的最后就曾有过论述。只是在那里，我们的目的是说明超绝发生学与认知的事实，也就是作为对象语言的关于儿童个体身心发育的知识是不冲突的。现在我们可以说，这样一个信念显然是在这个个体特别是具备了认知能力之后，通过与其他通常是更为成熟的个体（这些个体在这个个体的世界中的表象）的交流以及他自己对于过去的在一种统一的认知结构中的回忆而获得的。特别地，他还在这个世界中其他一些个体的出生及其长成的表象中通过类比，以及由于那些较之他自己更为年长者向他讲述他曾有过的出生与童年，认识到他自己也是从母腹中诞生出并逐渐成长起来的。总之，他是在认知活动中构成了这样一个自己实存于其中但比自己要恒久得多的世界，或不如说构成了对这样一个世界的信念与理解的。尽管我们因此知道这样一个世界并非真的如此恒久地实存的，但它作为一种

"世界态"却的确是恒久地，甚至应该说是永恒地存在着的。①

最后，不仅存在着单子的连续统、无限多个体的世界，以及每一个这样的世界中的实存者的进化系谱这三者之间的对应或**全息相关**，而且每一个这样的世界中的个体当其被认知为一个实存者（认知性个体）的时候，这个特殊的实存者的意识在其有限的生涯中的发展也将是这个全息相关的诸多层面中的一种。在这个实存者的意识的发展路径与我们在前面所描述的任何一个个体的世界的进化图景（见图16—3—2）之间存在着相似性。在这个发展路径中，现实的部分是从开始到这个实存者或它的心灵所固有的与其对应的单子或灵魂的自觉强度相当的水平的意识（这是此心灵所能达到的最高的水平），而超过了这个水平的意识则构成这个路径中的潜在部分。那个现实的部分实际上遍历了比这个部分所应达到的意识水平更低的所有状态。对于这个路径，确切地说，对于它的现实部分的认知，正是发展心理学的工作。显然，我们在皮亚杰的研究中所看到的，正是对于一般作为其世界中的实存者的人格的心灵（意识）的发展的这样一个现实部分的发现与描述。在超绝发生学的基本原理的作用下，皮亚杰的这些发现反过来帮助我们看清了与之处于全息相关中的那些层面。例如我们在上一节的第二小节中对于一般单子在认知层面上的体现（个体及其世界图景中主体与客体的构成等）所做的描述，其实就是以人格为例从而借助了皮亚杰的个体儿童意识发展的双重构造理论的。②

三　人格的特殊性质

在单子的连续统和它在认知层面上的对应——无限多的个体及其世界——中，人格处于一个十分特殊的位置上。他的这个特殊性根源于它所对应的单子中主动感与被动感的比值为1，与此相应地，区分性与对称性在他之中势均力敌并且两者之间的张力在那里达到了最大值。这使得人格的特殊性有着多方面的体现。

首先，正是人格或人自身中这种本源的对立统一，产生了皮亚杰的双重构造理论所揭示的认知结构的发展。这一发展中最关键的，也就是最为

---

① 对于这个世界态，我们愿意说它"存在着"而非说它"实存着"，既然它并不是一种认知对象。

② 参见前面第325页的注释①。

第十六章　存在的辩证法：存在经由实存者朝向自身的返回　　335

直接地体现了这种对立统一的，就是群集与群的运作图式的形成。群集可说是真正代表了区分性的动觉的运作元中的分割运作在自我直观或单子的本质中的直接体现。然而，绝对对称性恰恰是对于这种分割的不可穷尽性，因此作为认知功能的基本图式，群集的作用仅仅在于为在自我直观或单子的本质中直接地代表了对称性的群的图式的作用提供展示的"舞台"。例如，类概念的形成乃是实际的认知活动的前提条件，这是显然的，否则的话将会由于缺乏任何普遍性的因素而使得认知成为不可能。因为在这种情况下，认知活动中将无法体现出任何主动性，而只剩下所谓的条件反射。但没有主动性——这种主动性在知觉活动中就已经存在，因此甚至动物的知觉也并非仅仅是条件反射型的——就不可能有真正的认知活动。然而，类概念的这种给出普遍性的代价，就是对于个体性的脱离。可以追溯到古希腊，但在当代哲学中几乎成为最重要的课题的意义问题①，便根源于这种脱离。这个问题早已经在亚里士多德的"实体—属性"模式，或者说在他的分类系谱中埋下了伏笔，因为如我们曾多次指出的，这个系谱其实是无法容纳下个体的。然而个体的确定有着根本的认知意义，既然只有个体（自我—个体）才蕴含了整个超绝意识。我们很快就会看到，这个意义将直接地表现为康德的所谓"合目的性"。因此，群集图式通过类概念并不能达到认知的目的，而仅仅是提供了认知活动的平台。在这个平台上实现认知的，是群的运作。在上一节的第一小节我们就已经看到了群的运作是如何构成了认知所不可缺少的类逻辑以及对象性与因果性范畴的。因此合目的性不仅具有康德指派给它的范导性作用，它更具有（对于认知结构从而经验本身的）构成性作用。②通过这些认知结构，特别是那两个范畴，人类便可以实际上建立起对于（感性的）经验世界的确定的描述。在这样描述出的世界图景中，个体（这一次是认知性个体）作为基本元素而被确定下来。其实，在分析哲学关于意义问题的讨论中占据主流的关于意义的因果理论如果说有什么真正的根据的话，那就在于此。于是这样一个显而易见同时十分重要的历史的事实就不难理解了：更

---

　　① 意义问题在当代西方哲学中在地域上横跨了欧陆哲学与英美哲学两大部类，在时代上则连接了现代哲学与后现代哲学，甚至可以说，在当代哲学的诸多课题中没有第二个问题有着相同的地位。
　　② 我们在第十五章的最后一小节中提到过，康德晚年要在自然科学的形而上学与物理学之间建立一座桥梁，而这就需要使他更早的批判哲学中的范导性理念具有构成性。

一般地，群集通过类概念为语法性语言的出现提供了基础，而这又立即促进了人类的认知活动，使之产生了以往任何时候都无法比拟的突飞猛进的发展。但是，正如后面将指出的，正是这种基于类概念的语言，使得刚刚提到的对于个体（自我—个体）达到完全认知地确定的合目的性，在单纯的认知方面只能是一种永远无法实现的理想。这也正是人格所对应的单子具有的那个区分性与对称性之张力达到最大这一特征性标志在人格或人自身中的一个最为典型的体现。这一点即使是在更为纯粹的对于数学世界的认知活动中也是显然的：分类或不如说分割使我们获得了数的概念①，这种概念立即引出了对于数之间的种种关系的探究。这些探究的结果一般地说就是各种对称关系（特别是群的关系）的发现。然而尽管如此，哥德尔的研究早已告诉我们，我们永远也不可能在这样的数的概念的基础上使用类的逻辑构成一个完备的数学系统。

其次，人格是单子在认知层面上的体现，因此存在于单子中的形式方面与质料方面的对立统一便体现为心灵的能动性与身体的惰性的之间的对立统一。②这种对立统一的含义是，由于心灵与身体的关联，心灵并不单纯地是能动的，它也会受到身体惰性的侵蚀，相反，身体也不意味着纯粹的惰性，它也会激发心灵的能动性。总之，心灵的能动性与身体的惰性在这里是交织在一起的。当然，在比人格要低级一些的个体中也有类似的心灵与身体的对立统一，例如我们在动物那里所看到的。但是，由于前面说到的造成人格的特殊性的那种对应单子中主动感与被动感的均衡以及区分性与对称性之间张力的最大，在人格中，心灵与身体的这种联合与冲突将比在任何其他个体，无论是更低级的还是更高级的个体那里，都要来得更加地鲜明和激烈。这种冲突以及人格由于其超绝根源而必定具有的克服这种冲突的动机将使他具有通常所说的真、善、美三个维度。

首先是真的维度。人的感官——它们属于身体——虽然提供了人对于他的世界中物理部分的认知材料，但却也局限了人的这种认知。在这个意义上，人对于物理世界的认知可说就是不断地由这些感性材料开始而突破

---

① 对于罗素来说是分类，而对于彭加勒来说，毋宁是分割。

② 我们就动体和单子（自我直观）来说谈主动感和被动感，它们在相应的个体中则分别体现为能动性和惰性。对应于被动感占优势的单子的个体惰性较强，而对应于主动感占优势的单子的个体能动性较强。在人格中，这两方面通常并且平均地说是相当的。

感性的局限的过程。这一点若是结合我们在上一节的第一小节的最后对于双重构造的认知结果的分析，也就是结合如图15—3—2所显示的那种关系来理解将会更加确切。该图的右边一列表明对于物理世界的认知在机制上是借助范畴对于物质的溯因而从知觉朝向时间和空间的还原。之所以会如此，是因为在感觉直观的根源中主导的是感觉元，因此感觉直观，从而人格中属于身体的知觉，在本质上具有更大的区分性，这就必然引起心灵或不如说灵魂寻求对称性的冲动。这种冲动直接地体现为范畴对于物质的溯因。在此溯因的过程中，经验的规律变得越来越纯粹，也就是说物理的世界越来越数学化（几何学化）。例如，在生物学上，基于知觉所建立的生物学的分类系谱为我们提供了生物学研究的对象，而这种研究的理想境界，正是能够将这些对象以及它们的发生学关系加以完全定量的描述和规定。这种规定正是通过范畴——它本身意味着对于作为区分性的后果的不确定性的克服，也就是从经验的不确定性不断地朝向数学的确定性努力——来实现的。然而，这也却还不是认知在物理世界的进展方面的终极形态。这种终极形态在某种意义上可说是对于刚才所说的结果的一种扬弃，因为在朝向数学的确定性努力的同时，正如我们在上一节的最后曾举出的空间概念发展的例子所表明的，朝向时空的还原必定达到一种拓扑的，也就是能够揭示时空的连续统本性的结果。在这个结果中，上述认知的材料与结构之间的冲突才会得到最终的解决。只是这种解决的具体形态是今天的我们还难以构想的。

其次是善的维度。身体将人仿佛是本能地——这当然是一种假象——带至一种功利主义的立场，使得人类要想倾听到内心的良知——这才是人的真正的本能——却还需做出巨大的努力。如果说前面论述的第一点是人类活动的**认知方面**的话，那么这第二点表明则是人类活动的**实践方面**或**道德方面**。[①]人的活动的道德性意味在于对经验做出价值判断，即回答所经验到的东西中什么是好的，什么是坏的，或是在实践中什么应该做，什么

---

① 心灵与身体的对立统一还可以从主体与客体的对立统一的角度来理解。后一对立面之间的张力同样在人格或人格的世界中达到了最大值。正如我们这里谈到前一对立统一时将它在人类活动中的表现分为认知与实践两个方面，我们也可以从主体与客体的对立统一来看待这两个方面，即主体对于客体的认知作用和主体对于客体的实践作用。这两个角度的关联也许在于，如果将主体理解为人格，也就是心灵与身体的统一体，则身体在这种主客体的对立中成为中介，成为主体的认知与实践活动中被认知为与客体首先接触的部分。

不应该做。既然是针对经验和实践所做的判断,那么就从根本上无法脱离认知,因为经验总是需要在认知中才能够得到的。其实,关于经验的认知判断保证了对象的可区分性,没有这种可区分性,便没有对象从而也不可能有道德判断的对象。例如,那个如今在道德哲学的讨论与讲堂中屡屡被提到的伦理学上的电车悖论①,它所设定的情境中有几个工人在哪一条岔道上以及该岔道上的工人如果被撞,其损失比起另一岔道上的工人被撞是大还是小等等,就属于认知判断。道德判断说到底就是针对这样的认知判断提出一个价值判断来:电车司机是否应该改变电车运行的轨道?而这样的判断的最终根据,则是康德所说的那种超越于经验之上的"实践理性的基本法则"。只是康德的这个法则毕竟因为其伦理上的空洞性而难以奏效。相反,超绝发生学认为这样的一个法则将直接地源于自身区分的绝对对称性或超绝意识。也就是说,如果说道德判断所针对的认知判断代表了区分性的一面的话,那么道德判断所依据的法则,从而道德判断自身则代表着对称性的一面。由此看来,在一个完整的道德判断中——它将认知判断包容到了自己中间——存在着区分性与对称性的对立统一,而在独立的认知判断中亦存在着同样的对立统一,它们便更应该看作是殊途同归的。这说到底是因为它们都同样地体现着作为绝对对称性的自身区分的超绝意识,都是超绝意识的一种自我显现。②

其三,事实上,对于(当然不仅仅对于)人类来说,除了认知判断和道德判断,还存在着第三种判断,它可以说是前两者的那种共同本质的**直接**体现,这就是审美判断(鉴赏判断),与之相应的便是人格的美的维度。无论是认知判断还是道德判断,都体现了区分性与对称性的冲突。心灵(灵魂)或主体在做出判断的活动中的倾向一样是指向或对于感性中,或对于功利中区分性的克服,也就是以超越感性的杂多而达成理智的普遍或超越功利的甄别而达到行动的普遍为目的的。然而,无论是感性的杂多还是生活境况的多样性看起来都意味着无比巨大的不确定性,彻底地超越

---

① "电车悖论"(trolly problem)是福特(P. Foot)1967年在一篇文章中提出的。它的具体内容可参见桑德尔(M. J. Sandel)的《公正——该如何做是好?》,朱慧玲译,北京:中信出版社2014年版,第22页及其后的几页。

② 这是在最宽泛的意义上说的,这时甚至可以将错误的判断包含在内。因为一旦能够确定正确判断的绝对的原理,则任何错误的判断就不过是正确判断的一面"镜子",注定只能以自己的虚假来表明正确判断的真实性。

第十六章　存在的辩证法：存在经由实存者朝向自身的返回

这种不确定性而达到无限的澄明之境，对于人类来说只是一种虽然不可能实现却能够永无止境地朝向它努力的目标。我们说过，这就是康德认为人类的心灵所固有的**合目的性**。显然，这种合目的性在于那个作为目的的绝对对称性正是人类心灵的本性的，也即是灵魂的本源。这个本源对于必须以区分性为前提的人类心灵来说就是这样一种无法达到但却又**必须**永远追求的目的。伽缪正是在这个意义上将西西弗的生存方式当作了实践上正确的生活方式并且因此是幸福生活的典范的。"西西弗是幸福的！"伽缪这样肯定地说道。①虽然幸福感说到底是一种感受，一种情绪，但却不同于仅仅是身体的快感和功利上的满足感。就此来说它是一种超越于感性与经验的纯粹的心灵或灵魂的愉悦。正是这种愉悦证明了审美判断的存在。因此我们可以称这种愉悦为审美的愉悦。由于有了这样的一种愉悦，以及在它基础上做出审美判断的能力，人类即使无法在认知上达到绝对的真理，也无法在实践上达到绝对的善，但却能够在鉴赏中达到绝对的美。因为一方面，如果说认知上的真是客体见之于主体的，实践上的善是主体见之于客体的，那么美就是主体替代了客体的，或者因此不如说是主体与客体融合的；另一方面，美在根本上是非量化的、非因果的，甚至是非概念的，所以它没有等级的差别，不受因果性的束缚，从一开始就不是相对的而是绝对的直观，是一种仅仅引出人的内心的驱动力的，从而本源的动机，是自身从来不实现什么（具体的实存者）的直观。

真、善、美这三个维度将在一种基于超绝发生学逻辑的辩证关系中构成可能的完美人生。从图15—3—6所显示的超绝发生学逻辑来看，自我环节的构成是"真"维度展开的环节。"善"维度应当是存在于动觉环节中的，既然它存在于人格的行动之动机中，而这个动机以单纯的方式源出于主动—被动感。这里所谓"以单纯的方式"意指动机本身与认知性运作无关，只是它的实施才于后者相关。"美"的直观则直接地存在于超绝意识之中，因此它在"真、善、美"三个维度中属最为源初者，从而既是"正题"也是"合题"。真、善、美这三者的关系因此是，真作为"反题"因素，将在"善"中加以克服。这个善体现在行动之中，它不仅包括通常理解的伦理行为，也包括认知行为和鉴赏行为。总之，其本质在于心灵之支配身体的行动都属于善的范畴。但善的行为所由以发生的动机则

---

① 伽缪：《西西弗的神话》，杜小真译，北京：三联出版社1998年版，第145页。

缘于美的直观。可以说，美的直观是一切行为动机的根据，更确切地说，是它们的最后的、本质的根据。因此，整个超绝发生学逻辑也体现在美的直观与自由意志以及认知对象之间的上述辩证关系之中。①

正如我们在上一节的最后与这一节的上一小节中都看到的，人格或人本身所对应的单子中区分性与对称性之间的张力达到最大这一事实意味着我们人处于超绝意识自我显现在认知层面上所体现的辩证法的三段式中的"反题"阶段，并且因此在人的本性中便存在着朝向"合题"，也就是朝向绝对对称性"回归"的自发倾向。现在我们更看到，这种"回归"的辩证法也将体现在人格构成的真、善、美三个维度之间的关系上。包含着这三个维度在人的现实生活的体现的认知判断、价值判断和鉴赏判断的自然科学、社会科学和人文科学却并不探究这些判断所依据的超绝意识的自我显现中所构成的那些相关的直观性意向对象，以及比这些意向对象更加本源的对称倾向，乃至作为本源的绝对对称性的自身区分或超绝意识。也就是说，它们并不需要包含对于究竟什么是"真"，什么是"善"和什么是"美"的回答。只有哲学才从一开始就以**回答**这样的问题，也就是探究事物的本原与认识的最后根据为目的。我们说过，彻底的哲学所陈述的乃是理性的自我证成。由于哲学的这个动机从而哲学本身起源于超绝意识的自我显现，而哲学的目的又是从超绝意识的自我显现返回到超绝意识或自身区分的绝对对称性，因此我们所说的理性就是超绝意识或自身区分的绝对对称性。对比康德的术语，不难确定，那个体现了区分性与对称性的最大张力的认知状态中的种种因素，如那些认知性运作直观，正与康德所说的知性相平行。因此，知性实际上不过是理性的"降解"。理性的自我证成，就是要从知性的状态返回到理性状态。②正如刚刚所指出的，这种返回意味着在人格的真、善、美三个维度之间构成一种辩证的关联，而这却要以对于这三个维度的本质的哲学认识为前提。然而，理性在哲学中实现的这种自我证成并非现实地达到那个一切的终极根据，即自身区分的绝对对称性，而是对于人的理论的与实践的本质的合目的性的意义的揭示。

---

① 关于这种体现的具体描述，将是本书第五部分，也就是本书第二卷下册的内容。

② 今天的西方哲学，特别是那些后现代哲学家，当他们将自己描述为否定理性从而主张一种非理性的倾向的时候，他们所否定的，其实只是知性。真正意义上的理性本质上是不可能被否定的，因为非理性从根本上说是一个自相矛盾的概念。

人在内心中是否能够明确这样一个终极的目的（也就是万物终极的根据），更将直接影响到他的一生的行为，后者将决定他在完成此生之后是上升为更高级的个体还是下降为更低级的个体。

四　"返回存在本身"与超绝发生学

因此，人作为一种个体的特殊性也可以表述为在他那里必定会有一种哲学的使命，那就是通过对于本源的揭示而朝向它的回归。海德格尔在其《存在与时间》中正是因此特殊性而将人称之为"此在"的，并且正因为如此，哲学的根本任务就必定是揭示"存在"的秘密。这就显得海德格尔的本体论——在他看来就是对于"存在本身"的追问——与超绝发生学有了类似。看清这种类似以及它们之间当然和必定存在着的区别，这对于我们理解超绝发生学的意义显然也会有所帮助。

虽然不能说海德格尔基于对存在的探究的基础本体论[①]或者特别地，生存论本体论的观念是其研读康德《纯粹理性批判》的结果，但海德格尔对于康德这部著作的诠释与他对于存在的研究显然有着莫大的关系却是无疑的。在这里，对于我们的论述有着特殊意义的是，海德格尔对于《纯粹理性批判》的解读充分地表明他的关于存在的本体论说到底也是一种超绝哲学。因为正如他自己所认为的那样，康德的《纯粹理性批判》所给出的恰恰是一个基础本体论的纲领，而他在《存在与时间》中所要建立的，也正是这样一种本体论。虽然康德著作的研究者们有理由对海德格尔的《纯粹理性批判》释义感到不满，因为这种释义企图否定这部著作的认识论意义，而这显然是失之偏颇了。然而，正如我们在哲学史上不止一次地看到的，偏激的观念往往带有异于寻常的深刻性。从《超绝发生学原理》的第一卷起，我们就多次提到康德的"超绝演绎"是从半道上开始的，这种不彻底性与"超绝演绎"的不完备性有着直接的关系。[②]所谓从半道上开始，是指这样一个事实：在"超绝演绎"中，康德试图

[①] 汉语哲学界已经习惯于将海德格尔著作中的 Ontologie 翻译为"存在论"。就这种理论所探究的乃是存在的问题，这个译法当然无可厚非。但由于这个概念终究处于西方哲学历史脉络的深处，在西方哲学史上有着普遍的意义，对于表达这个概念的术语的翻译就不能不顾及它在整个西方哲学史诸家中的普适性。基于这种考虑，我们还是选取了"本体论"这个使用更久也更普遍的译名，并且为统一起见，将有关引文中的"存在论"也一并改为"本体论"。

[②] 见《超绝发生学原理》第一卷中的第十二章，特别是其中的第四、五两节。

在不去探究那些作为可能经验的超绝条件的验前形式（空间、时间与范畴）的根源的情况下而径直论证这些形式对于感性材料的综合活动的客观有效性。这种做法与康德为自己的"超绝演绎"提出的构成性要求本质上是背道而驰的。这乃是导致"超绝演绎"作为一个构成论的超绝系统无法达到其应有的完备的根本原因。正因为如此，我们在康德的演绎及其附属与展开的部分中往往能够看到关于感性与知性的验前形式的根源的暗示就不是什么令人惊异的事情了。这种暗示特别是在"超绝演绎"和"超绝图型法"中，非常集中地通过"纯粹想象力"、"生产性想象力"或"想象力的超绝综合"等概念而给出。例如，在第一版的"超绝演绎"中，康德就曾说过："借助于这种纯粹想象力，我们把一方面即直观杂多和另一方面即纯粹统觉的必然统一性条件联结起来了。这两个极端，即**感性**和**知性**，必然借助于想象力的这一超绝机能而必然地发生关联"①。同时，在《纯粹理性批判》的"导言"中，康德又说过："人类知识有两大主干，它们也许来自某种共同的、但不为我们所知的根基，这就是感性和知性，通过前者，对象被给予我们，而通过后者，对象则被我们思维"②。显然，这是很容易让人产生纯粹想象力就是，至少很可能就是感性与知性的这样一个"共同的根基"的联想。若非是精通《纯粹理性批判》的文本并且能够尽量严谨而客观地（即不带有过多主观倾向地）分析这一文本的诠释者，往往无法克制住这种联想。海德格尔恰恰就不是这样的一种诠释者。在讲授《纯粹理性批判》的课程时，他已经出版了奠定其一生哲学研究的基础的《存在与时间》，而他对于《纯粹理性批判》的诠释，如他自己所承认的，是为了寻找他"所提出的存在问题的代言人"；这样，"如此这般规定的避难之路便引导"他"从《存在与时间》的发问视野来阐释《纯粹理性批判》"。③于是，海德格尔认定在《纯粹理性批判》中隐藏着一条通向形而上学奠基的本体论之路。这条道路的发现起因于海德格尔看到：康德通过对它的类比而给出范畴表的判断形式并非范畴本身的根据④，相反，这个根据在于纯粹的想象力。海德格尔从第一版

---

① 《纯粹理性批判》，第 130 页（A124）。
② 同上书，第 22 页（B15/B29—30）。
③ 海德格尔：《康德与形而上学疑难》（*Kant und das Problem der Metaphysik*）的"第四版序言"（王庆节译，上海：上海译文出版社 2011 年版，第 2 页）。
④ 同上书，第 52 页。

超绝演绎的所谓"从上至下"与"从下至上"的两条道路的"来往过程中"看到,"知性放弃了它的优先地位,而且通过这一放弃,知性就在其本质中呈现出自己本身。知性的本质就在于:必须奠基在与时间相关的超绝想象力的纯粹综合之基础上"①。接下来,海德格尔分析了通过范畴的诸种综合活动以及作为感性直观形式的空间与时间,从中无一例外地看到了纯粹想象力的本源性作用。特别是,他进一步看到,"如果超绝想象力——作为纯粹构型的能力（das reine bildende Vermögen）——本身构型为时间,即让时间得以本源地产生出来的话,那么,我们就将无法回避上面已说出的命题:超绝的想象力就是本源的时间"②。也就是说,海德格尔在《纯粹理性批判》中所发现的本体论之路是通往本源的时间之路。这样,海德格尔就达到了拉《纯粹理性批判》之"大旗"作《存在与时间》之"虎皮"的目的:

> 康德的形而上学奠基活动引导走向超绝的想象力。而超绝的想象力是两大枝干——感性和知性——的根基。超绝想象力本身使得本体论综合的本源性统一得以可能。但这个根基扎根在本源的时间之中。在基本活动中敞开出来的、形成着的本源性基础就是时间。康德的形而上学奠基活动从一般形而上学开始,这样,它就成了对一种一般本体论之可能性的发问。这种一般本体论提出了存在者的存在状态的本质问题,即关于存在之一般的问题。形而上学奠基活动在时间的地基上成长。对存在的探问,这个形而上学奠基的基本探问就是《存在与时间》的问题。③

应当说,纵然有"六经注我"之嫌,海德格尔的康德诠释所毕竟包含的正确性也恰恰由于他的这种主观性。这种情况的出现,其根源正在于我们在《超绝发生学原理》第一卷中就已经指明了的超绝哲学最终作为一种认识论与本体论相统一的系统的必然性。因此,海德格尔是偏颇的,因为他否定《纯粹理性批判》是一种认识论,而他是深刻的,因为他看

---

① 海德格尔:《康德与形而上学疑难》,第79页。
② 同上书,第177页。
③ 同上书,第193页。

到了从范畴溯源必定将达到某种本源性的东西，从而显示为一种本体论追问。当然，从超绝哲学必定走向认识论与本体论统一的结局来看，海德格尔对于康德的诠释拉进了《纯粹理性批判》与《存在与时间》的关系，这是有着某种合理性的。这种合理性在于，只要是其课题能够追溯到康德哲学的、以奠基为目的的本体论，都可以被认作为一种超绝哲学。这一点我们其实已经在后康德主义那里看到过，现在，海德格尔关于存在的探究构成了又一个新的、当代哲学的例子（在接下来比较超绝发生学与海德格尔的本体论时，我们还会看到后者的超绝哲学性质的某些具体证据）。①

但是，尽管就将奠基性具体化为一种对于本源的回溯来说，海德格尔在康德本应前行却止步不前了的地方继续前行，去构建一种他称之为生存论的本体论，这种本体论却与康德的超绝哲学大异其趣。在《存在与时间》的"导论"中，海德格尔曾说道：

> 尽管康德已经把时间现象划归到主体方面，但他对时间的分析仍然以流传下来的对时间的流俗领会为准，……由于传统的这种……作用，**时间和'我思'之间的决定性的联系**就仍然还隐藏在一团晦暗之中，这种联系根本就没有形成为问题。康德耽搁了一件本质性的大事：耽搁了此在的本体论，而这耽搁又是由于康德继承了笛卡尔的本体论立场才一并造成的。……笛卡尔发现了"cogito sum"，就认为已为哲学找到了一个可靠的新基地。但他在这个'基本的'开端处没有规定清楚的正是这个思执的存在方式，说得更准确些，就是"**我在**"**的存在的意义**。②

"我思"当然是康德的"超绝演绎"的一个核心概念。这个概念之源自笛卡尔的事实已经暗含了以一种认识论形态（追问认识何以可能）出现的超绝哲学走向本体论的必然性。由于"我思"在"超绝演绎"中与诸范畴的密切关系，前面所说的在范畴的演绎中对于范畴的真正根源的忽视同

---

① 胡塞尔的超绝现象学当然是另一个例子。
② 海德格尔：《存在与时间》（*Sein und Zeit*）（修订译本），陈嘉映、王庆节译，熊伟校，陈嘉映修订，北京：三联出版社1999年版，第28页。

第十六章　存在的辩证法：存在经由实存者朝向自身的返回　　345

时也就是对于"我思"的根源的忽视。这使得康德与笛卡尔一样，"没有规定清楚"这个"我思"的"存在方式"。针对康德的这一缺失，当代可以说是最伟大的两个现象学家在对之加以弥补方面走上了完全不同的道路。胡塞尔在接受了康德的构成论的同时[①]，将对于"我思"的分析摆到了他的超绝现象学的核心位置上，试图以其超绝还原对这个概念的意义加以确认。胡塞尔的超绝还原实际上沿用了笛卡尔式的意识分析的方式，所得到的结果是被直观地理解为一种超绝意识的"纯粹自我"。基于这种超绝还原所达到的本源的明见之物的构成说到底是一种被称为"现象学心理学"的哲学心理学。应该说，就其理论属于一种构成论而言，说胡塞尔继承了康德的路线，还在于他们的超绝哲学同样因此而受到心理主义的威胁。海德格尔则不同。他在将康德"超绝演绎"中的纯粹想象力概念推进至时间性概念的同时，将 cogito ergo sum 的重心从"我思"转移到了"我在"，并进而将这个"我在"及其与时间性的关系具体落实在了对于"此在"即人这种"本体论地存在"的存在者[②]的分析之上。关于此在的

[①] 同样是被冠以"超绝的"称谓的构成性理论，康德的构成论的重心在构成上，而胡塞尔的构成论的重心则在还原上。

[②] 海德格尔的"存在者"显然处于超绝发生学的认知层面，因此也具有我们所说的"实存者"（这是读者阅读下面引述与评论海德格尔学说的文字时需要注意的）的含义。但若仅就"此在"这种存在者（实存者）来说，则它必定具有我们有前面所指出的那种（存在的自我—个体与实存的认知性个体）两间性。如果说正如海德格尔自己所以为的，"存在"是某种真正本源的东西，即相当于我们所说的"超绝意识"或必定自身区分的绝对对称性，那么他的系统中其实是缺少了我们所说的"存在者"即单子那样的东西。超绝发生学区分"存在"（超绝意识）、"存在者"和"实存者"的一个根据在于，当存在在亚里士多德那里被"是化"（系词化）之后，首先就有了主词与谓词的区分。在"是"的两边分别有主词与谓词。真正的主词，也就是只能做主词者，是被亚里士多德称为实体的"这一个"；而真正的谓词，便都是这样的某个实体的属性。正是这些属性构成了一个分类系谱（见图16—2—1）。一个实体的全部可能的属性便是作为主词的这个实体的所有可能谓词的集合。在某种意义上，"是"表明了主词（实体）与其谓词（属性）的置换关系。这一置换说到底就是**实体的认知化**。但超绝发生学表明，这个实体不是别的而正是单子，它是不可能被完全地认知化的。这也就是为什么我们从亚里士多德的分类系谱中可以见到类属性必定无法穷尽作为实体的个体这一事实的原因。在这里，我们再一次看到了《超绝发生学原理》第一卷中所给出的超绝语义学的总体性质关系式所意指的情况：一边是本原的无限性，另一边是潜无限性。这样，就有了我们所说的单子在认知层面上的体现，即自我—个体与被理解为诸属性之集合的认知性个体的分别。因此给它们以不一样的名称——"存在者"和"实存者"——是理所当然的。这一切，显然，都可说是存在之转变为"是"的结果。这一转变，我们知道，意味着超绝发生或理性的自我证成的"正、反、合"三段式的"反题"之形成。

这种本体论上的特殊性，海德格尔断言："此在是一种存在者，但并不仅仅是置于众存在者之中的一种存在者。……**对存在的领悟本身就是此在的存在的规定**。此在作为存在者层次上的与众不同之处在于：它在本体论层次上**存在**。"①。实际上，对于此在的分析构成了《存在与时间》的基本内容，其目的是要揭示存在的意义，也就是阐明一切存在者，首先是此在的本体论根据。然而，海德格尔在这部著作中对于此在所做的分析，即所谓生存论分析，却完全不同于胡塞尔乃至康德的意识之分析。在他的分析中，"我思"、范畴、知觉、感性材料等概念被烦（Sorge）、领会（Verstehen）、现身（Befindlichkeit）、筹划（Entwurf）、寻视（Umsicht）以及上手之物与现成在手之物等概念所取代，甚至他曾借助其揭示了《纯粹理性批判》的本体论意义的纯粹想象力在他自己的理论系统中也很少被提及。这曾使得胡塞尔拒绝承认海德格尔的理论是一种现象学并批评后者将哲学弄成了一种人类学。②胡塞尔的看法是有根据的，因为海德格尔对于此在的分析的确表现出了非常浓厚的"拟人化"特征，这一点仅仅从上面所罗列的他的那些基本概念就已经能够觉察出来。并且，便是海德格尔本人也曾将他对于解决"超绝疑难"的哲学理论的憧憬说成是"一种够格的，即以形而上学奠基为目的的'哲学人类学'"③。由此难道可以说，如果胡塞尔的超绝现象学总摆脱不了心理学化的倾向的话，那么，海德格尔的生存论本体论便难以摆脱人类学化的倾向？其实不然，海德格尔对于此在的分析虽然算得上是一种"人的分析"，但正如他自己所说，这绝非一般意义上的人类学，而是"哲学人类学"。他的这种哲学人类学注定不会为作为一种经验科学的人类学所接纳，因为这种所谓的人类学从根本上

---

① 《存在与时间》（修定译本），第14页。海德格尔的这种对于此在在诸——以我们的术语用法来说——实存者之中的特殊性的理解，恰恰对应了我们关于自我一个体与认知性个体的区分。所不同者，仅仅在于自我一个体并不只是包含对应于此在的自我一人格。"对存在的领悟本身就是此在的存在的规定"，不错，自我一人格的超绝发生学意义正在于这个人格能够领悟到作为其本质的自我直观。这个自我直观，从而超绝意识因此也正是海德格尔的本体论追问所指向的存在本身。正如我们已经指出的，在人的世界中现实的（这就是说，不包括超人在内的）实存者中的确只有人才能够真正具有这样的领悟并因此担负起这个本体论探求的重任。
② 参见陈嘉映：《海德格尔哲学概论》，北京：三联出版社1995年版，第10页。
③ 《康德与形而上学疑难》，第196页。

第十六章 存在的辩证法：存在经由实存者朝向自身的返回　　347

说是与科学的思维相悖的①，它所体现的其实是维科（G. Vico）所说的"诗性的智慧"。让我们结合海德格尔的文本来说明这一点。在《存在与时间》中，海德格尔将"烦"理解为此在的本质（"此在之在绽露为**烦**"②，"此在之存在即烦"③），而烦的基本结构由三个环节构成，即领会、现身和沉沦（Verfallen）。这种结构统一于时间性（"**烦的结构的本源统一在于时间性**。"④），其环节分别对应于将来、曾在和当前。于是海德格尔通过此在的分析而探究存在的计划就将落实在对此在的，也就是烦的意义——即时间性（"**时间性绽露为本真的烦的意义**。"⑤）——的分析上。这一分析构成了《存在与时间》的第二篇"此在与时间"的基本内容。其中，关于沉沦的分析中有这样一段谈到"好奇"：

  好奇是此在的一种别具一格的存在倾向，此在借好奇而烦忙于一种能看。像视这个概念一样，"看"也不局限于用"肉眼"知觉。更广意义上的知觉着眼于外观而让上手事物与现成事物就其本身"亲身"照面。这种"让照面"奠基于某种当前。……作为这种拘囚于其自身的当前化，好奇处在一种与相应的将来和曾在状态相统一的绽出方式中。对新奇之鹜好诚然蜂趋尚未看到过的东西，但其方式却是：这种当前化设法从期备抽身。好奇完完全全以非本真的方式而是将来的，而其中又有这样的情况：好奇不期备一种**可能性**，而是可能性已经只还作为现实的东西在鹜好中被欲求。好奇是一种难以居持的当前化组建的，这种当前化只顾当前化，从而不断设法从它难以居持

---

　　① 参见 M. 弗里德曼：《分道而行——卡尔纳普、卡西尔和海德格尔》，张卜天译，南星校，北京：北京大学出版社2010年版，第10页。
　　② 《存在与时间》（修定译本），第211页。在修定译本中，译者将原译为"烦"的 Sorge 改译为"操心"，其理由见修定译本的"一些重要译名的讨论"的第5条。然而我以为原译本依从熊伟先生所取的译名"烦"更为恰当，其主要原因是这个"烦"字比"操心"更加空灵，也就是说，更加能够体现《存在与时间》中 Sorge 之超越一般存在者的意义。因此，我在这里仍统一选取"烦"为 Sorge 的译名，并且相应地，besorge 的译名亦由修定本的"操劳"改回原译本的"烦忙"。
　　③ 同上书，第268页。
　　④ 同上书，第373页。
　　⑤ 同上书，第372页。

地"居持"在其中的期备脱身。当前不仅发源于期备,而且是在我们刚刚强调的"跑开"这一意义上从与之相属的期备"跳开"。好奇这样以"跳开"的方式当前化,却不是投身于"事",它倒是在看到一眼之际就已向最新近的东西转盼了。这种当前化不断地"跳开"对某种确定的掌握住了的可能性的期备,并从本体论上使标识着好奇的**无所延留**成为可能。……这种"跳开"是期备的一种绽出变式,其情形是:期备**跟着**当前化**跳**,期备仿佛放弃了自身,它也不再让烦忙活动的种种非本真的可能性从所烦忙之事来到自身,除非是那些为了一种难以居持的当前化的可能性。①

在这段引文中,海德格尔这样地阐明作为沉沦的一种样式或特性的好奇与当前的对应:通过好奇让上手或在手的事物与其自身照面,而这个"让……照面"便"奠基于某种当前"。这其中已经涉及了诸多与人的身体行为有关的词汇:"看"、"上手"和"照面"等等。但海德格尔显然不是在这些词的日常意义上使用它们的。"看"并不局限于用"肉眼"知觉,"上手"也绝非仅仅拿在手上,至于"照面",当然也就不是简单地"面对"周围的事物,而是对于它们(具体地说是种种工具)的整体性的揭示。那么,如何才能把握这些词汇的含义呢?由于这里罗列的词汇与"上手事物"有直接的关系,我们就看看海德格尔是如何解释事物之为"上手"的。海德格尔说过,"在这种使用着打交道中,烦忙使自己从属于那个对当下的用具起组建作用的'为了作'。对锤子这物越少瞠目凝视,用它用的越起劲,对它的关系也就变得越本源,它也就越发昭然若揭地作为它所是的东西来照面,作为用具来照面。锤本身提示了锤子特有的'称手',我们称用具的这种存在方式为**上手状态**"②。所以上手之物就是已经熟练到得心应手地使用着的用具,而使用它也就是与它照面。这里我们当然可以将"使用"理解为当下的,因此这个"照面"或"让…照面"也就"奠基于某种当前"了。然而问题是,这与"好奇"又有什么关系呢?我熟练地使用工具的活动中包含有好奇吗?如果回答是肯定的,

---

① 《存在与时间》(修定译本),第394—395页。
② 同上书,第81页。

第十六章　存在的辩证法：存在经由实存者朝向自身的返回　　349

那么我不正是会"瞠目凝视"手上的工具吗？难道对已经能够熟练地使用的工具我还会好奇吗？可见至少在表述上，海德格尔已经陷于似是而非、含糊不清的状态。这种状态看来是难以避免的，因为我们多少可以知晓海德格尔的用心："好奇"必须具有"烦"的时间性特征，即是一种将来、曾在和当前的统一体。因此它就不能仅仅是当前，否则它作为"看"就是通常所说的视知觉了。前面提到的具有根本性的整体性正与这里所涉及的时间统一性相一致。"锤子"的例子中的"越少瞠目凝视，用它用的越起劲"等不过是为了获得这种整体性或统一性。"好奇"便是这种对于整体的"看"，从而包含了作为将来、曾在和当前的统一的时间性。所以海德格尔才会在上面的引文中接着说道"作为这种拘因于其自身的当前化，好奇处在一种与相应的将来和曾在状态相统一的绽出方式中"。然而这一表达依旧令人费解，因为我们实在不能理解将来、曾在和当前是**如何**被包含在"好奇"之中的。于是海德格尔变本加厉拟人地（即以借助于人的身体行动来象征所要阐述者的方式）论述道：好奇这种当前化"设法从期备抽身"，从期备"跳开"。也就是说，好奇这种当前化乃是从有准备的等候中跳出去。等候本身就是一种倾向。跳出等候也就是不再等候，它在这里意味着被等候者的到来。这个到来便是一个"当前"。……我们或许可以说这是一种深奥的表达，但它毕竟总是似是而非的，除非我们将它视为无意义的文字游戏。①

"好奇"的例子使我们看到了海德格尔关于此在的生存论分析的拟人化特征。他的这种拟人化语言所真正表达的，其实是**一种感悟性的思维**。这种感悟性的思维本质上乃是对于心灵深处的状态的内省。越是海德格尔的生存论本体论的基础概念，就越是这种感悟的结果。例如，"畏"的概念及"畏"与"怕"的区分就是这种本体论的"准备性"工作的一个重要内容。"怕"是存在者层面上的一种情绪，因为怕的对象总是某种存在者。但"畏"却体现了作为能够提出"存在问题"的存在者的此在超越

---

① 《存在与时间》（修定译本）的汉译者所选译的该著作 J. Macquarrie 和 E. Robinson 的英译本中的译者注中有一条是关于这里所引的"好奇是一种难以居持的当前化组建的，这种当前化只顾当前化，从而不断设法从它难以居持地'居持'在其中的期备脱身"一句的。其中说道："在这一句子中，海德格尔利用'期备'［gewärtigen］、'当前化'［gegenwärtigen］、'居持'［gehalten］、'难以居持'［ungehalten］这几个词的多义性玩了一个颇难翻译和解释的文字游戏。"（第395页注①）

存在者而自身对于存在的领悟。因此这个"畏"并没有具体的对象，或者说，它的对象是此在的"在世本身"。"怕的事由是周围世界中烦忙所及的存在者。畏则相反发源于此在自身。怕从世内事物袭来。畏从被抛向死存在这一在世升起。"① 虽然"怕"与"畏"在情感上是相似的，但"怕是沉沦于'世界'的，非本真的而且其本身对这些都还昧而不明的畏。"② 可见，尽管"怕"有着具体的对象，似乎更加明确，但它在本体论上却是"非本真的"，或者说，在本体论上显现了此在存在的意义的是"畏"而非"怕"。"畏"作为一种更加深刻，更加本真的情绪只能如我们所说，是一种来自心灵深处的感悟。如果说"怕"是一种通常心理学上所说的情绪，那么"畏"就应该说是一种形而上学的情绪。至于作为此在的本质的"烦"，就更是如此了：

> 我们且必须把"烦"这个词把握为本体论论上的结构概念……。这个词同在每一个此在的存在者状态上都可以发现的"沮丧"和"生计操劳"完全不是一码事。只因为此在在**存在论上**被领悟为烦，所以诸如此类的东西以及反过来像"无忧无虑"和"欢快"这样的东西在存在者层次上才是可能的。因为此在本质上包含着在世，所以此在的向世之存在本质上就是烦忙。③

然而，这样把握到和表达出来的概念毕竟因为其似是而非、含糊不清而无法达到明见，更无法真正**构成性地**澄清从存在到存在者的机制，尽管它们作为一种具有形而上学意味的东西而不失深刻。海德格尔自己其实是最清楚这样一个结果的。但由于找不到一条更加适合于引导到存在的底蕴的道路，找不到一种揭示这样一条道路的语言，被这样一种真正说来极端困难的处境所逼迫，他终于**反以为**只有诗化的语言才是道出存在的真谛的唯一方式。在他的根据1935年的演讲内容编纂的《形而上学导论》一书中，我们就看到了这样的表述："哲学位于科学之先，这种在先并不仅仅指'逻辑上的'或者说它处于科学总体系的范围内。哲学处于与精神性的此

---

① 《存在与时间》（修定译本），第392页。
② 同上书，第219页。
③ 同上书，第67页。

在的一种完全不同的领域中和地位上，只有诗享有与哲学和哲学运思同等的地位。……在诗中（这里指的只是那些真正的和伟大的诗）自始自终贯穿着与所有单纯科学思维对立的精神的本质优越性。"① 随着这种观点的形成，海德格尔进一步将对于存在的真理之思理解为诗性的思维。"存在之思乃是做诗的原始方式"，他这样说道："思的诗性本质保存着存在之真理的运作"。② "语言是存在之家"这句名言便是据此而说出的。③ 于是，海德格尔对于存在的探究已经远离了传统的形而上学（包括康德的形而上学）。④ 在这个意义上，对于存在的思索恰恰意味着"哲学的终结"。⑤ 至此，海德格尔不仅与胡塞尔，而且与康德以及其他超绝哲学家（也许黑格尔稍有不同）完全分道扬镳。不过也正因为如此，他成为当代另一种哲学思潮的开创者，这种哲学思潮特别在上个世纪中叶以后的法国产生了巨大的影响。

海德格尔的这条哲学道路其实是一条从此在沉沦的在世方式返回存在的道路。从亚里士多德以来，存在已经通过类的逻辑转变成了科学的、语法性的语言中的系词。无论是亚里士多德的实体学说还是康德的超绝演绎，说到底都是关于这个作为系词的"是"的理论，在海德格尔看来，这些理论作为形而上学已经脱离乃至遮蔽了存在本身。因此，这种哲学的终结恰恰应该是关于存在之思的真正开始，也就是说，是回到前苏格拉底哲学甚至这种哲学产生以前的神话中对于存在，也就是"自然"（φύσις）的思索。正如我们所指出的，这种思索可说是一种诗性的思维。维柯早已谈到过这样一种"诗性的形而上学"："诗性的智慧，这种异教世界的最初的智慧，一开始就要用的形而上学就不是现在学者们所用的那种理性的抽象的形而上学，而是一种感觉到的想象出的形而上学，像这些原始人所

---

① 海德格尔：《形而上学导论》，熊伟、王庆节译，北京：商务印书馆1996年版，第26—27页。
② 海德格尔：《阿那克西曼德之箴言》，《海德格尔选集》（上），孙周兴编，上海：三联书店1996年版，第539页。
③ 这个提法初见于写作1946年的《关于人道主义的书信》（见《海德格尔选集》（上），第358页），随后在《从一次关于语言的对话而来》（1953—1954年）和1959年的演讲《走向语言之途》等中一再出现（分别见《海德格尔选集》（下），孙周兴编，上海：三联书店1996年版，第1008页和第1148页）。
④ 见《关于人道主义的书信》，《海德格尔选集》（上），第399页。
⑤ 参见《哲学的终结和思的任务》，《海德格尔选集》（下），第1243页及其后的几页。

用的。这些原始人没有推理的能力，却浑身是强旺的感觉力和生动的想象力。这种形而上学就是他们的诗"①。于是，由此在朝向存在的探索在某种意义上就变成了一种思维的发生学。这种发生学归根于诗性的智慧，归根于那种被维科理解为感觉力与想象力的结果的感悟，或者说，基于这种感觉力与想象力的对于心灵状态的内省。然而，哲学的思索果真归结于，或者不如说成就于这样一种思想状态吗？在已经构建起了超绝发生学的原理系统之后，我们应该如何回答这个问题，应该如何看待海德格尔的存在之思？

说到这里，就必须提到海德格尔生前未发表的写作于《存在与时间》完成与出版差不多10年之后的《哲学论稿（从本有而来）》这部著作②，因为它不仅被海德格尔的研究者们认作是与《存在与时间》并列的海德格尔最重要的两部著作之一，而且在其中还体现了一种与《存在与时间》不同的关于存在问题的进路。③然而正是这部著作的内容证实了我们前面对于海德格尔的本体论思想发展的概括，即关于存在的本质或真理始终是海德格尔本体论的核心问题，而他探究这一问题以及对这一问题的回答从《存在与时间》起，便是以一种与传统的形而上学不同的方式进行的。如果说《存在与时间》与《哲学论稿》有什么不同，这个不同主要就在于后者在这种背离传统形而上学的方式方面表现得更加彻底。让我们先通过两个在《存在与时间》和《哲学论稿》中都曾出现过的概念来看这两部著作的这种关系。这两个概念是 Sorge（烦）和 Entwurf（筹划、开抛）。

首先，我们已经知道，Sorge 在《存在与时间》中被认为是此在的意义之所在，而在《哲学论稿》中，它关涉到一种"基本情调"，确切地说，是建立在作为"基本情调"的 Verhaltenheit（抑制）的基础上。后一词汇由动词 verhalten 来。这个 verhalten 意指这样一种行为：把持住一种心灵或身体的倾向，如屏住呼吸、抑制愤怒、压低嗓门等等。因此，Ver-

---

① 维科：《新科学》（上册），朱光潜译，北京：商务印书馆1989年版，第181—182页。
② 海德格尔：《哲学论稿（从本有而来）》（*Beiträge zur Philosophie (vom Ereignis)*），孙周兴译，北京：商务印书馆2012年版。
③ 参见瓦莱加—诺伊（D. Vallega - Neu）：《海德格尔〈哲学献文〉导论》，李强译，上海：华东师范大学出版社2010年版，第11—13页。这本书的汉译书名中的"哲学献文"是对于 Beiträge zur Philosophie（"哲学论稿"）的英译 contributions to philosophy 的汉译。

第十六章　存在的辩证法：存在经由实存者朝向自身的返回　　353

haltenheit 作为"基本情调"实际上是一种**隐喻性**概念。它喻指一种"引而不发，跃如也"的机发状态（这大概是真正的本源之状态吧！）。Sorge 就是这种状态的直接结果，或者说，它本身也是一种"基本情调"，是 Verhaltenheit 的一个具体化的样态。"抑制乃是烦的基础。此一**在**之抑制首先为烦——作为经受着'此'的内立状态（Inständigkeit）——建立基础"①。这里的 Inständigkeit 是一种内在的迫切，迫切什么呢？从这个词与 instand（完整的、完善的）有关来看，乃是此在对于某种完备性、完美性的迫切。烦在《存在与时间》中正是被理解为这样一种迫切："烦的这一结构环节无疑是说出了：在此在中始终有某种东西**亏欠着**，这种东西作为此在本身的能在尚未成其为'现实'的。从而，此在的基本建构的本质中有一种**持续的未封闭状态**。……只要此在作为存在者**存在着**，它就从不曾达到它的'整全'。"②而此在的"这种'不完整性'随着死亡告终，这是无可争辩的。"③所以，烦就成了此在的一种伴随终生的"基本情调"——如《哲学论稿》中所言，——其中蕴含着对于"整全"的渴望从而体现出一种原初的动机。由此可见，《存在与时间》和《哲学论稿》都是在追问此在之存在的本质，并且都企图以一种感悟的方式予以回答。这可以说是两部著作的相似之处。其次，它们在这种相似中存在着的不同，则可以在 Entwurf 这个概念的变化中看到。Entwurf 这个词在《存在与时间》中意指着被抛的此在对于世界的构成活动。④而在《哲学论稿》中，它则是指本有（Ereignis）的开启。海德格尔说，"……开抛（Entwurf），

---

① 《哲学论稿》，第 39 页。
② 同上书，第 272 页。
③ 同上书，第 291 页。
④ 见《存在与时间》（修订译本），第 169 页："……领会于它本身就具有我们称之为**筹划**（Entwurf）的那种生存论结构。领会把此在之向着此在的'为何之故'加以筹划，正如把此在之在向着那个使此在的当下世界成为世界的意蕴加以筹划。这两种筹划是同样本源的。就领会的此（作为能在的此）的展开状态来考虑，领会的筹划性质实际组建着在世的在。筹划是使实际上的能在得以具有活动空间的生存论上的存在建构。此在作为被抛的此在被抛入了筹划活动的存在方式中。此在拟想出一个计划，依这个计划安排自己的存在，这同筹划活动完全是两码事。此在作为此在一向已经对自己有所筹划。只要此在存在，它就筹划着。此在总已经——而且只要它存在着就还要——从可能性来领会自身。……领会作为筹划是这样一种存在方式——在这种方式中此在恰恰就**是**它的作为种种可能性之为可能性。"

即对作为**本有**的存有之本现的开抛"。①这个本有，在《哲学论稿》中被认为是海德格尔所追问的存在——在这部著作中更多地被写作"存有"（Seyn）——的真理之所在。所以，"开抛，亦即对存有之真理的时间—游戏—空间的奠基性开启"②因此，在《哲学论稿》中，作为一种活动、功能或状态的 Entwurf 的定位从它在《存在与时间》中此在的结构中**往前移动**到了规定此在之存在的本质的本有上去了。

我们在 Sorge 和 Entwurf 这两个概念的含义的变化上所看到的《存在与时间》和《哲学论稿》的异同，反映了从前一部书到后一部书之间海德格尔思想的，也就是他对存在问题之思考的变与未变。③所未变者，是在《存在与时间》中已经体现出来的不同于胡塞尔的现象学还原的另一种现象学还原，即朝向感悟的还原——正如我们可在前面提到的"基本情调"如"抑制"的含义中所看到的那样——在《哲学论稿》中依然是一种基本的方法。④所改变者，则是在《存在与时间》中，这种还原终究未能**走出**本身作为存在者的此在，而《哲学论稿》却将这种还原推进到了作为存有的本现或真理的本有。《存在与时间》和《哲学论稿》的这种既相同又相异的关系牵涉到在后一部著作中海德格尔对于哲学关于存在问题的提法以及在这个问题中所要探究的"开端"的界定。更确切地说，在海德格尔自己看来，在存在问题的提问和回答中《存在与时间》和《哲学论稿》所处的位置是不同的。请看海德格尔在《哲学论稿》中这样

---

① 《哲学论稿》，第13页。在 *In the Way to Heidegger's Contributions of Philosophy*（《通向海德格尔〈哲学论稿〉之途》，Madison: The University of Wisconsin Press，2007）中，作者艾马德（P. Emad）写道："在跳跃的作用之下，被抛不再意味着被抛入敞开的事实性并且开—抛也不再指示事实的敞开。毋宁说，作为跳跃规定的一种结果，被抛证明通过存有被居有而开—抛则证明为朝向这种规定的开启。"（p.136）

② 《哲学论稿》，第4页。

③ 在《哲学论稿》的第42节，海德格尔在谈到《存在与时间》与"本有"时也说道："在这条'道路'上……始终要追问这一个关于'存在之意义'（Sinn des Seyns）的问题，而且只是追问这个问题"（第92—93页）。

④ 从超绝发生学的角度看，胡塞尔的还原是在"自我"环节上由于获得了对于纯粹运作的直观而基于此直观的还原，海德格尔的还原则是在"动体"环节上基于非运作性的直观的还原。尽管胡塞尔只是运用了这种运作性直观，却没有将还原推进到这种直观本身，但正是对于这种直观本身的还原可以导致真正本源的明见性。海德格尔则更加不可能有这样一种可称为超绝发生学还原的还原，他的还原亦只是达到了通往本源明见性的中途，并且实际上是停留在了一片诗意的朦胧之中。

第十六章　存在的辩证法：存在经由实存者朝向自身的返回　　355

写道：

> 通向对形而上学之终结的创造性克服的第一步，必须在这样一个方向上进行，即：思想态度固守于某个角度，但同时又在另一个角度上超越了自身。这种固守意味着：追问**存在者之存在**。而克服说的是：首先追问存有之**真理**，追问在形而上学中**从未**成为问题，也不能成为问题的东西。这样一种过渡性的双重性——它既更加原始地把握'形而上学'，因而同时也克服形而上学——完全是'基础本体论'的标志，亦即《**存在与时间**》的标志。①

这就是说，传统的形而上学的终结之处便是一种新的形而上学的开启之处，而《存在与时间》正充当了这样一个转折：它既是对于存在者之存在问题的"固守"，又是通向存有之真理问题的自身超越。前一个问题之所以能够引出后一个问题，是因为只有后一个问题的解决才能够使我们真正解决前一个问题。正如海德格尔所说，在后一个问题的追问中，"任务依然是：**从存有之真理而来把存在者带回来**"②，换言之，存在者之存在的根据正在于存有之真理本身。因此，海德格尔将前一个问题称为"主导问题"，而称后一个问题为"基础问题"。贯穿这两个问题的"一切问题中的问题"，即"存有之意义"的问题所需要的，乃是从主导问题朝向基础问题的过渡。这一过渡意味着对传统形而上学的彻底克服，因为这种形而上学根本无法完成这一追问。这是因为它终究只能从存在者的层面上来理解存在者。这也是为什么海德格尔更多时候将主导问题表述为"存在者是什么？"的道理：如果仅仅停留在这个问题上而不能进入基础问题，那便只能在存在者的层面上来回答"存在者是什么？"，从而事实上也就不可能得到正确的答案了。换言之，存在者的存在之问题说到底乃是对于开端的追问。这种追问肇始于《存在与时间》，但这部著作并没有引导我们走出或者说超越本身亦是一存在者的此在而达到此在由之奠基的存在或存有。因此需要另一种对于开端的理解，即对于作为存有之真理或本现的本有的理解。海德格尔因此称以主导问题的形式追问的存在者之存在

---

① 《哲学论稿》，第189页。
② 同上书，第12页。

为"第一开端"①，而称以基础问题的形式追问的存在者之存在为"另一开端"。"另一开端必须完全从作为本有的存有和存有之真理及其历史的本现而来被获取"，海德格尔这样说道，开端性的思想"通过在其更为本源的重演中与第一开端的争辩，把另一开端提升起来"。②第一开端与另一开端因此处于一种独特的关联之中：

> 思想的另一开端之所以如是得到命名，并不是因为它仅仅在形态上另类，有异于以往任何其他哲学，而倒是因为，根据与唯一一个，也是第一个开端的关联，它必须是唯一的另一个开端。基于一个开端与另一个开端的这样一种相互指派的状态，也就已经规定了过渡中的有所运思的沉思（Besinnung）的方式。过渡性的思想，作为历史性的沉思，要完成对存有之真理的有所奠基的开抛。……在过渡性思想的知晓中，第一开端之为第一开端依然是决定性的，但作为开端已经被克服掉了。③

这些表述看起来有足够的复杂。第一开端与另一开端之间究竟存在着一种什么样的关系？为什么海德格尔不说"第二开端"而只说"另一开端"？因为事实上开端只有一个！导致事情的复杂性的，正是这种对于开端的探究的本质：它所探究的不是关于任何一个存在者的具体的起因，而是"开端"，是本原。《存在与时间》提出了著名的"本体论差异"，其中将存在者与存在者的存在区分开来，这就已经蕴含着将开端区别于任何一个自身作为存在者的关于另一个或一些存在者的原因的意思。康德在哲学的历史上首次提出的超绝哲学概念则已经暗含了这个开端或本原的特殊性所具有的更为深刻的含义，那就是，它与存在者的区别乃是一种元语言与对象语言的区别。在《超绝发生学原理》第一卷的第一和第二部分，我们系统地阐明了这种区别。然而，当海德格尔在《存在与时间》中多少可说是基于对康德的超绝哲学的批判性阐释地试图通过对于此在的时间性分

---

① "从第一开端中，思想开始首先隐含地把自己固定起来，进而特别地被把握为'存在者是什么？'这样一个问题（由此开始的西方形而上学的这个主导问题）。"（《哲学论稿》，第186页）

② 同上书，第64页。

③ 同上书，第5页。

析来达到对于存在的揭示的时候,他似乎陷入了无法从作为存在者的此在超越出来的困境。这意味着——海德格尔也这样认为——《存在与时间》的纲领仍然没有真正摆脱传统的形而上学,也就是说,没有真正阐明本体论差异。在这种情况下,存在作为开端仍然处于被遮蔽的状态之中。从《哲学论稿》中,我们看到海德格尔开始设想对于开端的另一种理解,即它是作为存有的真理的本有,并且它是全然无法从存在者的层面上加以认识的。所以"第一开端"与"另一开端",因此是对于同一个东西——开端本身——的不同理解,只是前一种理解无法真正达到这个开端,从而它对于"开端"的意指是虚假的,必须通过后一种理解来恢复它的意指。这就是第一开端与另一开端(我们甚至不应说这是"两种"开端)之间真实的关系。显然,正是这种关系导致海德格尔关于第一开端与另一开端,乃至主导问题与基础问题的说法显得如此纠缠不清。海德格尔的下面一段话比较全面地表明了我们在这里所陈述的情况:

> 自《存在与时间》以来,[存有与存在者之间的]这样一种区分被把握为"本体论差异",而且这是有意图的,意在确保存有之真理的问题,使之免受任何混淆。但这种区分立即就被推到作为它的来源的轨道上面了。因为在这里,存在状态乃作为οὐσία[在场、实体]、ἰδέα[相、理型]而起作用,而且作为后者的结果,对象性被搞成作为对象之**可能性条件**。因此,在力图克服包含于《存在与时间》及其扩散(《论根据的本质》和康德书①)中的存在问题的第一个发端的尝试中,就需要做出不断变化的尝试,努力去掌握"本体论差异",把握它的本源本身,亦即把握它真正的**统一性**。因此就需要做出努力,从作为一种单纯"数学上的"回溯的"可能性条件"中摆脱出来,从其**本己的**本质现身而来把握到存有之真理(本有)。所以才有了这种区分的折磨作用和分裂因素。因为根据起源来思考,为了从根本上为存有问题提供一个最初的视野,这种区分是十分必然的,而同样也一直是灾难性的。因为这种区分其实恰恰起于一种对存在者之为存在者(对存在状态)的追问。但以此为途径,是绝不能直接达到存有问题的。换言之,这种区分恰恰变成了真正的范限,它阻挡

---

① 即《康德与形而上学疑难》。

着一种对存有问题的追问,只要人们企图以这种区分为前提,比这种区分走得更远,去追问它的统一性。这个统一性始终只能成为这种区分的返照,而绝不能通向本源——由此本源而来,这种区分才能被视为不再原始的区分。所以,要紧的事体是:不要去超逾存在者(超越性),而是要跳过这种区分,因而也跳过**超越性**(Transzendenz),从存有和真理而来原初地进行追问。①

显然,海德格尔已经对那种对于存在者的可能性条件的追问方式(包括康德的超绝演绎)失去了信心。所以他呼吁不要以这种方式去"超逾存在者",而要通过"作为对存有之真理的基础的探—基"的"跳跃"而"跃入""此—在之本有"。②关于这样一种"跃入",海德格尔在《哲学论稿》中为我们提供了经验它的程序,它由六个"接合形态"(Fügung)构成,即回响、传送、跳跃、奠基、将来者和最后之神:"存有与为之所居有的此—在的转向性关联的丰富性乃是不可测量的,本有过程之全幅是不可计算的。在这里,在这种开端性的思想中,'从本有而来'所能道说的只是一丁点儿。所道说者乃是在第一开端与另一开端的相互'传送'中被追问和被思想的东西,而此所谓'传送',则是根据在存在离弃状态的急难中的存有之'回响',为的是向存有的'跳跃',以便为存有之真理'奠基',以之作为一种对'最后之神'的'将来者'的准备。"③由此我们看到,"回响"乃是对于"存有之本现"的感悟,甚至就是这个本现自身。④就"存有之本现"即"本有"来说⑤,回响乃是对于本有的感悟的或本有的原初状态。它在"传送"中进入本体论的程序,即在第一开端与另一开端之间构成"相互指派"的关系,从而导致从前一个开端向另一个开端的过渡("跳跃"),其结果是达成存有的奠基。经验了这样的程序,精神便能够升华为体现了"最后之神"的"将来者"。一句话,这六个接合状态将构成对于基础问题的回答。然而海德

---

① 《哲学论稿》,第 262—263 页。
② 同上书,第 263 页。
③ 同上书,第 7—8 页。
④ 参见《哲学论稿》,第 111 页和第 121 页。在后一页上,海德格尔写道:"存有之真理及其本现本身的回响来自存在之被遗忘状态的急难"。
⑤ 同上书,第 14 页。

第十六章 存在的辩证法：存在经由实存者朝向自身的返回

格尔不得不承认，对于这种"不可测量"和"不可计算"的东西，"所能道说的只是一丁点儿"——这是怎样的一种道说啊！我们说过，《存在与时间》区别于传统形而上学的一个显著之处，就是海德格尔不再是基于经验直观（感觉印象）或者纯粹直观（范畴、本质直观）而是基于感悟来思考奠基性问题的。《哲学论稿》也是这样，甚至比起《存在与时间》有过之而无不及。那六个接合形态便是六种不同的（对于存有的真理或本有的）感悟形态。以回响为例：Anklang（回响）这个词的通常含义是"相似之处"和"赞同"，但它在这里的使用显然如对于海德格尔的文本来说是常见的那样，应在拆字——即"增强—乐声"（An‑klang）——的方式下加以理解。因此英译本将之译为 echo①，也就是汉译的"回响"是恰当的。海德格尔特别是在给那些感悟状态命名时通常使用隐喻的手法，这个"回响"就是其中一例。这种"存有之真理的"回响显然是内在的。鲁迅有一句诗叫"与无声处听惊雷"，可以比喻这种状态。海德格尔说，"存有之真理及其本现本身的**回响**来自存在之被遗忘状态的急难"②。"无声"便是存在之被遗忘，"惊雷"则是这"急难"中隐约的真理："……要知道，在这里，在全部的荒芜和恐怖中，存有之本质现身的某种声音正在回响，并且存在者被存有所离弃的状态（作为谋制和体验）正在破晓当中。"③同时，按照海德格尔对于前苏格拉底哲学家乃至更早的诗人哲学家对于存有的真理之感悟的推崇，这"回响"也是对于他们的绝唱之回响。

由此可见，在《存在与时间》之后，正如我们已经指出的，海德格尔对于存在问题的思考越来越趋向于一种诗性智慧。乃至于与之相比，《存在与时间》可说是仍然未能完全摆脱传统形而上学的套路。在这种情况下，甚至"此在"的奠基性意义也必然地产生了变化：

> 作为自行遮蔽的敞开状态之奠基，此—在向针对"存在者"的通常目光显现为不存在的和虚构的。实际上：**作为开抛着—被抛的奠**

---

① 见 Contributions to Philosophy (From Enowning), tra. By P. Emad & K. Maly, Bloomington & Indianapolis: Indiana University Press, 1999, p. 75.
② 见本书前面第 358 页上的注释④。
③ 《哲学论稿》，第 116—117 页。

基，此在乃是想象领域的最高现实性——假如我们以此并不只是把想象理解为一种心灵能力，也不只是把它理解为一种超绝的能力（参看康德书），而是把它理解为一切**美化**回荡于其中的**本有**本身。①

也就是说，对于基础问题的思考不仅不同于通常的、经验性的认识（"通常目光""心灵能力"等等），而且也不同于超绝的思考（以超绝的逻辑所进行的思考），而是一种"历史性存有的思考"（seynsgeschichtliche Denken）。在《哲学论稿》的开篇，海德格尔就说道：

> ……在形而上学向历史性存有的思想的过渡时期里，我们只能冒险**一试**，根据存有之真理的问题范围内那种更为本源的基本立场来思想。……未来的思想乃是一种思想—**进程**，通过它，迄今为止完全隐而不显的存有之本现（Wesung des Seyns）的领域得以穿越，因而才得以澄明，并且才获得其最本己的本有特征。关键不再在于"关于"某物进行论述，把某个对象性的东西描绘出来，而是在于被转本于本—有，这就等于人的一种本质转变，即从"理性动物"向此—在的转变。所以，相应的标题就叫作：**从本有而来**。②

这段话表明所谓"历史性存有的思想"是一种本源性的思想，从而是非对象性的直观。所谓"思想—进程"和"历史性"绝不能理解为通常意义上的"只有过程"没有"目标"的潜无限的时间序列。③换言之，即使说这个"进程"是 endlos，那也不是一种潜无限意义上的 Unendlichkeit，否则便谈不上"存有之本现……得以澄明"（即达到"真理"或

---

① 《哲学论稿》，第 330 页。
② 同上书，第 2 页。
③ 究竟什么是海德格尔"历史性"的含义？请看《哲学论稿》中的一段话："这种康德解释'在历史学上'当然是不正确的，但它却是**历史性的**，亦即是与将来思想的准备，而且只与这种准备相联系的，是本质性的，是一种对于某个完全不同的东西的历史性的指引。"（第 266 页）这里，海德格尔承认他在《康德与形而上学疑难》中对于康德的解读"在历史学上"（historisch）是错误的，但它在历史性上（geschichtlich）却是正确的。因而这种历史性本身恰恰不是历史的，而是本质性的，是思想性的，是历史所以可能的根据，是此在的奠基。按照这里的上下文，所谓 historisch 应是存在者层面上的，而 geschichtlich 则是朝向存有的。前者是单纯存在者（若用超绝发生学的术语表达，则是实存者）上的，后者则是存在者的存在上的。

$\alpha\lambda\eta\theta\epsilon\iota\alpha$），而是永远在黑暗中盲目地行走。这是因为，本有（Ereignis）是无法对象化的，它只能是一种本—有（Er-eignis，其意为"'有'的感受"）。"被转本于本—有"（dem Er-eignis übereignet zu werden）的意思是"将此在奠基在这种'有'的感受之上"。在这个意义上，与其说是"从本有而来"倒不如说是"向本有而去"。只是后一种说法若是对应着《存在与时间》，那么在海德格尔看来，就有个致命的弱点，即让非本源的东西站到了开端上，既然在那里并没有一个条件的序列可以将我们引向本源的东西，即引向真正的开端。这就是为什么海德格尔要有"主导问题"与"基础问题"的区分的道理之所在了。这样一个区分表明，说到底还是"从本有而来"。

这种历史性存有的思想作为一种本体论思想同时必定具有价值论的意义。它指向了未来的一种新的人格。海德格尔说道：

> 抑制之所以是开端性思想的风格，只因为它必将成为将来的、奠基于此—在的人之存在的风格，亦即说，它彻底地调谐和承载着这种奠基。抑制——作为风格——乃是此在的奠基性尺度和怒火持存性（Grimmbeständnis）的自身确信。它规定着风格，因为它是**基本情调**。在这里情调……是在内立意义上讲的：一切迷移之实现、一切移离之开抛和带入（Eintrag）的统一性，以及**存有之真理的持存**和**实行**。在这里必须避免任何其他的外部的和"心理学上的"关于"情调"的表象。……抑制乃是最强大的、同时也最温柔的此—在之期备状态，即期备于本—有过程，期备于被抛入那种本真内立之中……。最后之神的主宰地位唯有朝向抑制才出现；抑制为主宰地位和最后之神创造了**伟大的寂静**。……伟大的寂静首先必须袭向对于大地而言的世界。这种寂静只起于沉默。而且这种静默只能从抑制中成长起来。作为基本情调，抑制贯通并调谐着世界与大地之争执的亲密性，因而也调谐着本有过程之突发的纷争。作为这种争执的纷争，此—在的本质就在于：把存有之真理，亦即最后之神，庇护入存在者之中……①

这种几乎类似于赫西奥德（Hesiod）《神谱》的、充满隐喻的语言所表明

---

① 《哲学论稿》，第37—39页。

的是那种对于存有的真理的感悟将如何在人格的发展中产生作用。作为人格成分的抑制（内在的引而不发状态）是一种"伟大的寂静"，它终将化解"大地与世界之争执"（即解决此在的本性与理智的技术化社会环境之间的冲突）。因此，未来人格的塑造与新时代的到来将以对于本有之真理的感悟为前提。凭借此感悟，最后之神才能降临于存在者之中。这将是一种"诗意的栖居"："无言乃是一种本源的——诗意的——存有之命名的自行展开的可能性的初始条件。唯当言语重又起作用时，[才有]语言与伟大的寂静，本质现身之最质朴的切近与存在者之明亮的遥远。"于是海德格尔问道："何时才有这样的时代呢？"[①]

　　从上面对海德格尔关于存在的意义的哲学分析可见，这的确是不同于它以前的，特别是笛卡尔以来的本体论的一种"另类的"本体论。但是，就其执着于奠基这一点来说，它终究与超绝哲学有着深刻的关联。能够暗示这种关联的最为明显的征候，就是前面提到过的"本体论差异"的概念中蕴含着的、与元语言和对象语言的层次区分有着某种对应的存在与存在者的区分。在《超绝发生学原理》（第一卷）中，我们通过对于康德超绝演绎的分析，从认识论的角度揭示了超绝系统的这种语义学性质。而当我们进一步指出一个完备的超绝哲学系统势必是一个认识论与本体论相统一的体系的时候，我们所看到的是，超绝哲学作为一种不同于一般语义系统的根本特征——即它的自指性——所导致的它自身的内在论性质直接地要求作为元语言的它必须内化到自己的对象语言中去，从而将形成一个本体论系统。这个本体论系统从根本上来说与传统的本体论并无区别。我们这里所说的传统的本体论，如果特别地指笛卡尔以来的本体论，那么就应该将康德的体系加以特别的对待。因为康德体系的一个重要的特征，就是作为对知性的使用设限的根据的本体与现象的区分。这一区分不仅使得超绝哲学在历史上首次获得了明确的形态，而且为海德格尔的本体论差异（即存在与存在者的区分）提供了初始的依据。然而我们知道，康德的体系作为一种超绝哲学本身乃是不完备的。这种不完备性的一个显著的标志，恰恰就包含在这个本体与现象的区分之中，更明确地说，在于那个作为这一区分的实质的自在之物概念。在这一点上后康德主义者们是正确的，他们以为使超绝演绎完备的唯一可能的途径，就是将自在之物内在

---

① 《哲学论稿》，第40—41页。

化。特别地，从费希特到黑格尔的发展告诉我们，这种内在化并非真要抹杀现象与本体的区别，而是要通过一种本质上可说是发生学的逻辑将这两者联系起来。黑格尔提供了一个堪称完备的这样的发生学逻辑，它可称为"辩证发生学"。正如我们在《超绝发生学原理》（第一卷）中所指出的，这种发生学作为一种超绝哲学，其优点是拥有某种完备性，而其弱点则是构成性的缺失。胡塞尔的伟大之处，就在于他站在超绝哲学的立场上，力图通过现象学的方法恢复在康德那里已经具有的超绝体系的构成性。然而，这样一种构成性的超绝哲学的建立或重建有一个必要的前提，那就是本源明见性的发现。迄今为止所有的超绝哲学体系在这一点上都未能成功。显然，在历史上这些令人无限敬佩的工作的基础上继续前行，这正是我们这部《超绝发生学原理》写作的原始动机之所在。有趣的是，海德格尔从康德的以认识论的面目呈现的超绝演绎中深刻地看到了它的本体论的实质，但却未能想到要像他的老师胡塞尔那样努力通过现象学的方法"抹平"那个本体论差异。不错，正如马里翁在其《还原与给予》中所论述的，在海德格尔与胡塞尔之间平行地存在着两种还原，即超绝的还原与生存论还原。①但海德格尔最终还是放弃了他称之为"超越性"的东西（在前面的一段引文中我们看到他宣称要"跳过超越性"）——按照我们的理解，他的这个（与《康德书》密切相关的）"超越性"概念正是指一种内在化的超越性，它本来应该导向一种构成性理论，——这完全是因为他在《存在与时间》中所实践的生存论还原实际上已无法进行下去。我们已经知道，他要用以取代这种还原的，乃是"从存有和真理而来原初地进行追问"，并且这种追问也将"跳过"那个关于存在与存在者的本体论区分。由此可见，海德格尔最终还是不得不追求一种其实是一个完备的超绝哲学的不变的目标，那就是消除本体论差异。他不说取消超越性而说"跳过"超越性，这是有深意的。因为他所说的需要"跳过"的超越性指的乃是康德式的超越性，而这种超越性，正如我们所指出的，即使发展到了胡塞尔那里，甚至在《存在与时间》中，也没有能够真正获得实

---

① 见马里翁（Jean-Luc Marion）：《还原与给予——胡塞尔、海德格尔与现象学研究》，方向红译，上海：上海译文出版社2009年版，第348页。这个译本中将 existential（existenzial）如多数海德格尔的汉译者们通常所做的那样译为"生存论的"，这对于海德格尔的或相关于他的文本自然无可厚非，但若从一般超绝哲学的，从而超绝发生学的角度来看，更恰当的译名应是"实存论的"。

现。所以他才需要"跳过"而非取消它:他将它称为"第一开端",而且并不愿意另起炉灶地设置另外一个"第一开端"(也就是"第二开端")——原来我们在前面看到的海德格尔在"第一开端"与"另一开端"之间表现出的那种纠缠不清是自有其良苦用心的。这一用心说到底,就是他根本无法给出一个具有构成性的关于此在的生存论,因为显然,基于那种缺乏明见性的感悟是根本无法构成性地将此在从而一般的存在者奠基于存在之上,奠基于那个存有或本有之上的。就此来说,海德格尔的新的本体论仍然可以归入超绝哲学之列,只不过它不具备构成论的特征,而是一种非构成性的诗化的超绝哲学。如果我们参照《超绝发生学原理》第一卷第七章所给出的那个"超绝语义学的总体性质关系式"来看,这里所发生事情将会更加清楚。我们将这个关系式重新写在下面:

存在或真理(可构成与不可构成的真命题的集合)⇐(语义的)无限倒退 (XVI—1)

包括以往的超绝哲学在内的一切本体论,甚至包括《存在与时间》,就它们终究是在存在者,确切地说,实存者的层面上为之寻找根据,从而无法真正消除那个存在者(实存者)与存在者(实存者)的存在之间的"本体论差异"来说,归根到底都属于这个关系式的右边项。[①]这也就是说,它们将不可避免地最终陷于无限倒退之中,而海德格尔对于存有之真理的追问的"历史性存有的思想"则似乎对应于这个式子的左边项,因而是能够达到目的的。在这个左边项中,正好包含有所谓"不可构成的真命题",它或它们难道正是只有通过那诗意的无言和"伟大的寂静"才能够表达的存有之真理吗?如果回答是肯定的,那么海德格尔对于存有之真理的追问就不仅是一种超绝哲学,而且是一种,确切地说,唯一的一种达到彻底的超绝哲学。但这毕竟是难以想象的,因为这需要超绝哲学付出它不能够也不应该付出的代价——丧失构成性。一种可能的合理解释是,海德

---

① 这个涵盖面很宽的说法的根据在于,即便是诸超绝哲学体系的创立者们意识到了这种哲学上语义的层次性,也依然由于(我们在《超绝发生学原理》(第一卷)中已经揭露的)不同的原因而无法实现一种内化的、构成论的超绝哲学系统而在**事实上**停留在了潜无限性的一边,无法达到那个关系式的左边所表征的彼岸。

格尔"感悟"到了超绝的真理,但他没有明见它。如果我们不是已经有了在前面的第十四、十五章所陈述的超绝意识及其自我显现,我们将很难做出这样的设想,从而也就难以给海德格尔的思想以恰当的定位。现在我们既然已经把握了作为本源明见性的超绝意识,懂得了它的自我显现的程序——正是这两者保证了我们的超绝发生学作为一种超绝哲学的构成性——我们就可能以之为参照,看清海德格尔的历史性存有思想的真实意义,看清它的超绝价值。

通过前面的分析,尽管从《存在与时间》到《哲学论稿》,海德格尔在追问存在的方式上有所转变,但这一追问直接地关涉到此在,或者不如说,此在乃是这一追问中的关节点,这是始终没有改变的。这一立场其实在《存在与时间》的准备时期就已经确定了,与在《存在与时间》中批评康德"耽搁了此在的本体论"相类似地,海德格尔在后来以《时间概念史导论》为书名出版的、被认为是《存在与时间》的初稿第二稿的在马堡大学的讲座的讲稿中也批评胡塞尔的现象学"耽搁了对存在本身的意义和对人的存在的追问"①。海德格尔如此地将对于存在的追问关联于此在,是因为他清楚地看到了一般存在者的存在必须通过此在才能得到规定。其实这也是康德与胡塞尔的具有构成性的超绝哲学所共同认定的基本命题。但是比起他们,海德格尔还看到了更多的东西,那就是关于此在,即使是将之理解为 cogito,也有一个自身何以可能的问题。②直到在《哲学论稿》中,他还强调说,"……'**此—在**'。这个'**此**'每每恰如原初的 $\alpha\lambda\eta\theta\epsilon\iota\alpha$ [无蔽、真理] 一样未经**追问**。而且,这个'**此**'向来只是衍生出来的**敞开者**,它必定**自为地**要求表—象的正确性及其本己的可能性。"③这样一个围绕着此在而设想的哲学诠释学其实正是一种发生学。"无人能理解'我'在这里**思考**的东西,那就是:从存有之真理而来(而且也即从真理之本现而来)让**此—在**得以出现,为的是把存在者整体以及存

---

① 海德格尔:《时间概念史导论》(*Prolegomena zur Geschichte des Zeitbegriffs*),欧东明译,北京:商务印书馆 2009 年版,第 153 页。

② 海德格尔针对胡塞尔现象学的"纯粹意识"概念概括地指出了这一点:"在'意识作为纯粹意识'这一存在特性里,这一点将看得最为清楚:它所探究的不是意向者(Intentionalen)的存在特性,而是有关'意向性'之存在的规定,不是具有意向性之结构的存在者的存在规定,而是有关那种自身脱离的结构本身的存在规定。"(《时间概念史导论》,第 142 页)

③ 《哲学论稿》,第 323—324 页。

者之为存在者奠基于其中,而把人奠基于存在者整体中间。"①这一堪称深邃的思想并非无人能够理解,如今已经被建立起来的超绝发生学正可以道出海德格尔心中所想到,但却未能够真正想清楚并加以阐明的道理。此在不是别的,正是超绝意识自我显现的自我环节在认知层面上的表现——人格。他一方面凭借其内在的本质的自我直观(灵魂)构成了周围的世界;另一方面,他自身则是超绝意识自我显现经由动觉、动体、自我等诸环节的结果。这个超绝意识,或者说,这个自身区分着的绝对对称性,我们现在知道,正是海德格尔在《哲学论稿》中所说的作为存有之真理或其本现的"本有",也是他在《形而上学导论》中所说的"无"。但只有通过我们这本书前面第十四章的论述,才能够知道它为什么是这样一种"无",只有通过随后的第十五章,才能够知道为什么这样一个"无"能够产生出"万物"。特别地,这个"无"虽然如海德格尔已经敏锐地觉察到的,是无法用基于类的逻辑的科学思维穷尽的,但并非与这种科学思维相冲突并最终只能够以诗的语言加以描述的。恰恰相反,我们在本章的第二节已经清楚地看到,类的逻辑或科学的思维是产生于它的。正因为如此,海德格尔在感悟到了真理之时却恰恰由于这种感悟而走进了死胡同,从而只能遥望那"最后之神"所栖居的,被称为"离基深渊"的可爱的"最古老的基础"②却永远无法企及。相反,他的那些感悟是能够在超绝发生学中得到清楚地说明的。还是以"烦"为例。当海德格尔说"此在之存在即烦"的时候,他并不能道出其理由。然而"烦"之存在的理由在超绝发生学看来却是一目了然的:这个烦是心灵本源地由于区分性而无法摆脱地受困扰的状况。就心灵(它是此在之作为一个实存者的标志)从根本上说摆脱不了区分性来看,它体现了某种(相对于绝对对称性)的缺失。所以海德格尔会说,"烦的这一结构环节无疑是说出了:在此在中始终有某种东西悬欠着,这种东西作为此在本身的能在尚未成其为'现实'的。"③并且,"在此在身上存在着一种持续的'不完整性',这种'不完整性'随着死亡告终,这是无可争辩的。"④既然"烦"的本质在于人格的心灵对于绝对对称性之不能为区分

---

① 《哲学论稿》,第 9 页。
② 同上书,第 14 页。
③ 同上书,第 284 页。
④ 同上书,第 291 页。

所穷尽的局面的一种不满,这种不满本身就具有本源性,在这个意义上,"烦"可说是一种本源的形而上学的动机。因此,有"烦"的主体(此在)——这个"烦"在他之中返照着他的本源——总是无法达到完满的,而这种不完满恰恰是这个主体所以存在的前提。海德格尔并没有也不可能看清这个道理,从而并不了解此在的这种不完整性的真实意指,所以他才会有上面关于此在的不完整性将因死亡而告终的说法。按照超绝发生学,作为这种不完整性的结局的,乃是作为此在的心灵之内在根据的灵魂的"转世",这在某种意义上恰恰意味着"灵魂不朽"。[1]

我们说海德格尔走进了"死胡同",是因为他所凭借的感悟并不能使他达到对于此在之存在的理解。甚至是在《哲学论稿》之后,当他意识到"另一个开端"从而将存在理解为存有,意识到作为这个存有的本现的本有的时候,他也并没有摆脱对于感悟的依赖。事实上,当他将这样一些感悟称之为"基本情调"的时候,他对于感悟的这种依赖是变本加厉了。这种感悟因此最终成为海德格尔哲学的一个基本特征,它既体现了海德格尔哲学的形而上学深度,同时又构成了这种哲学的限度,使之无法达到对于基础以及整个奠基活动的明见。感悟的这种本质及其所形成的海德格尔哲学的特征,同样能够从超绝发生学的角度加以阐明。在本章的第一节和第二节中,我们已经看到超绝意识自我显现由于动觉的分化与再结合,先后产生了动体、自我。在这个直观的自我中包含了诸直观性意向对象。通过这些直观性意向对象的相互作用,或者说灵魂的运作,自我由直观层面转变为认知层面上的人格及其世界。因此,诸直观性意向对象自身的形成也就是人格——海德格尔的此在——构成的深层机制。这个机制是通过动体的自觉实现的。它在认知层面上体现为人格自身的发展。这一发展在皮亚杰的发生认识论中被描述为经历了感知—运动水平与符号性水平

---

[1] 由此可见海德格尔的本体论有两个基本的特点:其一,它是一种描述的现象学,它所描述的是此在的实存情态。这种东西不是别的,正是本源的超绝意识在人格或不如说心灵深处引发的动机所体现出的情绪,确切地说,是这些情绪并没有确切的经验对象与之关联时的情况(例如那个非"怕"之"畏")——在这种意义上,可说它们是一些形而上学情绪。其二,它力图以一种前意向性的意识来理解或体验这种实存情态,并将这种前意向性与本源性相混淆。他的哲学的这样两个基本特点可以统一地称为"人类学化"特征,它使这个哲学根本无法揭示"存在"之谜。因为所描述的现象本身需要一个根据(解释),也就是说,它们并非本源的,换言之,这个现象之对应于前意向性的意识这一点并非意味着它是本源的。

上一共四个阶段的递进。尽管皮亚杰的理论没有包括在这四个阶段的发展完成之后的"回归"机制，但它所揭示的这四个阶段的发展的诸多规律和特征却是富有启发性的。事实上，正如我们所看到的那样，它帮助我们澄清了从动体到自我乃至人格的超绝意识自我显现程序中的许多具体而深刻的问题。现在它将再一次起到这种作用。皮亚杰在对儿童使用的"临床法"测试中，曾经发现过这样一种现象，即当儿童遇到难度很大的问题时，在其回答中往往会表现出从已经达到的智力阶段倒退到早先的阶段。[①]因此我们可以设想，就已经成熟的人格，也就是达到了皮亚杰所描述的发展的第三至第四阶段（具体运作阶段和形式运作阶段）的人格来说，那些曾经经历过的发展阶段的特征并没有真正消失，而是积淀在或者说隐藏在了意识的深处。在通常情况下，人们总是以他们所达到的最后阶段的成果——那些思维图式——来解决问题，但是当所面临的是极其困难的问题，例如那些著名的、有史以来始终困扰着人类的哲学问题时，似乎这些困难就会唤醒那些处于休眠状态的、早先的相对原始的思维图式。我们在海德格尔那里所看到的从科学思维朝向更为原始的诗性智慧的转移，看来正是一个具体的例证。我们曾经谈到过，按照皮亚杰的理论，符号性水平上思维的发展阶段性是对感知—运动水平上的发展成果的重演。因此，所谓早先的思维图式所对应的便是感知—运动水平上尚未充分分化的动作图式。我们在本章的第一节就曾指出过，感知—运动水平乃是超绝意识自我显现中的动体环节在人格形成中的体现，或者按着本节的第二小节，是这种人格形成对于动体环节的重演。那么，这一水平上的初期阶段，就应是动体本身构成的初始状态的体现。这样说来，海德格尔的感悟，作为一种思维类型，它所对应的便是这样一种状态了。由此我们就可以理解为什么海德格尔的历史性存有的思想是深刻的，那是因为它距离超

[①] 这种情况在皮亚杰关于儿童个体智力发展的实验中并不少见，它更主要地体现在所谓"滞后"（décalage）现象上。滞后有两种情况，即水平的和竖直的滞后。前者表现在例如已经进入具体运作阶段的儿童能够依照物质的量、长度等有序地排列物体或对它们加以分类，并且也具有关于它们的守恒概念，但当涉及重量时，却表现出了这些能力的缺乏。后者表现在，如我们已经在正文中介绍过的，儿童已经在感知—运动水平上获得的结构，例如位移群，却要许多年后才能在符号（表象）水平上重新获得这样的结构。这种看上去是一种能力上的"倒退"，总是由于某种困难——新的更复杂的情境或更高级的水平的要求——而导致的。（见 H. E. Gruber & J. J. Vonèche, ed., *The Essential Piaget*, New Jersey: Jason Aronson Inc., 1995, p. 816）

第十六章　存在的辩证法：存在经由实存者朝向自身的返回　　369

绝意识的原始状态最近。①我们说过，超绝意识的自我显现从开始到人格的形成，就这种自我显现的完满性，或者就其完整过程来说，仍是一个从正题走向反题的过程。按照辩证法，这也是一个走向本源的真理，走向那个 $\alpha\lambda\eta\theta\iota\alpha$ 的反面的过程。因此海德格尔对于本有的感悟倒真是如他所自以为的，接近了这个本源的澄明之境。他在《哲学论稿》中将这样一种感悟状态称之为"回响"也不无道理：它是对于那万物之源的天籁的回响。

然而，正如我们所看到的，这种感悟虽然是直接的、切身的，在这个意义上它也可以被认为是一种直观，但却是一种含糊的、不确定的直观。这样一种直观作为本源的显示，是无法在它上面建立起一个超绝哲学的体系的。海德格尔对此是十分清楚的，所以他才宣称"'体系'时代已经过去了"。然而他却不明白，没有体系的哲学终究是不可设想的。紧接着做出上面的断言，海德格尔就说道："而根据存有之真理来建造存在者之本质形态的时代尚未到来。在此期间，在向另一开端的过渡中，哲学必须已经完成了一件关键性的事，那就是：开抛，亦即对存有之真理的时间—游戏—空间的奠基性开启。这件独一无二的事体该如何来完成呢？在这方面我们依然既无先驱亦无依靠。"② 这里提到的这件前无古人的事业似乎正暗示了超绝发生学的到来，但这样一种超绝哲学却是，并且必然是一个地地道道的、完整的**体系**！它揭示了那个"存有之真理"，或是那个"本有"，即绝对对称性或作为绝对对称性的自身区分的超绝意识。所谓"开抛"——这在海德格尔那里亦是一个基于感悟的隐喻——的真正意指乃是绝对对称性必定自身区分，或者说，是超绝意识自我显现的必然性。海德格尔意识到从本有到存在者的"奠基性开启"中，空间与时间必定是不可缺少的结构性环节，但他却无法基于感悟给出能够担当这一奠基任务的基本结构。《存在与时间》的半途而废——实际上也就是海德格尔对于此在的时间性结构分析的半途而废——因此是不可避免的事。③问题出在哪里？出在感悟固然比作为超绝意识自我显现的，也就是理性的自我证成

---

① 对于上一节的第二小节中提到过的像梅洛—庞蒂那样的法国现象学家们关于感体（相当于超绝发生学逻辑中的动觉—动体）的洞见，似乎也能够这样说。
② 《哲学论稿》，第4页。
③ 在《哲学论稿》中，海德格尔也仅仅是多次地重复"真理作为时间—空间的基础，但因此，同时本质上也是从这种时间—空间而来方可得到规定"（同上书，第376—377页）这样的含义不明确的话。

的辩证法的反题的"科学思维"离本源的真理更近，但它在这种辩证发展的程序中与其说是一种进展，毋宁说是一种倒退。因为在它之中作为反题的以往的发展阶段所获得的结果，也就是作为那些直观性意向对象，特别是属于自我直观的形式方面的那些认知性运作直观的效应的科学思维在原则上已被完全抛弃，而不是被扬弃了。换言之，如果是基于反题而朝向合题的进展，那就必然能够将这样一些处于反题上的成果有效地包含于其中却又超越于它。显然，海德格尔所未能做到的，超绝发生学完全做到了。这不仅是因为它在事实上给出了"存在者的本质形态"，即诸单子所以存在的根据，并进而给出了作为它们的"投影"的个体与其世界以及其中的诸实存者的根据[①]，而且它的这种发现或揭示又与作为存在者和实存者的内部结构的诸直观性意向对象有着直接的关系。这后一点的意思是，那个本源的明见性的发现本身[②]就与作为反题的科学思维的那些本质因素有着直接的关系。从本书的第十四章关于绝对对称性及绝对对称性的自身区分的提出，我们可以清楚地看到这种关系是以何种方式存在的：我们正是通过从蕴含在那些构成科学思维的基础的结构（例如那些在区分性中体现了对称性的群的结构）中的对称性因素反溯的方式接近和最终达到自身本源地明见的绝对对称性或作为它的自身区分的超绝意识的。这一反溯的方式保证了我们能够通过海德格尔的感悟所不具备的运作性直观[③]来达到对于这个本源的明见性的直观。

应该说，超绝发生学的建立，乃是人类在达到了它所揭示的超绝意识自我显现或理性的自我证成的反题阶段之后朝向合题进展的理论**准备**。因

[①] 海德格尔并没有像我们在超绝发生学中所做的那样对存在者和实存者加以区分，因此不那么严格地，我们可以将他所说的"存在者"理解为我们所说的存在者与实存者，或者不如就理解为实存者。这一点我们在前面的注释中已经有所提及：此在作为个体，对于他的理解可以有互不相容的两种可能，即存在者（自我一个体）和实存者（认知性个体），而在任何此在的世界中的表象，包括作为这种表象的他自身，都是实存者。

[②] 作为本源的明见性，绝对对称性或绝对对称性的自身区分并非很容易被意识到的。相反，正如哲学的历史以及我们在本书的第十四章中提出它时所做的种种表述所表明的，这个发现是一种十分不易的事情。

[③] 笼统地说，这个"运作性直观"也就是"能（对称）运作"的直观。在我们已经揭示了超绝意识自我显现的逻辑之后，可以说，它首先是那些认知性运作直观，其次，再往深入处，它可以指通过这些直观而显现出来的动觉中的运作元。"能（对称）运作"的直观作为一种潜在性便是通过这些直观逐步得到实现的。

第十六章 存在的辩证法：存在经由实存者朝向自身的返回

此也可以说，它是这样一种（朝向本源的真理的）进展的初始步骤。从上一小节我们对于人格的论述可以看到，这种进展不仅是理论的，而且是实践的。超绝发生学作为超绝哲学的那种人格发展的理论前提的作用就在于它将使得这种实践成为真正自觉的，也就是说，它为这种实践指明了方向，提供了原理和方法。我们在本书接下来的第五部分将会对此加以阐述。这里，我们仅仅从本章已论述过的内容中概括出这种人格发展的线索，并同时确定海德格尔的哲学在人格实践上的意义。

毫无疑问，超绝意识这一本源直观以及它的自我显现进程的发现指明了人格存在的意义之所在，即通过他实现理性的自我证成。人格在实现这一目标的过程中也不断地在完成其自我朝向更高级的人格的蜕变。我们知道，每一人格在其一生中保持有两种同一性，即经验的同一性与纯粹的、运作的同一性，前者是作为心灵与身体的统一体的人格的，也就是作为一种认知性个体的人格的同一性，后者是作为自我—个体的人格的同一性。正是这两种同一性使得人格在其实践中成其为（一个具体的）人格。我们还知道，超绝意识自我显现的整个"版图"是一种单子的连续统。由于任何一个单子都在认知层面上体现为一个个体，与这个单子的连续统相应地也就存在着一个个体的，也就是一切可能的世界的连续统。每一个体或世界都是这个连续统上的一个"点"。这样的连续统的存在正是"灵魂不朽"的根据或不朽之灵魂的意指。尽管这个连续统本身是非时间性的，但我们仍然可以通过对于时间性过程的类比来想象它。也就是说，想象一个个体，例如一个人（人格）在死后"立即成为"另一个人（人格），并且这种"转变"不是等级的上升便是等级的下降。因此尽管这个"转变"的实质是一个个体的消亡与另一个个体的诞生，但由于这一消亡与诞生是（尽管并非在时间中！）连续着的，所以仍可以看作是**一个**不朽的灵魂的转变。① 换言之，这种意义上的灵魂不朽意味着一种同一性，即消亡了的某个个体与诞生了的某个个体之间的同一性。这种非时间的"变化"中的同一性，可称之为"超绝的同一性"。我们在本节的第一小节中曾经将整个"版图"中的单子的连续统形象地表示为一条类似抛物线的形状，其横向（如果愿意的话，横坐标）从左到右代表等级的递增，

---

① 想象有一排灯泡，从左到右每一灯泡依次闪烁一下。如果每两个灯泡的闪烁间隔足够短，则看起来就像是有**一个**亮点从左到右划过。

纵向（纵坐标）从下到上代表区分性与对称性张力的递增。无疑地，这样一个图示也可用于与此对应的个体的连续统。人格处于后一连续统的"抛物线"的中间部分，其左边是等级低于人格的个体，右边则是等级高于人格的个体。这是就超绝意识在个体上的自我显现的整体"版图"来说的，就每一个个体来说，它可以看作是这个"抛物线"上的一个点。从这一点到横坐标的垂线代表了这个个体的"涵养"。因为它直观地表明了个体尽管各自具有它们每一个所特有的、由超绝意识自我显现的逻辑进程所规定了的位置与性质，但其内里也还都必然整个地包含着，或者不如说，体现着它作为其显现的超绝意识。这由图形来示意，就是从代表它们的那个抛物线上的任何一点都可以引一条垂线与横坐标相交。这时候，显然，这条垂线本身就象征着在这个个体上面所体现出的超绝意识的自我显现。（见图16—3—4）显然，只有在人格那里，这种显现才一般地有了达到其**充分**程度的可能性。这无非是说，在人格这里，超绝意识自我显现的辩证过程达到了它的"反题"，即此刻这一自我显现中的对称性与区分性

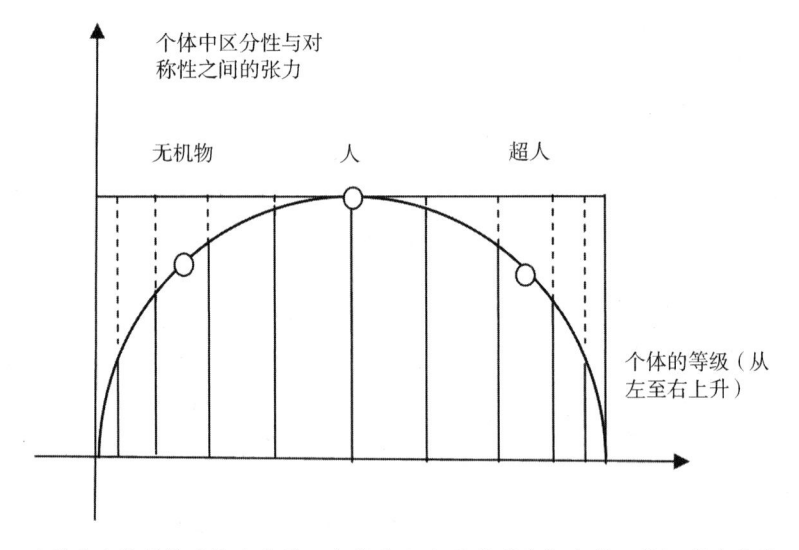

无限个个体所构成的连续统。在从左向右到达"人"之前，每一竖直线代表一个个体，其中实线部分指该个体实际经历过的状态，虚线部分指它作为超绝意识的完整体现所不能历经的（潜在的）状态；在"人"之后，虚线则表示被扬弃了的曾经经历过的状态。

图 16—3—4

之间的张力达到了最大值。因此，在并且只有在人格之后，才会有朝向超绝意识的"回归"，即走向"合题"。作为这样的"反题"的人格因此是最大的矛盾体。一方面是超绝意识中区分性与对称性的统一；另一方面是它们之间对立（张力）的最大化。这并不奇怪，因为事实上人格所引出的那条垂线就是超绝意识自我显现从"正题"到"反题"的整个程序的一个最完备的缩影。更具体地说，人格的这条垂线正好包含了我们已经描述了的超绝意识自我显现（即图15—3—6所示意）的诸环节的所有信息。只不过，这些信息中，从开端到成熟的人格之前的部分是以未曾觉醒的形式存在着的。人格在通过内省获得了对于自身的自觉的同时，无疑将应努力使得这种自觉一直追溯到自身起源，也就是追溯到超绝意识。可以说，人格的所谓朝向本源的回归，就是在人格的条件下努力达到这种对于本源的自觉。为此，在哲学上获得关于本源的直观并认识到这个直观的，也就是超绝意识自我显现的法则，便是实现这种自觉的一个基本前提。在这个前提下对于这种自觉的实现，其实质乃是不断克服人格自身的区分性而达成最大的对称性。我们知道，在实践中努力做出**正确的认知判断、道德判断与鉴赏判断**便是这一克服的具体体现形式。因为所谓正确的判断，必定意味着最大限度地在对象被区分的情况下发现其中具有的或应有的对称性。①

然而这并非一件容易的事。因为在无论是认知的还是价值的判断上**必须以区分性为前提的人格相对于本身对于区分性来说是无限的绝对对称性**

---

① 由此我们可借图16—3—4，也许更恰当地是图16—3—2，对前面已经在不止一处谈到过的"灵魂不朽"的超绝发生学意义再做一阐述：我们已经知道，灵魂不朽的根据在于每一个灵魂（单子）都是超绝意识的整个体现但却存在着一个复多灵魂的连续统。这种情况下复多的灵魂的彼此的可区分性在图16—3—4或图16—3—2中反映出来，即图中"抛物线"中每一个"点"都是不同的。这个连续的弧线也同时表达了由主动—被动感中被动感最大的灵魂到主动感最大的灵魂的连续变化体现。只有这个弧线所代表的整体才真正与超绝意识相等同，也就是说，意味着超绝意识的完备的自我显现（完备的自我证成）。因此，灵魂所以不朽，就在于作为超绝意识的真实的体现的那个"弧线"上永远不可能存在着"空穴"，尽管占据弧线上某个点的灵魂总可能有一些对应于超绝意识的内容是潜在的。换言之，灵魂或单子"一个也不能少"。我们还知道，灵魂不朽使得灵魂必定转世。在图16—3—4或图16—3—2中的那个"抛物线"中，对应于人格的灵魂之前（即在其左边）者由于自觉强度较弱（主动感不足），它们的转世并不带有多少能动性。只有对应于人格以及人格之后的个体的灵魂才真正谈得上这种能动性，这就使得它们所对应的人格或一些超人格的行为具有了实践意义，即主动地通过符合于绝对对称性的认知、道德和鉴赏判断以及在行动中对之加以贯彻，而努力朝向更高境界攀升。这其实也就是努力向对应于人格的灵魂的右边的灵魂转世。这也就是我们在本书更前面的地方（例如第十五章的最后和第十六章第一节的最后）关于在实践中提升人生的境界写下的那些话的含义。

而言总是有限的。区分性自身的理想乃是严格性与精确性。这一理想当其与对称性相结合，就成为数学科学与自然科学乃至社会科学，即一般意义上的科学。因此，科学本身是无法穷尽超绝意识的（虽然值得强调的是，作为区分性的理想的体现，它却是超绝意识自我显现的充分性或理性自我证成的完备性的前提）。特别地，区分性在科学活动中，并且更显著的是在道德实践的领域中，往往造成对于对称性的阻力。例如我们已经在上一小节中提到过的体现了区分性的、经验上的功利思考对于应体现对称性的纯粹的道义精神的阻力。这种情况有时甚至使得科学被**误解**为与人类良知相冲突的东西，殊不知科学就其本质来说恰恰是人类实现其良知（走向对称性）的必然的途径。然而，之所以会有这样一种误解，主要是因为人格因其超绝发生学本质，在其（意识）深处有一种对于前反思或前意向性阶段的感悟能力。这种感悟能够更加地接近超绝意识，具体地说，它触及的是动体甚至动觉。但完全可以理解的是，这种感悟将以失去严格性与精确性为代价。因此，它绝对不能取代科学，而仅仅能够充当康德式的范导性的合目的性原则。这种原则最为典型地体现在审美判断中。这就是我们已经在上一小节中指出的审美（鉴赏）判断在人格发展中的意义之所在。

海德格尔显然也意识到了哲学对于人格发展的实践意义，他在《哲学论稿》中提出的作为诸接合形态之一的"将来人"便包含着他对于未来人格的憧憬。由于他的哲学对于本源的真理的理解止于感悟或——如他自己所说——"基本情调"，所以最能体现在鉴赏判断上，或者说体现在艺术活动中。因此虽然这种感悟对于人格发展肯定具有重要的作用，但这种作用只能是范导性的。它不能替代人们在认知和道德实践中的判断力。换言之，感悟或诗性的智慧不是发现（真理）的形式，而是实现这种发现的助发现法。由此看来，海德格尔对于传统形而上学的批判，就这种形而上学未能引导我们达到本源的明见性来说，是正确而深刻的，但他因此而将感悟当作达成真理的唯一正途并排斥科学与逻辑，却是一种不可接受的偏颇之见。①

---

① 实际上，即使是借助了海德格尔的思想而在这一条批判科学精神的道路上走得更远的那些西方哲学家中，真正反科学的仍然是极其罕见的。反倒是在那些本身没有产生出科学精神的文化圈中，例如在中国，才有着比较强大的反科学的思想倾向。只要我们按照图16—3—4 和图16—2—5 所示意的道理稍加思考，就不难理解这种现象。

第十六章 存在的辩证法：存在经由实存者朝向自身的返回

写到这里，我们可以回顾一下此前，也就是在《超绝发生学原理》的前十六章中所涉及过的包括超绝发生学在内的诸种超绝哲学，并概括一下它们之间的关系了。康德区分了现象与自在之物，这可视为超绝哲学的发端，因为这种区分已经包含了对象语言与元语言的区分，同时在那个"何以可能？"的提问方式中暗示了这种不同层次的语言之间存在着实质性的决定与被决定的关系。只不过康德又将自己的这种哲学埋葬在了横亘在现象与自在之物之间的深渊中。我们曾以"从中途开始的"来比喻康德的超绝演绎的不彻底性。这种不彻底性的实质正在于它未能揭示认识的那些验前成分的真正起源，而这种起源如果存在的话，那只能是其自身不再需要根据的自在之物。由此可见康德哲学的这种不彻底性与它在现象与自在之物之间所设定的无法逾越的深渊不过是同一件事的两种表现罢了。接下来所出现的那些重要的超绝哲学无不与康德的这个困难有着密切的关联。在这些哲学中，只有胡塞尔的超绝现象学在构成性上与康德最为接近。事实上，康德与胡塞尔的哲学之间的共同点首先就在于这种构成性。我们在《超绝发生学原理》的一开始就谈到过康德对于"超绝的"和"超越的"这两个术语的用法。"超绝的"是指这样一种哲学，它以构成性的方式证明认识（在康德那里首先是经验）的可能性，而"超越的"则被用来指示那种本身处于这种（经验）认识之外的东西，确切地说，它就是自在之物或关于它的种种理念。然而，在胡塞尔的术语系统中，"超越的"却被用以指示"自然态度"下认识的对象，例如自然科学的对象。这乍看起来与康德的用法正好相反，既然这种对象在康德那里恰恰属于可能经验的范围。但如果我们考虑到在胡塞尔的体系中，"悬置"超越物并由此达到具有"超绝的"意义的自我便意味着开辟了一条以构成性的方式重新理解这种超越物的道路，便不难意识到这个体系具有一种将"超越的"转变为"超绝的"的作用。我们知道，这乃是一种将元语言内化到对象语言中去的作用。因此可以说，当胡塞尔以"超越的"指示将被悬置的自然对象的时候，就已经明确地站到了"超绝的"立场之上。他将这样一种做法称之为"超绝的还原"，并称将成为构成论的真正起点的这种还原的最终结果为"超绝自我"，这种对于"超绝的"术语的使用与康德在本质上是完全一致的。由此可见真正标志着康德与胡塞尔的共同点的，就是对于经验对象或自然的对象的构成性的理解。然而他们之间的差异也恰恰在此显露：那看起来似乎只是表面上的差异——即在康德那里本来用以指示不可认识的自在之物的"超越的"在胡塞尔那里却用以指示相对于自在之物本质上是"内在的"（immanent）经验或自然对象——其实反映了康德与胡塞尔的理论之间的一个重要的不同，即在后者那里，在前者之中不可认识的"超越的"东西已经被内在化了。这一关系的深刻性在于，自在之物在康德那里之所以是"超越的"，说到底是因为康德的演绎，也就是他的构成论是"从中途开始的"。这个"起点"再往回追溯，就是也只能是自在之物了。所以在康德那里，自在之物必定是不可认识的从而"超越的"，是不能"构成性地"（而只能"范导性地"）包含在其"超绝的"体系之中。与之相对地，胡塞尔的体系之所以能够将"超越的"内在化，其实并不在于对于（被胡塞尔称为"超越的"的）自然对象的构成，而在于这样一种构成至少在原则上不是"从中途开始的"而是从真正的开端，也就是超绝自我（纯粹自我）开始的。[①]这种为康德的体系所不具有的"完备性"最终只能意味着自在之物本身的内在化，而这种彻底的内在化所导致的必然是一个完备的超绝哲学系统。胡塞尔所以获得这样一个（至少是看起来）胜过康德体系的超绝哲学，盖因为他的还原的方法，从而他的那个"原则的原则"。这种方法和原则使得他从康德走向了笛卡尔（这多少暗示了从认识论走向本体论）。但是，正如我们在前面指出过的，海德格尔敏锐地看到了不仅康德在这样一条通往彻底的、完备的超绝哲学道路上并未达到真正的开端（也就是基础），即便是胡塞尔，也同样是停留在了中途，因为胡塞尔并没有真正理解这个纯粹自我，这个 cogito 的存在，"关于存在的问题"在他这里仍然被遮蔽着：我们在《超绝发生学原理》的第一卷曾比海德格尔更为确切地指出了这乃是因为胡塞尔的还原并没有将他引向那个真正的、自身无前提的本源明见性。就这样，海德格尔从对康德和胡塞尔的构成论的超绝哲学的批判起家，建造了他的基于"此在"进而基于"本有"的具有超绝意义的本体论。但我们看到，他的这种感悟的、诗性的本体论也许在某种意义上可说是深刻而完备的，但却不是也不可能是构成论的。就此来说，他的这种理

[①] 事实上，康德的超绝演绎中的"我思"或超绝统觉已经具有这样一个超绝自我的意义，这也就是为什么我们会看到它与自在之物之间有着某种关联的道理（见《超绝发生学原理》第一卷，第345页），但是，康德的演绎的"从中途开始"的性质从根本上排除了在其中揭示这一关联的可能性。于是，我们在康德的演绎中可以看到这样一种关联，这只能理解为他是在一般超绝哲学体系的固有性质的迫使下不自觉地触及到它的。

论与后康德主义理论有异曲同工之妙。后者中以黑格尔最为典型。在《超绝发生学原理》（第一卷）中，我们看到了他的辩证的超绝哲学因为在一种本体论逻辑的意义上否定了类的逻辑，从而不可能具有构成性。相应地，海德格尔的理论则以其诗性的"逻辑"否定类的逻辑并因此同样地丧失了理论本身的构成性。这样，从康德到海德格尔，我们看到的这些（西方）哲学史上最为重要的超绝哲学可分为两类，一类是康德和胡塞尔的超绝哲学，它们具有构成性但都未达到完备性；另一类是后康德主义的、以黑格尔的体系最典型的超绝哲学，以及海德格尔的超绝哲学，它们都达到了完备性但却不具有构成性。因此，这两类超绝哲学都未能完整地具备一个真正成功的超绝哲学所应具有的**全部**基本性质，这些性质是，内在性、构成性，从而奠基性。

超绝发生学给出了与上面的两类（四种）超绝哲学不同的第五种超绝哲学。它的最重要的结果毫无疑问是那个被称为"超绝意识"的、作为本源明见性的自身区分着的绝对对称性。基于这样一种本源明见性，它通过超绝意识的自我显现程序完成了从"本体"到"现象"或从"存在"（"本有"）到"存在者"（乃至实存者）的构成性的辩证演绎，从而事实上成为历史上第一个真正完备的超绝哲学体系。之所以称它为"构成性的、辩证的"，是因为在这样一个演绎的基本结构，即超绝意识自我显现的程序中，诸环节的联结是能够以类逻辑的语言（也就是以符合类逻辑的推理方式）加以表达的，而这些联结的实际产生，又是基于无处不在的区分性与对称性的对立统一性的。这种对立统一性的直接根据正是作为本源明见性的超绝意识本身，即绝对对称性的自身区分。超绝发生学因此综合了以往两类四种超绝哲学的优点并克服了它们的不足。当它发现了那个本源明见性并在构成性的演绎中显示了它作为体系的第一原理自身的无前提性的时候，它是将胡塞尔的"原则的原则"贯彻到了胡塞尔自己从未达到的极致；这个极致内在的本质则使得基于它自身必定能够有一个构成性的对于康德的"可能经验"——这在超绝发生学中获得的严格的、完备的表达是人格与他的形式的和质料的世界——的演绎，而这正是康德超绝哲学的理想；这一演绎显然也就完整地回答了海德格尔最终未能找到明确答案的从"存在者"（乃至实存者）到"存在"的追问；而它之能够以符合类逻辑的方式完成，恰恰在于整个演绎中处处存在着被黑格尔所揭示的本身超越了类逻辑的辩证法，这种辩证法在黑格尔那里因为没有一种直观将之落实而丧失了自身的根据从而其体系的构成性。超绝发生学在这种意义上的对于以往这四种超绝哲学的"扬弃",使得它直接追溯到了柏拉图的本质发生学——后者实际上已经蕴含着一个像超绝发生学这样完备的超绝哲学所应具备的奠基性、构成性和内在性特征。因此可以说从柏拉图的本质发生学经由那四种超绝哲学到超绝发生学,整个历程亦构成了一个正、反、合的"圆圈",一个超绝哲学自身演化的辩证法的"圆圈"。

我们曾在本书第十三章的最后一小节中说道:"作为本真的哲学的超绝哲学是否可能,从而哲学本身是否可能,这在我们书写至此时仍旧是一个谜"[①],现在,这个谜底已经揭开:答案是肯定的。

[①] 见本书的第 52 页。